言語学翻訳叢書
16

アスペクト論
Очерки по аспектологии

ユーリー・S・マスロフ
Юрий Сергеевич Маслов

―――――

林田理惠・金子百合子 訳

ひつじ書房

Очерки по аспектологии

Юрий Сергеевич Маслов

Издательство Ленинградского университета, 1984

はじめに

『アスペクト論』は、数年に亘って著者が行った、スラヴ諸語
── まずはロシア語 ── やゲルマン諸語、その他の言語の動詞ア
スペクト、及びアスペクチュアリティ問題に関する研究を1つにま
とめたのものである。本書で発展させたアスペクト概念は、徐々に
積み上げていったものである。最初のいくつかの論文は、すでに
40年代末に世に出した。その後、研究はより広範囲の言語事実を
扱うようになり、概念も進化・変化しているが、それらは、その後
に公刊されたものや、最近、数年に書かれ、本書で初めて出版され
るいくつかの章や節に反映されている。

　初期段階の論文については、根本的な補筆・修正を行って掲載し
ており、厳密に言うと新たな論考として検討されるべきものとなっ
ている。それ以外の論文に関しては、原則的な変更は何も必要はな
かったのであるが、それらを本書に含めたのは、それらの論文がす
でに手に入りにくいものとなっていたり、また海外でロシア語以外
で出版されたものであるという事情もあるが、各論文が不可分の一
体のものとして、著者の考え全体を構成するものであり、それらが
欠けた状態では、論が断片的なものになるという点が、主要な理由
である。これらの論文について、些細な修正は施しているが、いく
つかの最重要な点については、当初の形をそのまま残している
── ただし、文章の各部分で幾分、省略したところがあり、
《совершенный вид（完了体）》と《несовершенный вид（不完了
体)》については СВ、НСВ の略号に改め、さらに引用文献の記載
は、現行の国家基準に合った形に改訂している。いずれの場合も、
本書と初出論文がどのような関係にあるかを注で説明しており、ま
た、必要な場合には参考文献を補足したり新しいものを付け加えた
りしている。こういった注での記載がないものは、新しい論文であ

る。

　本書はこのような性格のものであるので、13の論考＊1 全体を通して、資料などについて統一的な記載方法はとれていない。例えば、40年代から50年代の初めの論考では、重要な点に関しての修正は加えていないが、《глагол совершенного вида（完了体動詞）》、《глагол несовершенного вида（不完了体動詞）》、《видовая пара（体のペア）》といったロシア文法の伝統的表記についても、意識的にそのまま残している。一方、後期の論考では、それらに該当する表記であるCB、HCBについて、語彙的差異がない場合には、同一動詞の形態であると説明している。例文を引用した文献の出典に関しても、幾分、異なった表記をしている。具体的な言語資料を詳細に分析したり、いろいろな言語形式や言語単位のテクスト上での機能を記述している研究では、それぞれの例の出典を該当ページまで示すことが、また年代記では年代及び節、版まで示すことが重要であった。論述がより一般的性格をもち、テクスト例が論の証明のためというよりも、単に展開されている考えを分かりやすく例証するためのものである場合は、それらの例に著者名と、時に作品名を示すにとどめた。

　本書の著者は、言語学博士I. P. イワノフ教授、言語学博士A. V. ボンダルコ教授の書評に対し、また、本書各章の執筆作業におけるさまざまな段階で議論に加わり、助言や批評によって、本書をよりよいものにしてくれた同僚のみなさん全員に、心より感謝するものである。

＊1　（訳者注）本書における第1章、第2章の第1〜6節、第3章の第1〜3節、第4章の第1〜3節の計13論考、初出情報は各章末の注に記載。

目　次

はじめに　　　　　　　　　　　　　　　　　　　　　　　　　Ⅲ

第 1 章　アスペクト論の基本概念　　　　　　　　　　　　　Ⅰ

A.　アスペクトとアスペクチュアリティの一般的な意味的定義

　　アスペクト、テンス、タクシス（таксис – taxis）　　　　　Ⅰ

B.　アスペクトとその他のアスペクチュアリティの諸要素との区別

　　アスペクト、アスペクチュアリティ・クラス

　　（аспектуальные классы）とその下位クラス　　　　　　　　5

C.　いくつかのアスペクト対立について　　　　　　　　　　Ⅰ3

D.　パーフェクトの意味とその進化　　　　　　　　　　　3Ⅰ

第 2 章　スラヴ諸語における完了体／不完了体カテゴリー　　57

第 1 節　現代ロシア標準語におけるアスペクトと動詞の語彙的意味　　57

第 2 節　アスペクト・パラダイムにおける機能面での

　　　　完全性と形態的規則性　　　　　　　　　　　　　　86

第 3 節　個別的なアスペクト意味と完了体と不完了体の対立のタイプ　93

　　A.　アスペクトにおける反義性とアスペクトの中心的意味　　95

　　B.　アスペクトにおける同義性と周辺的なアスペクト意味　　Ⅰ03

　　C.　アスペクト対立の中立化　　　　　　　　　　　　　Ⅰ07

第 4 節　完了体／不完了体の意味を担うアスペクト語幹　　　ⅠⅠ0

第 5 節　ブルガリア語アスペクト・テンス・システムにおける特質　ⅠⅠ8

第 6 節　完了体／不完了体カテゴリーの発生　　　　　　　Ⅰ32

第 3 章　スラヴ諸語におけるインパーフェクトとアオリスト　Ⅰ49

第 1 節　古代ロシア文章語における perfective インパーフェクト　Ⅰ49

　　A.　複数回 perfective 意味　　　　　　　　　　　　　　Ⅰ58

　　B.　モーダルな意味　　　　　　　　　　　　　　　　Ⅰ85

　　C.　見せかけの場合　　　　　　　　　　　　　　　　Ⅰ89

　　D.　結論　　　　　　　　　　　　　　　　　　　　　Ⅰ95

Ⅴ

第2節　現代ブルガリア語におけるアオリストとインパーフェクト　201

　　A. 完了体アオリストと不完了体インパーフェクト　　203

　　B. 不完了体アオリスト　　219

　　C. 完了体インパーフェクト　　249

　　D. 結論　　267

第3節　語りのテクスト構造とスラヴ語動詞の過去時制体系の類型論　270

　　A. 文学作品の語りにおけるテンス・アスペクト構造　　270

　　B. スラヴ諸語の過去時制体系と語りにおけるその機能の3タイプ　284

第4章 非スラヴ諸語のアスペクト論と
対照言語学的アスペクト論の諸問題　321

第1節　ゴート語の動詞が表す動作の
　　　　限界性／非限界性カテゴリー　　321

第2節　所有パーフェクトの起源について　　340

第3節　ゲルマン諸語、ロマンス諸語、スラヴ諸語の
　　　　単純過去形消失に向けて　　372

マスロフ著『アスペクト論』によせて　　387

参考文献　　393

日本語文献　　407

事項索引　　409

言語索引　　417

第 1 章
アスペクト論の基本概念

　アスペクト論は動詞の体*1（вид）── 国際的な用語でいうところの《アスペクト（aspect）》── の文法構造、文法的意味を扱う学問分野であるが、より広くは《アスペクチュアリティ（аспектуальность – aspectuality）》全体、つまり、アスペクト以外に、アスペクトと内容や機能意味的に類似し、また隣接するその他のいろいろな現象を扱う言語の広範な領域もその対象としている。

A. アスペクトとアスペクチュアリティの 一般的な意味的定義
アスペクト、テンス、タクシス（таксис – taxis）

　動詞アスペクトの意味を定義し、その他の文法カテゴリーと区別すると次のようになるだろう。動詞アスペクトは、動詞が意味する《動作（действие）》──《現象（явление）》、《出来事（событие）》《状況（ситуация）》《状態（состояние）》《事態（полодение дел）》など ── が「時間の流れの中でどのように推移し、また配置されるか」（Пешковский 1956: 105）を示す。このようにアスペクトは時の概念と関係はしているが、動詞のテンス・カテゴリーとは異なり、動作のダイクシス的な時間的位置づけではなく、動作の内的な時間構造を話し手がどのように理解しているか、という点を扱う*2。アスペクトは動作そのものの時間的な構造に対する話し手の《評価》を表しているのである。したがって、アスペクトはダイクシス的なカテゴリーではなく、主観的−客観的カテゴリー、つまり、どのような視点でことばを使って客観的な言語外事実を眺めるのか、それを決める「すぐれて解釈的な」（Бондарко 1976: 47）カテゴリーなのである。

A. M. ペシュコフスキー（А. М. Пешковский）に遡るアスペクトの意味的定義は、実際にはアスペクチュアリティの意味的な一般的定義であり、アスペクトのみならずアスペクチュアリティ全般に関係する内容になっている —— ペシュコフスキー自身も自らの定義で、特に、現在ではアスペクトではなく動作様態（способ действия）とされるロシア語動詞の諸現象を扱っている。とはいえ、文法カテゴリーであるアスペクトを一般言語学的概念として定式化するのに、動作の限界といった考えに結びつけたり、《線性》対《点性》、《過程性》対《一括性》といった対立としてとらえるというような、より狭い意味的なアプローチをとるべきではない。世界のさまざまな言語のアスペクト・カテゴリーに表れている、アスペクトの意味の一覧表といったものは、まだ言語学研究では発表されていない。明らかになっているのは、ロシア語やその他のスラヴ諸語の完了体と不完了体が、アスペクトの典型的なタイプではあるが、それでも、それは動詞アスペクトの1つの例に過ぎないということ、他の多くの言語でも動詞アスペクトは、多少なりとも類似した、あるいは時にはほとんど似ていない文法的対立として示される、という点だけだ。諸言語のアスペクト・カテゴリーは、その外的な表現形式が多様なだけでなく、特に重要な点として、内容面でもかなりの多様性を見せるという特徴をもっている。B. A. セレブレンニコフ（Б. А. Серебренников）も正しく指摘しているが、「文法的アスペクトを定義する場合、問題となるのが、このカテゴリーがテンス・カテゴリーとは違って、その素性においても本質としても同じものとはとても言えない、いくつかの特徴をもっているという点である。〈...〉動詞アスペクトのカテゴリーは、それぞれ特別な研究が必要な、個々の動作の特徴づけの一定の総和から成り立っているのである」*3（Серебренников 1960: 21）。言いかえれば、動作が時間の流れの中で経過したり、また、配置されたりといった意味は、多くの言語でアスペクト・カテゴリーによって表現されるが、これらの意味は、それぞれの言語でいろいろな方法で具体化されるのである。この点についてはあとでもう一度、触れることにする。

また、アスペクト・カテゴリーは必ず2項対立的である、という立場に固執するべきでもない。ロシア語やスラヴ諸語の動詞アスペクト研究史において、完了体と不完了体という2つの体だけが取り上げられてきたことは、アスペクチュアリティのその他の要素と、文法カテゴリーとしてのアスペクトを区別しなかった古い考え方を克服する上で、大きな肯定的役割を果たした。しかし、あらゆる言語のあらゆるアスペクト・カテゴリーに対して、この2項対立の原則が適用できるという根拠はない。異なる言語で、しばしば異なるアスペクトが存在するというだけでなく、1つの言語内でも、いろいろなアスペクト対立がしばしばお互いに交差したり、重なりあったりして、複雑な多数のシステムを作り上げているのである。

　アスペクト・カテゴリーを学術的に記述する際には、動詞テンスだけではなく、比較的最近になって、機能意味的カテゴリーとして注目されるようになったタクシスとも区別すべきだという点も強調しておこう。何かが述べられるときには、多くの場合、ある個別の動作 —— 状態など —— ではなく、時系列や因果関係、その他、対比関係などの相互関係によって互いにつながりのある、いくつかの、あるいはたくさんの動作について語られる。こういった動作のつながりは、述語間の特別なつながり、タクシス・カテゴリーとして捉えられるつながりとして描出される。《タクシス》はR. O. ヤーコブソン（P. O. Якобсон）によって初めて提起された術語であるが、「タクシスは、発話時点とは関わりなく、伝達される事実を他の伝達される事実との関係によって特徴づけるものである」（Якобсон 1972: 101）と定義されている。この定義では、まずは時系列的な相互関係 —— 同時 – 先行 – 後続 —— が、そして動作間の論理関係も想定されている。

　発話においてアスペクト、テンス、タクシスのそれぞれの意味は緊密に絡み合っていて、1つの意味をもった総体として表れる。ラテン語のユリウス・カエサルの言表とされる"Veni, vidi, vici"「来た、見た、勝った」、またそれのロシア語訳《Я пришёл, увидел и победил》では、アスペクト的には3つの動作が限界まで達成されたという完了の意味が表現されている。一方、テンス的には3つの

動作すべてが、カエサルが自らの勝利の行軍の報告をした時点から
みて、過去のものであることが意味されており、他方、タクシス的
には、これらの動作の相互の配列、つまり、テクストにおいてそれ
らが名づけられた順番通りの、連鎖的な時間的順次性 —— とそれに
応じた含意としての論理性 —— が表現されている。アスペクト意味
はここでは動詞アスペクト —— ロシア語では完了体、ラテン語では
広い意味での完了（перфект-perfect）—— インフェクト（инфект-
infect）に対する完了 —— によって、テンス的意味は時制カテゴ
リーによって、すなわちロシア語の過去、ラテン語のプルパーフェク
ト（плюсквамперфект-pluperfect）、未来完了（futurum exactum）
と区別された、狭い意味での完了によって、そしてタクシスは、一
定のアスペクト意味をもつ動詞の単純な順番 —— 動詞が他のアスペ
クト意味をもつ場合には、その順番は動作の時間的順次性を伝える
ことはできない —— によって表現されている。

　文法カテゴリーとして発達したタクシス・カテゴリーを、ヤーコ
ブソンはニヴフ語（ギリヤーク語）と —— B. ウォーフを引用しなが
ら —— ホピ語に見いだしている（Якобсон 1972: 106-108）。ロシ
ア語では《従属的タクシス（зависимый таксис）》は副動詞によっ
て表現され、他の主な出来事 —— つまり《非従属タクシス》—— に
何らかの意味で伴って起こる出来事を示す。多くの言語ではタクシ
スは単一カテゴリーとして、時制やアスペクトと 1 つになっている。
タクシスと時制が組み合わさると —— 2 層、あるいは時に多層レベ
ルの —— 複雑な時間定位の意味が出る。そのような時間定位は、い
くつかの言語ではいわゆる相対的テンス・システムの 1 つである、
特別な形式で表現される。と同時に、タクシスにおける時間軸上の
同時 − 先行 − 後続という意味は、複数のアスペクトの形式が組み合
わされることでも必ず表れるものであり、いくつかの言語では、タ
クシス関係の表れは、動詞アスペクトのもっとも重要な機能の 1 つ
として考察することができる。このように、アスペクト・カテゴ
リーは多くの場合、機能的に相対的テンス・カテゴリーに近いもの
となる。

B. アスペクトとその他のアスペクチュアリティの 諸要素との区別

アスペクト、アスペクチュアリティ・クラス （аспектуальные классы）とその下位クラス

A. V. ボンダルコ（А. В. Бондарко）の定式化を使うと、アスペクチュアリティは全体として、「動作がどのように推移するか」を意味し、「文のいくつかの構文的要素が加わって、形態的、語形成的、語彙的手段によって表現される機能意味的カテゴリー」（Бондарко & Бланин 1967: 50）として定義できる。アスペクチュアリティは、さまざまなレベルや領域の言語手段を、その意味の類似性でそれぞれまとめている。これまで、アスペクチュアリティ、テンス（テンポラリティ）、タクシスの意味領域を区別して述べてきたが、ここで新しい区分けを行わなければならない。すなわち、アスペクトを文法カテゴリーとして、その他のアスペクチュアリティの要素と区別する必要がある。アスペクチュアリティの要素は、純粋には、また完全には文法的性質をもたないのである。アスペクトをテンスやタクシスと区別する際には、意味的基準、つまり内容面を頼りとしたが、アスペクトの新しい区分けでは、―― 少なくともまず最初に考慮すべきものとして ―― 形式面が求められる。それはまず、《顕在的（открытая）》文法と《潜在的（скрытая）》文法の区分、または、純粋な文法現象と語彙 – 文法の混在した現象との区分、さらには文法形式 ―― 広い意味での形態面 ―― と構文上の語結合との区分を意味している。

　顕在的な ―― または純粋な ―― 文法的対立を、語彙的違いから解放された、たいていは同じ語彙内で表れる対立、すなわち、同一の語彙的意味において1つの語素の語形成的対立として表れ得るような対立としよう。例として、格や数のカテゴリー、名詞や名辞グループにおける定／不定、テンス・カテゴリー、法、動詞の態、形容詞、副詞の比較級などがある。潜在的な文法対立は、逆に、いつも混ざり合った、二重の語彙 – 文法的性格をもつ。この場合、文法的差異はいつも語彙的な差異と重なり合っていて、かつ、文法的

差異は潜在的に、語彙の意味に隠れて、あたかもそれに従属するかのように表現されるのである。潜在的文法とは、S. D. カツネリソンの定義によれば、「語の〈…〉意味に含意された文法シグナル」（Кацнельсон 1972 : 78）であり、「語彙的意味の概念的要素」（Кацнельсон 1972 : 83）で、その要素によって語彙を「統一した文法機能を特徴とするグループやクラス」*4（Кацнельсон 1972 : 87）に分けることができるのである。名詞の可算と不可算、人称と非人称の区別、性質形容詞と関係形容詞の区別、動詞の結合価による区別などは、潜在的文法の事実に基づくもっともよく知られた区分である。

　アスペクトについて語ることがふさわしい言語というのは、あれこれのアスペクト的な意味、すなわち、上の定義にしたがえば、動詞によって表される動作が、時間の流れの中でどのように推移し、また配置されるかということを表す意味が顕在的、あるいは純粋な文法によって表現される言語である。つまり、ほとんどの動詞語彙において、同じ動詞の語形対立としてアスペクト意味が表れるような言語なのである。このような語彙素内での文法対立は、それが統合的形式をとっているか分析的形式をとっているかに係わりなく、広い意味で形態論的である。形式面では、この対立は、潜在的文法として理解される現象や、さまざまなタイプのいまだ分析的形式には変化していない構文的結合と根本的に異なるものである。

　潜在的文法表現をとるアスペクト意味は、動詞の語彙的意味におけるカテゴリー的要素であり、動詞語彙におけるアスペクチュアリティ・クラス及びその下位クラスからなるシステムを形作る。

　アスペクチュアリティ・クラスとは、動作動詞（глаголы действия）と非動作動詞（глаголы не-действия）、限界動詞（предельные глаголы）と非限界動詞（непредельные глаголы）、また限界性／非限界性（предельность/непредельность）という特徴について両面的な動詞といったグループである。

　いくつかの言語では、動作動詞または動態動詞（динамические глаголы）と非動作動詞 —— 状態や関係 —— または静態動詞（статические глаголы）の区別はとてもはっきりしている。イベリ

6

ア－コーカサス諸語、少なくともカルトゥベリ語族とアブハズ－ア
ディゲ語族がこのような特徴をもっている。これらの言語では、存
在や身体状態、感情や感覚的知覚を表す動詞や「眠っている」「寝
ずにいる」「黙っている」といった動詞が静態動詞のグループに属し
ている。研究者たちは静態動詞の構造が歴史的に古いものであり、
動態動詞に比べパラダイムも貧弱で、名辞類に近い性質をもってい
ると指摘している（Чикобава 1967: 40, 51; Рогава и Керашева
1966: 101; Чкадуа 1970: 11-12）。動作動詞と非動作動詞クラスは
中国語とドンガン語の研究者たちによっても明らかにされている
（Драгунов 1952: 113-118, 1940: 51-56; Яхонтов 1957: 78-83）。
中国語では非動作動詞クラスは、存在動詞や「知っている」「覚えて
いる」「痛みを感じる」「怖がる」といった意味をもつ思考、感情、
感覚動詞、また「～という名である」「～とみなされている」「似て
いる」などのモーダルな動詞や繋合動詞となっている。「立ってい
る」「しゃがんでいる」「住んでいる」「眠っている」といった意味の
動詞は特別なグループを作っている。こういった3種類の動詞グ
ループは語形変化、パラダイム構成がそれぞれ異なる。つまり、い
ろいろな補助詞的要素をつないだり、いわゆる瞬間相形成のために、
もう1つの形を作り出す能力において異なるのである。また、いく
つかの副詞などとの結合能力においても異なる。他の諸言語でも動
作動詞と状態動詞は、語形変化でかなり似た形をとるようになって
いる場合でも、構文的には著しい異なりが見られる（Godel 1950:
33-50; Miller 1970: 488-504; Ružička 1954: 5-17）。

　限界性／非限界性という特徴で分けられるアスペクチュアリ
ティ・クラスは、多くの諸言語、特にロマンス諸語、ゲルマン諸語
の研究で、いろいろな呼び方で詳しく記述されている。限界性とは
動作がその本来の性質としてもっている内的限界を、動詞の意味と
して示すものである。動作はふつう、この限界に向けて進行し、そ
れが限界まで到達した場合に動作は尽き果て、終息するのである
── Он перепиливает бревно.（彼は丸太をのこぎりで挽いている
［不完・現］）。しかし、時に動作は ── 例えば、「ぱっと燃え上がる
（вспыхнуть）［完］」のような瞬間動詞においては ── 起こると同

時に限界まで到達する。非限界性とは、たとえ見込みであっても、動作の流れに区切りをつけるべき内的限界をもたないということである。1つの動詞で限界的意味と非限界的意味が両方見られる場合がいくつもある。例えば、無補語で使われる場合に非限界の意味をもつ動詞も、あるタイプの補語や運動の目標点（限界）を表す状況語との結合では限界動詞となる。

限界性／非限界性によって意味が決まるが、しばしば、ある種の文法形式が作られるかどうかということにもそれは関係する。スラヴ諸語では限界動詞とその意味は、一般には完了体と不完了体として表れ —— войти/входить（入る［完／不完］）、лечь/ложиться（横たわる［完／不完］）、заснуть/засыпать（寝入る［完／不完］）、перепилить/перепиливать（鋸で挽く［完／不完］）、решить/решать задачу（課題を解く［完／不完］）、строить/построить дом（家を建てる［不完／完］）——、非限界動詞は不完了体だけで表れる —— лежать（横になっている［不完］）、спать（眠っている［不完］）、ходить（歩き回る［不完］）、гулять（散歩する［不完］）、сапожничать（靴屋をする［不完］）、любить кого-н. или что-н.（誰か、何かを愛している［不完］）、дразнить（じらす［不完］）—— *5。

アスペクチュアリティ・クラスは部分的に互いに重なり合う場合もあり —— 非限界動詞の一部は状態動詞に属する —— また、より小さなアスペクチュアリティの下位区分、あるいは、いわゆる動作様態（способы действия）に分けられる。《動作様態》という用語は Aktionsart というドイツ語からの借用語で、何十年という間、アスペクトとその他のアスペクチュアリティとして捉えられる現象に対して区別せずに使われてきたが、その後、1908年に S. アグレリ（С. Ю. Агрелль）の論文でアスペクト（вид - Aspekt）と対立する概念として扱われた。《動作様態》という用語について、アグレリはポーランド語の資料を使って、「動作がどのように行われるか、そのやり方を意味する接頭辞付加動詞 —— またいくつかの無接頭辞動詞や接尾辞付加動詞 —— の意味的機能」と書いている（Агрелль 1962: 36）。20世紀、20–30年代に《動作様態》とい

う概念について研究がさらに進展したことで、アスペクト・カテゴリーは厳密に文法カテゴリーとしてはっきりと認識されるようになった ── 特にE.コシュミーダーの諸論文を参照のこと (Koschmieder 1929, 1934)*6 ── 。現在では、動作様態は「動詞が表す動作が、時間の流れの中でいかに推移するかを ── 必ずではないが、しばしば語形成的手段で ── 表す、動詞の語彙的意味の一般的特性として定義できる。それらは語形成力やアスペクト、構文的用法といった言語の機能面で共通の特徴をもつ」(Маслов 1959: 191) ものとして定義できる。《動作様態》という用語は《動詞の意味的特徴》以外に、メトニミーとして、これら《意味特徴》の類似や相違に基づいた動詞分類、つまりアスペクチュアリティの下位クラスそのものをも意味している。

　動作様態は言語学的記述では、程度の差はあるものの、より細分化される場合があるが、そういった区分けはある1つの原則ではなく、語彙的意味、用法上の特徴、語形成力やアスペクトとの相互関係といった、動詞のさまざまな異同点での特徴に基づいて行われている。その結果、得られた項目やグループ分けは、名詞の人称、非人称、固有、普通、物質、抽象、双性、といった意味的区分と同じように、部分的に重なり合うものとなっている。

　例として、ロシア語動詞で認められるいくつかの重要な動作様態を挙げてみよう*7。

　限界動詞では、以下のものなどがある。

　完成態（комплетивный способ действия–completive）：дописать/дописывать（書き上げる[完／不完]）；догореть/догорать（燃え尽きる[完／不完]）

　終止(停止)態（финитивный（цессативный）способ действия–finitive (cessative)）：отобедать（食事し終わる[完]）

　充足(飽和)態（сативный（сатуративный）способ действия–sative (saturative)）：наесться/наедаться（心ゆくまで食べる[完／不完]）

　総括(累積)態（суммарный（кумулятивный）способ действия–summary (cumulative)）：налетать столько-то километров, наносить дров（〜キロメートル飛行する［完］、ある量の薪を運ぶ［完］）

　分配態（дистрибутивный способ действия–distributive）：пооткрывать（多くを少しずつ開ける［完］）；перепробовать（多くのことを試みる［完］）

　一般結果態（общерезультативный способ действия）：прочитать/прочитывать（読む［完／不完］）；вызубрить/вызубривать（棒暗記する［完／不完］）；дать/давать（与える［完／不完］）

　限界動詞のアスペクチュアリティ・クラスの周辺には、さまざまなニュアンスを伴った始発(起動)態(начинательный（ингрессивный）способ действия–ingressive)：побежать（走り出す［完］）；закричать（叫び出す［完］）や、1回動作態（одноактный（семельфактивный）способ действия–semelfactive）：кольнуть（1回刺す［完］）；махнуть（1回振る［完］）が隣接する。

　非限界的な状態動詞では以下のものが見られる。

　状態態(статальный способ действия–stative)：лежать（横になっている［不完］); стоять（立っている［不完］); грустить（悲しんでいる［不完］）などの狭義の状態動詞と、さらにはその下位クラスもそこに入る場合がある。

　関係態（реляционный способ действия–relational）：静態的関係を表す動詞зависеть（〜次第である［不完］）；принадлежать（属する［不完］）；соответствовать（一致する［不完］）などが見られる（Бондарко & Буланин 1967: 27）。

　非限界的な動作動詞では、以下のものなどがある。

　展開態（эволютивный способ действия–evolutive）：учительствовать（教師を務める［不完］）；работать（仕事をする［不完］）；играть（遊ぶ［不完］）；ужинать（夕食を食べる［不完］）；шить（縫う［不完］）

　状態変化態(инхоативный（мутативный）способ действия–inchoative（mutative））：漸次的質的変化を表すсохнуть（乾く［不完］）；гибнуть（滅びる［不完］）；желтеть（黄色くなる［不完］）などの動詞

　多回動作態（многоактный（мультипликативный）способ действия–multiplicative）：колоть（砕く［不完］）；махать（振る［不完］）；мерцать

（またたく［不完］）; трясти（揺する［不完］）

多回（反復）態（многократный（итеративный）способ действия–iterative）: бывать（ある、いる［不完・多回］）; едать（食べる［不完・多回］）; хаживать（歩く［不完・多回］）

軽微断続態（прерывисто-смягчительный способ действия）: покашливать（少し、時々咳をする［不完］）

随伴態（сопроводительный（комитативный）способ действия–comitative）: подпевать（伴唱する［不完］）; приговаривать（（〜しながら）言う［不完］）

不定運動態（неопределенно-моторный способ действия）: いわゆる不定方向運動の動詞 ходить（歩き回る［不完］）; носить（あちこち運ぶ［不完］）; бегать（走り回る［不完］）

限界、非限界、両方の意味で使用される動詞は、1方向への移動を示す идти（歩く［不完］）、нести（運ぶ［不完］）、бежать（走る［不完］）などの運動の定方向動詞である。идти на почту/пойти на почту（郵便局へ向って歩く［不完］／郵便局へ出かける［完］）のように、運動の終点を表す状況語を伴った場合、限界の意味が出る。

時に、限界の意味をもつのが ── したがって、完了体として表れ得るのが ── 展開態と状態変化態の諸動詞である。例えば、строить/построить（建てる［不完／完］）、листья желтели/пожелтели（葉が黄色くなっていた／黄色くなった［不完・過／完・過］）、засохнуть/засыхать（乾く［完／不完］）など。

特別な位置にあるのが、いわゆる限定的動作様態（детерминативные способы действия–determinative）（一定時間幅の持続性を意味する動詞）、полежать（少し横になる［完］）、поговорить（少し話す［完］）などの限定継続態（делимитативный способ действия–delimitative）、проболеть（長い間患う［完］）、пролежать целую неделю, три дня（丸1週間、3日間、臥せる［完］）などの長期継続態（пердуративный способ действия–perdurative）である。これらの動詞では限界が必ず示されるが、それは内的なものではなく、外的なもの、すなわち、動作の流れや状態の存在がいわば《外から》、時間の《量》によって区切りがつけられるのである。一方、内的な

限界は、上記の動詞の場合のように存在しないか、вспахать（耕してしまう［完］）に対してпопахать（少し耕す［完］）の場合のように、明らかに限界には達していないということが示される。

アスペクチュアリティ・クラスやその下位クラスは、そういった場合がかなり多いとはいえ、いつも形態的マーカーをもつとは限らない。形態的な面からは、《一貫した特徴をもつ》動作様態、《部分的に共通した特徴をもつ》動作様態、《共通特徴をもたない》動作様態（Маслов 1965: 71–72）、形態素として表される限界性、表されない限界性というように分けることができよう。ただ、動作様態やアスペクチュアリティ・クラスが、特別の形態素によって一貫した指標をもつという場合でも、それらのアスペクト意味は、動詞語彙の概念的意味という地位を保ったままである。

最後に、アスペクト意味をもつ構文的結合について少し述べておこう。そういった結合としてまず挙げられるのが、動詞が表す動作が時間内でどのように推移し、また配置されるかを示す、継続、複数回、瞬時を表す副詞などの状況語と動詞の結合である。例えば、писал долго（長い間書いていた［不完・過］）、писал до утра（朝まで書いていた［不完・過］）、писал часто, ежедневно（しばしば、毎日書いていた［不完・過］）、писал/написал дважды（2回書いた［不完・過／完・過］）。次に、もし、いずれかの動詞に補助動詞に変化する兆候、すなわち、問題となる語結合以外でも語彙的な意味が失われており、また形態的に孤立成分であることをやめている、といった兆候が見られないならば、1つの述語としての定動詞＋不定詞、あるいは2つ以上の定動詞の結合のいくつかも、そのような構文的結合に含めることができる。例として《位相》動詞 —— начал, продолжал, кончил, бросил писать（書き始めた、書き続けた、書き終わった、書くのをやめた）、остался сидеть（座ったままでいた）—— や、「〜が常である」といった意味を表す動詞との結合がある。最後に、アスペクト意味は、構文的な項 —— 主語または補語の単数、複数、定性／不定性 —— によって間接的、付随的に表される場合がある。

動詞アスペクトは多くの言語で文法カテゴリーとして存在するが、

そうでない場合もある。ただ、いかなる形であれアスペクト意味は
どこででも表れるものであり、いくつかの言語ではアスペクトを用
いないアスペクチュアリティ、あるいは時に言われるように、《動作
様態性（акциональность-Aktionalität）》*8 といったものが観察さ
れる。ただ、文法カテゴリーとしてのアスペクトをもつ言語でも
—— 以下に見るように、いくつかの交差するアスペクト対立がある
場合でさえ —— アスペクト的な意味は文法カテゴリーとしてのアス
ペクトだけで表現されるわけではもちろんなく、アスペクチュアリ
ティを表すさまざまな要素がその表現に関わるのである。

C. いくつかのアスペクト対立について

どんな意味的対立も、それが文法的対立としてのステータスを得
た場合には、ある程度の形式化は免れ得ない。つまり、自らの現実
基盤から離れ、現実に対するより直接的な、言わば稚拙な表現から
脱して、より一般化された間接的な、独自の複雑な反映へと向かう
のである。文法形式が多義化、多機能化すればするほど、それらが
もつ意味の潜在力は《膨張》し、個別の文脈の中で観察される意味
（смысл）と言語体系内での意味（価値 значимость）は隔たってい
くのである。意味と価値が隔たっていることで、文法カテゴリーを
意味的に分析することが難しくなる。個別言語の文法カテゴリーに
ついての意味記述では、言語研究者間で一致していない点が多々あ
る。アスペクトの意味記述についてもそれは同じであり、非常に多
くの言語でアスペクト・カテゴリーの意味はまだまだ不十分な形で
しか記述されていないのである。

アスペクト対立について最も研究が進んでいるのは、ロシア語や
他のスラヴ諸語における**完了体と不完了体** —— 国際的な用語では
perfective と imperfective*9 —— の**対立**である。その対立の現実
基盤、つまり意味的基礎になっているのが、動詞が表す動作が内的
限界に到達したかどうかという点での対立である。一方、実際の運
用での基本的な使用パターンすべてを考慮すれば、カテゴリーとし
ての意味レベルにおける完了体と不完了体で表現されるアスペクト

《評価》は、次のように違ったものとして定式化されよう。完了体は対立における《強い》── 意味的に有標で内包が大きく、したがってあまり多義的ではない ── 項で、動作を不可分にひとまとまりとして描き、一方、不完了体は対立における《弱い》── 無標で外延が大きい ── 項で、ひとまとまり性／非ひとまとまり性という指標については何も語らない*10。完了体と不完了体の対立は強い方の項にちなんでperfective性対立と名づけることもできる。

　完了体のカテゴリー的意味を、動作が不可分でひとまとまりのものであるとするための重要な根拠となっているのが、いかなる動詞の完了体も動作推移の個々の局面 ── 動作の開始、継続、終了 ── を示す語とは決して結合しないという点であり、このような独特な構文的結合に完了体の意味が特徴的に表れているのである。完了体で出来事をとらえる場合、それが瞬間的なものであれ長さをもつものであれ、どのような出来事であっても、イメージはその個別の局面、あるいは段階にとどまったり、また、各局面が分けてとらえられるということはないのである。動作が不可分でひとまとまりであるということには、動作の《非プロセス性》ということが含まれている。完了体で「きみは今、何をしているんだい?」「彼はその時、何をしていたのか?」という問いに答えることができないし、また、ロシア語の он всё полнел（彼はどんどん太っていった［不完・過］）といった文で、プロセスの進行が継続していくさまを示す всё（どんどん）のような語と完了体は決して結びつくことがない。そういった構文上の特徴は、《非プロセス性》ということによってもたらされるものである。動作が不可分でひとまとまりであるという意味は、完了体のいくつかの付加的な意味的特徴と結びついており、それらはまとめて完了体の《意味的ポテンシャル》として考察されている（Бондарко 1971: 11-21）*11。

　スラヴ諸語の完了体／不完了体カテゴリーを注意深く研究すると、それらが意味的には大きく異なっていることが分かる。さまざまなタイプの使われ方の中で完了体／不完了体カテゴリーはそれぞれ具体化されるのである。つまり、一般的なアスペクト的《評価》は、とりまく文脈や状況によって、また相当程度、動詞のアスペクチュ

アリティ・クラスや動作様態によって個別のアスペクト意味となるのである（以下のII–1、II–3を参照）。こういった意味のうち、本書で扱う、諸言語のアスペクト・カテゴリーに関する対照研究で出てくるものだけを、ここでざっと見ていこう。不完了体では 1. 具体的プロセス、2. 非限定回 ── 種々のニュアンスを伴った ──、3. 一般的事実 の意味が挙げられる。Он читал газету（彼は本を読んでいた［不完・過］）は 1. では、例えば私が入っていった「その時読んでいた」という意味であり、2. では「定期的にあるいは 1 度ならず読んでいた」「読む習慣があった」などの意味、3. では動詞により強い論理アクセントがある場合に「彼はもうそれを読んだ、そういう事実があった」── 1 度か複数回かは問わない ── という意味になる。

　スラヴ諸語の完了体と不完了体の対立において、顕著な ── 主導的ではないにしても ── 役割を果たしているのが動詞への接頭辞付加であるが、いくつかのスラヴ諸語以外の言語でも、動詞前接辞（preverbs）による《perfective 化（перфективация– perfectivization）》の存在が指摘され、それらの言語資料に対して《完了体と不完了体》といった言及がなされる場合がしばしばある。しかし、動詞前接辞が付加されること自体でスラヴ諸語のようなアスペクト対立が形作られるわけではないだろう。動詞前接辞はふつう限界性の意味をもちこむ ── あるいは強調する ── だけである。たとえ、ある言語の動詞前接辞に最大限、意味が《漂白化》されたものが見い出される場合でも、それは《純粋な perfective 化》の手段ではなく、最も一般的な動詞の限界性マーカーなのである。少なくともゴート語（第 4 章、第 1 節参照）やその他の古代ゲルマン諸語、また、おそらくラテン語や古代ギリシア語における状態はそういったものだっただろう。接頭辞が付加された限界動詞に完了体の意味が起こるためには、同じ接頭辞をもち、同じ限界性の意味をもちながら、その動作の終了していない展開中のプロセスを描く、対立する語形が発生することが前提となる。そのような語形が存在しない場合には、完了体が形成される条件もなく、接頭辞付加動詞の imperfective 化がなければ、単純動詞の接頭辞による perfective 化もないのである。

接尾辞による imperfective 化はリトアニア語ではある程度発達している。perrašyti（書き直す［完・不完］）と perrašinėti（書き直す［不完］）── 具体的プロセスまたは多回の意味 ── や parduot（売る［完・不完］）と pardavinėti（売る［不完］）のような接頭辞付加動詞のペアにおいて、接尾辞 -inė- はそれが欠如している形態と対立している（Мустейкис 1972: 134）*12。ここでの接尾辞による imperfective 化は、スラヴ諸語のように組織化されてはおらず、また広範囲に行き渡っているわけでもないが、それでも接尾辞による imperfective 化が背景となって、意味が最大限、漂白化している接頭辞 ── 特に pa- ── が付加された限界動詞が無接頭辞動詞と対置され、主に完了体の意味を表すものとして認識され始めるのである。rašyti（書く［不完］）、daryti（する［不完］）の場合、接頭辞が付加された parašyti、padaryti は「書く」［完］、「する」［完］に相当する意味となる。telefonuoti（電話する［不完］）– patelefonuoti（電話する［完］）のように外来語の動詞語彙にも広がりを見せるモデルが生まれている。しかし《自立的な（полнозначный）》意味をもつ接頭辞が付加された動詞は、アスペクトに関しては未分化な、限界的意味をもち、pradėti（始める［完・不完］）、baigti（終える［完・不完］）といった位相動詞とも自由に使われ（Brauner 1961: 254–259）、スラヴ諸語の perfective にも imperfective にも同じように該当するのである*13。

　接頭辞付加動詞の imperfective 化 ── あるいは《プロセス化》── のそれぞれ独自のメカニズムが形成され、いろいろな制限の下に使われている様子が、他のいくつかの諸言語でも観察される。例えばオセット語では、動詞に何らかの限界的動作様態の意味を与える動詞前接辞と語根との間に、プロセスが終了していないこと ── ただし多回性は表さない ── を表す接辞 -цæй- が挿入されることが多い（Цалиева 1981: 50–59, 1983）*14。ハンガリー語で imperfective 化の手段となっているのは、合成動詞の各要素の倒置である。この場合、接頭辞の前置は単純な限界性の意味を表すが ── átírni（書き直す［完・不完］）、後置される場合は、参与項のどれかがレーマ化されたり、形態的な規則が関与したりしていなけ

れば、プロセスが終了していないことを強調する —— Péter írja át a levelet（ピーターは手紙を書き直している）*15。imperfective 化によって生み出された相関性を背景に、ハンガリー語の meg-、el- のように意味的に《漂白した》、あるいは《空の》接頭辞によって perfective 化することも可能となる。例えば írni（書く［完・不完］）- megírni（書く［完］）、jönni（来る［完・不完］）- eljönni（来る［完］）。パシュトゥ語の接頭辞が付加された限界動詞では、動詞の接頭辞から語根にアクセントが移動することで imperfective 化される（Сайдал-Шах 1971）。こういった現象はすべてアスペクト対立ができる一定の段階、あるいは少なくとも、限界性を表す語彙・文法的カテゴリーから、完了体／不完了体という本来的な文法的カテゴリーへの過渡的段階として考察することができる。

　形態的にはスラヴ諸語の完了体と不完了体の対立とかけ離れているが、意味的にはある程度、似通っているのが**インパーフェクトとアオリストのアスペクト対立**である。この対立は —— 必ずしも動詞形態としてこれらの用語が使われているわけではないが —— 多くの言語で観察され、ロマンス諸語、スラヴ諸語のいくつかの言語、アルバニア語、アルメニア語、トルコ語とその他のチュルク諸語では過去形だけに、古代ギリシア語では過去形と並んで直説法以外の他の法や不定詞、分詞においても、現代ギリシア語では未来時制においても見られる。インパーフェクトの意味はスラヴ諸語の imperfective に似てはいるが、それよりも意味的に狭く、したがって、アオリストはスラヴ諸語の完了体よりも広い意味をもつ。インパーフェクトとアオリストの対立において強い項、意味的に有標な項となるのは、しばしばインパーフェクトであるが、両項ともに《対等》の関係として対立が等価的になる場合もある。インパーフェクトのカテゴリー的意味は、動作や状態の経過または反復に対する非限定性（неограниченность）、連続的あるいは断続的な非限定的継続性である。つまり、動作や状態は in medias res なものとして、進行中のもの、あるいは何度も再開されるものと見なされるのである*16。こういった事情と反対に、アオリスト過去 —— フランス語の単純過去（passé sinmple）あるいは定過去（défini）、口語では複

合過去（passé composé）、イタリア語の遠過去（passato remoto）、スペイン語の点過去（pretérito simple）、トルコ語の yazdım のような形態、バシュキール語の яҙым など —— は、単に動作や出来事を過去の事実として確認するだけである。直説法過去時制に限定せずに、似たような対立を見せるのが古代ギリシア語と現代ギリシア語の、いわゆる現在語幹から形成される現在未完了アスペクトと、アオリスト語幹から形成されるアオリストアスペクトである。

いくつかの古代スラヴ諸語、現代スラヴ諸語では、インパーフェクトとアオリストの対立は perfective 性の対立と独特な交差を見せており、理論上可能な4つの文法素の組み合わせすべてが観察される。古代ロシア語、古代チェコ語、古代クロアチア語、現代ブルガリア語、現代マケドニア語では perfective のインパーフェクト、imperfective のインパーフェクトがあり、また perfective のアオリスト、imperfective のアオリストも存在する。これらの意味については、現代ブルガリア語の資料に基づいて詳しく後述する（第3章、第2節を参照）。また、perfective のインパーフェクトについては古代ロシア語の資料に基づいて後述する（第3章、第1節を参照）。現代セルビア語、クロアチア語では、2つのアスペクト対立の組み合わせは重要な点で限られたものとなっている。ここでは完了体アオリストと並んで —— まれにしか用いられないが —— 不完了体アオリストが存在するが、インパーフェクトは不完了体からのみ形成されるのである。最後にスラヴ言語地域の小さな片隅にある高地ラウジッツ語、低地ラウジッツ語では、インパーフェクトとアオリストの対立は perfective 性の対立に完全に吸収されており、アオリストは完了体からのみ、インパーフェクトは不完了体からのみ形成される。

上のような事実から見て、完了体とアオリスト、不完了体とインパーフェクトが意味的にある程度近い関係にあるということがわかるが、と同時に、それらが等価ではないということもはっきりしている。上に述べた不完了体の3つの重要な個別的意味のうち、インパーフェクトがカバーしているのは、具体的プロセスと非限定回の2つの意味だけである。一般的事実の意味領域を受けもつのは普通

はアオリストであり、またいくつかのより特別なニュアンス、例えば「丸1日」「2時間」といった時の状況語によって表現される、動作の限定的持続などの意味でも事情は同じである＊17。

　実際、フランス語では最近の100-150年間で、いわゆる絵画的半過去（imparfait pittoresque）と呼ばれる、語りのテクストでアオリストの代わりに使われるインパーフェクトの独特な用法が発生し広がっている —— フランス語ほどの広がりではないが、現在では他のロマンス系諸語にも観察される。ただ、この用法は文体的に限られたもので、語りにおける個々のエピソードや、時には連続したいくつかのエピソードのつながりを《アップ》で描写するというものである —— 特に、新聞などではすでに定型パターンとして、一種の文体的手法となっている＊18。このようなインパーフェクトの使用はその《古典的な》意味の範囲から外れるものであり、不完了体の一般的な使い方からも逸脱したものであると言わねばならないが＊19、このことは、フランス語のアスペクト・時制システムにおいて、ラディカルな《ずれ》がひそかに形成されているということの証なのかもしれない。

　今、考察したものよりも、perfective性の対立から内容的にさらにいくらか隔たっているアスペクト対立について、より詳しく見ていこう。考察の対象となるのは、英語やスペイン語、ポルトガル語やその他の諸言語で観察される**進行相と非進行相（оппозиция прогрессив と непрогресс）の対立**である。英語の進行相＊20 I am writing はすべての時制で形成されるが —— I was writing、I shall be writing など ——、フランス語やその他、上で見た諸言語におけるインパーフェクトに比べ、アスペクト意味はより狭い。最近100年で英語の進行相の意味領域にいくらかの拡張が起こってはいるが、それでもそのカテゴリー的な意味はプロセス性として定義すべきものであり、そこでは動作の独特な具体性、《眼前性》が見られ、また、他の時点、時間の断片の連続の中からはっきりと区別された、特定の時点または時間の断片に動作が位置づけられており、トルコ語の同じような形式 —— yazıyorum「私は目下、書いている」—— を研究した L. ヨハンソン（L. Johanson）が "Prägnanz

（簡潔性）"と名づけた現象が見られるのである（Johanson 1971: 118-193）。こういった意味的諸特徴は、ロシア語の進行相である《具体的プロセス相》という用語においても観察されるものであり、スラヴ諸語における imperfective の下位的意味を表す用語とも共通している。進行相はふつう、《動態的な動作の展開プロセス》（Марчанд 1962: 358-359; Ljung 1980: 21-28）、《その前進運動》において捉えられる《進行中の動作（an action being in progress）》*21、《一定期間、経過する個別動作》（Иванова 1961: 78）を意味しているが、この基本的な意味にはいくつかの補足的意味も含まれている。進行相に独特な《動態性》ということから、具体的な期間としての一定の短い時間枠に限定されない、静的な、多少とも安定的な状態や関係を意味する動詞、「似ている（resemble）」「〜からなる（consist）」「〜を含む（contain）」「所有する（possess）」「属する（belong）」「知っている（know）」「生きている（live）」などは、進行相を作ることができない、もしくは作りにくいという事情が出てくる。ただし、これらの動詞から進行相を作る場合もある。例えば、The baby is resembling his father more and more.（赤ん坊は父親にどんどん似てくる。）という文のように、特徴の強まりが表現されるような場合である（Joos 1964: 116）*22。

　進行相に対立する形式、すなわち非進行相の形式は、とても広い中立的なアスペクト意味をもっており、むしろ《共通アスペクト》として説明されるべきものである。進行相に対立する現在時制形式 —— 英語の I write やトルコ語の yazarım など —— は、一般に抽象的、反復的、あるいは《非時間的》現在としての意味をもっているが ——「（総じて）書く、（普段、何度も）書く、（能力として）書くことができる」など ——、時には My head acshes（私は頭が痛い）—— 一般的にではなく目下 —— のように《アクチュアルな現在》、つまり発話時点に存在する動作や状態の指示に使われることもある。スペイン語ではもっと広範囲に、アクチュアルな現在の意味で進行相（estoy escribiendo（私は目下書いているところである））と非進行相としての単純現在（escribo）が同義で使われる。

20

例えば、単純現在を使った No te entiendo — dijo Daniel — ¿Por qué lloras ahora?（「君が理解できないよ」とダニエルが言った。「なんだって今、泣いているんだい」）という用法を参照のこと（Левитова & Вольф 1964: 69; Фирсова 1976: 18−21）。こういった事実から、スペイン語の進行相の使用は任意であるという命題が出されたが、それについては他の研究で反論が出されている*23。

　英語、トルコ語、そして最近ではスペイン語についても、進行相は文法パラダイムの《正規の》要素として認められている。ただ、進行相と非進行相はその他の言語でも対立する要素として機能している。特にアイスランド語：ég er ad rita（私は目下書いている）と ég rita（私は書く）、デンマーク語：jeg er ved at skrive と jeg er skriver（以下、上と同じ意味）、スウェーデン語：jag håller på att skriva または jag håller på och skriver と jag skriver、イタリア語：sto scrivendo と scrivo、フランス語：je suis en train d'écrire と j'écris、リトアニア語：esu berašąs と rašau、アルバニア語：po shkruaj と shkruaj、など。進行相の分析的形式や、分析的形式へ移行しつつある統合的形式の構造は、これらの言語では進行の意味を意図的に強調する特別な手段として使われている。例えば、スウェーデン語の現在時制で《抽象的》動作と《具体的》動作のコントラストを直接、表現したい場合、Korna är utan hö och dör av svält och just nu håller en på och dör i kalvningen（牛は乾草がなければ死んでしまうが、まさに今、1頭が子牛を産もうとして死にかけている）となり、また限界動詞で表現される動作が、別の動作と同時に起こっていることを強調したい場合も、Det såg ut som om han höll på att somna, medan han talade（どうも彼は話している間じゅう、眠りかけていたようだ）というようになる（Маслова-Лашанская 1953: 256−257）。

　プロセスの意味をもつ形式がまだ完全に動詞の分析的形式になっていない場合には、競合する複数の表現手段が併存する場合もある。例えば、スウェーデン語では上でみた hålla på の形式と並んで、han sitter och skriver——直訳では「彼はすわって書いている」となる——のように、sitta（すわっている）、stå（立っている）という動詞を使って進行の意味を表現する同義の構造が観察され

る*24。文法化という点ではかなり距離があるが、ドイツ語で進行の意味は er ist beim（am）Schreiben、er ist dabei zu schreiben、er ist in Schreiben begriffen（彼は書いている）という言い方、また前置詞を使った er ist auf der Suche（彼は捜している）、さらには直接補語を前置詞句に代えた er schreibt an einem Brief（彼は（ちょうど今）手紙を書いているところだ）といった形式で表現される。

　B. コムリー（B. Comrie）はこの文法現象に言及して、ケルト諸語の進行相形式についても例を引用している。例えば、アイルランド語の非進行相形式 dúnann sé an doras（彼は（いつも）ドアを閉める）に対する tá sé ag dúnadh an dorais（彼は（目下）ドアを閉めている）など。またインド・ヨーロッパ諸語以外の言語についても、グルジア語 Soso çera-ši aris（ソソは目下、書いている）、中国語 tā zài niàn shū-ne（he is studying）、クペレ語 ── アフリカの言語の1つ ── káa pâi（he is coming）などの例を引いている（Comrie 1976: 100−102）。

　進行相の意味をもつ分析的形式が、いろいろな言語でとても多様な外的構造や《内的形式》をとっているという点が目につく。だが、ここでより重要なのは、進行相の意味的スペクトル、個別的な意味領域の差異であり、またそこにおいてどのような語彙的制限が見られるか、という点での差異なのである。

　特に、英語の進行相では、上述の進行相形式におけるカテゴリー的な意味から元々、出てくる現象であるが、状況や状態の《一時性》というニュアンスが特徴的である ── すでに述べた進行相の用語のうちの1つ "temporary aspect" という言い方は、こういった事情で使われるようになったものだ。例えば、The house is standing in the garden は非文であるが ── 正しくは stands ──、Almost all the houses are still standing, but there is not a window left（ほとんどの家がまだ立っているが、（砲撃の後、家々の）窓は1枚も残っていない）は完全に正しい表現である（Иванова 1961: 80）。進行相形式は《一時性》を強調しながら、例えば、We are going to the opera a lot these days（最近、私たちはよくオペラに行く ── いつもではなく、まさに最近）、At that time I was working the night shift（その

当時、私は夜勤だった）（Comrie 1976: 37）のように、限定された、話し手にとって特定の期間に反復される多回動作を表すこともできる。

　英語の進行相を使った多回動作の表現は、別のケースでも可能である。特に、進行相が毎回、特定の時点に位置づけられる動作の反復を表すような場合に可能となる。例えば、I was writing every morning at the time when he usually came（毎朝、彼がいつもやってくる時間には私は書き物をしていた）── O. イェスペルセン（O. Jespersen）の例（Bodelsen 1974: 146）── を参照。また、always、constantly のような副詞を伴う場合、進行相は強調表現や独特な情緒表現とも関係し得る。この情緒表現によって、反復する状況は、具体的な時点であたかも中断することなく存在するかのように、誇張的に表現されるのである。例えば You are always abusing and offending people（あなたは絶えず人を鼻であしらったり侮辱したりしている）（Иванова 1961: 88）など。

　異なる年代に作成された英語のテクストを比較すると ── 例えば時代が異なる聖書の訳など（Wandruszka 1968: 119–120）──、英語の進行相はここ数百年の間、あるいはこの百年においてさえ、絶えずその使用域を拡大し続け、また現在もそれが続いているようである。進行相の形式は「具体的プロセスの全領域へと次第に拡大しているだけではなく、反復の意味の領域にも著しく浸透しており」（Киткова 1978: 167）、ここで詳細には触れないが、他の補足的な意味や使用法なども出てきている。

　似たものとして、スペイン語 ── あるいはより広くイベロ・ロマンス語？── の進行相の意味的なスペクトルと通時的発展がある。スペイン語とポルトガル語の進行相は、ある文脈環境では動作の反復を意味し、またプロセスの意味の枠内におさまらない、その他の意味も表すことができる。これらの言語では、進行相の形成について語彙的制限は存在しないか、少なくとも英語のような厳格な制限はない。概して、英語やスペイン語、ポルトガル語で ── この2つの言語ではよりはっきりとその傾向が観察されるようだが ── 進行相の形式がもつ意味は、アスペクト的には顕著にインパーフェ

第1章　アスペクト論の基本概念　　**23**

クトの方向へと拡大していったのである＊25。B. コムリーによれ
ば、ケルト諸語のうちのいくつかの言語では —— ウェールズ語や
とりわけゲール語では —— 進行相の特徴的な意味が消失するプロ
セスはさらに進んでいるということである。これらの言語では、ア
イルランド語とは異なり、進行相の現在形が今や現在時制の基本形
式になっており、ゲール語では実質、現在時制の唯一の形なのであ
る（Comrie 1976: 39）。

　逆に、他の諸言語では進行相はより狭い意味的スペクトルを示し、
したがって語彙的にもより制限されている。例えばイタリア語やフ
ランス語がそういった状態にある（Марчанд 1962: 361; Схогт
1979: 125）。

　進行相の形成はいろいろな言語で違いを見せるが、動詞パラダイ
ムをどの程度カバーするかという点においても異なっている。一方
の極には英語やスペイン語があり、進行相と非進行相の対立は、お
そらく周辺的形態を除いては、動詞の全パラダイムを二分している。
他方、トルコ語などでは現在時制の内部でのみ、この対立が見られ
る。

　いくつかの言語では、進行相と非進行相の対立がインパーフェク
トとアオリストの対立とコンビネーションを見せる。進行相のカテ
ゴリー的意味はインパーフェクトのアスペクト意味よりも狭いので、
進行相の過去がインパーフェクトの特別な下位分類として表れる場
合もある。例えばイタリア語やフランス語では、scrivo と sto
scrivendo、scrivevo と stavo scrivendo（イタリア語）、j'écris と je
suis en train d'écrire、j'écrivais と j'étais en train d'écrire（フランス
語）というように、現在時制以外にインパーフェクトにも単純形と
進行形が並行して存在する。しかし、遠過去（passato remoto）、
単純過去（passé simple）といったインパーフェクトに対立する過
去時制形式では、進行相を作ることはできない。一方、スペイン語
とポルトガル語では、2つの対立する形式の交差網がすべての時制
で見られる。例えばスペイン語の過去の形式は escribía（単純非進
行相インパーフェクト）、estaba escribiendo（進行相インパーフェ
クト）、escribí（非進行相アオリスト、いわゆる点過去（pretérito

simple））、estuve escribiendo（進行相アオリスト）となっている。進行相アオリストはテクストではあまり使われず、意味・用法ともに独特なもので、ブルガリア語の不完了体アオリストといくぶん似ている。Estuvo lloviendo toda la noche（雨が一晩中、降っていた）、Estuvieron trabajando todo el día（彼らは1日中働いていた）のように、ふつう、この形式は限定的な持続性を表す状況語と使われる。ポルトガル語でも同様に、Ele esteve lendo em casa o dio inteiro（彼はまる1日、自分の家で本を読んでいた）といった使い方をする。進行相アオリストは La gente estuvo entrando y saliendo（人々が出たり入ったりしていた）に見るように、時に反復の意味でも使用される。とは言っても、スペイン語の進行相がもっともよく使われるのは、やはり現在形とインパーフェクトにおいてである（Васильева-Шведе & Степанов 1972: 215）。

　いくつかの言語では**複数回性（кратность）──反復性（iterative）──と／または習慣性のアスペクト対立**が観察される。《多数回の動作》というアスペクトの意味は、量的アスペクトの機能・意味領域で重要な役割を果たしていて、あらゆる言語でどんな形であれ表現されるものであろう。たいていは、すでに見たロシア語の動作様態における多回動作態や反復態、軽微断続態などのような形式で表されたり、また、アスペクトの個別的意味や文脈で複数回性、習慣性のさまざまなニュアンスが表現される。一方、動詞語彙全体を網羅する特別な多回性アスペクトとしての反復相や、動詞の多回的形態といったものの存在が言及できる場合もあり、それらは他の非多回的形態とパラダイムとして対立している。

　伝統的な記述では、複数回性と習慣性の意味をもつアスペクト形式は《時制》として取り扱われたり、定型の構文的結合として考察されたりしている。前者はリトアニア語の統合的形式としての《多回過去（būtasis dažninis laikas）》で（rašydavau は「私は1度ならず書いた、書く習慣があった」という意味）、後者は英語の used to ＋不定詞、would ＋不定詞という2つの分析的形式である。両言語とも考察している対立は過去時制だけに見られ、複数回性、習慣性については中立的な《一般》過去──リトアニア語のいわゆる1

回過去、英語の不定（indefinite）過去——対有標形式という形を
とっている。

　英語における形式の文法的位置づけと意味について、簡単に見て
みよう。B. コムリーは used to ＋不定詞は無条件にアスペクトであ
ると見ており、《習慣相（Habitual）》という用語でそのアスペクト
意味を表現している（Comrie 1976: 26）。この分析的形式がどんな
動詞からも作ることができるだけでなく、used という要素が元の動
詞 use の語彙的意味を失い、音声形式でも元の動詞とは異なってし
まっており、完全に付属語になっているという点は本質的な意味を
もつ。《習慣相》形式がもつ意味は、多回性の枠には収まりきらない。
いくつかの非限界動詞では I used to know your brother at Oxford,
ages ago（В Оксфорде, много лет тому назад, я знал（или:
знавал）вашего брата（был знаком с ним）——オクスフォードで
何年も前、私はあなたのお兄さんを知っていました）、I used to be a
good lawyer once（かつて私は優秀な弁護士だった）*26、The
Temple of Diana used to stand at Ephesus（アルテミスの神殿はエ
ペソスに立っていた）（Comrie 1976: 27–28）のように、この形式
は間隔をおかない連続的な持続状態を意味することができる。こう
いった例で習慣相は動詞の意味を完全に保ちながら、過去——多く
の場合、遠い過去——に長期間、特徴的であった連続的状況を表し
ているのである。もちろん、本来の多回の意味はテクスト上では
ずっと頻繁に出てくる。

　would ＋不定詞の形式は B. コムリーの文献ではまったく扱われ
ていない。この形式は習慣相ほどには使われず、特に会話体ではま
れである。would ＋不定詞はいつも過去の多回性を表すが、非恒常
的な反復性——動作はときどき起る——や*27、「くり返し起こる
一連の動作の見本として、ある 1 つの出来事をとり上げる」といっ
たニュアンスを伴う（Венгеров 1963: 49）。最後のニュアンスは、
スラヴ語完了体／不完了体システムにおけるいわゆる例示的意味
（第 2 章、第 3 節 B.3 参照）と対比できるものであり、このニュア
ンスによって、文体としては中立的な形式である反復相とは異なり、
would を使った形式は文体的に独特な調子を帯びることになる。次

のように両方の形式が1つの文脈で使われている例もある。When we all crawled out of bed in the mornings he would already be standing at the window, shaving, and used to call us, "The war's over, children"（私たちが朝、ベッドからはい出ると、彼はもう窓辺に立って髭を剃り、私たちに「お前たち、戦争は終わったんだ」などと叫んだものだった）（Wandruszka 1968: 125）。ここでは両形式とも進行形と共に使われており、原形不定詞の代わりに進行形とも結合し得ることがわかる。

　チェコ語での多回性、習慣性の意味をもつ形式は、個別に見ていく必要がある。チェコ語のそれらの形式は、ロシア語やポーランド語の多回動作様態と外見上はまったく同じだが、《動詞パラダイムとして》より整っているという特徴をもつ。例えば、psávat（書く［多回］）、chválívat（ほめる［多回］）、dělávat（何度もする）や接頭辞付加動詞から派生した imperfective から作られる zapisovávat（何度も記録する）、vydělávávat（何度も加工する）など、また時には反復を強調する接尾辞を伴った psávávat（何度も書く）などである。F. コペチヌィ（Fr. Kopečný）は、こういった形式がチェコ語ではとても広範囲に形成され、それもロシア語で見られるような過去時制に限った現象ではなく、psávám のように現在時制においても観察されることに言及し、それらが psát、chválít、dělat、zapisovat、vydělávat のような一般的な imperfective にアスペクト的に対立する形式であるとしている。それは完了体と不完了体という主要な対立の下位に位置する2次的なアスペクト対立であり、不完了体の枠内でのみ機能しているのである（Kopečný 1962: 5–6, 8, 15）。例えば píšu、napíšu、psávám のように、同じ語彙的な意味をもつ3つすべてのアスペクト形式について、F. コペチヌィは1つの動詞語彙素の語形と見なしている（Копечный 1962: 208）。A. G. シロコヴァ（А.Г. Широкова）は、多くの imperfective で多回形式が実質、存在しない点を特に指摘し、コペチヌィに反論している。シロコヴァは「現代チェコ語の多回動詞は特別な多回相ではなく」（Широкова 1966: 7）、それらは他のスラヴ諸語と同じように動作様態に属するものである、としている。おそらく、ここでは

双方の意見ともにそれなりに正しく、チェコ語では——多分、スロヴァキア語でも——問題となっている現象は移行的、中間的段階のものだと言えるだろう。

シロコヴァはチェコ語の多回形式の基本的な意味は「不定回の反復」であると定義している（Широкова 1965: 84）。この形式は最小限の文脈ですでにこの意味をもち、často（しばしば）、zřídka（たまに）、někdy（時々）、obyčejně（いつもは）、několikrát（何度か）といったタイプの状況語と容易に結合する一方、třikrát（3回）、desetkrát（10回）のようなはっきりと反復回数を示す語とは結合しない（Широкова 1965: 81）。しかし、おもしろいことに、同じ形式でも状態動詞から派生したものの場合には、次に見るように多回の意味ではなく、過去における状態の連続的持続を意味する。Míval jsem spolužáka, Šuster se jmenoval（僕には同級生がいて、シュスターという名だった）、Jediný otec mě milovával（私を愛していたのは父だけだった）、Za dávných, dávných časů stával nad Orlicí řekou〈...〉nádherný kostel（昔々、オルリッチ河畔には壮麗なカトリック寺院が建っていた）、Bývala tak drobounká, teď najednou kvér na ramenou（彼女はあんなに小さかったのに、今ではいきなり肩にライフル銃をかついでいる）（Широкова 1965: 80-81）。

現在時制では、多回形式は非アクチュアルな現在の意味を表し、発話時のその瞬間に動作が進行していないことを強調している。F. コペチヌィは、これについて有標の非アクチュアル性、非時間性（atemporality）であり、英語やスペイン語の進行相が、アクチュアル性や目下の時点での具体的な動作進行を有標化するのに対して、意味的に正反対の特徴であるとしている（Kopečný 1962: 15-16）。したがって、チェコ語の psávám は「私は書く、ただし目下の時点ではない」という意味であり、この形式は「今、君は何をしているの？」（Co to tady děláš?）という問いに対する答えとはならないのである。

動作の複数回性や習慣性の意味をもつさまざまな形式は、インド・ヨーロッパ諸語以外の言語でも観察される。多回性やその他の

《動詞的多数性（глагольная множественность）》に関して、いろいろな語族や類型的構造の、何十という言語における多くのデータを、W. ドレスラー（W. Dressler）の著作で見ることができる（Dressler 1968）。ドレスラーはアスペクトをより狭い意味で理解する陣営に属し、多回性や習慣性もアスペクトのカテゴリー的意味から原則的に除外している。したがって、集めたデータも、動作様態の特徴をもつものとそうでないものとして分類されている。我々のアスペクトについての理解はすでに定式化しているが、それに従えば、いくつかのケースでは、複数回性対立についても文法的なアスペクト対立か、少なくとも動作様態とアスペクトの境界上にあるものとして理解できるのである。もちろん、各言語において、それぞれの複数回性対立のステータスを明らかにするためには特別な研究が必要であろう。

　以上、perfective 性、インパーフェクトとアオリスト、進行性、複数回性または習慣性という 4 つのアスペクト対立を簡単に考察してきた。そこでは、1 つの言語の動詞体系において、これらの対立が互いに何らかの形で組み合わさっている場合も観察されたが、4 つの対立におけるアスペクト意味が同じではない以上、それは自然なことである。4 つの対立の意味的関係を概観すると次のようになるだろう。まず、進行性と複数回性対立での有標項のもつ意味内容はもっとも狭く、スラヴ諸語の不完了体における具体的プロセスと非限定回の意味範囲とちょうど重なる。ギリシア語のインパーフェクト、現在－未完了アスペクトはアスペクト意味としてより広く、上で述べた進行性、複数回性という 2 つの意味を合わせたものと言える。もっとも広い意味内容をもっているのは不完了体で、自らの意味的スペクトル内に一般的事実という 3 つ目の意味をもつ——いくつかの補足的な意味や中和化した用法などについては言及しない。このように、進行相と反復相は有標化されるが、必ずしもその使用は義務的でない場合も多く、使っても使わなくもよい場合や、また文体的に強調される時にだけ使われるという場合もある。インパーフェクトが有標の場合、その使用は必ず義務的であるが、また、対立項であるアオリストと対等の等価的対立をなす要素となる場合

もある。不完了体は意味的に有標ですらなく、対立項としての完了体の方が有標項となり、より狭い意味的スペクトルをもっている。

ところで、考察してきたタイプのアスペクト意味は、単に上で指摘したような論理的な関係で順序立っているだけではない。それ以外にも、そこには一定の**歴史的変遷の方向性**を見ることができる。多くの言語の歴史で、あるタイプから別のタイプへの変形というものが観察されるが、たいていの場合、それは1方向に向かう。つまり、より狭義の、しばしば強調的ニュアンスをもつアスペクト意味、すなわち反復相と進行相── あるいは反復相または進行相── は、より広義のアスペクト・カテゴリーへと変化するという方向性をたどる── 時にはその後、アスペクト的特性さえ全く失ってしまうこともある。このような過程で出現し、発達したのがスラヴ語の不完了体である（第2章、第6節を参照）。おそらく、古い反復性を表す形態がスラヴ語のインパーフェクト形式の元になっていると思われる（Kuryłowicz 1977: 85）。一方、古代ギリシア語ではっきりとアスペクト意味を示すものとして観察される、古い印欧語のインパーフェクトは、ヒッタイト語やインド・イラン語派など、そこから派生した語派においては、アスペクトではなくナラティヴ（narrative）的な過去の語りの意味をもったり、スラヴ祖語のように形態的にアオリストと合体したりした。ラテン・ロマンス語のインパーフェクトは、ラテン語で改新形（innovation）となっているが、現在ではフランス語で非アスペクト的なナラティヴ機能をもつもの（上述のいわゆる絵画的半過去（imparfait pittoresque）を参照）に変化する傾向を見せており、フランス語ほどではないにせよ、その他のロマンス諸語でも同じ傾向が見られるのである。と同時に、インド・ヨーロッパ諸語では進行相を表す構造の非常に勢力の強い萌芽が現れたが、それは分析的形式の進行相へと変化発展しつつあり、またインパーフェクトへと接近し始めている。すでに見てきたように、いくつかの言語で、これらの形式はますます広い意味領域を獲得しつつ、すでに本来的な進行相の意味の枠組みからはみ出そうとしている。

J. クリオーヴィチ（J. Kuryłowicz）が指摘しているように、この

ようなプロセスはインド・ヨーロッパ諸語だけではなく、その他の語族、特にセム語派などの歴史にも起こっていることである（Курилович 1965: 419）。

　強調形としてのアスペクト意味をもつ新しい形態の発生によって、アスペクトの更新サイクルが起こるが、それに伴い、アスペクト対立の一方の項の意味は次第に広くなる。そうすると対立項の意味的スペクトルは狭まり、無標の《共通》アスペクトはアオリスト、または完了体にさえ変化するという方向へ進化する。ただし、こういったプロセスはパーフェクト形式の進化との相互作用によって複雑になる可能性があるのである。

D.　パーフェクトの意味とその進化

　次に、多くの言語で観察されるパーフェクトと非パーフェクト、あるいはパーフェクト形式グループと非パーフェクト形式グループについて特に詳しく考察してみよう。パーフェクトの意味はアスペクト的であったり、またタクシス的であったり、あるいは両方の意味が混在している場合もある。その意味は言語によって異なり、また1つの言語でも歴史的に本質的な変化を見せる場合もある。それでも、一般アスペクト論としてパーフェクトに必須のいくつかの最小限の意味特徴を取りだすことはできる。

　パーフェクトと言えるのは、動詞形態、あるいはより広く述語を形成する語結合の意味において、先行する時間と後続する時間という2つの時間局面の事柄が融合し、この2つの時間局面に関係する、2つの状況間に何らかの結びつきがある場合である。一般には一方の状況が意味的に主要なものであり、もう一方は付随的状況で、あまりはっきりと示されない場合もある。

　もし後続の時間局面に重点が置かれると、すでに起こった変化や動作がもたらす何らかの状態や静的関係が表現され、先行する時間局面に重点が置かれると、後に何らかの痕跡や結果を残す動作、ある特徴的な状況をもたらす動作が関心の対象となる。簡単に言えば、後続の時間局面において何らかの意味で問題となる動作、後続の時

間局面における立場で吟味される動作である。最初の場合が状態パーフェクト（перфект состояния、статальный перфект）、2番目の場合が動作パーフェクト（перфект действия、акциональный перфект）である。状態パーフェクトの例として、Он ушедши、Они привыкши、Сын женивши（彼は出かけている、彼は慣れている、息子は結婚している）のようなロシア語方言における述語機能で使われる副動詞を挙げることができる。また動作パーフェクトの例では、英語の I have bought the book（「私は本を買った」──本は私のところにある、または何らかの理由で本を適当な時に買ったという事実が重要）のような完了形がある。状態パーフェクトと動作パーフェクトの境界は意味的であり、外見上の形式は同じ場合もある。例えば A. A. シャフマトフ（А. А. Шахматов）がパーフェクトと定義しているロシア語の（письмо）написано という形式は（Шахматов 1941: 489）、たいていは状態パーフェクトの意味で使われるが、過去の時点の指示など適当な文脈がある場合には、受動の動作パーフェクトの意味となる。Письмо написано（карандашом, мелким почерком и т. п.）（手紙は（鉛筆で、細かい字で等々）書かれている）に対して Письмо написано вчера（手紙は昨日、書かれた）。

　歴史的に見ると、状態パーフェクトから動作パーフェクトへの道筋をたどるのが一般的であるが、状態パーフェクトそのものは、──先行する動作によって《引き起こされた》ものではない──《純粋》状態を意味する形式を起源としている。一方、動作パーフェクトの方は、しばしばパーフェクト的特徴を何らかの意味でやがて失ってしまい、非パーフェクト過去（неперфектный претерит）へと変化してしまう場合もある。このようにして、状態 → 状態パーフェクト → 動作パーフェクト → 非パーフェクト過去、という発展の道筋をはっきりと描き出すことができるのである。こういった発展の道筋は、J. クリオーヴィチがすでに指摘しているように、ある種の周期的な現象として観察できるが、J. クリオーヴィチは問題となっているタイプの発展について、やや異なった段階区分を行っている *28。

　パーフェクトにおけるタクシス的な意味は、アスペクト的な意味

を基礎として、まずは状態に先行する動作、次の段階として、動作が行われた時間帯以外の、一般的な何らかの時点に先行する動作というように、動作の時間的な先行順序を表す意味として発展している。アスペクト的意味は状態パーフェクトで優勢であり、そこでは状態は多かれ少なかれ具体的なものとしてイメージされる。タクシス的意味は動作パーフェクトの段階で発展するが、この段階では動作が前面に出て、この動作に後続する状態は、より広い漠然とした意味でとらえられるようになり、どちらかというと動作の結果の、後続する時間局面にとっての大まかな影響、といった意味で理解され始めるのである。状態パーフェクトから動作パーフェクトへの変化に伴って、原初的なパーフェクトにおけるアスペクト意味 **29** ［状態性－訳者注］の制約は克服され、語彙的な制限も無くなり、どのような語彙からも形成されるようになる。そして、語彙的制限が無くなった段階で、当然のことながら非動作動詞からも、体系上、動作パーフェクトに位置する形式が作られる。このようなパーフェクトは、英語の I have slept well（「私はよく寝た」── そのことは何らかの意味で、たとえば元気だと感じているといった意味で、目下重要である）のように、後の事態にとってその結果が重要な、先行する非動作を意味するのである。

　パーフェクトの独特な発展は、英語やスウェーデン語の I have lived here for three years（「私はここにもう3年間住んでいる」── 住んでいて、今も住み続けている）のような、いわゆる包括的パーフェクト（инклюзивный перфект−inclusive perfect）で観察される **30**。このようなケースでは、先行と後続の2つの時間局面が1つに合体し、その時間ずっと変化しないまま、同じ状態が持続している、ということができる。

　最後のパーフェクトから《非パーフェクト過去》へ変化する段階では、アスペクト的特徴だけでなく、タクシス的特徴も完全に失われるが、フランス語の口語や一部、文学作品などにおける passé composé（複合過去）でそのような現象が観察される。

　パーフェクト ── パーフェクトを表す諸形式のグループ ── と非パーフェクト ── 及び非パーフェクトを表す諸形式のグループ

――の対立がある間は、パーフェクトとそのグループに対立する項が、この対立における中立的な《共通アスペクト》、《ゼロ》タクシスとなる。つまり、対立関係の中立的な基盤となるのである。

　発達したパーフェクト・グループ（《パーフェクト類（перфектный разряд）》）では、現在パーフェクト（本来的なパーフェクト）以外に、それを元に生じたプルパーフェクト（過去パーフェクト類）やパーフェクト類の未来形である未来完了（futurum exactum）など、さまざまな時制形式が存在し、また不定詞や直説法以外の法なども観察される。タクシスの意味が発達するにつれ、パーフェクト・グループ全体が《先行の時間局面を表す相対的テンス（относительные времена предществия）》として理解されるようになる。それがさらに進むと、プルパーフェクトなどパーフェクト類の派生形においては、本来的なパーフェクトがすでに消滅したあとでも、一般に、独特なタクシス的な意味がかなりはっきりと保持され続ける。

　いくつもの言語でパーフェクトと非パーフェクトの対立は、何らかの形で他のさまざまなアスペクト対立と交差したり組み合わさったり、時には融合しさえする。インド・ヨーロッパ諸語の資料では、パーフェクト形式の発展におけるいくつかの順序立った《ラウンド（рануд）》が観察され、パーフェクト形式と他のアスペクト・カテゴリー、時にはヴォイス・カテゴリーが相互作用するいろいろなタイプを見ることもできる。

　《第1ラウンド》は統合的形式の進化プロセスである。**インド・ヨーロッパ祖語の統合的パーフェクト**は、独特な人称語尾をはじめとして、徐々に形成されたいくつもの形態的特徴をもっているが、K. ブルークマン（K. Brugmann）がすでに仮定しているように、原初的には動詞システムに属さない個別クラスの語類に起源をもつ（Brugmann 1913: 84）。I.A. ペレリムテル（И.А. Перельмутер）が説得力ある裏づけを行っているが、その仮説によれば、それは主体の不活発で非能動的な身体的、心理的状態を意味する独特な品詞で、「一種の《状態カテゴリー（категория состояния）》であり、動詞との共通点は、構文的に述語の役割をもつという点のみにある」（Перельмутер 1977: 29-30, 37）。この品詞の語類は、原初的

にはおそらく不変化で、特にテンスによって変化しなかったと思われるが、その後、徐々に動詞に近づき、そのシステムに引き込まれていく。ただそれは、アスペクトとして語形成システムに組み込まれていったのではなく、自らの個別パラダイムをもつ《非動作動詞》という特別なアスペクト・クラスとしての参入だった──これについては上述のコーカサス諸語における静態動詞（статические глаголы）と動態動詞（динамические глаголы）の対立を参照のこと。ここでの非動作動詞とは《プロトパーフェクト（protoperfect)》として考察できるものであり、それは印欧語の《アオリスト−現在（aorist-present)》、つまり大多数の動詞を構成する動作動詞に対立する形式となっている。

　《プロトパーフェクト》はその後、インド・ヨーロッパ語族のいろいろな語派でそれぞれ異なる運命をたどり、時には同じ言語内でも相反する流れが見られる場合もある。

　バルト・スラヴ諸語では《プロトパーフェクト》は状態動詞現在に変化し、個別の語彙類としての性格を保持し、自らの変化パラダイムを大多数の動詞に似せて一新し、完成させつつある。このような発展の流れにあるのが、スラヴ語の A. レスキナ（А. Лескина）の分類による第 IVb 類動詞である。例えば、古スラヴ語の **БЪДИТЪ** − **БЪДѢТИ、ТЬРПИТЪ** − **ТЬРПѢТИ、ВИСИТЪ** − **ВИСѢТИ、ГОРИТЪ** − **ГОРѢТИ、БОЛИТЪ** − **БОЛѢТИ**、リトアニア語の同じ意味の動詞 bùdi（寝ずにいる）、gùli（横になっている）、gãri（燃えている）やラトビア語などを挙げることができる。多くの場合、他の語派でも同じような発展の結果が観察される。ラテン語の語幹 -ē- をもつ ssedeo（すわっている）、habeo（もっている）のような状態動詞や、ゲルマン諸語──古高ドイツ語における habên（もっている）、lebên（住んでいる）、swigên（黙っている）──などがそのような例である。また特殊な進化のバリアントを示しているのがゲルマン諸語の過去現在（praeteritopraesentia）──ゴート語の wait（知っている）、skal（私は〜しなければならない）など──で、現在形で古いパーフェクトタイプの人称変化パラダイムを保持している。

　違った進化の経過をたどっているのが、《プロトパーフェクト》

が本来の意味でのパーフェクトへと変化し、動作動詞の語形変化パラダイムに引き込まれるケースである。《純粋》状態を表す形式は状態パーフェクトへと変化し、先行する変化によってもたらされた、《達成された》状態を意味する形式となる。このパーフェクトは動詞形式として、一定のテンス的意味——現在の意味をもつようになるが、同時にそれを基礎としてパーフェクト・グループの他のテンス、まずは過去——プルパーフェクトが形成されるようになる。ただ、それらの派生形式も合わせて、パーフェクトはすでに個別の語彙ではなくなり、語彙の一部、該当する動作動詞のパラダイムにおける語形グループとなるのである。

　このような発展の道筋を最もはっきりとたどることができるのが古代ギリシア語である。ホメロスの時代には状態パーフェクト形成のプロセスはまだ完成していない。I. A. ペレリムテルが分析した資料を見ると、ホメロスの時代のパーフェクトは、かなりの程度、語形成的に形成された個別の動詞類であり、動詞の語形変化パラダイムの構成要素ではないことがわかる。たいていの場合、パーフェクトはまだ《純粋》状態の意味として使われており、《動作の結果、達成された状態》（Перельмутер 1977: 41–42）の意味ではない。ホメロスで発展の初期の段階として出てくるのが、パーフェクト類の過去時制——プルパーフェクトである（Перельмутер 1977: 68–）。と同時に、ここではパーフェクトの発展のより進んだ傾向、すなわちその動作パーフェクトへの変化がはっきりと表れている例も見られ、さらに個別の例では、意味的にアオリストに近いパーフェクトさえもが観察される（Перельмутер 1977: 47–49, 54–56）。ホメロスの時代以降、パーフェクト、そしてパーフェクト・グループ全体は、次第に動詞パラダイムに完全に包含されるようになり、このようにして動詞パラダイムは、次のような古典的な3つのアスペクト構造を確立するに至るのである。

現在・インパーフェクト	アオリスト	パーフェクト
λύειν	λυσαι	λελυχέναι
развязывать	развязать	быть развязавшим
（ほどく［不完］）	（ほどく［完］）	（コピュラ（быть）＋
不定回的及び具体的	развязывать	「ほどく［能過分詞］」）
プロセスの意味	（ほどく［不完］	状態パーフェクト
	一般的事実の意味	раньше какого-то момента
	などの場合）	развязать／развязывать
		（以前のある時点でほどく
		［完／不完］）
		動作パーフェクト

　発展の初期の段階で、パーフェクト——あるいはむしろ《プロトパーフェクト》と言った方がよいが——が、動作表現に対する状態表現という形で現在・アオリストに対立していたとするなら、この段階では3つのアスペクトがいわば同等な値として登場しており、さらにこの傾向が進むと、新しいグループ分けさえもが認められるようになる。すなわち、アオリストと動作パーフェクトは意味的に接近し、ある意味で、ともに現在・インパーフェクトアスペクトに対立するようになるのである。アオリストとパーフェクトがこのように1つになる意味的な基盤は、あとに何らかの状態を残す動作というのは、いつもというわけではないが、かなり高い確率で限界に到達した動作であるということがある。だからこそ、アオリストと——典型的な——動作パーフェクトの間に高い類似性が存在するのであるが、翻訳資料中、それぞれの対応を示す数値によってもその点は裏づけられている*31。その後、古典期以降、パーフェクトとアオリストが意味的に接近することで、単純（統合的）パーフェクトやその他のパーフェクト・グループの形式は次第に排除されることになる。現代ギリシア語では新しい、分析的パーフェクトが生まれつつある。

　《プロトパーフェクト》が、動詞パラダイムにおける語形変化の一部として、パーフェクト形式に発展するという方向は、印欧語のインド・イラン語派やその他のいくつかの言語においても起こっている。ただ、パーフェクト的な特徴はどこでもかなり早い段階で消

第1章　アスペクト論の基本概念　　37

失するプロセスが起こっており、古いパーフェクトは意味的に他の過去形式（アオリスト）に接近した。アオリストとインパーフェクトの違いがすでに消滅し、インパーフェクトが非アスペクト的なナラティヴ機能をもつようになった場合などは、パーフェクトはインパーフェクトととも接近をしている*32。このようなプロセスの結果、パーフェクトは遅かれ早かれ使われなくなり、残った場合でもすでに質的に変化をしていたり、いくつかの言語では —— ラテン語やケルト諸語、またおそらくゲルマン諸語でも —— 非パーフェクト形式との何らかの混淆（contamination）を起こしたりしている。

　よく知られているように、ラテン語では継承した印欧語のパーフェクトは、最初の文字文献が現れる以前の時期に、すでに新パーフェクトととしてアオリストと形態的に1つになっていたが、古典期が終わるまではずっと、何世紀にもわたって二重の機能を保持したのである。ラテン語のパーフェクトは、状態パーフェクトまたは動作パーフェクト（ラテン語の用語では perfectum praesens、perfectum logicum）、またアオリスト（perfectum historicum）—— 語りの時制であるがアスペクト的には中立ではなく、インパーフェクトと対立する —— としての役割も果たしている*33。このようなパーフェクトの意味的二重性は、プリスキアヌス（Priscianus）によってはっきりと認識されていた（Тронский 1960: 437）。それぞれ例えば scripsi₁ = $\gamma\acute{\epsilon}\gamma\rho\alpha\phi\alpha$、scripsi₂ = $\acute{\epsilon}\gamma\rho\alpha\psi\alpha$ を区別することができる。インパーフェクト（imperfectum）と歴史的完了（perfectum historicum）の対立 —— scribēbam と scripsi₂ —— はラテン語史全体を通じてアスペクト的な性質 —— インパーフェクトとアオリスト —— を保持し続け、さらにはラテン語よりも長く生きながらえたとも言え、意味的に本質的変化を被ることなく、ロマンス諸語全体へと受け継がれていった。一方、scripsi₁ の方はその後、分析的パーフェクトにとって代わられ、次第に消滅の過程をたどるのである。

　ある程度の二重性は、パーフェクトから派生した他の人称形 —— プルパーフェクトなど —— やパーフェクトの不定詞にも見られる。ただ、これらの形式は、意味上も用法上もパーフェクトと完全に同

じものとは言えず、パーフェクト・グループ全体とそれ以外の形式
── インフェクト・グループ ── との対立は、それがアスペクト
的なものであると見なせるのは、かなり早い時期だけである。のち
にこの対立は、主としてタクシス的なものへと変わる。I. M. トロ
ンスキー（И. М. Тронский）が定式化しているように、「古典期
のラテン語史ではアスペクトを表す文法的意味の消滅が進行し、相
対的テンスの意味をもつ新しいカテゴリーがそれに取って代わるの
である」（Тронский 1960: 438）*34。さらには「アスペクト・カ
テゴリーとしてのインフェクトとパーフェクトは、それ自身として
完了した、または完了していない動作の意味をもつが、そのインフ
ェクトとパーフェクトの位置を占めるようになるのが、他の動作に
対して完了した、あるいは完了していない動作の対立、すなわち他
の動作に先行あるいは後続する動作の対立となる」（Тронский
1960: 443）。

　印欧語における統合的パーフェクトの進化に関する考察を終える
にあたって、もう1点指摘しておきたい。多くの場合、統合的パー
フェクトは新しい形態的タイプ ── ギリシア語における接尾辞 -k-
を使ったタイプや、おそらく古いパーフェクトとアオリストとが混
淆を起こした時期に、すでに発達していたと思われるラテン語の
-uī- を使ったタイプなど ── によって形式的に何らかの《改新》を
受けている。しかし、より完全な改新は、状態の意味から発展する
《パーフェクト変遷》の全サイクルが再び開始された時に起こった
のである。これらの変遷はパーフェクト形成の《第2ラウンド》に
あたり、この段階でパーフェクトは形態的に新しい分析的形式を特
徴とする。

　分析的パーフェクトは、動詞派生形容詞や分詞を述語として使う
用法から発展する。このような動詞派生形容詞、分詞は、動詞が表
す動作がもたらす質や状態を意味したが、そこでの動作はたいてい、
先行し、自らの限界まで到達した動作である。述語的結合にはいろ
いろな動詞が使われるが、パーフェクトは2つのタイプの結合、存
在動詞との結合と所有動詞との結合から発展している。

　スラヴ諸語ではパーフェクトとプルパーフェクトの分析的形式が、

第1章　アスペクト論の基本概念　　39

最古の文献が現れた時代から広く観察され、それは能動*l*分詞と補助動詞としての存在動詞との結合の形をとった。まだ文字がない時代から、これらの形式は能動パーフェクトの意味を発達させていたのである。ところで、分詞がのちに完了体語幹へと変化する限界動詞語幹から作られている場合、もちろん、状態パーフェクトとしての使用の可能性もそのまま保たれている。少数だが、古代のテクストには未来完了（futurum exactum）の例も見られる。古スラヴ語の文献において、ーлъ 分詞や ーлъ 分詞を使って形成される分析的形式が、この時期すでに非限界動詞や状態動詞にさえ観察されるという点は特に重要である。例えばマリア写本において、ne добро ли сѣма сѣлъ еси на селѣ твемь（ご自分の畑には良い種を蒔かれたのではなかったのですか —— マタイ伝第 13 章 27、アッセマーニ写本では …сѣалъ…）、жьна идеже нѣси сѣлъ（ご自分でお蒔きにならなかったところから刈り取られ —— マタイ伝 25 章 24、アッセマーニ写本、ゾグラフォス写本、オストロミール福音書では …сѣалъ…）、бѫдетъ бо тогда скрьбь велиѣ ѣкаже нѣстъ была отъ начала въсего мира до селѣ（その時、世の始めより今に至るまで絶えてなかったような、大いなる患難となるであろう —— マタイ伝 24 章 21）、пѧть бо мѫжь имѣла еси（［あなたには］5 人の夫があったが —— ヨハネ伝 4 章 18）のような例があり、またプルパーフェクトにも次のように同じような例がある。видѣ дъва анѣла 〈...〉 сѣдашта 〈...〉 iдеже бѣ лежало тѣло iско（イエスの遺体の置いてあった所に …2 人の天使が … すわっているのが見えた —— ヨハネ伝 20 章 12）。事実上、文献資料が現れる前の早い時期に、パーフェクトの特徴が失われる過程も始まっていたのだ。古代の文献には、パーフェクトがはっきりとは感じられない例が既に存在し、パーフェクトはアオリストと同義で使われているのである。

　パーフェクトはその後、スラヴ語圏のそれぞれの地域で異なる運命をたどっている。最も南の地域ではパーフェクトの全システムが保持され、動詞の非パーフェクト形式に対立して機能し、パーフェクトと非パーフェクトの対立、完了体と不完了体の対立は相互に交

差している──一方で、インパーフェクトとアオリストの対立は
非パーフェクト・グループの枠内でのみ働く。完了体動詞語幹の場
合、現代ブルガリア語ではパーフェクト・グループの形式は、状態
パーフェクトの意味でも動作パーフェクトの意味でも使うことがで
きるが、不完了体の場合は、動作パーフェクトのいろいろな意味の
バリアントとしてのみ使用できる*35。ある限られた範囲では、
パーフェクトとアオリストは実質的に置き換えが可能である。が、
パーフェクトが叙述をつないでいく機能として使われることは決し
てなく、いつも、いくらかなりともタクシス的な意味を保持し、ナ
ラティヴ機能へと変化することはない。パーフェクト・システムを
基礎に、外的な──トルコ語からの──影響がおそらくあったと
考えられるが、ブルガリア語ではいわゆる伝達法（伝聞法）、さら
には独特な仮定法が発達した。プルパーフェクトもモーダルな機能
をいくぶん発達させはしたが、ほとんどの場合は──タクシス的
あるいはアスペクト的な──はっきりとした意味をもっている。
未来完了は比較的まれではあるが、意味的な輪郭ははっきりとして
いる。ブルガリア語諸方言や標準マケドニア語においても似たよう
な状態が観察される。

　異なった状況が見られるのがスラヴ語圏の他の地域である。いた
るところで──孤立したラウジッツ語を除いて──パーフェクト
はその特性を失い、普遍的な過去──動詞形態すべてにおいて完
了体／不完了体によって差異化される──へと変化し、時期的な
前後はあるが、やがて統合的過去の2つの形式（アオリストとイン
パーフェクト）を排除してしまう*36。プルパーフェクト──古
スラヴ語とは形態的構造がいくぶん異なるが──は、地域によっ
て残滓的なタクシス的機能をもつ選択的形式として残ったり、また
は強調的過去の機能として再び発展したり、《非現実法》──ロシ
ア語の пошел было, да вернулся（行きかけたがもどって来た）
──に変化したりした。未来完了は完全に消失している*37。

　北スラヴ地域における完了体パーフェクトの意味的スペクトルを
分析すると、パーフェクトとアオリストの意味がはっきりと観察さ
れるが、その状態というのは、ある意味で、ラテン語のパーフェク

第1章　アスペクト論の基本概念　　41

トにおけるパーフェクトとアオリストの意味の境界と対比できるものである。ただ、比較的まれなケースではあるが、一定の語彙的な意味や文脈環境といった限られた条件の下で、完了体過去は状態パーフェクトの意味をもち得る。Руда залегла здесь неглубоко（鉱床はここでは深くないところに横たわっている［完・過］）やКрыша〈…〉ржавая, труба наполовину обвалилась, ступеньки у крыльца сгнили...（Чехов）（屋根は錆びていて、煙突は半ば崩れ落ちており［完・過］、玄関に上がる階段は腐っていた［完・過］チェーホフ）（Виноградов 1972: 446）といった例を参照のこと*38。同時に、非状態パーフェクトの意味は、完了体だけではなく不完了体過去においても観察される。例えば、英語のパーフェクトがロシア語の翻訳でしばしば不完了体過去で訳されるというのも偶然ではない*39。

　古代のスラヴ諸語文献において、*l*分詞パーフェクトと並んで広く使われているのが -n-/-t- 受動分詞を伴うさまざまな述語結合であり、それらはスラヴ諸語における分詞形受動構文発展の基礎になっている。これら述語結合のうち、スラヴ諸語に共通した最も古い形が、動詞 быть のいろいろな形を使った構文である。それらは、まずはおそらく状態的な機能で、のちには、すでにかなり多くの場合に、動作的な機能として使われている。ただ、《動作的》であるという定義は、受動構文に適用される場合はより広い意味をもつ。すなわち、単に受動態・動作パーフェクトの意味のみならず、受動構文で動作を意味する形式すべて、例えば（дом）строится、строился（кем-то）（［家は誰かによって］建てられている、建てられていた）、またはドイツ語の同様の例（das Haus）wird（wurde）gebaut ―― 状態受動を表す ist gebaut（建てられてある、建ててある）とは異なる ―― などもそこに関係してくるのである。

　現代スラヴ諸語において、ロシア語の письмо написано（手紙は書かれてある）やポーランド語の同じ意味の list jest napísany のような、助動詞現在時制 ―― あるいはゼロ形態 ―― ＋完了体受動分詞という構文は、状態パーフェクト（状態受動）の意味をもつ最も一般的な形式となっているが、多少とも ―― 言語によって程度

は異なるが――動作受動としてのパーフェクトの意味を表す場合
もある。ブルガリア語ではロシア語とは異なり、例えば Той видя
колата и разбра, че е счупена и после поправена（Йовков）（Он
увидел телегу и понял, что она（букв.）сломана и после
починена（彼は荷馬車を見て、それが壊されたあと修理されてい
るとわかった－ヨフコフ）ロシア語の訳ではこのような場合、必ず
была を入れて была сломана としなければならない）のように、状
態（動作の直接的な結果）がより遅い時間帯に起こった［別の］動
作によって消滅しているような場合にもこの形式が使われる。助動
詞の過去と未来時制では、動作パーフェクトやさらには非パーフェ
クトへと意味の「ずれ」が起こる現象がとりわけ頻繁に観察される。
ロシア語で письмо было написано（手紙は書かれた／書かれて
あった［コピュラ（быть）・過＋受過分詞・完］）は、ある限られ
た文脈では状態的なプルパーフェクトの意味、「書かれてあった」
「準備できた状態にあった」という意味をもつことができるが、最
小限の文脈でごくふつうに表れるのは、完了体能動文 письмо
написали（手紙は書かれた［能動不定人称文・完・過］）と同じ内
容となる動作受動の意味である *40。未来時制の形式は、письмо
будет написано（手紙は書かれるだろう［コピュラ（быть）・未＋
受過分詞・完］）＝ письмо напишут［能動不定人称文・完・現未］
のように、つねに非パーフェクト的な完了体未来の意味を表す。

　不完了体語幹から作られた -n-/-t- 分詞＋動詞 быть は、当初は完
了体派生分詞の場合と同じ意味、つまり状態的な意味をもっており、
Ваша карта бита（あなたの計画は失敗だ［コピュラ（быть）・現
（ゼロ形式）＋受過分詞・不完］）のように、現代語でもこういった
用法は一部、観察できる。しかし、のちに不完了体派生分詞＋動詞
быть は、動作受動、特に非パーフェクト的な動作受動の意味を発
展させ、多くのスラヴ諸語でかなり広範に使用されるようになる。
ブルガリア語の четен е は、動作受動パーフェクトの意味で「誰か
によって読まれた」という意味を表すこともできるし――
Протоколът е четен вече（議事録はすでに読みあげられた）――、
「読まれている」という意味――Тази книга е много четена（この

本はよく読まれている – 動作受動現在）も表すことができる
（Андрейчин 1956: 118）。といっても、動作受動パーフェクトの
意味の方がより頻繁に観察され、非パーフェクト的な動作受動は、
ふつうは再帰形受動によって表現される。チェコ語とポーランド語
は、さらにこのようなプロセスの先を行っている。チェコ語の je
chválen という形式では、動作受動現在の意味が 16 世紀後半に広
がりを見せ、19 世紀には規範となっている。現代チェコ語で jsem
chválen は「私はほめられている」、je bit は「彼は［目下］叩かれ
ている」という意味である（Havránek 1937: 126）。ポーランド語
でも同じように dom jest budowany は「家は建設中である」、
węgiel jest wydobywany は「石炭は採掘されている」という意味で
ある。ロシア標準語ではポーランド語の wydobywany のような分
詞、すなわち、いわゆる 2 次的に派生した *41 不完了体の語幹か
ら形成される分詞は発達しなかった —— 方言では存在し、また 18
世紀の標準語テクストでもそのような分詞の個別の例が観察され
る。

　ロマンス諸語では、分析的パーフェクトや非パーフェクト的受動
へと発展した述語的語結合として、印欧語の接尾辞 -t- を伴う分詞が
使われている。この分詞と動詞「ある（быть）」との古い結合に
よって、古典ラテン語ですでに factus est のような分析的受動パー
フェクトが作られているが、それは当初は状態の意味（「それはなさ
れている」）を、のちに動作的な意味（「それはなされた、それはな
されていた *42 」）をもった。その後、このタイプは非パーフェクト
的な現在における動作の意味（「それは［目下］なされている *43 」）
を発展させている。現代ロマンス系諸語では、限界動詞の場合、こ
のタイプの分詞は現在動作の意味と古い状態的な意味を合わせて
もっており、非限界動詞の場合は現在動作の意味だけを表す。フラ
ンス語 il est aimé、イタリア語 egli è amato「彼は愛されている」と
いう例を参照のこと。俗ラテン語では分析的受動パーフェクト以外
に《所有》タイプ、すなわち「もっている」という動詞を使って作
られる分析的能動（他動的）パーフェクトが現れている。例えば
habeo aliquid factum は直訳すると「何らかのなされたものをもっ

ている」となる —— おそらく、より古い aliquid mihi factum est
「あることが私のもとでなされた」の代替として使われるようになっ
たと考えられる。能動非他動的パーフェクトが発展したのは、いく
ぶん後になってからである。現代ロマンス諸語ではこの意味を表す
のに《存在》タイプ（動詞「ある быть」を使ったもの）と《所有》
タイプ（動詞「もっている［所有している］иметь」、「［手に］もっ
ている держать」）のバリアントが観察される。例としてフランス語
の il est venu やスペイン語の ha venido、ポルトガル語の tem（また
は há）vindo（「彼は来ている」、あるいは文脈によっては「彼は来
ていた」）が挙げられる。能動パーフェクトは、他動的な場合も非他
動的な場合も、状態性から動作性へ向い、その後パーフェクト的な
特質を失う —— フランス語の口語で観察される段階 —— という標準
的な発展の道筋をたどる。

　ゲルマン諸語の分析的パーフェクトでは、分析的受動と同じよう
に分詞の2つの形態的タイプ（弱変化動詞では印欧語の接尾辞 -t-、
強変化動詞では鼻音接尾辞を伴う形）が使われる。これらの分詞は
受動の意味で他動詞から、また非他動詞からも形成されるが、当初
は能動の意味で、限界非他動詞からのみ作られていた。パーフェク
トでの助動詞の使われ方は、基本的にはロマンス諸語の場合と同じ
である。つまり、能動パーフェクトでは動詞「もっている（иметь）」
と一部「ある（быть）」が使われ、受動パーフェクトでは当初は
「ある」が使われている。非パーフェクト的な動作受動はロマンス諸
語のように動詞「ある」を使って作られる（例として英語）か、動
詞「なる（становиться）」が使われる（例としてドイツ語）。ドイ
ツ語やより広くヨーロッパの諸言語における、動詞「もっている」
を使って作られる分析的パーフェクトの歴史的進化について、より
詳しくは第4章、第2節を参照されたい。

　ロマンス諸語やゲルマン諸語のパーフェクトと同時に、パーフェ
クト類の他の分析的形式であるプルパーフェクト —— 統合的プル
パーフェクトを残しているルーマニア語を除いて —— やパーフェ
クト不定詞なども発達する。パーフェクト類全体としては、現代語
ではタクシス的な先行の意味が特徴的である —— 純粋に時系列的

な意味のみならず、［先行動作の］結果が関与的であるという指示も含む。このグループの中心環であるパーフェクトで、このタクシス的意味は言語によって大きな揺れが見られる。英語ではタクシス的意味はドイツ語やフランス語よりも際立ってはっきりしており、語結合の独特な制限をもっている。一般に、英語の現在完了と過去の出来事を正確な時点に位置づける語は、どんな場合も共起せず、すでに終了した期間を表す状況語（yesterday、last week など）も共起しない。また、上で述べた過去に始まり現在も継続している状況を意味する、非限界動詞の包括的パーフェクト用法も特徴的である。ドイツ語では、パーフェクトは語りのテクスト部分ではない──《アクチュアルな》──過去として使われ、主として語りのテクストで使われる非アスペクト的な過去と対立している。フランス語の分析的パーフェクト（複合過去 passé composé）は、基本的な機能としての《アクチュアルな過去》以外に、口語で語りの時制としても使われる──部分的には標準語でも、話しことばに近いジャンルの文体的なバリアントとして使われる。アオリスト過去の統合的形式である単純過去（passé simple）の代わりをし、その形式を押し出してしまうことで、複合過去は新しい《分析的アオリスト》としてインパーフェクトと対立することになる。

　パーフェクト類と非パーフェクト類における対立は、多くのゲルマン諸語やロマンス諸語で進行相対立とコンビネーションをなしている。例えば、英語の完了進行形（Perfect Progressive）I have been writing, I had been writing やスペイン語の he estado escribiendo, había estado escribiendo など。これらの形式では、進行相の具体的プロセスの意味はパーフェクトのタクシス的な意味と結びついている。ロマンス諸語では、パーフェクト性における対立は──大過去の領域で──インパーフェクトとアオリストの対立と交差している（フランス語の大過去（plus-que-parfait）j'avais écrit と前過去（passé antérieur）j'eus écrit を参照）。助動詞のアオリストを用いて作られた形式は、いくぶん特殊なニュアンス──直前の先行性や［動作が］瞬時に終了したことを表す──を表現するが、あまり使われない*44。

46

《第2ラウンド》として発生したパーフェクト形式は、多くの場合、パーフェクト的な意味を失なってしまったか、または失いつつあり、代わって**新しい分析的形式の形成**が発展してくるが、それは印欧語の観点からすれば最も後期の、パーフェクト形式形成の《第3ラウンド》を構成するものとなる。

　《第3ラウンド》が最もはっきりと、また多様な形態で観察されるのがスラヴ諸語の領域、特に現代スラヴ語の諸方言である。そこでは《所有》タイプと《存在》タイプを分けることができ、それぞれにさらに2つの構造的なバリアントがあるが、それらは部分的に《西ヨーロッパ》におけるパーフェクトの、該当するタイプに類似したものとなっている。4つのすべてのバリアントで、完了体と不完了体の対立との交差が観察される。

　所有タイプでは接尾辞 -n-/-t- を伴う受動分詞と、そのアナロジーとして形成された非他動詞から作られる《疑似分詞》が使われ、一方のバリアントでは動詞「ある（быть）」と所有表現の補語（у＋属格）の語結合という形で、もう1つのバリアントでは動詞「もっている（иметь）」が使われる。最初のバリアントは受動パーフェクトが複雑化したものと考えることができ——работа написана（論文は書かれてある）→у меня работа написана（私は［直訳：私のところでは］論文は書いている［出来上がっている］）——、古いラテン語の aliquid mihi（または apud me）factum est（何かが私に（私のもとで）なされている）という構造と対比できる。このバリアントはロシア語地域でも観察される。2つ目のバリアントは、構造的にロマンス語の habeo aliquid factum（私は何かをなされたものとしてもつ）というタイプと対比できるものであるが、西スラヴ諸語、南スラヴ諸語やその諸方言で見ることができる。チェコ語・口語 Mám úlohu napsanou（直訳：書かれた問題をもっている）、Mám zatopeno（直訳：［ペチカについて］焚かれている［状態］をもっている）、ブルガリア語 Имам черно на бяло записано（A. Гуляшки）（私ははっきりと書いている）、マケドニア語 Jac си му имам дадено збор（私は彼に約束している）など。

第1章　アスペクト論の基本概念　　**47**

所有タイプのどのバリアントも、多少とも俗語的であるか、少なくとも口語的な性格をもっているが、諸方言 —— 及び、スラヴ標準語では最も若いマケドニア語 —— では特に広く、自由に使われている。ロシア標準語やチェコ標準語の規範的な使用では、状態の意味が優勢で、分詞は専ら、あるいはほとんどの場合、完了体他動詞から作られている。ブルガリア語では不完了体、それも非他動詞から作られる例がわずかに存在するが、Писма имаме пращани, но не ни се отговаря（手紙を私たちは出したが、返事がない）、Нормативна граматика, върху която имаме наймного работено, още не е написана（何よりも私たちが取り組んできた —— 直訳では、私たちのもとで何よりも取り組まれた —— 規範文法はまだ書き上がっていない）などの例に見るように、動作的な意味として使用されている（Георгиев 1957: 42）。マケドニア語では имаат бегано（彼らは走りまわっていた）のように、この形式の動作的意味での使用は十分、可能であり、ロシア語諸方言でも у них в сарае обедано（彼らは納屋で食事をしていたのだ）、у Гальки вышивано（ガーリカが刺繍した）（Кузьмина & Немченко 1971: 93, 108）などの同様の例がある（第4章、第2節参照）。

　存在タイプの2つのバリアントのうち、ロシア語諸方言で使われているものは -ши、-вши 型の《副動詞の述語的用法》として観察される。それらは状態パーフェクト（он привыкши 彼は慣れている）、プルパーフェクト（был привыкши 彼は慣れた、慣れていた）などとして使われる他、特に不完了体動詞語幹から形成される場合などは、動作的意味をもつこともある。例えば Раньше сохой пахавши（かつては犂で耕していたものだ）；В блокаду, ох, как жалевши мы вас（どんなにか包囲戦でのあなたのことを気の毒に思ったことでしょう）；Раз вы это не делавши, так трудно（あなたはそれをやったことがないから、そんなに難しいのですよ）；Они никогда не работамши（彼らは1度も働いたことがない）；Я еще не мывши была, только встала（私はまだ顔も洗ってないわ、起きたばかりで）（Кузьмина & Немченко 1971: 175–177）などの例を参照。

存在タイプのもう1つのバリアントは、いくつかの西スラヴ及び南スラヴの諸方言やマケドニア標準語で観察される。それらは助動詞の人称変化形と、接尾辞 -n-/-t- をもつ受動分詞に形の上で似せた形式を使うが、これらの分詞は完了体、また、いくぶん頻度は下がるが、不完了体の非他動詞からも作られる。構造的にはロマンス語の je suis venu（私は来ました）タイプと対比できる。以下、例を見てみよう。チェコ語方言 Všecko bylo vymřete（みんな死んでいた）、ポーランド語方言 On był jechany（彼は（かつて）行ったことがある）(Havránek 1937: 77, 80)、ブルガリア語方言 Cera сме дойдени（今、私たちは着きました ―― ロシア語訳 пришли を直訳すると прийдены）(Vasilev 1968: 217)、マケドニア語 Ми се чини ―― не е умрен（彼は死んでいないと思う）、Cera преку мостето треба да се минати（今、彼らはすでに橋を通過したはずだ）、Целиот град како да беше скриен во себеси（町中がまるで自分の殻に閉じこもってしまったようだ ―― ロシア語訳 ушел（行ってしまった）を直訳すると был скрывшимся）、Тоj е（многу）шетан（彼は（多くの地域を）旅行したことがある ―― 直訳は、あちこち行ったことがある）など (Конески 1954: 175–176)。完了体動詞語幹から作られるとき、この形式は多くの場合、状態の意味をもち、不完了体動詞語幹の場合は動作的意味となる。

　ロシア語方言やその他の多くのスラヴ諸語方言、またマケドニア語では、同じ動詞から所有タイプと存在タイプが並行して作られる。例として У него уж три года как женёносъ と Сын уже три года женивши（彼は結婚してもう3年たつ）や、マケドニア語の Имам дојдено（私は着きました ―― ロシア語訳 Я пришел（着いた）を直訳すると У меня прийдено）と Jaс сум дојден（私は着きました ―― ロシア語訳 Я пришел（着いた）を直訳すると Я прийден）が挙げられる。ロシア語方言では、存在タイプに比して所有タイプは、一般に純粋な動作的意味へとさらに接近する道筋を取ったと思われる。英語の動作パーフェクト he has gone と状態パーフェクト he is gone における類似した関係と比較されたい。

　スラヴ諸語と異なった形ではあるが、《第3ラウンド》はロマンス

第1章　アスペクト論の基本概念　**49**

語の領域にも見られ、まっ先に挙げられるのがフランス語のいわゆる複複合形（formes surcomposées）である。複複合形はパーフェクトの《第2ラウンド》の形式を基礎に作られるが、助動詞の定形（finite form）だけでなく、その分詞形も使われる。もっともよく使われるのが複複合過去（passé surcomposé）、例えば（dès que）j'ai eu fait（私がする（やいなや））、（aussitôt que）j'ai été venu（私が来る（やいなや））などや複複合大過去で、その他の複複合形はあまり見受けられない。E. バンヴェニスト（É. Benveniste）は複複合形の役割について「j'ai eu fait は機能的には、アオリスト化した j'ai fait に対する新パーフェクトである」という性格づけを行っている（Бенвенист 1974: 284）。V. G. ガク（В.Г. Гак）も次のように、似た考えを述べている。「複合時制が十分にパーフェクト性のニュアンスを表現しないことが、つねに動作の完了を表す複複合時制の発展を助けたのである」（Гак 1979: 200）。G. ヒルティ（G. Hilty）は単純過去（passé simple）の消滅と複複合形式の出現との間には、言語地理学的、《言語層的》な一致が見られることを強調している。すなわち、2つの現象とも口語に特徴的であり、また、2つの現象のそれぞれの基本特徴が見られる地域分布は一致しているのである。

　以上、いくつかのアスペクト論の基本概念について、それらが論の発展における現代的段階でどのように定義されているかを考察し、この問題において研究が進んでいる諸言語の資料に基づいて、それらの概念のいくつかについてより具体的に解明することを試みてきた。他の、類型学的に見て、また起源の異なる諸言語のデータを導入すれば、ここで記述してきた状況は根本的な修正を迫られることになるかもしれない。しかし、それは将来的な大がかりな研究であり、意見調整が取れたチームによる作業によってのみ実現可能となるであろう。

＊1 ［訳者注］ロシア語学では、文法カテゴリーとして成立している場合の動詞アスペクトを「体（вид）」としているが、本書では国際的な用語にしたがい、これ以降はアスペクトと訳している。

＊2「アスペクトとは状況の内的な時間構成（the internal temporal constituency of a situation）に対するさまざまな見方（viewing）のことである」（Comrie 1976: 3）という B. コムリー（B. Comrie）のアスペクトの定義を参照のこと。

＊3 また、A. ミロンベル（A. Mirambel）の「アスペクト・カテゴリーは対立項の価値という点でも、また対立する諸項の相関関係においても決して一様でない」（Mirambel 1960: 88）という指摘を参照。

＊4 B. ウォーフでは、《顕在的》文法カテゴリーと《潜在的》文法カテゴリーについて、幾分異なる区分がなされている（Уорф 1972: 45−51）。

＊5 限界性／非限界性とその概念の変遷、現代言語学における解説、適切な用語法については Маслов 1978 を参照のこと。

＊6 20−50年代の諸外国の言語学研究における動作様態理論に関する論文については、コシュミーダーの同論文のロシア語訳が掲載されている論文集 Вопросы глагольного вида. 1962. pp. 7−13, 39−76 で知ることができる。

＊7 ここで使用する用語、また動作様態に関する用語全般に関しては Маслов 1965: 75−58 を参照のこと。

＊8《動作様態性（акциональность–Aktionalität）》という用語は、ドイツ語について書いていた W. フレーミヒ（W. Flämig）によって提起されたものである。ドイツ語にはアスペクト・カテゴリーがないので、──ロシア語でのaspect–аспектуальность, залог–залоговость（態–ヴォイス）と同じように──モード–モダリティー（Modus–Modalität）、時–時制（Tempus–Temporalität）といったやり方で、動作様態性は動作様態（Aktionsart–способ действия）という用語から作られたのである。《動作様態性》とはアスペクトではないアスペクチュアリティ、アスペクト・カテゴリーのない言語におけるアスペクチュアリティと言ってよいだろう。それでも、アスペクト関連文献では《動作的（акциональный）》という似た用語が別の意味ですでに定着しており、上述したような意味でこの用語を使うことは適切とは言えないだろう。例えば、《状態パーフェクト（стативный перфект、перфект состояния）──または状態受動（стативный пассив、пассив состояния）》に対する《動作パーフェクト（акциональный перфект、перфект действия）──または動作受動（акциональный пассив、пассив действия）》（本章 D を参照）。

＊9 ［訳者注］本書では совершенный вид（СВ）– несовершенный вид（НСВ）とперфектив – имперфектив（perfective – imperfective）の両方の用語が使われている。以下、совершенный вид（СВ）– несовершенный вид（НСВ）は完了体–不完了体、перфектив – имперфектив については perfective – imperfective として訳語をつけている。原則として、ロシア語のように文法的にアスペクト対立が確立している場合で、動詞そのものに言及する際に совершенный вид（СВ）– несовершенный вид（НСВ）という用語を、アスペクト対立が文法的に確立していない場合や、語形成的過程に言及する場合

にперфектив – имперфективという用語を当てているようである。ただし、
第2章、第2節はロシア語の文法的アスペクト対立を示す動詞そのものに言及
している場合でも、一貫してперфектив – имперфективという用語が使われ
ている。さらにこの節では совершенный вид（СВ）– несовершенный вид
（НСВ）という用語が一切使われていないことからも、内容的な面で記述を統
一して分かりやすくするために、この節に限ってперфектив – имперфектив
を例外的に完了体 – 不完了体と訳している。

*10 L.P. ラズムセン（Л. П. Размусен）は、この対立の《現実基盤》とここ
で呼んでいる事柄、そして我々が対立の《カテゴリー的な意味》と位置づけて
いる事柄についてすでに言及しているが、彼はこの2つの要素 —— 歴史的、
論理的に —— 順序づけられたものとして結びつけている。彼は「完了体動詞は
本来は自らの目的 —— 自らの限界 —— に到達する動作を意味し、その後に、ひ
とまとまり（開始、途中、終了全体）のものとみなされる動作を意味するよう
になったと私には思われる。不完了体動詞は本来は目的達成への準備段階にあ
る動作を意味し、後に、動作をひとまとまりのものとしてではなく、動作の実
質的（内容的）な特徴の側面のみをとらえた意味を表すようになったのであ
る」と書いている（Размусен 1891: 379）。

*11 完了体と不完了体の意味記述の他の試みとして、それらの個々の諸特徴
を階層的に整理し集めたものが以下の諸論文に掲載されている。

Haltof B. Ein semantisches Modell zur Aspektdeterminierung im modernen
Russischen. — In: Probleme der strukturellen Grammatik und Semantik/Hrsg.
von R. Rüžička. Leipzig, 1968, S. 139–150;

Thelin N. B. Towards a theory of aspect, tense and actionality in Slavic.
Uppsala, 1978;

Mehlig H. R. 1）Überlegungen zur Funktion und Determinierung der Aspekte
im Russischen. — In: Referate des VI. Konstanzer slavistischen Arbeitstreffens.
München, 1979, S. 151–169;

2）Linguistische und didaktische Überlegungen zum Verbalaspekt im
Russischen. — Zielsprache Russisch, 1980, Heft 1, S. 1–16;

Leinonen M. Russian aspect, "temporal' naja lokalizacija" and definiteness/
indefiniteness. Helsinki, 1982.

完了体と不完了体の別の解釈が H. ガルトン（H. Galton）によってなされてい
るが、彼は不完了体をアスペクト対立の意味的な有標項とみなしている
（Galton H. The main functions of the Slavic verbal aspect. Skopje, 1976.）。

*12 L. ダンブリュナス（L. Dambriunas）は imperfective 化 ——《脱 perfective
化（деперфективация）》—— の手段と助動詞 būti と接頭辞 be- が付加された
能動現在分詞からなる動詞形態 —— あるいは構造 —— について検討している
（Дамбрюнас 1962: 378, 380）。これらの合成形は —— imperfective 化の機能を
もつ接尾辞が付加された場合に比べ —— 意味が狭く、機能的にはむしろ英語の
進行形に相当するが、その点については後述する。

*13 perfective の意味は特に過去時制の基本的な形式 —— いわゆる過去の1
回動作（прошедшее однократное）—— に特徴的なものであり、imperfective は
現在形に特徴的な意味である（Дамбрюнас 1962: 366, 372, 380; Buchiene

1957: 219–228）。

＊14 接辞 -цӕй- が挿入された動詞の過去形は、фӕцӕйхордта「食べかけたが やめた」「あやうく食べるところだった」というようにロシア語の《非現実法 （недействительное наклонение）》に相当する意味を表す場合もある。

＊15 ハンガリー語のアスペクト意味と動詞前接辞の倒置の間に観察される結 びつきについては、Dezsö 1968: 138 を参照。

＊16 この意味は時に《境界内性（интратерминальность）》と呼ばれる。す なわち動作は intra terminos、開始と終了の間にあるものと見なされるのであ る（Johanson 1971: 101）。私もこの用語を使用していたが、今ではこの用語は 適切ではないと考えている。《開始と終了の間》というのは単に《中間》であ るというだけでなく、《～から～まで》ということも意味し得るからである。 一方、インパーフェクトの意味では開始点、終了点はまったく視野からはずれ ていると言ってよく、むしろ非限界性、非限定性ということが強調される ― 図 では次のように左右が点へと移行する線として描くことができる ···· ━━━ ···· 。

＊17 アオリストのこのようなタイプの使い方の詳細については以下の p.221–、 及び Маслов 1978: 35–36；Дубровина 1959: 86–90 を参照。

＊18 imparfait pittoresque ―― または "imparfait nouvelle manière" ―― と映 画でのアップ画面の使用とを M. ヴァンドゥルシュカ（M. Wandruszka）が比 較している。

＊19 一般に imparfait pittoresque はロシア語への翻訳では完了体過去で表現さ れる。例えば Le 16 mars, Hitler entrait à Prague. En Angleterre, le gouvernement instaurait la conscription, en France, Daladier obtenait les pleins pouvoirs （Simon de Beauvoir. La force de l'âge; Wandruszka 1968: 127 における引用）の ロシア語訳は 16 марта Гитлер вступил（вступал ではなく）в Прагу. В Англии правительство ввело（вводило ではなく）воинскую повинность; во Франции Даладье получил（получал ではなく）неограниченные полномочия となる。 不完了体の使用は вступает ... вводит ... получает... のように歴史的現在による 描出でのみ可能である。

＊20 進行相という用語は新しいものではない。19 世紀にはすでに使われてい たが、特に広く使われるようになったのは 20 世紀中頃である。進行相ほどに は適切な用語とは思えないが、英語学で使われている他の用語についても見て みよう。1）Continuous 海外の研究者が使っているが、ソ連の英語教育や教 科書などでも特に広く使われており、時に《持続相》、《持続類》などと訳され ることがある。2）Expanded Form あるいは Expanded Tenses ―― O. イェス ペルセン、H. ポウツマ（H. Poutsma）の権威づけを与えられている。 3）Periphrastic Form すなわち分析的形式。4）Definite（限定的形式）。 5）Temporary 文字通りの訳では一時的形式となるが、一時的、非恒常的な事 象を指示する。

＊21 A. Erdman による 1871 年の定義。Nehls 1974: 91 に所収。

＊22 進行相を作りにくい動詞については Leech 1971: 20–27；Фефелов 1974: 213–218；Ljung 1980: 31–68 も参照。

＊23 スペイン語進行相の使用が任意であるという事情については Марчанд

第 1 章 アスペクト論の基本概念 53

1962: 361–362; Comrie 1976: 33 を参照。スペイン語のこの問題に関する反論については Силецкий 1971: 18; Васильева–Шведе & Степанов 1972: 201 他、参照。

*24 K. シュナイダー（K. Schneider）が示した例 ... han hört föräldrarna i lugn ton sitta och tala（彼は両親が落ち着いた声で話しているのを聞いた）においても動詞 sitta が完全に語彙的意味を失っていることが分かる（Schneider 1977: 76–77）。

*25 V. I. シレツキー（В. И. Силецкий）はスペイン語の estoy escribiendo という形式の《不変的意味（инвариантное значение）》は《アクチュアル性（актуальность）》── すなわち進行性 ── にはなく、《インパーフェクト性（инперфективность）》にあると見なしているほどである（Силецкий 1971: 17）。後に考察する進行相の対立とインパーフェクトとアオリストの対立の交差という事実を考慮しても、インパーフェクトにおいて表れるアスペクト意味を《インパーフェクト性》として理解するのであれば、それは正しいとは言えないであろう。もし、よく行われているように《インパーフェクト性》という語がここで不完了体の意味で使われているだとすれば、より一層問題である。

*26 Венгеров 1963: 47 を参照。ロシア語訳の знавал も反復相の接尾辞にもかかわらず、ここでは多回性を意味しない。

*27 このニュアンスについては A. S. ホーンビー（A. S. Hornby）などが指摘している（Хориби 1960: 154）。

*28 J. クリオーヴィチの区分けでは、最初の段階が《状態動詞》── まだ動詞になっていない状態の意味をもつ形式は除いている ──、第 2 段階が《パーフェクト》── 状態パーフェクトと動作パーフェクトの区別はなされていない ──、第 3 段階が《不定過去》── 意味的に動作パーフェクトの、発展のより後期段階での下位タイプが想定されているようである ──、第 4 段階が《語りの時制》［アオリスト過去−訳者注］となっている（Курилович 1965: 420–422, 433）。

*29 ［訳者注］状態性を意味する。次頁におけるブルークマン、ペレリムテルの引用を参照。

*30 包括的パーフェクトはフィンランド語にも存在する。Hän on nukkunut jo kaksi tuntia（彼はもう 2 時間も眠っている）（Tommola 1981: 100）。

*31 S. シャフラノフ（С. Шафранов）によってすでに 19 世紀に行われたデータ集計を参照のこと。クセノポンの『アナバシス』のギリシア語テクスト中、370 のパーフェクト形のうち 320 例が、ロシア語の翻訳では完了体、つまり、ギリシア語のアオリストの訳としてふつう使われる形で表現されている（Шафранов 1875: 179）。

*32 T. Ja. エリザレンコヴァ（Т. Я. Елизаренкова）は、ヴェーダ語のパーフェクトは「状態というアスペクト的意味を表し」、「しばしば動作が完了した結果、到達した状態を表現する」一方で、単に動作を確認するものとしても使われ、この機能においては「アオリストの意味に近くなっており」、「そして、インパーフェクトとともに過去の語りの時制としても広く使われている」と指摘している（Елизаренкова 1982: 287）。

*33 ラテン語のインパーフェクトは改新形であり、早い時期のラテン語テク

ストではまだ比較的まれにしか使われていないが、つねに首尾一貫しているわけではないものの、すでにこの時期にパーフェクトと対立しているのである。

＊34 同じ観点を提起し、裏付けているのが M. クラヴァル（M. Kravar）である。ラテン語動詞アスペクトの諸問題に関する章を “Od glagolskoga vida do relativnoga vremena”（『動詞アスペクトと相対的テンスについて』）としている（Kravar 1980: 116-125）。

＊35 それぞれの例については Маслов 1959: 275- を参照。

＊36 単純過去形が排除される過程は均一ではなく、ポーランド語では最初の文献資料が現れた時代に、すでにほとんど完全にそのプロセスは完遂されており、他方、セルビア・クロアチア語は、現在に至るまで、まだそのプロセスの完遂にはほど遠い状態にある。

＊37 ポーランド語の 2 つの不完了体未来形式のうちの 1 つである będę niósł（持ち運ぶことになる［未］）という形は、古いスラヴ語の未来完了を思い起こさせるが、パーフェクト的な特性を失った、未来完了を継承したものであるとは言えないだろう。この形式はむしろ、後にできた改新形であると言え、というのも、そこで使われているのは不完了体語幹から作られた *l* 分詞であるのに対し、未来完了の場合は、後に完了体となる語幹から形成されることが多いということがある。さらに、古代ポーランド語において古い未来完了というものは検証されていない。

＊38 ところで、ブルガリア語においては л 分詞は非パーフェクトに対立する本来のパーフェクトとして機能しているが、能動パーフェクトにおける状態的な意味は、一般的にはロシア語の過去時制とほぼ同じように限られたものである。

＊39 翻訳資料を使ったいくつかの数値データで、英語の現在完了形の 56 例がロシア語の完了体過去で、16 例が不完了体過去で訳されていることが示されている。Матвеева 1973: 140-142 を参照。

＊40 L.P. ラズムセンは「もし кому-нибудь вчера эта картина была продана（昨日、その絵はだれかに売れたのかね）と言って、она вчера была продана. Так... но в который день ее продали?（その絵は昨日は［もう］売れていました。えーっと、いつ売れたんでしたっけ？）という答えが返ってきたとしたら、びっくりしないロシア人はそういないだろう」と書いている（Размусен 1891: 31）。

＊41 ［訳者注］完了体から接尾辞を加えて派生した不完了体。

＊42 ［訳者注］この場合の「なされていた」はロシア語では делался で表現される進行相または反復相の意味。

＊43 ［訳者注］上記と同じ意味。

＊44 例えば「スペイン語の現代用法では、直前過去（Pretérito anterior）は実質上、使用されない」との指摘がある（Васильева–Шведе & Степанов 1972: 158; Фирсова 1976: 133-）。フランス語の前過去が文語的であるという点については、多くの研究者が指摘している。

第2章

スラヴ諸語における完了体/不完了体カテゴリー

第1節　現代ロシア標準語におけるアスペクトと
　　　動詞の語彙的意味＊1

　現代ロシア標準語における完了体と不完了体の意味を明らかにする際、文法的なアスペクトの意味に動詞語彙の《実質的》、《現実的》意味がどのように反映しているかという点は、関係するいくつもの問題のうちでも特に重要な問題の1つである。この章は、アスペクトの文法的意味のニュアンスに、動詞語彙における実質的意味の特徴がどのような制約をもたらしているかという問題を考察していく。

　動詞の完了体、不完了体のそれぞれが用法において対立する際に、そこに立ち現れる完了体と不完了体のいくつかの機能が研究者によって指摘されている。これらの対立の主要な点は以下のようにまとめられる。

　1.　動作をその遂行、生成、発展のプロセスにおいてとらえる不完了体と、動作を既成事実として、その転換として、またひとまとまりにとらえる完了体という対立。Когда я выходил из дому (процесс)、я встретил знакомого（私が家を出ようとした［不完・過］── プロセス ── 時に、知人と会った）と Я вышел из дому（私は家を出た［完・過］── 動作事実の確認、動作は新しい状態への転換（家での出来事から屋外での出来事への転換）としてひとまとまりにとらえられている）。

　2.　ある事実に向けての接近、ある結果を達成しようとする試み、努力の過程としての不完了体と、その事実の成立、動作の結果達成、成就としての完了体。例えば умирал, но не умер; ловил, но не

57

поймал; встречал, да не встретил (А. Н. Островский. Беспри-
данница）（死にかけたが［不完・過］、死ななかった［完・過］、
つかまえようとしたが［不完・過］つかまえられなかった［完・
過］、会おうとしたが［不完・過］、会えなかった［完・過］－
А.N. オストロフスキー『持参金のない娘』）など。

3. 進行する動作の非限定的な持続性、すなわち何らかの限界に
よって限定されない持続性を表す不完了体と、一瞬としてとらえら
れる動作、あるいは進行する動作の、多少ともはっきりとした限界
によって限定された持続性を表す完了体の対立。例えば Он чув-
ствовал сильную боль（彼は強い痛みを感じていた［不完・過］
－どのくらいの間、続くのかは明らかでない）；Он почувствовал
боль（彼は痛みを感じた［完・過］－一瞬）、Существовали раз-
личные взгляды по этому вопросу（この問題についてのさまざま
な見方が存在していた［不完・過］－どのくらいの間、続くのかは
明らかでない）；Римская империя просуществовала пятьсот лет
（ローマ帝国は 500 年間続いた［完・過］－限界によって限定され
た持続性、継続した期間を明らかにすることが語結合の不可欠な要
素となっている）。

4. 習慣的な、回数が限定されない、くり返される動作としての
不完了体と、その時だけの 1 回の動作、または限定回、反復される
動作としての完了体。читал лекции（講義をしていた［不完・
過］）；прочитал лекцию (десять лекций)（講義を 10 回行った
［完・過］）、Он все время оборачивался（彼は絶えずふり返って
いた［不完・過］）；Он обернулся несколько раз（彼は数回、ふ
り返った［完・過］）。

5. 《一般的な意味》としての動作、それが行われる具体的な状
況を指定しない、総称としての動作を意味する不完了体と、具体的
な出来事としての完了体。Ты писал ему?（彼に手紙を書いたこと
があるかい［不完・過］？－総じて、いつか）；Ты написал ему?
（彼に手紙を書いたかい［完・過］？－聞き手にとって目下の、具
体的ではっきりとわかっている場合を指す）、Вы не встречали
Петрова?（ペトロフ氏に会ったことはありませんか［不完・過］？

58

－一般的な質問として、すなわち、聞き手がペトロフ氏と偶然出会ったかもしれないと考えている）；Вы не встретили Петрова?（ペトロフ氏に会いませんでしたか［完・過］？－目下の具体的な出来事、すなわち、会ったということが何らかの理由、例えば、聞き手がペトロフ氏と同じ道を歩いていた、同じ建物にいたなどの理由で、はっきりしていると思われるような場合）、Хочу поговорить с вами（あなたと少しお話がしたい［完・過］のですが－具体的な話し合いが念頭にある）；Да что там говорить?（一体そこで何の話がある［不完・不定詞］というのか？－総じて、そもそも）。L.N. トルストイ（Л. Н. Толстой）のクロイツェル・ソナタ第25章（Крейцерова соната, гл. XXV）から例を引いてみよう。

> …чувствовал, что владеть я этим телом не могу, что оно не мое, и что она может распоряжатьсяим, как хочет, а хочет распорядиться им не так, как я хочу（т. е. может вообще распоряжаться им как хочет, а в данном случае хочет распорядиться им не так, как я хочу.）

（このからだを支配することの不可能なこと、それが私のものでないこと、彼女はそれを彼女の好き勝手に処理できる［不完・不定詞］し、じじつ私の望みどおりにしよう［完・不定詞］とは思っていないことなどを、感じていることでした―総じて、いつも好き勝手に処理できるが［不完・不定詞］、今回はわたしの望み通りにしよう［完・不定詞］とはしていない。）

さらに、より個別的な性格をもつ派生的対立をいくつか挙げることもできるであろうが、ここでは取り上げない。ここで強調すべき重要な点は、**上の5つの主要な対立のいずれであっても、動詞の完了体と不完了体のペア全体をカバーすることはできない**ということがとてもはっきりしているということである。

例えば、上で見た2番目の対立（接近、試み－成就、成立）は、видеть/увидеть（見える［不完／完］）、благодарить/поблагодарить（感謝する［不完／完］）、являться/явиться（現れる［不完

／完〕）といった動詞ペアには現れない。少なくとも文脈上、何らかの補足をしない限りは ловил, да не поймал（つかまえようとした［不完・過］が、つかまえられなかった［完・過］）、ловил и наконец поймал（つかまえようとして［不完・過］、やっとつかまえた［完・過］）、ловил, пока не поймал（つかまえる［完・過］までやっていた［不完・過］［つかまえようと努力した］）といった例と同じように *видел, да не увидел（* 見ていたが［不完・過］、見えなかった［完・過］）、*благодарил, да не поблагодарил（* 感謝していた［不完・過］が、感謝しなかった［完・過］）、*являлся［不完・過］, да не явился［完・過］（* 現れていたが、現れなかった）とは言えないのである。同様に *видел и наконец увидел（* 見ていた［不完・過］が、ついに見えた［完・過］）、*благодарил и наконец поблагодарил（* 感謝していた［不完・過］が、ついに感謝した［完・過］）、*благодарил, пока не поблагодарил（* 感謝する［完・過］まで感謝していた［不完・過］）などの言い方もできない。видеть／увидеть、благодарить／поблагодарить、являться／явиться といった動詞は、他のタイプ（習慣性 − 限定された回数性、総称としての動作 − 具体的出来事）によって対立しており、動作を試みと成就、接近と成立という分け方で対立させることはできない。

　上で見た1番目の対立（成立に向けたプロセスとしての動作 − 既成事実、動作の転換）が最も頻繁に観察され、また特徴的なものであり、そのため多くの研究者がこの対立をアスペクトの意味規定の基礎に置いてきた*2。しかし、この対立が動詞のペア全体をカバーしないということは容易に確認できる。例えば、特に приходить／прийти（やって来る［不完／完］）、приносить／принести（持って来る［不完／完］）、приводить／привести（連れて来る［不完／完］）、находить／найти（見つける［不完／完］）といったペアではこの対立の意味は現れない。приходить、приводить、приносить、находить やその他多くの動詞は、個別の動作をその成立に向けたプロセス（＝動作遂行の最中）において表現することはできないのである。*я вызвал его по телефону, и он уже приходит ко

60

мне（＊私は電話で彼を呼び出したが、彼はすでに私のところへ［い
つも］到着する［不完・現］のである）、＊смотри, вот он приводит
сюда сына（＊見てごらん、彼がここへ息子を［いつも］連れてくる
［不完・現］）、＊я встретил почтальона на лестнице, как раз когда
он приносил мне письмо（＊階段で郵便屋さんに会ったが、ちょう
ど彼は私に手紙を［いつも］配達していた［不完・過］）、＊он как
раз находит иголку（＊彼はちょうど［いつも］針を見つける［不
完・現］）などと言うことはできない＊3。

　さらにこの事実に加え、非限定的持続性が瞬時性と対立したり
―― чувствовать–почувствовать（感じている［不完］－感じる
［完］）、あるいは、短時間に限定される持続性と対立したり ――
жить–пожить（住んでいる［不完］－（少しの間）住む［完］）、
さらには、限定的ではあるが決して短時間ではない持続性と対立し
たり ―― существовать–просуществовать（存在している［不完］
－（長期間）存在する［完］）といった、3番目の対立のいくつか
のバリアントの存在を挙げれば、さまざまなアスペクト・ペアにお
いて、**それぞれのアスペクト的な意味がかなり不均質であり、文法
カテゴリーとしてのアスペクトの具体的なイメージ ―― 概念 ――
の中身**（Мещанинов 1945: 5–15）は、相当な揺れがあるという
状況が見えてくるだろう。

　こういった状態を認めれば、言語研究者はアスペクトの意味を研
究する際に、それぞれのアスペクトの多様なニュアンス全体を1つ
の定義でカバーするような、一般的な公式を見つけることで満足し
てはならないということがわかるだろう。そうではなくて、それら
のニュアンス自体や、動詞語彙においてそれぞれのニュアンスがど
の範囲で浸透しているかについて詳細な分析をし、そのことで、**統
一的な文法形式に覆われて、見えなくなっている具体的な概念カテ
ゴリーの実際の意味と、その相互関係**を明らかにすべきなのだ。

　ロシアにおける研究史では、2つの体のそれぞれの意味のニュア
ンスという問題について、これまでにかなりの成果が上げられてき
た。しかしながら、これまでの研究は主に、各接頭辞やあれこれの
接尾辞が動詞にもたらす意味のニュアンスを解明するという方向、

第2章　スラヴ諸語における完了体／不完了体カテゴリー　61

すなわち、形態的表れに意味的現象を当てはめていくという方向で行われてきた。ところがここで問題となっているのは、単に形態的タイプの差異だけではないのである。特に、《試み》-《成就》という意味的な対立は、ловить/поймать（つかまえる［不完／完］）、делать/сделать（する［不完／完］）、встречать/встретить（会う［不完／完］）といった互いに異なる形態的特徴をもつペアで、同じようにはっきりと表れるのだが、それぞれのペアと形態的には同タイプの говорить/сказать（言う［不完／完］）、видеть/увидеть（見える［不完／完］）、являться/явиться（現れる［不完／完］）といったペアでは、《試み》-《成就》の意味的対立を観察することはできない。すなわち、動詞ペアが《試み》-《成就》という意味的対立をなすかどうかは、それらの動詞アスペクトを表現するなんらかの形態的な指標によるのではなく、別の原因によるということになる。おそらく、ここで問題となるのは、それぞれの動詞における**語彙的意味**の特徴と、それら動詞によって意味される動作やプロセスそのものの客観的な特性であろう。

　このように、アスペクトの意味的差異とその形態的差異は、すべての点で並行した現象とは必ずしもなっていないのである。意味的な違いは形態的違いと重なるのではなく、多くの場合、全体を覆ってしまう。つまり、形態は意味的研究の確かな拠り所とはならず、何か別の、構文的な基準といったものを見出す必要があるのである。おそらくそのような基準とは、**動詞における一定の語結合を形成する能力の差異**、すなわち、分析対象となる動詞の《結合価（валентность–valency）》の差異ということになるであろう。動詞《結合価》は、ソヴィエト言語学において S.D. カツネルソン（С.Д. Кацнельсон）教授によって提案された、化学から借用された用語である（Кацнельсон 1948: 114–134）。もし、Подожди, он уже дописывает последнюю страницу（待って、彼はもう最後のページを書き上げているところ［不完・現］だから）と言えても、*Подожди, он уже приносит мое письмо（* 待って、彼は私の手紙を［いつも］もって来る［不完・現］）と言えず、また ловил, но не поймал（つかまえようとしたが、つかまえられなかった）は言

えても、*видел, но не увидел（* 見えていたが、見かけなかった）
とは言えないのなら、問題となっている動詞の《結合価》はそれぞ
れ違うということになる。メンデレーエフの周期表において、異な
る原子価をもつ元素が異なるグループになるのと同様に、ここでは、
それぞれの《結合》能力において異なる意味－構文的な動詞グルー
プというものが、客観的に存在するということを認めるべきであろ
う。以下、実験という方法 —— L.V. シチェルバ（Л.В. Щерба）がこ
の概念に付与した意味で（Щерба 1931: 113-129）—— を使って、
このような意味－構文グループの数と構成を明らかにし、さらに、
各グループにおける動詞の語彙的意味に関して、その一般的な性質
を分析することで、それらグループに属する動詞がどうしてそのよ
うな《結合》能力をもっていて、それ以外ではあり得ないのかとい
う理由を明らかにしていかなければならない。

　もちろん、もし相関する動詞アスペクト・ペアをなすものだけに分
析を限り、ロシア語における非常に多くのペアをなさない動詞、相関
するもう一方のアスペクトの形をもたない、perfective 単体動詞
（perfectiva tantum）、imperfective 単体動詞（imperfectiva tantum）
を扱わなければ、分類される意味－構文グループは明らかに不完全
なものとなるだろう。アスペクト・ペアをなさない動詞については、
これまでにも何度か研究対象とはなってきているが、そういった動
詞の説明は、今までところ、ほとんどの場合、形式主義が支配した
ものとなっている。

　意味の軽視と語形変化的な形態的側面を必要以上に重視する傾向
は、**ペア動詞とペアをなさない動詞との実際的な分別方法**にさえも
現れていた。A.A. シャフマトフ（А.А. Шахматов）のような専門に
精通した研究者でさえ、形態的に他のアスペクトの形を全く形成し
ないもの —— бацнуть（どしんという音がする［完］）、обожать
（崇拝する［不完］）—— や、あるいはもしそのような形がある場合
であっても、形態的な語形成ノルマから外れるもの —— сесть–
садиться（すわる［完－不完］）、купить–покупать（買う［完－不
完］）—— だけをペアをなさない動詞グループに入れている
（Шахматов 1941: 187-188）。一方、любить（愛している［不完］）

は、シャフマトフのリストではペアをなさない動詞グループには入っていない。形態的ノルマにしたがって形成されたもう1つの形である полюбить（愛し始める［完］）が存在するという理由からだ。чувствовать–почувствовать（感じている［不完］－感じる［完］）についても同様である。そして、接頭辞付加動詞から *полюбливать というように、接尾辞による［アスペクト的］語形成ができないという理由で、あたかも любить と полюбить がペアであるということが証明されるかのように説明される。形式ではなく意味の観点から考察すれば、上述した内容とは反対に、сесть–садиться は、形態的にはやや非標準的ではあっても、まったくノーマルなペアと見なされなければならないであろう。他方、любить（愛する［不完］）と полюбить（愛し始める［完］＝ начать любить）のように、動詞の語彙的意味がこれだけ異なったものについては、文法的ペアではなく、ペアをなさない2つの《不完全》動詞、すなわち、ペアをなさない不完了体動詞 любить と、ペアをなさない完了体動詞 полюбить として考察すべきであるという点は、疑う余地がない。

　シャフマトフの形態による基準というものを捨てて、意味的な基盤の上にペア動詞とペアをなさない動詞の区分けという問題を立て、その問題を動詞の意味の問題としてとらえ直そうとすれば、また、その時々で、研究者の主観的な好みで決めるということをしたくなければ、その区分けのための何か別の客観的基準というものを見出さなくてはならないだろう *4。このような客観的基準を定式化するためには、言語においてアスペクトの対立が、どちらか一方の体の形を優先して《自動的に》解消される、すなわち一方の体が必ず他方の体を代替するような状態を見つけなければならないが、そのような状態が現代ロシア語には存在する。いわゆる**歴史的現在（praesens historicum）**用法がそれにあたる。語りのテクストにおいて過去時制を歴史的現在として表現する際、完了体も不完了体もすべての動詞が、不完了体現在という同じ形式となるが、その場合、動詞の語彙的意味にはいかなる変化も生じていないことは明らかである。つまり、語りのテクストにおいて過去時制を歴史的現在とし

て表現する際に、ある完了体動詞が不完了体動詞へと変換可能であれば、それはこの2つの動詞がペアであるということの確かな指標となる。一方、それができない場合は、問題となる2つの動詞はペアではないということになる。Он полюбил ее с первого взгляда（彼はひと目で彼女のことが好きになった［完・過］）は、歴史的現在では *Он любит ее с первого взгляда（* 彼はひと目で彼女のことが好きである［不完・現］）とはおそらくならないであろう。したがって、любить と полюбить はペアではないということになる。反対に、もし Она очнулась в незнакомой комнате（彼女は知らない部屋で気がついた［完・過］）が Она приходит в чувство в незнакомой комнате（彼女は知らない部屋で気がつく［不完・現］）という歴史的現在の表現となるのならば —— この場合、情緒的ニュアンスがいくぶん失われるのは避けがたいが ——、動詞 очнуться の形態的な不完全さというものは［単体動詞であるという点は］、語源的に別の動詞 —— 正確には語結合 —— を使うことで、すなわち、言語学でいうところの《補充(suppletive)》形を作ることで対処されていることになる。

　ペアをなさない理由については、これまで、ペアをもたない動詞のさまざまなグループを念頭において、いろいろな説明がなされてきた。時には、対立するアスペクトの形が形成できないのは、そのような形式を作るであろう、屈折形態のための技術的手段がないことに関係しているといった説明がなされる*5。別の場合には、ペアが形成できないことの説明として、問題となっている動詞が教会スラヴ語起源の語 —— обожать（崇拝する［不完］）、полагать（(全力を)捧げる［不完］）、обуревать（(思想、感情が)激しくとらえる［不完］）など —— であり、それらの語が《文語的》な古い要素をもっている —— долженствовать（〜ねばならない［不完］）、обуять（虜にする［完］）、воззриться（じっと見つめる［完］）—— という点や、逆に、方言からきた語 —— M.ショーロホフ（М. Шолохов）の作品の登場人物の1人の会話に使われている прохлаждаться（さわやかな気分になる［不完］）、охолонуть（さっぱりする［完］）—— であるといった点が挙げられる（Шахматов 1941: 188; Калинин 1940: 208, 210）。音声学的な理由さえ挙げられることもある（Виноградов 1947: 538）。しかしながら、一般に、**ペアがないことの意味的な理由**にはまったく注意が払われないか、個別の動詞グループに関して単に偶然、触れられるにとどまり、意味の問題が原則的立場で扱われることはない。しかしながら、ペアがないことの理由は、ほとんどの場合にまさにペアをなさない動詞の意味そのものにある。すなわち、問題となる動詞の語彙的な意味が動作の一定の客観的特質を表すことで、いずれかのアスペクトの文法的意味とは相いれない、ということが原因となるのである。

　以上、概括的なコメントを述べてきたが、ここで現代ロシア語動詞の意味−構文グループの考察に移ろう。まず、次のような3つの大きなグループを分けることができる。1. ペアをなさない不完了体動詞、2. ペアをなさない完了体動詞、3. 相関する動詞のペア であり、それぞれのグループ内には、より小さいグループが存在する。

第1グループ：ペアをなさない不完了体動詞

例：плакать（泣く）

　一般的特徴：純粋な意味で*6 アスペクト・ペアである完了体を形成しない、純粋な意味で perfective 化ができない。始発の意味の заплакать（泣き出す）や《一定時間幅の持続性（охвата длительности）》（Булаховский 1937: 152）の意味を持つ поплакать（少し泣く）、проплакать（泣き通す）といった完了体動詞だけが作られるが、それらは元の不完了体動詞とはアスペクト・ペアとはならないし、また、このグループのすべての動詞からそういった完了体が作られる訳でもない。

　下位グループ：

　A）《存在、及び展開しない事態の推移を表す動詞》

　1.　存在するという事実、事物の最も一般的な特徴や性質、他の事物との関係における量的、質的な定義を表す動詞：быть（ある、いる）、существовать（存在する）、бывать（ある、いる［反復]）、наличествовать（実在する）、присутствовать（出席している）、

отсутствовать（欠席している）、обстоять（〜の状態にある）、противостоять（〜に対立する）、состоять（〜から成る）、содержать（含有する）、соответствовать（〜に合致する）、значить（意味する）、означать（意味する）、иметь（有する、所有する）、принадлежать（属する）、обладать（有する）、преобладать（優勢である）、зависеть（〜に依存している）、жить（生きている）、весить（〜の重さである）、стоить（立っている）、выглядеть（〜に見える）、пахнуть（〜の匂いがする）など。Кислород не горит, но поддерживает горение（酸素は燃えないが、燃焼を維持する）のように、гореть（燃える）、тонуть（沈む）なども、事物の恒常的特質を意味する場合にはこのグループに入る。

2.　個人のある社会的グループへの所属、職業、社会的身分などを意味する動詞：плотничать（大工をする）、сапожничать（靴屋をする）、рыбачить（漁業を営む）、торговать（商売をする）、вдовствовать（やもめ暮らしをする）、царствовать（在位する）、заведовать（管理する）、управлять（運営する）、командовать（指揮する）、председательствовать（議長を務める）など。пахать（耕す）、шить（縫う）、писать（書く）のような動詞も動作対象なしで使われたり、また対象が示される場合でも総称として、特定のものを意味せず、恒常的な専門職の意味で使われる場合にはこのグループとなる。мой дед землю пахал（私の祖父は畑を耕していた＝普通の農夫だった）、он шьет мужские вещи（彼は紳士服を縫っている＝彼は紳士服のテーラーである）、она пишет в разных журналах（彼女はいろんな雑誌に書いている＝ジャーナリズムに関わっている）といった例で、動詞пахать、шить、писатьがいかなる完了体動詞とも相関していないことは明らかである。

3.　状態を意味する動詞で、状態は一時的な場合に限らず、かなり先を見通した場合でもどんな質的変化も想定されず、またそのプロセスは、もともとの性質として何らかの新しい状態へ必ず移行する、といったことも想定されない。そのような状態を表す動詞として次のようなものが挙げられる。стоять（立っている）、сидеть

（すわっている）、лежать（横たわっている）、болеть（病気である）、спать（寝ている）、бодрствовать（寝ずにいる）、молчать（黙っている）、бредить（夢中になっている）、побаливать（少し痛む）など。

4. 感情や情緒的状態で短時間のものとしてはとらえられない状態を表す動詞：любить（愛している）、ненавидеть（憎んでいる）、обожать（夢中である）、недолюбливать（あまり好かない）、презирать（軽んじる）、уважать（尊敬する）、ревновать（嫉妬する）、тосковать（さびしがる）、полагать（思う）など。

5. 先の見通しにおいても目的としての終了時点をもたない動作 —— 動作は、いつか終わるという当てなしで始められている —— を表す動詞：плакать（泣く）、дразнить（じらす）、издеваться（からかう）、заигрывать（ふざける）、ухаживать（世話をする）、заискивать（取り入る）、приятельствовать（親しくする）、отнекиваться（拒む）、напевать（たくさん歌う）、разгуливать（歩き回る）、разговаривать（会話する）、отплясывать（夢中で踊る）、выплясывать（踊りのステップを踏む）、переругиваться（罵り合う）—— 完了体переругаться（多数と罵り合う）は形態的にみれば標準的なペアとなっているが、意味的に異なっている。他の動作を伴う動作を意味するприплясывать（踊るような足取りで歩く）、приговаривать（何かしながら言う）、подпевать（伴唱する）のような動詞もこのグループに入る。

6. 《不定運動》動詞グループходить（歩き回る）、ездить（乗り回る）、носить（あちこち歩いて運ぶ）。

7. **運動の目標地点が示されない場合の《定運動》動詞**идти（1方向に歩いて行く）、ехать（1方向に乗り物で行く）、нести（1方向に歩いて運ぶ）。これらに該当する完了体形式пойти（1方向に歩き始める）、понести（1方向に歩いて運び始める）、поехать（1方向に乗り物で出かける）、поплыть（1方向に泳ぎ始める）、побежать（1方向に走りだす）などは始発動詞で、полюбить（好きになる）、забарабанить（太鼓などをたたき始める）、заходить（歩き回り始める）、забегать（走り回り始める）のような動詞と本質的に同じ機

68

能をもつ。V.V. マヤコフスキー（В.В. Маяковский）の作品からの例：... лошадь рванулась, встала на ноги, ржанула и пошла（Хорошее отношение к лошадям）（馬は身をふるわせ、四足で起ちあがり、一声いなないて歩き始めた［完・過］－『馬との友好関係』）。また転意で Пошел мелкий снег —— и вдруг повалил хлопьями（Пушкин. Капитанская дочка）（粉雪が降り始めた［完・過］かと思うと、突然、綿雪がどんどん降り出した－プーシキン『大尉の娘』）、часы пошли（時計が動き始めた［完・過］）、понес околесицу（ばかげた話をし始めた［完・過］）といった例も見られる。運動の目標地点が示される際は、по を伴った形は一般には始発の意味を失う。идти на собрание/пойти на собрание（集会に向かう［不完］／集会に出かける［完］）、ехать в Москву/поехать в Москву（モスクワに車で向かう［不完］／モスクワに車で出かける［完］）、нес письмо на почту/понес письмо на почту（手紙を郵便局へもって行くところだった［不完・過］／手紙を郵便局へもって行った［完・過］）など。

В）《成就していない試みや意図を表す動詞》：искать（探す）、ждать（待つ）、чаять（古語－期待する）。動詞の意味には、動作が成就するといういかなる客観的な必然性も —— かなり先のことであっても —— 欠落している。

これまで挙げた動詞が**ペアをなさない理由が、動詞によって表現される動作自体の共通の特性にある**ことは明らかであろう。それではその共通の特性とは何であろうか。

第1に、これらの動詞が意味するプロセスは、**瞬間的**、あるいは非常に短時間**なものとしては考えられない**という点である。瞬間化した場合、ある短い一瞬に動作をつづめた場合、これらのプロセスはいずれも、いわばそれ自体であることをやめてしまう。横になっている、立っている、眠っている、病気である、歩く、探す、待つなどといった状態は、それが例えば1秒しか続かないならば、もはや実際には横になっている、立っている、眠っている、病気であるとは言えないのである。

第2に、これらの動詞が意味するプロセスは、**自らの客観的・必**

第2章　スラヴ諸語における完了体／不完了体カテゴリー　　69

然的な停止点というものをもたないのである。そのプロセスは新しい状態への転換をもたらさず、そのプロセスの流れのどの一瞬をとっても同じ状態であり、際限なく同じ状態が続くということ以外に、いかなる展開もないのである。動作の**主観的な**目的の設定という観点からみれば、本来の意味で《展開しない事態の推移を表す動詞》と、動作主によって目的達成へ意識的に向けられ、それが達成されるまでの持続するプロセスを意味する《成就していない試みや意図を表す動詞》とではいくらか違いがある。ただ、目的が成就するという客観的な必然性、すなわち動作の停止という意味は、動詞 искать、ждать、чаять には含まれておらず、したがって、本質的にはその他の、ペアをなさないすべての不完了体動詞と変わるところはないのである。

　これまで考察した動詞が表現するプロセスが**瞬間化できない**ということと、その**内的非限界性**というまさに両方の性質によって、これらの動詞の perfective 化は、**プロセスの開始局面**をとりだす場合や、持続するプロセスにある時間幅としての**外的な限定**、それもプロセスそのものの内的な性質によってもたらされたものではない限定をもち込む場合にのみ、可能になるという事態がもたらされる。бывать（ある、いる［反復］）、стоить（〜の値段である）、весить（〜の重さである）、содержать（〜を含んでいる）、существовать（存在する）など、多くの場合は始発動詞も形成されないが、分析的手段ではこれらすべての動詞で開始表現は可能である —— начал бывать（あり始める、居始める［反復］）стал содержать（含み始める）など。весить、стоить や любить、ненавидеть といったペアをなさない動詞の場合は、一定時間幅の持続性を示す完了体動詞を形成することもできない。*поненавидеть（* 少しの間、憎む）、*полюбить некоторое время（* 少しの間、愛する）も *пролюбить（* 長い間、愛し続ける）、*проненавидеть всю свою жизнь（* 自分の生涯を通じて誰かを憎みとおす）なども非文となる。こういった動詞の場合はいずれも、プロセスの瞬間化のみならず、プロセスが持続する流れを何らかの時間枠で限定するという事態も想定できないのである。

第2グループ：ペアをなさない完了体動詞

例：очнуться（われにかえる）

一般的特徴：純粋な意味でのアスペクト・ペアである不完了体を形成しない —— 純粋な意味で imperfective 化ができない。不完了体に特徴的ないくつかの意味 —— 特に、多回動作 —— を表現するためには、形態的に語形変化以外の手段 —— бывало очнётся（われにかえったものだ［反復］）—— が利用されたり、語源的には直接関係のない形式 —— приходит в себя, в чувство（われにかえる、正気づく［不完・現］）—— がもち込まれたりする。

下位グループ：

A）《一瞬かつ突然の動作で、しばしば話者あるいは話題となっている人物にとって予期しない動作を表す動詞 —— これらの動詞の多くはある程度の感情的な文体的ニュアンスを帯びる》：хватить（なぐる）、трахнуть（強く激しい音をたてる）、полоснуть（光、稲妻などが帯状に空をよぎる）、бацнуть（どしんという音を出す）、ринуться（突進する）、хлынуть（どっと流れだす、さっと差しこむ）、грянуть（急にとどろく）、рухнуть（音をたてて倒れる）、отпрянуть（跳びのく）、поскользнуться（滑ってよろける）、встрепенуться（羽ばたきする、身震いする）、опомниться（気がつく）、очутиться（気がつくとある場所に来ている）、шелохнуться（軽く動かす）、улизнуть（こっそり逃げ出す）、кануть（したたり落ちる）、сгинуть（消えてなくなる）。さらに окачуриться（死ぬ）、дать дуба（くたばる）、сыграть в ящик（くたばる）、приказать долго жить（死ぬ）、протянуть ноги（くたばる）といった умереть（死ぬ）の情緒的ニュアンスを伴った同義語のほとんど、また、скончаться（逝去する）、преставиться（お亡くなりになる）や古語である отдать богу душу（息を引き取る）など。сойти с ума（頭がおかしくなる）の情緒的ニュアンスを伴った同義語 рехнуться（気が狂う）、помешаться（気が狂う）など。ここで挙げられているのはすべて瞬時的な突然の、継続したり、時間的に長引いたりするプロセスとして捉えられない出来事であり、プロセスには変化しない、転換点としての出来事である。

B）いわゆる終了動詞：отобедать（昼食を終える）、отшуметь

（騒ぎが終わる）、отбомбиться（爆撃し終わる）や、また、на-смотреться（心ゆくまで見る）、докричаться（大声で呼んで来させる）、искусать（方々を噛む）、изрубить（皆殺しにする）など、プロセスが完全に最後まで終了したといういろいろなニュアンスを意味する動詞。これらの動詞で表現されるプロセスが最後まで尽きた、完成したというイメージは、時間的にプロセスが展開し、進行するというイメージとは結びつかないことは明らかであろう。したがって、これらの動詞のプロセス化は不可能となる。

　C）　一定時間幅の持続性を意味する動詞：постоять（しばらく立っている）、пробыть（ある期間滞在する）など。これらの動詞のうちのいくつかについては、形態的に見れば完全にペアをなす不完了体動詞が存在するが、それらはアスペクト的にみて相関するペアとはならない。例えば、поживать（暮らす）—— как поживаете?（いかがお過ごしですか？）あるいは、жить – поживать（長い間暮らす）など —— は動詞пожить から単純に作られた不完了体ではなく、проживать（住む）も動詞прожить（ある期間暮らす）から作られた不完了体ではないのである。こういったことからも、ペアをなさない動詞を分類する際に、形式的、形態的方法が成立しないということがわかるであろう。пожить, прожить などのタイプの動詞をプロセス化することができないのは、それらの動詞がもつ、一定の時間枠で事態の推移が限定されている、というイメージが関係しているのである。

　D）　例えば возн660ненавидеть（憎み始める）、залаять（吠えだす）、заиграть（プレイし始める）、заплакать（泣きだす）、расплакать-ся（激しく泣きだす）、разговориться（話を始める）、побежать（走りだす）、поплыть（泳ぎだす）、полюбить（好きになる）などの多くの始発動詞もペアとなる不完了体の形式をもたず、プロセス化を許容しない。

　このように、ペアをなさない完了体動詞すべてが共通して**プロセス化ができない**のは、それぞれの動詞の語彙的意味がその原因となっているのである。プロセス化を許容しないということこそが、上で挙げた動詞のすべてが**ペアをなさない**ことの理由となっている

のである。

　一方、不完了体の文法的意味は、すでに見たようにプロセス性の意味だけに帰することはできない。不完了体の形式は、プロセス性とは何の共通性もないさらにいくつかの他の意味、例えば不定回動作や習慣的動作の意味、《一般的》動作の意味などを表現し、また ── 現在時制においては ── 歴史的現在の機能を担う。これらの不完了体の文法的意味は、**原則的には**、これまで考察してきたペアをなさない完了体動詞で表現される語彙的な意味と**親和性をもつ**。つまり、ринуться, отобедать, пробыть や возненавидеть という動作が複数回反復することを妨げるものは何もないのである。しかしながら、これらの動詞は不完了体を形成しないのであるから、そういった非プロセス的な意味は、**何らかの他の手段を借りて表現される**ことになる。

　例えば、不定回反復の意味はふつう、бывало (бывает) встрепенется, посмотрит на меня и снова впадает в забытье（急にびくっとして [бывало (бывает) ＋完・現未] 私を見て、また意識が遠のいてしまうのだった）のように、現在未来形*7 に бывало や бывает をつけたり、以下のように то… то や、過去形と現在未来形を組み合わせて伝達される場合もある。

　　Как изменчива нынче погода, ── то вдруг хлынет дождь, то снова выглянет солнце.

　　（この天気はなんと気まぐれなんだ、突然、雨がざっと降った [完・現未] かと思うと、またお日さまが顔をだす [完・現未]。）

　　Кругом не слышалось почти никакого шума. Лишь изредка в близкой реке… плеснет рыба и прибрежный тростник слабо зашумит, едва поколебленный набежавшей волной. (Тургенев. Бежин луг)

　　（あたりには殆ど何の物音も聞こえない [不完・過]。……ただ、間近の川で、だしぬけに高く水音をたてながら、大きな魚が飛び上がる [完・現未] のと、岸辺の葦が寄せ来る波にゆられて、かさこそとしめやかな囁きを立てる [完・現未]。──ツルゲーネフ

『ベージンの草野』)

　歴史的現在の場合は、すでに見たように、語源的には直接関係のない形式 —— очнулась［完・過］は приходит［不完・現］в себя（в чувство）に、улизнул（こっそり姿を消す［完・過］）は убегает（走り去る［不完・現］）や скрывается（人目をさけて隠れている［不完・現］）となる —— がもち込まれる。劇の脚本のト書きでは、ペアをなさない完了体動詞は次のように現在時制を背景に過去形で使われる。

　　Они расходятся. Третий вынырнул из-за камня. Сухими чертами лица... он похож на птицу. (Блок. Король на площади)

　　（彼らは別れ別れに立ち去る［不完・現］。3人目が岩の陰からひょいと姿を現した［完・過］。無愛想な表情で…鳥に似ている。 —ブローク『広場の王』）

　　В тот же миг разъяренная толпа хлынула на ступени за Поэтом. Снизу расшатываются колонны. (Блок. Король на площади)

　　（ちょうどその瞬間、激怒した群衆が詩人の後について段のところに押しかけた［完・過］。下では柱がぐらぐらしている［不完・現］。—ブローク『広場の王』）

　始発動詞の場合は、今、見てきたような形態的《欠如》を克服する手段 —— бывало возненавидит кого, так уж со света сжить готов（誰かを憎み始める［бывало＋完・現未］と、耐えがたいほど懲らしめようとするのだ）など —— 以外に、同じ目的で、該当する動詞の単純形（始発でない形）と начинать（〜し始める）、пускаться（〜にとりかかる）などとの結合が広く利用される。как завидит кого-нибудь чужого, сразу начинает лаять, пускается бежать（だれかよそ者を見かけるやいなや、すぐに吠えはじめ［начинать＋不完・不定詞］、走りだす［пускаться＋不完・不定詞］のである）、

увидев его, дети начинают плакать（彼を見ると子どもたちは泣き始める［начинать＋不完・不定詞］──1回性を表す場合にはзаплакал（泣きだした［完・過］）またはстал（～し始めた［完・過］）плакать が使われるのに対し、ここでの形式は多回性アスペクト表現として使われている。

第3グループ：完了体／不完了体動詞の相関ペア

　周知のように、動詞の相関ペアはロシア語動詞語彙の大きな部分を占める。《結合価》指標から以下の基本的な3つの下位グループを分けることができる。
　例：

　　　3-1 グループ － ловить/поймать（つかまえる［不完／完］）、
　　　　　умирать/умереть（死ぬ［不完／完］）
　　　3-2 グループ － видеть/увидеть（見える［不完／完］）、
　　　　　говорить/сказать（言う［不完／完］）
　　　3-3 グループ － приходить/прийти（やって来る［不完／完］）、колоть/кольнуть（刺す［不完／完］）

　3-1 グループにおける客観的特徴は、動詞ペアが、**試み－成就、接近－成立という枠組みで対立しうる**という点であり、それは特にловил, но не поймал（つかまえようとした［不完・過］が、つかまえられなかった［完・過］）、ловил, пока не поймал（つかまえる［完・過］までやっていた［つかまえようと努力した］［不完・過］）、ловил и, наконец, поймал（つかまえようとして［不完・過］、やっとつかまえた［完・過］）といった文脈で表れる。他の2つのグループではこういった対立や文脈が表現される可能性はまったくないか、何らかの補足的要素を入れるといった特別な文脈的環境が必要とされる。

　3-3 グループにおける客観的特徴は、グループの不完了体動詞を、動作成立に向けての1回のプロセスの意味で使うことはできない、つまり、これらの不完了体動詞の**具体的プロセスの用法は不可能**であり、したがってプロセス－転換という枠組みでのペア対立が成立しないという点にある。他の2つのグループではこのような対立は

存在するしまた典型的なものとなっている。

3-2 グループは消去法によって、他の 2 グループとの相違点によって定義される。

各グループ内にさらに細分化されたグループが存在する。

3-1 グループの構成と特徴

a) умирать/умереть（死ぬ［不完／完］）、убивать/убить（殺す［不完／完］）、тонуть/потонуть（и утонуть）（溺れる［不完／完］）、топить/утопить（焚く［不完／完］）などやさらに、дожидаться/дождаться（〜が来るまで待つ［不完／完］）、встречать/встретить（出会う［不完／完］）、ловить/поймать（つかまえる［不完／完］）── また словить（とらえる［完］）── など。完了体はここではいずれの場合も、動作の主体または客体が新しい質的状態へ急激に移行したという事実、持続するプロセスにおいて決定的な、その 1 点だけで動詞がもつ本来の意味内容を示す《クリティカル・ポイント（критическая точка）》に達したという事実を意味する。直義で使用される場合、これらの動詞は совсем（まったく）、полностью（完全に）、наполовину（半分だけ）、в основном（基本的には）などといった、動作がどの程度行われたかという修飾や、постепенно（次第に）、мало-помалу（少しずつ）、исподволь（徐々に）などのようなプロセスの段階的進展を表す修飾語をとることはない＊8。不完了体はプロセス開始への接近、動作を行おうとする意図、試みを意味し得るが、その際、動作が完遂された点、動作の転換は示されない。

...раз 15 он тонул, погибал среди акул, но ни разу даже глазом не моргнул. (В.И. Лебедев-Кумач)（15 回ほども彼は溺れかけ［不完・過］、サメに囲まれて死にかけた［不完・過］が、決してためらいはしなかった−レベジェフ＝クマチ）、ловил, но не поймал（つかまえようとした［不完・過］がつかまえられなかった［完・過］。）

また、新しい質的状態への移行の事実そのものを表現することも

ある。例えば В 1725 г. Петр I умирает（1725年にピョートル1世は死んでいる［不完・現］）のような歴史的現在用法や、падает и умирает（倒れて［不完・現］死ぬ［不完・現］）といった劇のト書きの現在用法、Люди рождались, страдали и умирали（人々は生まれ［不完・過］、苦しみ［不完・過］そして死んでいくのだった［不完・過］）に見る不定回動作を表す場合、さらに、Хочу умереть. — Помилуйте, зачем же умирать?（「死にたい［完・不定詞］」「何ということを、何のために死ぬ［不完・不定詞］必要があるの」）のように、具体的ケースに対立する《一般的意味》で動作が示される場合などである。умирал, но не умер（死にかけた［不完・過］が死ななかった［完・過］）のような例において、2つの動詞の語彙的意味は同じではなく、客観的現実における異なる事実を表現している。すなわち、不完了体によって表現される事実（A）は、完了体動詞が表す事実（B）と客観的に見て一致しない。このグループではAはBと等しくない（A ≠ B）のである。上記の例における2つ目のグループ —— Хочу умереть. — Помилуйте, зачем же умирать? —— では、2つの動詞は客観的現実において同じ事実を表現している。ここではA＝Bとなり、違っているのは単に事実のとらえ方、［他の事柄との］どのような［直接的］、間接的関係において事実が扱われているかという点だけなのである。動詞 ловить においては2つの意味が表現され得る —— ловил, но не поймал においては A ≠ B、Собака ловила на лету кусочки мяса, которые я ей бросал（犬は私が投げ与えた肉をすばやくキャッチしていた［不完・過］）では A ＝ B —— が、そのことによって ловить/поймать のペアは、ペアをなさない不完了体動詞 искать（さがす［不完］）と根本的に区別されるのである。ペアをなさない不完了体動詞 искать はどのような状況においても найти（見つける［完］）という意味をもつことができず、それが上で、この動詞が《成就していない試み》を表す動詞と名づけられた原因となっている。

b) догонять/догнать（追いつく［不完／完］）、доставать/достать（取りだす［不完／完］）、добиваться/добиться（達成する［不完／完］）、отнимать/отнять（取り去る［不完／完］）、собираться/собраться（支

度をする［不完／完］）、становиться/стать（〜となる［不完／完］）
のようなタイプのペアや、また、多くの場合 делать/сделать（する［不
完／完］）、строить/построить（建てる［不完／完］）なども。この下
位グループと前のグループとの違いは、完了体が転換点を示さない、
またはいつも示すとは限らず、ある程度、その転換点に先立つ、準備
段階としてのプロセス進行を含みうるという点である。そのことは、こ
れらの動詞が постепенно догнал（徐々に追いついた［完・過］）、
мало-помалу добился（少しずつ成し遂げた［完・過］）というように、
プロセスの漸進性、段階性を表す修飾語をとることができるということ
からも明らかである。ここではまた、不完全な部分的結果達成も可能と
なる。

Уже наполовину собрался в дорогу, когда стало известно,
что поездка не состоится.
（旅行がだめになったと知らされた時には、すでに半分は旅行
準備ができていた［完・過］。）

それ以外の点では、用法は前のグループで見たものと全く同じで
ある。

Уж он доставал-доставал из-за пазухи, наконец насилу достал
скомканное письмо на имя Ильи Иваныча Обломова.（Гончаров.
Обломов）
（彼はいつまでも何やら懐中から出そうとして［不完・過］も
じもじしていたが、とうとう思い切って差し出した［完・過］の
は、イリヤ・イワーヌィチ・オブローモフ宛の1通の皺くちゃに
なった手紙であった。－ゴンチャロフ『オブローモフ』）

では A ≠ B、доставай-ка, что у тебя в печи（さあ、ペチカのもの
［で煮えているもの］を出さんか［不完・命］）では不完了体
доставай は完了体 достань と同じ意味、すなわち A＝B となる。
　c) писать/написать（書く［不完／完］）、пахать/вспахать（耕

す［不完／完］）、красить/покрасить（или выкрасить）（塗る［不完／完］）のようなペアや、多くの場合は、おそらく строить/построить（建てる［不完／完］）、делать/сделать（する［不完／完］）やまた расписывать/расписать（（壁画などに）絵をかく［不完／完］）などのペアもこの下位グループに入ってくるが、これらのペアはこれまでのものとは幾分、隔たった位置にある。これらの動詞が意味するプロセスは、徐々に達成される結果ということと関わっており、動作の各部分は、それぞれの結果を直接、対象に対して積み上げていくのである。なので、ここでは漸進性や動作がどの程度行われたか、有効性がどの程度かという修飾が可能であり、また定型的でさえあり、на две пятых выкрасил забор（5分の2ほど塀を塗った［完・過］）といった非常に複雑な修飾表現も見かけられる。一方、試み－成就という枠組みでの不完了体と完了体の対立はめったに観察されない。そのような対立が可能となるためには、まとまった形での結果が言及されている必要がある。долго писал диссертацию, но так и не написал ее（長い間、学位取得論文を書いていた［不完・過］が、結局書けなかった［完・過］）とは言えるが、*писал, но ни строчки не написал（* 書いていたが、1行も書けなかった［完・過］）とはふつうは言えないだろう。

d）一層隔たった位置にあって、考察している分類の次の 3-2 グループ —— видеть/увидеть —— との境界をなしているのが дряхлеть/одряхлеть（老いぼれる［不完／完］）、слабеть/ослабеть（弱くなる［不完／完］）、бледнеть/побледнеть（蒼白になる［不完／完］）、богатеть/разбогатеть（金もちになる［不完／完］）などのグループである。これらのグループでは、新しい状態への移行、古い状態と新しい状態の境界を印す《クリティカル・ポイント》を表す可能性は完全になくなってしまう。ここでは接近－成立という枠組みでの対立も、次の例のように совсем（まったく）、вконец（すっかり）、настолько, что ~（～なほど）といった、動作がどの程度行われたかという修飾語を補う場合にのみ可能となる。богател, пока не разбогател настолько, что...（～なほど裕福になる［完・過］まで稼ぐ［金もちになろうとする］［不完・過］）、заметно хмелел, но

еще не охмелел полностью（かなり酔っていたが［不完・過］、完全
に泥酔はしていなかった［完・過］）など。*хмелел, но не охмелел
（* 酔っていた［不完・過］が、酔っ払っていなかった［完・過］）、
слабел, но не ослабел（ 弱りつつあった［不完・過］が、弱ってい
なかった［完・過］）などの表現はいずれにせよとても不自然なものと
なる。

3-2 グループの構成と特徴

a）《直接の、間をおかない効果》、つまりその流れの、どんな短い一瞬
をとらえた場合でも、それを《効果がない》、結果がもたらされなかったも
のとしてはイメージできない動作を表す動詞。そういった動詞として
видеть/увидеть（見える［不完／完］）、слышать/услышать（聞こえる
［不完／完］）、ощущать/ощутить（感じる［不完／完］）、чувствовать/
почувствовать（感じる［不完／完］）のような知覚・感覚動詞や、
говорить/сказать（言う［不完／完］）、просить/попросить（頼む［不
完／完］）、требовать/потребовать（要求する［不完／完］）、советовать/
посоветовать（助言する［不完／完］）、обещать/пообещать（約束する
［不完／完］）、хвалить/похвалить（ほめる［不完／完］）、благодарить/
поблагодарить（感謝する［不完／完］）、клясться/поклясться（誓う
［不完／完］）、лгать/солгать（嘘をつく［不完／完］）のような発話動
詞がある。また他のグループの動詞でも、一定の慣用句的な語結合で
発話動詞の意味が表現される場合にはこのグループに入ってくる──
例えば делал, но не сделал работу（仕事をしていた［不完・過］が、
［最後まで］できなかった［完・過］）と言うことはできるが、*делал,
но не сделал замечание（* 指摘をしていた［不完・過］が、しなかっ
た［完・過］）とは言えない。さらに рычать/зарычать（うなる［不
完／完］）、реветь/зареветь（吠える［不完／完］）などの音の発生を
表す動詞、грешить/согрешить（罪を犯す［不完／完］）などを挙げ
ることができる。これらの動詞が表すプロセスはすべて、いくらでも
持続するものとしてイメージすることもできるし、非常に短い時間、
実際には一瞬のものとしてイメージすることもできるのである。持
続性と瞬間性という 2 つの意味は、このグループの動詞においては

完了体と不完了体の対立によって区別される。ただ、その場合でも伝えられる事実の実質的な内容はどちらの場合も同じ内容、つまり言語外事実としてはつねにA＝Bとなる。まさにそれ故に、これまでのグループの動詞のように、AとBが等しいか等しくないかという点で対比することはできない。もちろん、より広い意味 —— つまり、動作の直接的な結果を問題にするのではなく、より広い観点から見た目的という意味 —— では、問題となっている動作が結果をもたらさないこともある。そのような場合は、不首尾に終わったという事実を表すためにはかなり大規模な、複雑な文脈が不可欠である。完了体と不完了体の単なる対立だけでそのような意味を表現することができないだけではなく、пьянел, но не опьянел полностью（酔っていたが、泥酔はしていなかった）といったように、動作がどの程度行われたかという修飾語を補ってさえも、このグループの動詞の場合、まだ文脈的には不十分なのである。動作が不首尾に終わったということを表すためには、все видел, а главного не увидел（全部見えていた［不完・過］が、肝心なものは見えなかった［完・過］）のように、不完了体の補語と一致しない完了体の補語を文脈に入れるか、時には、много говорил, а по существу ничего не сказал（いろいろたくさん喋っていた［不完・過］が、実際は何も言っていなかった［完・過］）というように、動作のより複雑な質的修飾語などを入れることが必要になってくる。

このグループにはさらに、волноваться/взволноваться（動揺する［不完／完］）、стыдиться/устыдиться（恥じる［不完／完］）、сомневаться/усомниться（疑う［不完／完］）、трусить/струсить（怖気づく［不完／完］）、пугаться/испугаться（おびえる［不完／完］）、радоваться/обрадоваться（うれしがる［不完／完］）、печалиться/опечалиться（悲しむ［不完／完］）、грустить/взгрустнуть（悲しむ［不完／完］）、нравиться/понравиться（気に入る［不完／完］）、казаться/показаться（〜のように思われる［不完／完］）など、やはり持続的なものとしても、また一瞬の出来事としてもイメージできる心的体験や心理状態を表す動詞が入ってくる。любить（好きだ［不完］）、ненавидеть（憎んでいる［不完］）など、心理状態を表す

ペアをなさない不完了体とは違い、考察している動詞では、たとえそれが短時間、瞬間であっても、心理的状態それ自身として成立している。また、どんな一瞬をとらえた場合であってもプロセスの質は変化しない。あらゆる状況において A は B と等しい。

　b）特に注目に値するのが、смотреть/посмотреть（見る［不完／完］）、глядеть/взглянуть（поглядеть, глянуть）（眺める［不完／完］）、слушать/послушать（聞く［不完／完］）、нюхать/понюхать（嗅ぐ［不完／完］）などの意識的知覚動作を表す少数の動詞グループである。前のグループと同じように、動詞が表す動作はその質的な違いに関わらず、無限に持続するものとしても、また一瞬のアクションとしてもとらえられる、つまりここでもまた、A はつねに B に等しい。このグループの動詞の特性は、смотрел, но не увидел（見ていたが［不完・過］見えなかった［完・過］）、слушал, но не услышал（聞こうとした［不完・過］が聞こえなかった［完・過］）のように、先の［a）の］知覚・感覚動詞と「試み－成就」という枠組みで意味的に対立し得るという点である。イメージ内容としてはこういった意味的な対立は ловил, но не поймал（つかまえようとしたが、つかまえられなかった）におけるアスペクト対立とまったく同じである。しかし重要なことは、今、問題としているタイプの対立が、本来、アスペクトとは関係がないという点である。対立の２つ目の要素は、完了体でも不完了体でも同様に可能であり、そのことは再度、それらの言語外事実的な意味が等しいということを明らかにしている。実質上は слушал［不完・過］, но не услышал［完・過］ ＝ слушал［不完・過］, но не слышал［不完・過］、смотрел［不完・過］, но не увидел［完・過］ ＝ смотрел［不完・過］, но не видел［不完・過］という関係が成り立つ。以上のことから、アスペクト・ペアの機能システムにおいて重要な対立のひとつである「試み－成就」の対立は、ロシア語では他の意味的に該当する動詞ペアのどちらの体を使ってでも、アスペクト的にではなく、純粋に語彙的に表現することが可能であるとの結論を導くことができる。

3-3 グループの構成と特徴

a) находить/найти（見つける［不完／完］）、приходить/прийти（来る［不完／完］）、приносить/принести（もって来る［不完／完］）、привозить/привезти（［乗り物で］もって来る［不完／完］）、приводить/привести（連れて来る［不完／完］）、приезжать/приехать（［乗り物で］来る［不完／完］）、приплывать/приплыть（［船で］来る［不完／完］）などのペア。3-1 の a) グループと同じように、完了体動詞は新しい質へ急激に《点的（точечный）》に移行したという事実を意味し、これらの完了体動詞の意味は、実質的には《クリティカル・ポイント（критическая точка）》を示すということに尽きると言える。したがって、прийти к выводу（結論に達する［完］）などのような転意用法や多回動作について問題にしなければ、постепенно（次第に）、полностью（完全に）のような語との結合は不可能となる。不完了体動詞は上でも見たように、具体的プロセスの意味をもつことはできない。その意味を伝えるためには、話者は идти（歩く［不完］）、вести（連れて行く［不完］）などの単純動詞に、接近していることを示す сюда（ここへ）、ко мне（私のところへ）などの方向指示の語を補うという手段に頼らざるを得ないのである。Смотри, вон он идет сюда（見てみろ、彼がこちらへ来ている［不完・現］）、Я встретил почтальона, который как раз нес мне письмо（ちょうど私のところに手紙をもって来ていた［不完・過］郵便配達の人と会った）など。具体的プロセス以外の機能では приходить, находить といった動詞は制限なしに使用される。Изредка к нему приходил маленький, горбатый уродец（Горький, Мои университеты）（ときどき彼のところに小さい猫背の片輪がやってきた［不完・過］－ゴーリキー『私の大学』）－不定回性、習慣性の意味、Приходил Иванов?（イワンは来ていたのか［不完・過］?）－一般的事実、приходит к жене — у жены изба топится（Афанасьев. Сказка «Мена»）（女房のところに戻ると［不完・現］、女房は暖炉に火を入れて家を暖めている［不完・現］－アファナシエフ、民話『とりかえっこ』）－歴史的現在の意味。

同じグループに вызубривать/вызубрить（棒暗記する［不完／

完］）、выучивать/выучить（暗記する［不完／完］）、изнашивать/
износить（着古す［不完／完］）、またおそらく запевать/запеть
（歌い出す［不完／完］）、заговаривать/ заговорить（話し出す
［不完／完］）などが入る。これらのペアの不完了体動詞は、少なく
とも同じ語彙的意味では、やはり具体的プロセスの意味をもつこと
はできない —— *смотри, вот он сидит за столом и вызубривает
урок（* 見てみろ、ほら彼は机に座って課題を棒暗記している［不
完・現］）。

　b）今、見たグループに近いのが、качать(ся)/качнуть(ся)（揺ら
す（揺れる）［不完／完］）、махать/махнуть（振る［不完／完］）、
вздрагивать/вздрогнуть（身震いする［不完／完］）、стукать(ся)/
стукнуть(ся)（叩く（ぶつかる）［不完／完］）、ударять(ся)/ударить
(ся)（殴る（殴られる）［不完／完］）、топать/топнуть（足踏みする
［不完／完］）、колоть/кольнуть（刺す［不完／完］）その他、かな
り大きな動詞グループである。このグループの完了体動詞は１つの動
きとして行われる、部分に分けることのできない動作を意味する。不
完了体動詞の方は、この動きの１回の個別アクション —— １回の振動
など —— を、その成立に向けたプロセスとしてとらえることはできな
い。つまり、具体的プロセスの機能をもつことはできないのである。
машет（振っている［不完・現］）、качает (ся)（揺らしている（揺れ
ている）［不完・現］）、толкает (ся)（押している（押し合っている）
［不完・現］）は、同種のアクションの連続を表すか、зачем
толкаться?（なぜ押し合う［不完・不定詞］必要があるのか?）の
ように総称的な意味機能として、また歴史的現在や劇のト書きにお
ける現在用法などとして使われたりする。例えば、ブローク（Блок）
の「運命の歌」における Фаина топает ногой（ファイーナは足を
ふみならす［不完・現］）。

　3-3 グループの動詞ペアすべてにおいて、不完了体動詞はいわば
《非標準的》であり、おそらく不完了体の最も特徴的な機能である、
動作を進行中のものとして、展開するプロセスとして表現する、と
いう能力を欠いているのである。そのことで、考察している動詞ペ
アは、すでに見た、プロセス化ができないペアをなさない完了体動

詞にとても近いものとなっている。いずれの場合も動作をプロセス
として表すことはできないが、一方、ロシア語の不完了体に固有の
他の意味、つまりプロセス以外の意味については、あれこれの手段
を使えば表現されうる。このように見て来ると、ペア動詞第3グ
ループとペアをなさない動詞の第2グループとの境界というのは、
意味的なものというよりはむしろ形態的なものだということになる。

　以上、現代ロシア標準語における動詞の意味－構文的なアスペク
ト・グループに関して語ってきたが、まとめると次のような図式が
得られるだろう。
　動詞語彙の両極にペアをなさない不完了体、完了体動詞類が配置
される。すなわち一方に、内的限界を一切もたない、瞬間化もでき
ないプロセスを意味する動詞があり、他方に突然の転換やその他、
プロセス化を許容しない動作を意味する動詞がある。そして後者の
動詞群に隣接して、先ほど見たばかりの、不完了体の形はあるもの
のプロセスの意味をもたない приходить/прийти タイプのペア動詞
グループが存在する。そうすると、両極の間には2つの動詞グルー
プだけが残ることになるが、それらの違いは、一方の видеть/
увидеть グループでは不完了体と完了体の実質的な意味はつねに一
致し、A＝Bなのに対し、もう1つの ловить/поймать グループで
は2つの体の動詞は一致することもあれば（A＝B）そうでない（A≠
B）こともあるという点である。слабеть/ослабеть のようなペアはす
でに考察したように、真ん中の2つのグループをつなぐ連結項、過
渡的タイプとしてある。
　図式は以上のようであるが、もちろんこれまでの記述もそうであ
ったように、すべての点を考慮した完璧なものだとは言えない。今
後の分析で、ここで設定したグループや下位グループ内部に、さら
に細分化された多くの小分類、少なからぬ量の中間的な過渡的ケー
スや上で挙げたグループの間で揺らぎを見せる動詞 —— いくつか
の例は上で紹介したが —— などが明らかにされる可能性もあるだ
ろう。ただ本書の目的は、存在するすべての微妙な差異というもの

を完璧に網羅することにあるわけではなく、最も重要な動詞グループを分類して、アスペクトを意味的に研究する可能性、その重要性を実際に示すこと、そのことで考察対象となっている動詞におけるアスペクトの意味と性質の特徴は、それら動詞の語彙的意味の特性、実際には、**それらの動詞が意味する動作そのものの客観的な性質か**ら導き出されるということを結論づけることにあるのである。

第2節　アスペクト・パラダイムにおける
機能面での完全性と形態的規則性*9

　半世紀以上前、S.O. カルツェフスキー（C.O. Карцевскпй）はロシア語動詞に関する有名な自著の中でアスペクト・カテゴリーについて言及したが、アスペクトがどのように相関するかという特徴と、アスペクト・ペアの形態的構造タイプとの間にある関連性があると仮定した。周知のように、彼は純粋なアスペクトの相関性というものを выиграть/выигрывать のようなタイプのペア、つまり完了体とそれから派生した2次的不完了体の組み合わせにしか見出していなかったのである。このような組み合わせを彼は《文法的ペア（couples grammaticaux）》として「言語に実際に存在する唯一のアスペクト・ペアである」（Карцевский 1962: 229）と見なした。その他の、伝統的にペアとして分類されていた взять/брать のような補充法的なものや、играть → сыграть、толкать → толкнуть のような完了体が不完了体からの派生形であるタイプのものについては、カルツェフスキーにおいては文法的でないもの、つまりペアなどでは全くない、とされていた。играть のような派生元になる不完了体は、彼によれば「どのようなアスペクト・ペアにも入らない」（Карцевский 1962: 229）、つまり我々が言うところのimperfective 単体動詞（imperfectiva tantum）ということになる。

　カルツェフスキーの概念はロシア語やスラヴ諸語のアスペクト論の発展にとって重要な意味をもっていたし、後世の多くの研究者に影響も与えてきた。しかし、この概念をめぐっては批判的な指摘がいくつか出されている。H. Chr. セレンセン（H. Chr. Sørensen）

86

は《アスペクト・ペア》のそれぞれの形成法は基本的に、「それ自身としては単なる外的表れであって、そこからは、形式を言語の機能システムに組み入れるかどうかという点に関して、何らかの結論が出るとは限らないのである」（Sørensen 1973: 140）と指摘した。彼は、カルツェフスキーが自らの図式おいて「言語の意味的側面における機能に注意を払わず、一面的に言語形式だけを考慮した」（Sørensen 1973: 140-141）と強調した。

　こういった批判はおそらく正当なものであるだろう。カルツェフスキーは現実に、形態論的形式の役割を幾分、過大評価した。実際のところロシア語や他のスラヴ諸語において、完了体と不完了体の間の純粋に文法的なアスペクト的相関性は、不完了体が完了体からの派生形である場合のみならず、さまざまな他のタイプのアスペクト・ペアにおいても非常にしばしば観察されるのである。すべての場合において、完了体とそれに相関する不完了体は、ペア動詞とはいっても2つの別個の動詞ではなく、ともに単一の語彙、完全な ── 2種類の活用をそなえた ── アスペクト・パラダイムをもつ動詞を構成する、動詞形式の2つのグループなのである。完了体と不完了体の語彙的意味が等価であるという客観的な基準となり、また単一の語彙としてそれらが一体的な機能を果たしているということを裏付ける根拠となっているのが、完了体を不完了体によって置き換えることが可能かどうかという点である。そういった置き換えはある一定のタイプの文脈では可能であり、あるいは必須の場合さえある。特に歴史的現在や戯曲における現在用法、反復相への変換などの場合がそうである（Маслов 1948: 307）*10。

　例えば、完了体過去によってそれぞれ1回限りの出来事の連鎖が描かれている Он надел пальто, простился и выбежал на улицу（彼はコートを羽織り［完・過］、別れを告げて［完・過］通りへと駆けだして行った［完・過］）というロシア語のテクストの地の文は、歴史的現在に変換した場合には Он надевает［不完・現］пальто, прощается［不完・現］и выбегает［不完・現］на улицу という文が自動的に得られるが、そこでは出来事は不完了体現在で表されている。このような置き換えはテクストの地の文を戯曲のト

書きに変換する場合には標準的なものである。過去時制を保持したまま反復の事態へと書きかえる場合にも、Каждый раз надевал пальто, прощался и выбегал на улицу（毎回、コートを着ては［不完・過］別れを告げ［不完・過］、通りへと駆けだして行くのだった［不完・過］）に見るように、ロシア語では完了体が不完了体によって置き換えられる＊11。

　今、見た例では、動詞は完全なアスペクト・パラダイムをもち、完了体とそれから派生する不完了体を有している。ただ、上記のような置き換えの原則は他の場合でも観察される。Не застав брата дома, он написал ему записку, сунул ее под дверь, поймал такси и поехал на вокзал（家に兄がいなかったので、彼はメモを書いて［完・過］ドアの下にすべり込ませ［完・過］、タクシーをつかまえて［完・過］駅へと向かった［完・過］）は歴史的現在用法では Не застав брата дома, он пишет［不完・現］ему записку, сует［不完・現］ее под дверь, ловит［不完・現］такси и едет［不完・現］на вокзал. となる。2つ目の文では1次的不完了体 писать（書く［不完］）、ехать（乗り物で行く［不完］）、совать（突っ込む［不完］）は規則的に接頭辞を付加して派生した написать, поехать や鼻音接尾辞を付加して派生した сунуть という完了体の代わりとして使われており、ловить（つかまえる［不完］）は補充法で作られたペアである поймать の代わりに使われている。反復表現にする場合も Каждый раз... писал［不完・過］... совал［不完・過］... ловил［不完・過］... ехал［不完・過］... となり、事情は同様である＊12。

　カルツェフスキーにおいて、《文法的ペア》の最も明確な特徴づけとされたアスペクト・パラダイムの形態的な規則性と、上で見た置き換えによって裏づけられる、完全な機能意味的アスペクト・パラダイムは、異なる、くい違った概念である。それらは多くの単純な例でだけ、いわば《統計的に》、ある程度は相互に関連性を持つ。とは言え、もちろんこれらの2つの概念が完全に同じものであると言っているのではない。

　アスペクト・パラダイムにおける形態的な規則性というものは、［ペアのうち］派生語の形態的特徴がある程度そろっており、その

ことでそれら派生語の構造が、比較的単純な一般的規則で予測でき
るということによって成り立っている。そういった形態的特徴の均
一性は接尾辞による imperfective 化や、またそれほど均一ではな
いが вынести → выносить のような語根交替による imperfective
化などでも観察することができる。完了体が不完了体から形成され
る場合は、形態的特徴の規則性や均一性といったものはまったく存
在しない。つまり、perfective 化の手段として動詞のそれぞれで異
なった接頭辞が利用され —— しかも、それらはいわゆる意味をも
たない、《純粋にアスペクト的な》接頭辞であるが、形の上では実
質的意味をもった接頭辞と何ら変わるところがない —— 、また、
いくつかの動詞では鼻音接尾辞が利用されるのである。これらの場
合はいずれも、補充法的形成が利用される場合と同じように、機能
的には完全なアスペクト・パラダイムであっても、形態的規則性は
ないのである。

　と同時に、派生された不完了体が形態的規則性をもっているという
だけでは、それが完全なアスペクト・パラダイムであるという保証に
はならない。2 次的な不完了体の語彙化［訳者注 - 独立の語彙化］、
不完全なアスペクト・パラダイムをもつ —— 単一の体だけからなる
—— 個別の動詞、imperfective 単体動詞へと変化している例が観察
される。полагать（見なす［不完]）、взимать（徴収する［不完]）、
утопать（うずまる［不完]）は、それらの派生元である положить
（置く［完]）、взять（取る［完]）、утонуть（沈む［完]）とは意味
的、文体的に独立した動詞となっている。この場合、対応する完了
体は他の不完了体と 1 つになり、それらと положить／класть［完／
不完]、взять／брать［完／不完]、утонуть／тонуть［完／不完] と
いうように、不規則なパラダイムを形成する。時には、派生語であ
る不完了体が［もっている意味のうちの］個別の意味でだけ［独立]
語彙化をし、2 つの同音異義語に分裂する場合もある。例えば、完
全な規則的アスペクト・パラダイムをもつ動詞 явиться／являться
（現れる［完／不完]）と imperfective 単体動詞 являться（〜であ
る）がそうである。最後に、例えば полеживать（横になって時を
過ごす［不完]）、приговаривать（（〜しながら）言う［不完]）、

напевать（口ずさむ［不完］）、расхаживать（ゆっくりと行ったり来たりする［不完］）など、その形態的構成からは2次的不完了体と思える動詞が、実際にはполежатьのような完了体から形成されたのではなく、言わば《その頭ごしに》直接、лежатьのような1次的不完了体から形成されているという場合がある。この場合、imperfective化のための接尾辞は、語形形成手段としてではなく、ある特定の動作様態の意味をもつ、ギャップを含む語形成的形成素の一部として利用され、動詞を形成する時点で、接頭辞がもたらす完了体的な要素をただちに消してしまう役割で使われているのである*13。

　特に注目に値するのが、派生元である不完了体と接頭辞が付加された完了体、そして2次的派生をしている不完了体、例えばчитать（読む［不完］）－прочитать（読んでしまう［完］）－прочитывать（［いつも］読んでしまう［不完］）といった構成をもつ《アスペクト・トロイカ》が生じるケースである。形態的規則性から見ればпрочитатьはпрочитыватьとペアとなるが、機能的な、微妙な意味のニュアンスにしたがえば、事は違った様相になり得る。В 1910/11 учебном году де Соссюр в третий раз прочитал свой курс в Женевском университете（1910-11年にかけての学年度でソシュールはジュネーブ大学で3度目の自らの講義を行った［完・過］）という文が歴史的現在になるとчитать［不完］が使われる。しかし、動作が最後まで行われたということを強調する場合には、完了体、прочитатьの自然な置き換えは2次的な不完了体прочитыватьになる。したがって、Несмотря на болезнь, NN прочитал весь курс до конца и только тогда лег в больницу（病気にもかかわらず、NNは全講義を最後まで行って［完・過］からやっと入院した）という文の場合の動詞はпрочитываетとложится に変わるだろう*14。

　アスペクト・パラダイムが不完全で欠落したものになるのは、対応するアスペクトを形成する意味的必要性がない場合である。特にそれがよく観察されるのはвисеть（かかっている［不完］）、содержать（含んでいる［不完］）、стоить（〜の値段である［不

完]）、учительствовать（教師を勤める［不完]）など、非限界動詞においてであり、それらはすべてのスラヴ諸語で imperfective 単体動詞である。これらの動詞は、その意味する動作が原則的に perfective 性とは相いれないものであり、完了したもの（sub specie perfectivitatis）としてイメージできないわけで、したがって何らかの完了体形式で使うことはできないのである。perfective 単体動詞に関しては、まず意味的にとても多様で、スラヴ諸語でも言語によって異なっており、さらには形態的な欠落はつねに何らかの手段で克服されるという点に特徴がある。

ふつう perfective 単体動詞として機能するロシア語動詞の場合でも、時たま、2次的［派生の］不完了体が生ずることがある。例えば захрапеть（いびきをかき始める［完]）の場合、マヤコフスキー（Маяковский）の作品で захрапывать という形が使われている── 17巻本のアカデミー版辞典にはこの語は入っていない──。ブルガリア語ではこういった傾向はほぼ一般的なものとなって、広がりを見せている*15。

別の場合には、語形としては完了体的な動詞語幹で、不完了体的な使われ方が可能になるということが起こる。つまり、完了体と不完了体両方の意味をもつ同音異義語の成立へとつながる、アスペクト的二面性が進んでいるのである。形態的な欠落を克服するこの方法が使われるのは、主に音韻・形態的理由で imperfective 化のための接尾辞が付加できない場合である。例えば、ロシア語の両体動詞（биаспектив）として воздействовать（働きかける［完・不完]）、обжаловать（控訴する［完・不完]）、опробовать（試運転する［完・不完]）、обследовать（視察する［完・不完]）、исследовать（研究する［完・不完]）、расследовать（調査する［完・不完]）、перерасходовать（使いすぎる［完・不完]）などがある。

最後に、第3の方法として、アスペクト・パラダイムを一種の補充法によって補う、つまり、ペアの不完了体の機能をもつものとして、いろいろな同義語や語結合を使うという可能性がある。Он ринулся помогать（彼は助けようとかけ出した［完・過]）は歴史的現在では бросается помогать（助けようと飛び出す［不完・

現]）、Собаки ринулись на нас с лаем（犬は吠えながら私たちに向かってかけ出した［完・過］）は набрасываются —— または кидаются —— на нас с лаем（吠えながら私たちに向かってとびつく［不完・現］）、Он рехнулся（彼は気がちがった［完・過］）は Он сходит с ума（彼は気がちがう［不完・現］）、Он очнулся（彼は我に返った［完・過］）は Он приходит в себя —— または в чувство ——（彼は我に返る［不完・現］）、Ребенок заплакал（子供が泣き出した［完・過］）は Ребенок начинает плакать（子供が泣き出す［不完・現］）となる。もちろん多くの場合、いろいろな意味的ニュアンスや文体的、表出的、強調的コノテーションといったものは失われてしまうので、［置き換えられた不完了体動詞と元の完了体動詞が］同一の語彙であるかどうかといった議論をする必要はないだろう。この場合の歴史的現在への変換は、もはや語彙的意味が同じであるかどうかという判断基準とはならない。とはいえ、こういった同義語による置き換えがなされるということは、アスペクト・パラダイムを機能的に完全なものにしようとする活発な傾向が、限界動詞において見られるということを示している。

　パラダイムにおいて、形態的に規則的であっても、機能意味的にパラダイムが完全であるとは限らないということを述べてきたが、それは動詞アスペクト・カテゴリーにだけ見られることではない。同じような不一致が他の文法領域、例えば名詞の数カテゴリーなどにおいても見られる。ロシア語で ребенок − ребята というパラダイムでは形態的規則性が観察される —— また、дитя − дети もある程度規則的と言える。しかし現代語においては、一般的に‘infans’の意味では別の規則的でない補充法的パラダイム ребенок − дети が使われる。例えば、У вас есть дети? — Да, один ребенок（子供さんはいらっしゃいますか？ —— ええ、1人おります）。一方、ребята や部分的には дитя も特別な意味的ニュアンス、文体的コノテーションを伴っており、機能的には独立した語となっている。

第3節　個別的なアスペクト意味と完了体と不完了体の対立のタイプ*16

　スラヴ語における動詞アスペクトの意味内容を考察する場合、《一般的意味》や《不変的意味》を見出したり、また構成したりといったことに研究を限定するべきではない。いろいろな文脈タイプで現れる完了体と不完了体の個別的意味に注目した方が［研究としては］より有効であろう。言語研究者が個別的意味とその対立を見過ごしてしまえば、《暗示的》な領域、E.コシュミーダー（E. Koschmieder）が言うところの "das Gemeinte（意味されるもの）"（Koschmieder 1965: 101–106, 159–160, 212–）、すなわち、本来、話者が自らの発話において念頭においている事柄に踏み込むことができなくなるのである。言語記号の非対称的な二元論 —— あるいは少し異なった言い方をすれば、言語における形態と機能の非対称性が存在するのであるから、文法を研究する者は、問題となっている文法素［各文法カテゴリーを表す要素］の意味的スペクトル［複雑な情報や信号をその成分に分解し、成分ごとの大小にしたがって配列したもの］を完全な姿で記述し、対立するアスペクトそれぞれの個別的意味の、すべての複雑な相互関係を明らかにすることを求められるのである。

　対照アスペクト論の観点からは、1つの一般的意味を扱うということではとりわけ不十分になる。というのも、2言語の比較するカテゴリーにおいて、一般的意味というものは同一であるか —— その場合、微妙な意味的差異は簡単に言えば注意からそれてしまう —— 、原則的に異なるもの、言わば比較できないものになるかのどちらかしかない。逆に、個別的意味の場合は細かく分割された対立の網の目を形成しており、そのことで文法形式のそれぞれの個別的機能の特徴を探求し、見出す方向へと研究者を導くのである。

　アスペクトの個別的意味の記述は、まず A.マゾン（A. Mazon）によってロシア語に関して始められ（Mazon 1914）*17、1950年代以降、ブルガリア語とロシア語資料の記述が進んだ（Маслов 1959: 231–275, 307–312; Бондарко & Буланин 1967: 52–61; Бондарко 1971: 21–42; Рассудова 1982; Русская грамматика

第2章　スラヴ諸語における完了体／不完了体カテゴリー　93

1980 *18 ; Станков 1976, 1980: 37-104）。最近は個別的意味に
関する事実に対して、それぞれの研究者がさまざまな説明を行って
い る（Гуревич 1971: 73-79; Ломов 1977; Гловинская 1982;
Forsyth 1970）*19。本書では、これまでの研究史で述べられてき
たいくつかの視点を考慮しながら、ロシア語において完了体と不完
了体の個別的意味が現れる対立の輪郭をはっきりさせるという試み
に着手したい。

　個別的意味は、それぞれが相互に結びついて一体的なシステムを
形成している。いくつかの意味では、さらに下位的な分類とある種
のバリアントが存在する。アスペクトの意味的スペクトルにおける
役割という点で、すべてのアスペクトの個別的意味は2つのグルー
プ、《中心的》なものと《周辺的》なものとに分けることができる。

　対立するアスペクトの個別の意味それぞれの相互関係は、いろいろ
な場合によって一様ではないことが分かる。時に完了体と不完了体は
互いにはっきりと対立を示し、何か全く異なるもの、正反対のもので
あるかのような《印象を与える》。このような場合、我々はアスペクト
的反義性について言及していることになるが、一般には欠如的なもの
であるアスペクト対立も、この場合は等価的な対立としてのふるまい
を見せる。と同時に、アスペクト競合（Mathesius 1938: 15-19;
Bareš 1956: 566-579; Křížková 1961: 32-39; Станков 1976, 1980:
37-104）といわれる場合があり、そこでは完了体と不完了体が本
質的には同じ状況を描いており、単に微妙なニュアンスの違いがあ
るだけである。したがって、こういった場合にはアスペクト的同義
性を問題にしているとも言えるであろう。完了体と不完了体の関係
におけるこの2つのタイプの区別を行ったのは O.P. ラスードヴァ
（О.П. Рассудова）で、アスペクトの個別的意味を《強い》対立と
《弱い》対立に分けている（Рассудова 1982: 11-12）。また中間的、
移行的なゾーンが存在し、そういった場合は、不完全で部分的な反
義性を問題にしているとも言えるし、同時に、ある種独特なアスペ
クト競合を問題にしているとも言えるのである。

　さらに、アスペクト対立が欠如的なものとしてはっきりと現れる
場合もある。そこではアスペクト対立は中和され、無標項の不完了

体が対立するアスペクトのいくつかの機能を引き受けることになる。

A．アスペクトにおける反義性とアスペクトの中心的意味

アスペクト・カテゴリーの領域で最も重要な意味的対立は以下の通りである。

I．閉じられたひとまとまりの動作、事実、出来事としての動作 ── 完了体 ── と、その進行、展開において捉えられる動作、発展するプロセスとしての動作、また時に、試みとしての動作 ── 不完了体 ── との対立。例えば、Он открыл окно（彼は窓を開けた［完・過］）── Когда я вошел, он открывал окно（私が入ったとき、彼は窓を開けていた［不完・過］）、Я вчера встречал его на вокзале, но не встретил: мы разминулись（私は昨日、駅で彼を出迎えようとした［不完・過］が、会えなかった［完・過］。行き違いになったのだ）。

II．個別のその時だけの出来事としての動作、1回動作 ── 完了体 ── と、多回、あるいは習慣的動作、限定されない反復、また動作能力など ── 不完了体 ── との対立。例えば、Он открыл окно（彼は窓を開けた［完・過］）── Когда (или как только) он возвращался с прогулки, он открывал окно（散歩から帰ると（帰るや否や）彼は［いつも］窓を開けていた［不完・過］）、Это был прекрасный слесарь: он легко открыл этот сложный замок（それは優秀な修理工で、この複雑な錠前を簡単に開けた［完・過］）── он открывал самые сложные замки（〜、すごく複雑な錠前でも開けた［不完・過］（すなわち、開けることができた、能力があった））。

III．ある具体的な状況における動作 ── 完了体 ── と、原則として動作成立の具体的な状況を考慮しない、総称としての動作 ── 不完了体 ── との対立。例えば、Ты послал ему книгу?（君は彼に本を送ったかい［完・過］?）－もし、本を送ることが予定されていたり、はっきりと期待されている場合、Ты посылал ему книгу?（君は彼に本を送ったの［不完・過］?）－本を送ることは可能性として単にあったかもしれないが、必ずしなければならないことではない

場合 —— 聞き手はそのような事実が一般にあったかどうか、ということに関心がある。

3つの対立のすべてで、完了体は自らの —— 唯一の —— 中心的な意味を表している。これを**具体的事実の意味**（конкретно‐фактическое значение）あるいは、具体的［事実］確認の意味（конкретно‐констатирующее значение）と名づけよう。つまり1回限りの、その意味で具体的な動作は、《自然な》まとまりのある事実として確認される。孤立した発話としての Он открыл окно（彼は窓を開けた［完・過］）では、ふつう、窓は今 —— 発話時点で —— 開いたままであると理解される。これは具体的事実の意味のパーフェクト・バリアントである。別の場合には、例えば Он вошел в комнату, открыл окно и снова вышел（彼は部屋に入って［完・過］、窓を開け［完・過］、再び出て行った［完・過］）のような文脈ではアオリスト・バリアントも観察される。具体的事実の意味は完了体のすべての形式で広く観察され、それも異なるいろいろな文脈で現れるのである。この意味は、完了体の周辺的な個別的意味 —— すなわち、その他すべての意味 —— と比べ、数の上でも、疑いもなく圧倒的に多いのである。

異なる様相を見せるのが不完了体である。対立における《外延的》性質をもつ項として、不完了体はより広い意味的スペクトルをもち、3つのある程度、同等な中心的意味を有する。そしてそれぞれの意味にはさらにいろいろな補足的バリアントがある。

第Ⅰタイプの意味的対立における不完了体の意味として、**プロセス的意味**（процессное значение）が挙げられるだろう。上で見た例、Когда я вошел, он открывал окно では、この意味の主要なバリアントである、ある時点 ——「私が入ったとき」—— で進行する1回限りの具体的な動作、**具体的プロセス**の意味が表現されている。現在時制の用法では、《現在の hic et nunc（今、ここで）》［眼前進行中の動作］の意味となる。例えば、Вот он открывает окно（ほら、彼が窓を開けている［不完・現］）。

上で見た встречал（но не встретил）や Он тонул, но его спасли（彼は溺れかけていた［不完・過］が助けられた）では、プロセス的

意味の接近−意図性 —— あるいは単に意図性 —— バリアント（тендентивно-конативный（конативный）вариант）が表現されている。もう1つのバリアントは、間断なく続き、常時存在する状況を描く、いわゆる恒常的−連続的意味（постоянно-непрерывное значение）である。例えば、С вершины открывался（или: открывается）прекрасный вид（頂きからはすばらしい景色が広がっていた［不完・過］（広がっている［不完・現］））、Окна выходили（или: выходят）на улицу（窓は通りに面していた［不完・過］（面している［不完・現］））など*20。

　今、検討している副次的バリアントは多くの場合、文脈に依存したものであり、また語彙的にも制限されている。ただ、主要バリアントも、それが可能となるのは一定のタイプの文脈や状況の場合だけである。また、почитывать（［いつも］少し読む［不完］）、бывать（［時々、よく］ある［不完］）など、はっきりとした反復の意味をもつ動詞やその他のいくつかの動詞の場合も、主要バリアントの意味は観察されない。ドイツ語の Sieh mal, da kommt er schon（見て、ほら、彼はもう［こっちへ向かって］来ている）という文の意味は、ロシア語の *Смотри, вот он уже приходит という文では表現できず、Смотри, вот он уже идет сюда（見て、ほら、彼はもうこっちへ向かって来ている［不完・現］）と言わなければならないのである*21。

　プロセス的意味はふつう、不完了体のとても重要な、最も典型的な意味として扱われ、しばしば不完了体の《真の》意味とさえ見なされることもある。すでに3世紀以上も前にチェコの研究者、ヴァーツラフ・ヤン・ロサ（V.J. Rosa）はこの意味、より正しくは第1タイプの意味的対立を自らのアスペクト定義の基礎に置いた。不完了体 —— 彼の用語では «imperfectum» ——、例えばチェコ語の oslazoval（甘くしていた）、pokládal（置いていた）は「動作をその生成において表現」（in fieri）し、完了体 —— «perfectum» ——、例えば osladil（甘くした）、položil（置いた）は、既成事実（in facto）として定義している（Rosa 1672: 141）。実際、プロセス的意味は最も特徴的なものとして、他のすべての意味に対して主たる地位にお

かれるべきものなのである。**不完了体はこの意味においてのみ、完了体に置き換えることがまったく不可能となる。**もし上で見た Когда я вошёл, он открывал окно（私が入ったとき、彼は窓を開けていた［不完・過］）という例で、открывал を открыл に代えると、彼が窓を開けたのは私が入ってから —— もしかすると入ってすぐ —— ということになるか、あるいは уже を補った場合には —— когда я вошёл, он уже открыл окно（私が入ったとき、彼はもう窓を開けてしまっていた［完・過］）—— それがなされたのは私がやって来る前 —— ドイツ語のプルパーフェクトに相当する —— ということになる。いずれの場合も、到着の動作と窓を開ける動作は同時ではない。もし同時であるということを表したいなら、すなわち窓を開けるという動作を生成、進行中のもの (in fieri) として表現したい場合は、問題の動詞は不完了体でなければならない。まさにこういった事情によって、第Ⅰタイプの意味的対立は**アスペクトにおける完全に首尾一貫した反義性（абсолютная и последовательная антонимия видов）**として考察されるべきなのである＊**22**。

　第Ⅱタイプの意味的対立における不完了体の意味は、**非限定複数回の意味（неограниченно‐кратное значение）**とすることができよう。上で見た он открывал самые сложные замки という例では、この意味における**潜在的性質（потенциально-качественная разновидность）**—— あるいは潜在的能力（потенциально-квали-фицирующая разновидность）—— のバリアントが示されている。

　動作が限定されずに反復するということは、時間的特徴づけをもたらす状況語によって直接、示されることが多い。例えば Он часто —— あるいは редко, иногда, по утрам など —— открывал своё окно（彼はよく（まれに、時々、毎朝）窓を開けていた［不完・過］）。また、動作が突然起こったことを意味する状況語が使われる場合も、不完了体過去形はつねに反復の意味をもつ。Он вдруг открывал своё окно（彼は突然、窓を開けたものだった［不完・過］）という文では、必ず多回性あるいは習慣性が前提とされるのである。その他の場合では、不完了体の非限定回の意味は広い文脈 —— 習慣が述べられているなどの —— から明らかになる。現在形

の場合、重要な役割を果たすのは発話状況となる。Он обедает в ресторане（彼はレストランで昼食をとっている（とる）［不完・現］）という文は、ドイツ語の該当する文の場合もそうであるが、状況次第で目下の時点についてのこと ── この時点で昼食をとっている ── を表すか、あるいはより一般的な意味 ── ふつう、レストランで昼食をとる ── をもつ。Она говорит по-итальянски（彼女はイタリア語を話している（話す）［不完・現］）も、目下の時点でのことか、あるいは「話すことができる」「その言語に堪能である」ということを意味する可能性もある。

　いずれにせよ、動詞をとりまく短い文脈自体で、プロセス的意味や非限定回 ── あるいは潜在的性質 ── の意味をいつも区別できるわけではない。Когда я входил, он открывал окно（私が入ろうとした（入る）［不完・過］時、彼は窓を開けていた［不完・過］）という文は、「私が入ろうとしていたその瞬間、ちょうど彼は窓を開けているところだった」── 2つの1回限りの動作の同時性 ── ということを意味し得るし、また「いつも私が入るときは、彼は窓を開けた」── 非限定の反復 ── ということも意味し得る。もしこの文で входил の代わりに приходил を入れると、приходить（来る［不完］）がすでに見たようにプロセスの意味をもたないので、必ず2つ目の意味 ── いつもなど ── が出ることになる。

　非限定回の意味は不完了体のすべての形式とすべての動詞で観察される。ただ、この意味は、不完了体にとって特徴的であるかどうかという点で、プロセスの意味にはとても及ばない。というのも、ある条件の下では完了体が限定されない反復 ── あるいは動作の遂行能力 ── を表現することができるからで、この点については後に述べる。したがって、第 II タイプの意味的対立は**アスペクトにおける不完全な反義性（непоследовательная антонимия видов）**として考察すべきものだということになる。

　第 III タイプの意味的対立における不完了体の意味は**一般的事実あるいは一般的事実確認（общефактическое значение）──（общеконстатирующее значение）──** の意味とすることができるだろう。動詞述語で意味される事実は、一般的な形で、それそのもの

として存在が確認 —— あるいは存在しないことが確認 —— され、その際、起こったのが1回なのか繰り返されたのか、また時間軸におけるその事実の個別の位置、さらにはそれが成立する際の具体的な種々の状況といったものは考慮されない。Я говорил ему об этом（私は彼にそのことは言っておいた［不完・過］）という文で、会話が行われたのは1回なのか数回なのか、いつ会話が行われたのか —— 私たちにとってすでに分かっているある時点、「その時」なのか、はっきりしない「いつか」の時点なのか —— 、またどのような状況でなのか、といった点は我々には不明なままである。いろいろな状況語によって動作は1回なのか複数回なのかが特定される場合もあるが、一般的事実の意味の性質は本質的には変わらない。Я как-то раз уже говорил ему об этом（私はいつだったか1度、彼にこのことを言ったことがある［不完・過］）、Однажды я уже открывал это окно и при этом поранил себе руки（すでに1度、私はこの窓を開けたことがあって［不完・過］、そのとき手をけがした）、Ты вчера открывал окно? —— Да, открывал, даже несколько раз（昨日、窓を開けたのかい［不完・過］? —— うん、何回か開けたよ［不完・過］）など。ドイツ語にこういった文を訳す場合には、ふつうはパーフェクト形が使われる。Einst hab' ich ihm schon davon gesagt; Ich habe dieses Fenster schon einmal geöffnet（und dabei meine Hand verletzt）; Hast du gestern das Fenster geöffnet? —— Ja. Und nicht nur einmal. など。同じように英語でも現在完了形が使われる。不完了体の一般的事実の意味については《動作パーフェクト（акциональный перфект）》、ロシア語動詞における潜在的文法カテゴリー —— B. L. ウォーフ（B.L. Whorf）が提起した "covert grammatical category" —— として説明する見解もある（Hulanicki 1973: 174–183）。

　一般的事実の意味の本質は、強調された《有標の》一般化ということではなく、J. フォーサイス（J. Forsyth）が《単なる名指し（simple denotation）》と名づけたものになる（Forsyth 1970: 82–83, 123–124, 206–207）*23。Вы выходите（または: будете выходить）на Садовой?（サドーワヤで降りられますか［不完・現（または未来）]?）、Пора вставать（そろそろ起きろ［不完・不定詞］）といっ

た非過去形における例も参照のこと。基本的にこういった例はとても重要である。それらの例は不完了体の意味的スペクトルにおいて《中立的》価値が現れているということをはっきりと示している。ただこういったからといって、不完了体が全体として《ゼロ》カテゴリーであるというわけではない。このような考えは J. フォーサイスや A.M. ラモフ（A.M. Ломов）などによって述べられているが（Forsyth 1970: 14, 82, 349–350; Ломов 1977: 42–44）*24、より立場として正確なのは O.P. ラスードヴァ（О.П. Рассудова）だろう。ラスードヴァは「不完了体の意味とは、潜在的には、完了体が許容しないあらゆるアスペクト意味の領域であり、それはあまりに広く、そこでは統一的な意味の中核といったものを見つけることはできない。この領域から、領域によって予測される不完了体の個別的意味というものが生まれるのである」と書いている（Рассудова 1982: 145; Барентсен 1973: 10–11）。

　ロシア語には一般的事実の意味の特別なバリアントがもう 1 つあり、それはまず、完了体の具体的事実意味のパーフェクト・バリアントと対立している。問題となっているのは、結果が打ち消され、排除された動作の表現である。例えば、К вам приходил знакомый（あなたのところに知り合いが来ていましたよ［不完・過］）と言えるのは、知り合いがもう立ち去っている場合である。もし知り合いが聞き手が帰って来るのを待って、そのままその場にいるなら、必ず К вам пришел знакомый（あなたのところに知り合いが来ていますよ［完・過］）というように、完了体でなければならない。このようにロシア語では不完了体の приходил は、時に пришел ＋ ушел（やって来た＋立ち去った［完・過＋完・過］）という、反意語の関係にある 2 つの完了体を合わせた意味をもつのである。同じように открывал（開けていた［不完・過］）も多くの場合 открыл ＋ закрыл（開けた＋閉めた［完・過＋完・過］）の意味となる。J. フォーサイスは、結果が排除された動作について「双方向動作（two way action）」（Forsyth 1970: 5, 78–81）*25 という的確な用語を使っている。L. グリャニツキー（Л. Гуляницкий）は逆方向の動作について言及しており、結果の打ち消しは反意語の関係にある動作がなくても起こり得ると強調している。

例えば Я открывал здесь окно, но оно вскоре само захлопнулось（私はここの窓を開けていた［不完・過］のだが、窓はじきにパタンと閉まってしまった［完・過］）（Гуляницкий 1976: 9–15）。

　ただ、指摘しておかなくてはならないのが、открывать はほとんどの不完了体と同じように、結果が残っている場合、つまり、発話時点でまだ開いたままの窓の場合でも使われるという点である。例えば Кто открывал окно?（誰が窓を開けていたのか［不完・過］?）Ты открывал окно?（きみが窓を開けていたのか［不完・過］? ── 文のアクセントは「きみ」にある）Ты открывал окно, или оно само отворилось?（きみが窓を開けたのか［不完・過］、それとも勝手に開いたのか［完・過］? ── アクセントは「開けた」にある）など。これらの例ではすべて結果は眼前にあり、完了体 открыл が使われてもまったくかまわないはずである。しかし、話者の主な関心はここでは結果ではなく動作そのものにあり、そのことが原因となって不完了体が選択されるのである。

　非意図的な動作を表すいくつかの動詞についても、一般的事実の意味に関して一定の制限が課される。例えば床にこぼれた水やこわれたカップを見た場合、うっかりそれをやった人間について、不完了体を使って *Кто проливал воду?（* だれが水をこぼしていたのか［不完・過］）、*Кто разбивал чашку?（* だれがカップをこわしていたのか［不完・過］）と尋ねることはできない（Рассудова 1984: 57）。ここで使うことができるのは ── もしはっきりとした意図がないと理解される場合には ── 完了体だけである。Кто пролил воду?（だれが水をこぼしたのか［完・過］?）、Кто разбил чашку?（だれがカップをこわしたのか［完・過］?）、また「きみが」にアクセントがある場合にも、Ты пролил воду?（きみが水をこぼしたのか［完・過］?）、Ты разбил чашку?（きみがカップをこわしたのか［完・過］?）となる *26。

　以上のことから、第 III タイプの意味的対立は **アスペクトにおける不完全な、相対的反義性（неполная, относительная антонимия видов）** と見なすべきだという結論が得られる。このタイプでは第 I、第 II タイプに比べ、アスペクトの選択は、話者の主観的観点によっ

て決められる度合いが大きい。実質的には、このタイプではすでに
アスペクト競合ということを問題にしてもよいかもしれない。とい
うのも、不完了体の一般事実的意味と完了体の具体的事実の意味の
差は、微妙なニュアンスの差にすぎず、はっきり感じられはするが、
スラヴ諸語以外の言語に訳すのが難しいことも多い。ある種の文脈
では、ロシア語でさえこういったニュアンスは無視してもまったく
かまわないのである。それでもまだこのタイプは、次の章で言及す
る本来の意味でのアスペクト的同義性ではないのである。

B. アスペクトにおける同義性と周辺的なアスペクト意味

アスペクトにおける本来の意味での同義性やアスペクト競合は、
持続し反復する動作を表現する時にしばしば観察される。特に、持
続性や反復性にいろいろな限定がつけられたり、また多回動作や潜
在的動作が、《形として》ある1回の特定ケースを例に表現された
りする場合に起こる。次のようなタイプの使用例がそれにあたる。

1. 限定された持続動作はいつも不完了体で表現可能であるが、
ある場合においては完了体の使用も可能である。限定された継続時
間をはっきりと示す状況語（два часа　2時間、целую неделю　まる
1週間、など）や、あいまいに限定された、一定の持続性を表す状
況語（долго　長い間、недолго　少しの間、некоторое время　しば
らく、немного　少しの間）は imperfective 形と問題なく結合する。
Он 5 минут открывал консервную банку（彼は5分間、缶詰を開
けていた［不完・過］）、Он будет долго говорить（彼は長いこと
話すだろう［不完・未］）、Он собирается целую ночь не спать
（彼は一晩中寝ない［不完・不定詞］つもりだ）など。こういったケー
スはとりわけ**強調された持続性の意味やニュアンス（подчеркнуто
– длительное значение или оттенок）**と言えるだろう。ただ、似た
ような意味でも限定された持続性や、また**一定時間幅の持続性を意
味する場合（значение охвата длительности）**（Булаховский 1952:
180）には、限定的継続態（**делимитативный способ действия**）
―― поговорить（少し話す［完］）、поспать（少し寝る［完］）――
や長期継続態（**пердуративный способ действия**）―― проговорить

（целый час, весь вечер и т. п.）（まる 1 時間、一晩中）ずっと話す
［完］）、простоять（［長い間］立っている［完］）など —— という 2
つの特別な動作様態だけではあるが、完了体も使われる。したがっ
て、限定された行為が言及される場合、限定的継続態や長期継続態
の動詞が言語にあれば、そのような動詞で表現される動作は 2 通り
の、不完了体と完了体による表現方法があるということになる ——
Он говорил/проговорил полчаса（彼は半時間話していた［不完・
過］／話した［完・過］）、Он стоял/простоял там целый час（彼は
そこにまる 1 時間立っていた［不完・過］／立った［完・過］）。2 つ
の表現方法の意味的な違いはとても小さなもので、不完了体の場合、
重点は持続性そのものにおかれるが、完了体の場合は、その持続性
が限られたもの —— 一括してとらえられたもの —— であるという
点に重点がおかれる。ドイツ語やその他、《文法的アスペクトをもた
ない体のない》言語に訳される時には、この違いを再現することは
できないであろう。

　また、長期継続態の動詞の場合、時間継続の状況語が必ず使用さ
れるという点も強調しなければならない。そのような状況語のない
Он простоял там（ 彼はそこに立った［完・過］）という文は、さ
えぎられたりして、話を途中でやめてしまったような場合にだけ起
こりうる。限定的継続態の動詞の場合は時間継続の状況語はなくて
もよい。Ты поспал после обеда?（きみは昼食のあと少し寝たかい
［完・過］?）、Не буди его, пусть поспит!（彼を起こさないように、
少し寝かしておけ［完・命］）など。特にこのような文がよく見られ
るのは、続く述語が状況の変化を示している時である。Он постоял
и ушел（彼は少しの間佇み［完・過］、立ち去った［完・過］）。こ
ういったケースでは、限定された継続性 —— немного（少し）、
некоторое время（少しの間）—— の意味は動詞 —— あるいは接頭
辞 по- —— に含意されているのである。ドイツ語訳では限定された
継続性は明示的に語彙的手段 —— 状況語 Weile、ein wenig など
—— によって表現されなければならない。

　2.　限定された多回動作も 2 つの方法、完了体と不完了体によって
表現されるが、この 2 つの方法の可能性は、何か特別な条件の下での

み観察されるわけではなく、限定された複数回性のどんなケースにおいても見ることができる。Он два раза（пять раз や несколько раз など）обернулся/оборачивался（彼は2回（5回、数回）ふり向いた［完・過］／ふり返っていた［不完・過］）というような文では両方の体の形は、いわば完全に同等であると言える。繰り返される回数は状況語によって正確に、またはおおよそ ── несколько раз（数回）など ── 示される。両形式は完了体、不完了体ともに基本的に同じ意味を表す。完了体が使われる際にのみ、反復する動作はいわばひとまとまりにされ、したがって**総括的意味（суммарное значение）**、あるいは《総まとめの（подытоживающее значение）》意味と名づけることができる*27。不完了体が使われる場合は、**限定的複数回の意味（ограниченно‒кратное значение）**として理解される。つまり、限られた回数、反復される動作は《そのまま》、ひとまとまりであるということは示されずに描かれるのである。もちろん、こういったわずかな意味ニュアンスの差異は、ドイツ語のようなperfective性の対立をもたない言語に翻訳することはできないであろう。

　ところでロシア語では、限定回［動作］の意味をもつ不完了体の方が、総括的意味の完了体よりもより自然な表現となるケースが存在する。反復動作において毎回、新しく反復される動作が、それ以前にもたらされる結果の消滅を前提としているような場合、つまり《双方向動作》の場合がまさにそのようなケースにあたる。Я два раза открыл окно（私は2回窓を開けた［完・過］）よりも Я два раза открывал окно（私は2回窓を開けた［不完・過］）の方がよりふさわしい表現となる。窓を再び開けるためには、その前に閉めなければならない ── あるいは窓がひとりでに閉まっていなければならない ── からだ。動作様態として、分配された動作の総括的意味（суммарно-дистрибутивное значение）をつねにもつ пооткрывать（徐々に（全部・多数を）開ける［完］）、переловить（（全部・多数を）つかまえる［完］）── Он пооткрывает окна（彼は窓を全部、開ける［完・現未］）、Кошка переловила всех мышей（猫がネズミを全部捕まえた［完・過］）── のような動詞はロシア語では

perfective 単体動詞である*28。

3. 限定されない反復動作や潜在的動作は不完了体だけではなく、第2タイプの意味対立のところで見たように、一定の条件下では完了体によっても表現される。

上で見た Как только он возвращался с прогулки, он открывал окно（彼は散歩から帰るとすぐに窓を開けていた［不完・過］）という文は、Он как вернется, бывало, с прогулки, (сразу) откроет (または открывает) окно（彼は散歩から帰ると（すぐ）窓を開けた［完・現未］（または［不完・現］）ものだった）と書きかえることができる。現在時制の場合も同じように、У него такая привычка —— как вернется с прогулки, сразу открывает (あるいは откроет) окно（彼には散歩から帰るとすぐ、窓を開ける［不完・現］（あるいは［完・現未］）という習慣がある）となる。こういったケースを**例示的意味（наглядно – примерное значение）**、何回も起こる出来事の《例示化（партикуляризации）》（Mazon 1914: 49）としよう。よくある典型的な事柄が、ここではいわば具体的な例で分かりやすく描かれ、反復される限りない連続が《形の上で》1つの個別ケースとして表現されるのである。例示的意味は、実際には両方の体 —— сразу откроет/открывает окно というバリアントを参照 —— で表現されるが、完了体の方が不完了体よりもよく使われる*29。この意味は任意の選択肢として、いつも文体的に多少ニュアンスを帯びた、不完了体の非限定回の意味に対する相似物として存在する。

また、Это был прекрасный слесарь, он открывал самые сложные замки（それは優秀な修理工で、とても複雑な錠前を開けていた［不完・過］）という例で、第2文は он, бывало, откроет (вам) самый сложный замок（彼は（あなたのために）とても複雑な錠前をよく開けたものだったね［完・現未］）というように、《例示化》することもできるだろう*30。現在時制では Это прекрасный слесарь. Он (вам) откроет самый сложный замок（この人は優秀な修理工で、（あなたのために）とても複雑な錠前でも開けて［完・現未］くれますよ）となる。これらのケースは、完了体のいわゆる潜在的な意味、より正しくは**潜在的例示意味（наглядно – потенциальное значение）**

であり、例示的意味のバリアントと見なすことができる。つまり、主体の動作を遂行する能力、つねに動作を遂行する準備ができているということを、《形の上で》この動作成立の個別のケースを例として描くのである。したがって、ここで問題にしているのは、非限定回の意味における潜在的能力のバリアントに対する、文体的ニュアンスを伴った任意の選択肢としての相似物なのである。

　多回動作や潜在的動作の《例示化》が可能になる文脈環境は、スラヴ諸語のそれぞれでずいぶん違ってくる。西スラヴ諸語では東スラヴ諸語に比べて《例示化》はかなり広範囲に広がっている。ロシア語では現在時制、不定詞で相当広く観察されるが、過去時制ではとてもわずかな例しか見られない。したがって、《例示化》の際には過去の動作も多くの場合、現在形を用いて、しばしば бывало（よく〜したものだ）を補って表現される*31。しかしある点においては、スラヴ諸語すべての事情は似ているのである。つまりどの言語においても、例示化によって発話の指示対象となる内容は変化せず、それは単なる文体的ニュアンスを付加する手段にすぎないのである。私たちはここでも再度、《文法的アスペクトをもたない》言語に翻訳する際に、その違いを伝えるのがとてもむずかしい、そういった差異に出くわしているのである。

　この章で考察してきた一定時間幅の持続性や総括的、例示的意味 ── 潜在性のバリアントも含む ── など、完了体の周辺的な意味は、かなりの程度、文脈や状況に依存したり、また語彙的制限をもっていたりする*32。それらは同様に周辺的で文脈に依存する不完了体の個別的意味、強調された持続性や限定回の意味、例示的意味と競合し、さらには不完了体の非限定回 ── またはそれの潜在的性質のバリアント ── という中心的意味とも競合するのである。ただ、いずれの場合も、同義的なアスペクトの競合は周辺的現象であり、言語表現手段のシステムにおいて必要不可欠なものというよりは、むしろその豊かさを反映したものであると言える。

C. アスペクト対立の中立化

　特別なケースとして、アスペクト対立がとりのぞかれ、中立化し

た場合の不完了体の使用がある。そういった中立化のはっきりとした例が、大多数のスラヴ諸語における1回動作の歴史的現在用法であり、また Завтра еду в Москву（明日モスクワに行く［不完・現］）といった《未来代用現在（настоящее вместо будущего）》や《戯曲における現在用法（настоящее сценическое）》、いくつかの命令法の用法や否定辞との結合などである。

　1回動作、つまり《時間軸上に配置された出来事》の歴史的現在用法において、ロシア語のアスペクト対立は必ず中立化する。こういったケースでは不完了体だけが使用可能となる*33。上で見た Он вошел в комнату, открыл окно и снова вышел（彼は部屋に入って［完・過］、窓を開け［完・過］、再び出て行った［完・過］）という完了体過去における具体的事実意味のアオリスト・バリアントの例は、歴史的現在では Он входит в комнату, открывает окно и снова выходит（彼は部屋に入り［不完・現］、窓を開け［不完・現］、再び出て行く［不完・現］）というように、imperfective の現在に自動的に置きかえられる。Вчера я шел по улице и встретил знакомого（昨日、通りを歩いていて［不完・過］知り合いに会った［完・過］）といった文脈での完了体と不完了体のコントラストは、Иду я вчера по улице и встречаю знакомого（通りを昨日、歩いていると［不完・現］知り合いに会う［不完・現］）では消えてしまう。文法的コントラストのベースにある《持続性：新しい事態の出現》という意味的対立は、2番目の文では иду（歩いている［不完・現］）や встречаю（会う［不完・現］）という動詞の語彙的意味から推し量るしかないが、вдруг（不意に）といった語を補うことで――вдруг встречаю（不意に出会う）――意味的対立を強調することもできる*34。

　この例で、встречаю という形はアスペクトにおけるどのような個別的意味を表しているのだろうか。E. コシュミーダーはこういったケースについて、《本来的ではない不完了性》ということに言及している（Koschmieder 1934: 97-102）*35。より的確に表現すれば、ここで問題となっているのは、完了体と不完了体の意味的対立の独特なコンビネーションだということになる。A.V. ボンダルコが正し

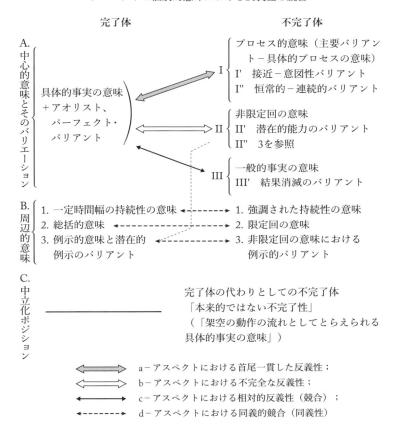

アスペクトの個別的意味における反義性と競合

く指摘しているように、歴史的現在では、不完了体は完了体の典型的な機能と意味の表現を自ら引き受けるのであるが、同時に、自らの本来的特徴も失うことはないのである（Бондарко 1971: 226–）。встречаю знакомого —— あるいは входит, открывает окно —— などの歴史的現在において、《進行中》であるということと《ひとまとまり性》は１つの形態において共存している。つまり、他のケースでは互いに反義的である２つの意味が、ここではプロセスの意味によって具体的事実の意味が生き生きと表現されるのである。идя я вчера по улице で私たちが目にしているのは《架空の現在》である

が、プロセス性は《正真正銘》のものである。и (вдруг) встречаю знакомого では《架空の現在》にさらに《架空のプロセス性》が加わっているのである。

　最後に、アスペクトの個別的意味の相互関係、それらのいろいろなタイプの反義性や競合を図として表示してみた。

第4節　完了体／不完了体の意味を担う
　　　アスペクト語幹＊36

　スラヴ諸語の文法では、アスペクト意味の形態的指標、《アスペクト形態素》は、一般には動詞接頭辞といくつかの接尾辞 ── 鼻音接尾辞と imperfective 化接尾辞 ── であるとされている。しかし、こういった理解は正しくないであろう。それは部分的な指標にすぎず、またアスペクトの形態的表現の本質をまったく反映していないのである。

　まず、動詞接頭辞と鼻音接尾辞は、どんなスラヴ諸語においても典型的な **語形成的** 形態素、動詞間派生や名詞派生（例えば разоружить － 武装解除する［раз- と оружие（武器）から派生]）、間投詞派生（例えば ахнуть － あっと叫ぶ［ах（あっ）と -ну- から派生]）などの典型的な動詞の語形成手段である。それらが担う完了性のアスペクト意味は《兼務的》に表現されるにすぎない。例えば集合名詞における接尾辞 -ств-（учительство － 教職員［учитель（教師）と -ств- から派生]）が中性の文法的《意味》を《兼務》しているのと同じである。そしてそれ以外の接尾辞もあれこれのアスペクト意味を《兼務》できるのである。例えばスラヴ祖語の -ѣ- 起源のロシア語の状態変化を表す接尾辞 -е-（слабеть, слабею － 弱くなる［不完]）はそれ自体、不完了体の意味と結びついているし、ブルガリア語の合成接尾辞 -ас-а-、-ос-а-、-ис-а-、（брадя́сам － あごひげにおおわれる、варо́сам － モルタルで白く塗る、здра́висам се － あいさつする）などは完了体のアスペクト意味と結びついているのである。しかしながら文法的には、こういったケースはアスペクト形態

素とはならない。動詞語幹が動詞からではなく名辞類語幹から形成されているからである。もし、こういった兼務的な状態でのみアスペクト意味をもつ形態素を除外すれば、**本来の意味でのアスペクト形態素**は imperfective 化接尾辞のみだということになる。imperfective 化接尾辞は、つねに完了体動詞語幹に付加され、それを不完了体に変化させるという機能のみをもっているのである*37。

　第2に、動詞形態におけるアスペクト意味は、接頭辞とあれこれの接尾辞の有無でいつも決めることができるわけではないし、また個別に接頭辞の有無だけ、あるいは imperfective 化接尾辞の有無だけでは決して決められないのである。この2つの要素は同時に考慮されなければならない。例えば、imperfective 化接尾辞の存在は、давать（与える［不完］）のように、接頭辞がない場合にだけ、その動詞が不完了体であるということを確実なものとする。その点に関しては完了体動詞 надавать обещаний（さんざん約束する）が参考になる。また、こういった条件だけでは不十分なケースも多く観察される。特に、接頭辞と imperfective 化接尾辞がある場合でも、выдавать（交付する［不完］）のように不完了体の場合もあれば、надавать обещаний のように完了体の場合もある。時には、アスペクト意味は、語根自体が表示しているかのような印象さえ受けるケースもある。接頭辞も接尾辞もないケースでも、просить（頼む）のような不完了体、простить（許す）のような完了体、さらには женить（結婚させる）のような両体が存在するからである。

　したがって、アスペクトを表示する形態的システムを検討しようとするなら、個々の《アスペクト形態素》を問題にするのではなく、**動詞語幹におけるアスペクト形態素と非アスペクト形態素、さらには語根形態素も含めて、それらのコンビネーションを見ていかなくて**はならないのである。動詞語幹、より正確に言えばアスペクト語幹こそがスラヴ諸語において完了体／不完了体のアスペクト意味を実質的に担っているのである。《動詞語幹》という表現は、この場合、正確なものではない。もちろん、名辞類語幹との対比といった意味でなら十分、許容できるものではあるが。この表現が不正確だというのは、動詞形態の構成部分であれば、どこで区切った形であれ動

第2章　スラヴ諸語における完了体／不完了体カテゴリー　III

詞語幹と名づけることができるし、また実際、名づけられているからである。例えば、ロシア語の лежала（横たわっていた［過・女］）という形態では、《動詞語幹》は леж-（лежу［現・1人称・単］を参照）にも лежа-（лежать［不定詞］を参照）にもなり、また、過去時制4形態 лежал、лежала、лежало、лежали における л/л'- の交替を伴う共通語幹、лежал- も名辞類語幹ではないという意味ではもちろん動詞語幹なのである。必要なことは、まさにアスペクト意味を担う部分を動詞形態からより正確に分けることであるが、以下、すでに述べたようにその部分を**アスペクト語幹（видовая основа）**と名づけることにしよう。アスペクト語幹は次のように定義できる。

　アスペクト語幹とは動詞語彙から imperfective 化接尾辞を除くすべての語形変化形態素、すなわち（a）人称、性を表す語尾、（b）それぞれの時制、法、態、非人称形を表示する接辞、（c）いわゆる第1、第2語幹接尾辞を切り離した残りの部分である*38。

　このようにして、ロシア語動詞の лежу、лежать という形態では、アスペクト語幹として леж-（лежать、лежал、лежавший といった第2語幹から形成された形でのみ出現する -a- は除かれる）を、ブルガリア語動詞の плетá（編む［現・1人称・単］）、плéтох［アオリスト・1人称・単］においてはアスペクト語幹 плет-（плетóх、плéте［アオリスト・2、3人称・単］、плéтохме［アオリスト・1人称・複］などのアオリスト形と受動分詞 плéтен でのみ出現する -o/e- は除かれている）を、ロシア語動詞 рассматриваю（考察する［現・1人称・単］）、рассматривать［不定詞］などの形では、アスペクト語幹として рассматрива-（рассматриваю, рассматривай［命令］、рассматривая［副動詞］という第1語幹から形成された形でのみ出現する -j- は除かれている）を取りだすことができる。

　定義からも明らかなように、動詞語彙を形作るすべての語形成接辞がそれぞれのアスペクト語幹を構成する要素となる。それは接頭辞、名辞類派生やその他の動詞派生接尾辞と、特に動作様態を表示する接尾辞である。例えばロシア語動詞 телеграфúрую（電報を打つ［不完・現／完・現未・1人称・単］）、телеграфировать［不定詞］という形では、アスペクト語幹 телеграфúру- / телеграфúров-

（第1語幹接尾辞 -j- と第2語幹接尾辞 -a- は除かれるが、語形成接尾辞 -иру- / -иров- は入る）を、стукну（たたく［完・現未・1人称・単］）、стукнешь［完・現未・2人称・単］、стукнуть［不定詞］という形では、アスペクト語幹 стукн(')- つまり стукн- / стукн'（第2語幹接尾辞 -y- は除かれるが、1回動作態表示の接尾辞 -н- / -н'- は入る）を取りだすことができる。

　すべてのアスペクト語幹は**単体**のもの、すなわち専ら perfective を表示するもの、あるいは専ら imperfective を表示するものと、両体（двувидовой）を表示するものとに分けることができる。

　どんなスラヴ諸語にもあるアスペクト語幹の大半は、どちらか一方の体を表示する。単体的なアスペクト語幹は、ある1つの、つねに変わらないアスペクト意味、完了体あるいは不完了体の意味を担う。したがって、単体的アスペクト語幹、つまり専ら perfective あるいは imperfective を表示する語幹から形成された動詞形態は、完了体あるいは不完了体に相当することになる。ただ同時に、単体的アスペクト語幹を背景に、例えばロシア語の казн'、жен'、ран'、телеграфиру- / телеграфиров- のように、両体を表示するアスペクト語幹がスラヴ諸語のすべてに存在する。両体を表示するアスペクト語幹からは一方の体のみならず、対立する体のいくつかの形、あるいはすべての可能な形が形成されるのである。両体を表示するアスペクト語幹は、とりあえず、主に perfective を形成するもの、主に imperfective を形成するもの、そして完了体と不完了体のアスペクト意味がほぼ同程度に表れるものに分けることができるだろう。もちろん、実際には完全な perfective 性から両体性へ、さらにそこから完全な imperfective 性へと途切れなく連なる連続体が存在するのである。時に、両体を表示するアスペクト語幹から作られた形態のとりわけどこかの部分で、完了体あるいは不完了体のどちらかのアスペクト意味が出現するといったこともある。また、両体を表示するアスペクト語幹におけるアスペクト意味の違いが、語彙的意味の違いとある程度、関係する場合も少なくない。ブルガリア語のアスペクト語幹 ид- が「出かける、去る」といった離脱を表す語彙的意味では完了体となり、「来る」といった接近の意味では不完了体と

なるといった例はよく知られている。こういった場合、より正確には、両体を表示するアスペクト語幹が2つの同音異義的な単体語幹に分解したといった方がいいだろう。もちろん、異なる語彙的・アスペクト意味をもつ2つのアスペクト語幹が、多少なりとも偶然に同音となった場合の《本来の同音異義的な》ものとは区別しないといけないが。

　［アスペクト語幹システムの］全体像を明らかにするためには、問題となっている動詞がどちらか一方の体を表示する場合、必ずしもすべての形が1つのアスペクト語幹から形成されるとは限らないという点を指摘しなくてはならない。1つの体の枠内で起こる補充法の場合である。ロシア語動詞のиду（歩く［不完・現・1人称・単]）、идёшь［不完・現・2人称・単]、идти［不定詞]、шёл［不完・過・男]、шла［不完・過・女]、шедший［能動過去分詞・単・男]といった形が2つの専らimperfective性を表すアスペクト語幹、ид(')- と ш(ед/е)- から形成されている例はよく知られている。そして、しばしば同じ体を表すいくつかの形が並存する場合もあり、それらは、同じ語彙・アスペクト意味の、競合しながら並行して存在するアスペクト語幹から作られているのである。例えばロシア語の不完了体приготовляю（準備する［現・1人称・単]）、приготовлять［不定詞]（アスペクト語幹はприготовля-）と приготавливаю（準備する［現・1人称・単]）、приготавливать［不定詞]（アスペクト語幹はприготавлива-）やブルガリア語の不完了体измéствам（移動させる、入れ替える［現・1人称・単]）（アスペクト語幹はмества-）と изместям（アスペクト語幹はместя-）などである。

　スラヴ諸語の動詞語彙素、つまりすべての語形をまとめたものとしての動詞は、perfective単体動詞やimperfective単体動詞の場合や、アスペクト語幹が両方の体を表示する場合には、単一のアスペクト語幹からのみ形成される形で成り立っている。一方、ロシア語のреш- と реша-やブルガリア語のреш- と решава-のように、語彙的意味は同じであるが、対立する体を表示する2つの異なるアスペクト語幹から形成される形で成り立っている場合もある。それ以

114

外の可能性は、1つの体の枠内で起こる補充法の場合や、同じ体を形成するのに、競合しながら並存するいくつかの形が存在する場合だけである。アスペクト語幹と動詞、つまり動詞語彙素との関係を見る時、《アスペクト語幹》という概念が多くの点で、一連の古代インド・ヨーロッパ諸語文法における《時称幹（Tempusstamm）》概念に類似しているということに気づかないわけにはいかない*39。古代ギリシア語動詞の各パラダイムにおいて、一般に現在幹、アオリスト幹、パーフェクト幹という3つの異なる《時称幹（Tempusstämme）》から形成される形が組み合わされていることはよく知られている。と同時に、不完全なパラダイムをもつ欠如動詞が存在したり、一方で、いろいろな基本形から作られる並存する余剰な語形成も観察される。同じように、スラヴ語の動詞においても、решу（決める［完・現未・1人称・単］）、решаю［不完・現・1人称・単］や подпишу（署名する［完・現未・1人称・単］）、подписываю［不完・現・1人称・単］などのように、アスペクトパラダイムの完全な形は、ふつう2つの対立するアスペクト語幹から —— あるいはめったにないことだが、両体を表示するアスペクト語幹から —— 形成される形によって構成される。1つの単体アスペクト語幹からすべての形を作る動詞は欠如動詞、perfective 単体、imperfective 単体動詞である。そして完了体 приготовить に対して приготовлять と приготавливать が存在するように、並存する余剰な語形成が行われるケースもある。

　アスペクト語幹のアスペクト意味や、perfective、あるいは imperfective グループ、または両体を表示するアスペクト・グループのいずれに属するかということを、研究者はどのような指標によって知るのであろうか。そして、どのようなファクターに左右されてグループの所属が決まるのであろうか。

　最初の問いに対しては、次のように答えることができよう。すなわち、アスペクト語幹が**どのアスペクト・グループに属している**かを、研究者はアスペクト語幹の言語における機能によって知るのである。スラヴ語動詞の個別の語形態、あるいはそれらを形成しているアスペクト語幹におけるアスペクト意味の具体的な基準について

は、再三、アスペクト論の関連文献において議論されてきた。A.ドスタルはいろいろな意見をまとめ、それらの概評を出しているが（Dostál 1954: 44）、彼が何よりも興味をもっていたのは、古代の死語となっている言語の資料に使えるアスペクト基準であり、おまけに資料はオリジナルではなく、翻訳テクストを扱っている。現存する諸言語に関しては、アスペクト語幹がどのアスペクト・グループに属しているかという基準に対して、本質的に異なった定式化が与えられよう。それはそれぞれの言語における生きた話者の、言語感覚に依拠した言語学的実験が可能になることでもたらされるものであり、そういった実験は、単なる受け身的な観察を多くの点で補うものであり、またはそれに代わり得ることさえある。現存するスラヴ諸語のアスペクト語幹がどのアスペクト・グループに属しているかという基準については、3つの基本タイプにまとめることができよう。

I. パラダイム基準はパラダイム構成、すなわち完了体と不完了体のそれぞれで形成された形態の一覧における、それぞれの体の差異に基づいている。ロシア語やブルガリア語、その他のスラヴ諸語では、アスペクト語幹における不完了体のアスペクト意味を見分けるのに、例えば、その語幹から能動現在分詞の形ができるかどうかがそのパラダイム基準となる。それ以外にも、ロシア語文法でよく使われてきた不完了体のパラダイム基準は —— ただし、南スラヴ諸語に対しては適用できないが ——、そのアスペクト語幹で合成未来形буду＋不定詞を作るかどうかである。

II. 構文的基準は、同じ語結合の使用における完了体、不完了体の差異、すなわちそれらの形態の機能的差異や、あるタイプの語結合をそれぞれの体が作ることができるかどうかといった点での差異を基準としている。そのような構文的基準にあたるのが、例えば、「始める」「終える」といった意味の動詞のような《動作の段階を示す指標》をもつ語と不定詞 —— ブルガリア語では接続法 —— との結合であり、不完了体の不定詞 —— 接続法 —— だけがそのような結合が可能である。また現在形で「きみは今何をしているのか？」という問いへの答えとなるかどうかもそのような基準となり、そう

いった場合の現在形は、同じく必ず不完了体だけが可能となる。

III. 語幹形成基準は、あるアスペクト語幹から派生アスペクト
語幹が形成されるかどうかという基準である。パラダイム基準や構
文的基準は、アスペクト語幹自体の機能を問題とすることで、語幹
の意味が説明されるが、それを直接的な基準であるとすれば、語幹
形成基準は間接的な基準となる。この基準では、アスペクト語幹の
アスペクト意味は、いってみれば、その語幹自体ではなく、言語に
存在する他のアスペクト語幹に基づくことで明らかにされるのであ
る。語幹形成基準の例として、古スラヴ語の資料に関して立てられ
た A. メイエの基準を挙げることができよう。完了体語幹と見なす
ことができるのは、《多回を表す接尾辞》、つまり imperfective 化
接尾辞を伴った派生語幹を形成する語幹であるという基準である
（Meillet 1902: 504）。

　以上、まとめると、アスペクト語幹がどのアスペクト・グループ
に属しているかは、それらからどういった動詞形態を作ることがで
きるか、あるいはできないか、作られた動詞がまさにどのように使
われているか、そして派生アスペクト語幹が作られるかどうか、と
いった点から知り得ると言えるであろう。

　2つ目の問題、どのようなファクターに左右されてアスペクト語
幹のグループの所属が決まるのかという点に関しては、すでにそれ
を確かめる例を上で見てきたが、アスペクト語幹の形態的な構成に
あれこれの要素が存在するか否か、という情報に帰することがいつ
も可能なわけではない。アスペクト語幹のグループの所属は次の事
柄次第だと言えよう。すなわち、語幹の成分と構造、同じ語根から
作られる他のアスペクト語幹の中で、問題となっている語幹がどの
ような位置を占めるか、そして、ある種のアスペクト語幹にある種
のアスペクト意味をあてはめてきたという慣例である。この依存関
係を司る法則性といったものはかなり複雑である。それらは、部分
的にはスラヴ諸語全体に共通のものであり、また部分的には、各ス
ラヴ諸語でそれぞれ独自の際立った特性を見せる。それらの法則性
を研究し記述する際には、多くの変数によって事は複雑になるので
ある。また、それらの変数自体も部分的にはスラヴ語に共通のもの

であり、部分的には問題となっている言語だけで観察されるものであるが、いずれの場合も、個別の限られたタイプのアスペクト語幹について何らかの特別な規則の定式化が必要となり、また、個別に取り上げられた1つの語幹に対して、個々の条件づけさえ必要になる場合も少なくない。多くの点でこの問題は一般化できず、それらを列挙し、個別に記述しなければならないのである。この分野では文法研究者の仕事は、語彙研究者の仕事と交差することは避けられないのである。

第5節　ブルガリア語アスペクト・テンス・システムにおける特質

　ブルガリア語の文法構造が際立った類型学的な特性を示すという点について、言語研究者たちはかなり以前から注目してきた。よく知られているブルガリア語の言語タイプの特徴として次のようなものが挙げられる。名詞が構文的結合をする際、首尾一貫して分析的表現手段がとられること、多様な形態変化をもち、微妙な差異を表現し分ける動詞の定形システムが存在し、そこには統合的形式のものも、また分析的形式によって形成されるものも含まれ、特に、スラヴ諸語に共通して存在する不定詞の代わりに、分析的形式が使われている点。定語グループにも移動し得る後置定冠詞の存在。代名詞の2重使用。性質形容詞や副詞だけでなく、その他の質的な意味を表す語群についても同様に、比較級、最上級を接頭辞付加によって形成する点。このような特殊性はバルカン地域の他の諸言語にも何らかのレベルで共通するものであるが、これら以外にもブルガリア語の言語タイプは、あまり文献では扱われてこなかったものの、それなりに興味深いいくつかの特徴をもっている。そういった特徴として、とりわけブルガリア語のアスペクチュアリティの領域、つまり、アスペクト・テンス・システムと動詞アスペクトに意味的に近い、動作様態を表す語彙・文法的カテゴリーにおけるいくつかの特性を挙げることができる。この分野でのブルガリア語の特徴に関する問題については、すでに文献でも議論がなされてきたが

(Андрейчин 1962: 231–237; Иванчев Св 1978: 48–80; Маслов 1955: 28–47)、再度、考察することは無駄ではないであろう。

　A.　ブルガリア語圏 —— 標準語と方言を含む —— において、アオリストとインパーフェクトという単純過去形と、非統合的な複合形式のパーフェクト及びプルパーフェクトが完全な形で残っていることはよく知られている。しかしながら、基本的な特性は、ただ単にこれらの形式が残っているという点ではなく、アオリストとインパーフェクトの対立、また広い意味でのパーフェクトと非パーフェクトの対立が、ここでは完了体と不完了体の対立といかなる混淆も起こしていないという点なのである。2つのアスペクト対立はお互いに完全な形で独立しており、その結果、それらが交差することで4つのそれぞれが交わったマス目ができ上る。つまり、《単純過去》は4つの種類、1. 完了体アオリスト、2. 不完了体アオリスト、3. 不完了体インパーフェクト、4. 完了体インパーフェクトとして現れるのである。周知のように、セルビア・クロアチア語圏で同じような状態を観察することはできない。そこでは、単純過去が複合過去に置き換えられつつあるということ以外にも、2つの対立が混ざり合って1つになる傾向が見られ、その結果、不完了体アオリストはとてもまれにしか観察されず、完了体インパーフェクトは標準セルビア・クロアチア語やほとんどの方言で概ね消失している。アオリストとインパーフェクトを保持しているもう1つのスラヴ語圏、ラウジッツ地域はと言えば、これらの形式の対立は事実上、完了体と不完了体の対立に収れんされており、アオリストは完了体からのみ、インパーフェクトは不完了体からのみ作られる。もちろん、ブルガリア語圏においてもアオリストと完了体 (perfective) インパーフェクトと不完了体 (imperfective) 間のある種の親和性といったことは観察されるが、それはあくまで使用頻度において数値上、現れている親和性にすぎないのであって、2つの対立の意味的な融合をもたらすものでは決してない。

　ブルガリア語圏において完了体と不完了体の対立が意味的、構造的に独立していることは、両方の体で同じ形式で未来形が作られるという点を見れば、よりいっそう明らかであろう。東スラヴ諸語や

西スラヴ諸語ではそうはなっていない。この事実の重要性については、かつてハブラーネクが関心を寄せていた（Гавранек 1962: 175–183）。

　さらにつけ加えなければならない点は、ブルガリア語圏では完了体／不完了体カテゴリーといわゆる動作様態（Aktionsarten）が、少なくとも限界動詞に限定した場合には、とてもはっきりと独立しているということである。ロシア語やポーランド語では、限界性を表す動作様態の多くが完了体のみか、あるいはいくつかのものでは、ほぼ完了体でのみ観察され、そのことで、そういった動作様態は完了体の変種、あるいは構成要素と言ってもよい状況を呈している。一方、ブルガリア語では限界性を表す動作様態はシステマティックに両方の体で観察されるが、そのことからも、それらの動作様態が完了体と不完了体の対立に関係していないことは一目瞭然である。例えば、ロシア語の始発態動詞 забарабанить（太鼓を鳴らし始める［完］）、заплясать（踊り始める［完］）に対して、ブルガリア語では забарабаня［完］、заиграя［完］だけではなく、забарабаним［不完］、заигравам［不完］も対応し、ロシア語の終止態動詞 отшуметь（騒ぎが終わる［完］）には отшумя［完］と отшумявам［不完］が、飽和態動詞 надивиться（すっかり驚く［完］）には надивясе［完］と надивявам се［不完］が、総括分配態動詞 перебить（всю посуду）（（食器全部を）割ってしまう［完］）、поразбивать（全部を打ち砕く［完］）には изпочупя［完］と изпочупвам［不完］が対応するのである。бодна、бодвам（刺す［完］、［不完］）のように、1回動作態についても両方の体で表れるが、бодвам はロシア語の《多回動作態》動詞 колоть（ちくちく刺す［不完］）とは違って、1回刺すことも、何回かに分けて —— 分配態 —— 刺すことも表すのである。ロシア語の колоть と кольнуть（1回刺す［完］）、махать（振る［不完］）と махнуть（1回振る［完］）といった形が、アスペクトにおいても、また動作様態においても互いに対立しているとすれば、ブルガリア語ではそれらの対立は独立して、それぞれ個別にふるまうのである。完了体と不完了体の対立は бодна – бодвам、махна – махвам などで示され、2つの形はいずれも1回動作態の意味を保持している。1

回動作態と多回動作態、あるいは《拡散性》という動作様態の対立は
бодна（бодвам）－ бода（刺す［不完・多回］）、махна（махвам）－
махам で（振る［不完・多回］）示され、左側のグループは接尾辞
-ва- の有無によって完了体と不完了体になっている。このように、
ブルガリア語では完了体と不完了体という文法的なアスペクト対立
は、こうしたケースではいつも、最大限に混ざりけのない形式とし
て観察され、そこには他の秩序システムの要素はどんなものであれ、
まぎれ込んだり残留したりしていない。アスペクト意味は、歴史的
には動作様態が独特な形で改変されて出てきたものであるが、ブル
ガリア語でのアスペクト意味は、半ば語彙的意味である動作様態の
意味からはすでに完全に独立しているのである。

　ブルガリア語では、限界が外的な、動作の進行が時間的にのみ制
限される性格をもつ поседя － поседявам（少しの間すわっている
［完 － 不完］）、поработя － поработвам（少し働く［完 － 不完］）
といった限定継続態でも 2 つの体が並行して観察される。ブルガリ
ア語圏では、純粋に非限界的な動作様態だけが、他のすべてのスラ
ヴ諸語のように単体であり、不完了体のみが観察される。例えば、
стоя（立っている）、спя（眠っている）、струвам（〜の値段であ
る）съществувам（存在する）など。ただこれは、いわば意味的
普遍性に制約されたもので、動詞の非限界的意味とスラヴ語におけ
る完了体の文法的意味が相容れないことが原因となっている*40。

　このように、ブルガリア語では完了体と不完了体という意味・構
造的な文法カテゴリーはアオリストとインパーフェクトの文法対立
とも、テンス・カテゴリーとも、とてもはっきりと区別されており、
限界動詞の枠内 —— 本来的な限界動詞と限定継続態 —— ではいわ
ゆる動作様態ともはっきりと区別されている。完了体と不完了体の
対立がこのように明確に区別されていることは、微妙な意味的差異
が保たれているということにつながり、そのことが、文法構造上の
考察している領域での、ブルガリア語タイプの疑いもなく重要な特
性となっているのである。

　B.　多くの特徴的な指標を、完了体／不完了体カテゴリーの形態
的メカニズムの構造や機能においても指摘することができる。スラ

ヴ諸語すべてでそうであるが、完了性、不完了性のアスペクト意味を担っているのは、接頭辞や接尾辞それ自体ではなく、全体として取り出されたアスペクト語幹であり、その場合、語幹の意味や形態的構成とシステム内での関係、とりわけ語幹が派生元と／あるいは imperfective 化接尾辞によって派生された成分とどのような関係にあるかといったことが考慮される。ところで、ロシア語、ポーランド語あるいはチェコ語では、研究者たちは多かれ少なかれ《同等な》——ただし頻度的にはそうではないが——《アスペクト・ペア》のタイプを分けているように思われる。例えば、接頭辞タイプ、鼻音接尾辞を伴う接尾辞タイプ、imperfective 化接尾辞伴う接尾辞タイプ、運動の動詞における語根交替タイプ、補充法やその他の不規則的なタイプなどである。一方、ブルガリア語では接尾辞によるimperfective 化がほぼ完全に支配的なタイプとなっている。いくつかの非常に限定的な形態的原因による例外を除けば——この点については後に触れるが——、完了体のどんな語幹からでも、imperfective 化接尾辞を伴った不完了体語幹が自由に作られる（Маслов 1955: 30–31）*41。上では、いろいろな動作様態を示す接尾辞を伴った imperfective の例を見たが、さらに、いわゆる空の*42 接頭辞を伴う動詞、напиша – написвам（書く）、направя – направим（行う）、пожелая – пожелавам（望む）などの例を付け加えることができる。ロシア語やチェコ語の観点からすれば、接頭辞が付加された perfective（напиша など）と派生元の無接頭辞の imperfective（пиша など）は語彙的意味は完全にか、あるいはほとんど完全に同じであるのだから、第2次派生である接尾辞を伴う imperfective の必要はない。しかし、написвам、пожелавам といった形は、ブルガリア語では歴史的現在や現在の多回動作を表す用法に広く観察され、またそれらのインパーフェクト形や -не で終わる動名詞もよく使われている。L. アンドレイチン（Л. Андрейчин）が強調したように（Андрейчин 1962: 236）、ブルガリア語の空間移動を表す動詞では、ロシア語の привести/приводить（連れて来る［完／不完］）のような語根交替による imperfective 化の代わりに、接尾辞による imperfective 化手段が使われる。例えば、доведа – довеждам（連

れて来る）、излязa － излизам（出る）、заляза － залязвам（立ち寄
る）、донеса － донасям（持って来る）―― 方言では донисам ――
など。また、ロシア語の взять/брать（取る［完／不完］）は、ブルガ
リア語では взема － вземам となるように、補充法で imperfective が
作られるケースはまれであり、異なる語根の語幹が使われる場合でさ
えも、дойда － дохождам（やって来る）のように、imperfective の
派生は接尾辞を伴った imperfective 化によって行われる。

　ブルガリア語圏ではいたるところで perfective アスペクト語幹が
接尾辞によって imperfective 化され、それによって意味上、アス
ペクト対立とさまざまな動作様態の対立関係が、上述したようには
っきりと区別されるが、一方、形態面では、使用されているアスペ
クト・パラダイムは最大限、規則性をもち、また均一な形を取るこ
とになる。限界的な意味をもつほとんどの動詞において、次のよう
な単一の共通原則が立てられる。すなわち、プラス記号、
imperfective 化接尾辞によって形態的に有標化されたものは不完了
体であり、対立する完了体は否定的特徴、この接尾辞が付加されな
いという特徴をもつ。この場合、重要なことは、単にアスペクト語
幹の形態的な構成に接尾辞が存在するという事実そのものではなく、
語幹の直接的な構成要素、あるいはその部分として接尾辞が存在す
るという点である。直接的な構成要素という点をはっきりさせなく
てはならないのは、ブルガリア語やその他のスラヴ諸語で、
imperfective 化接尾辞を含みながら perfective や両体的である語幹
が存在するからであり、そのような場合の imperfective 化接尾辞は、
直接的な構成要素となっていないということになる。例として、
perfective の нападам（нападаха ябълки）（たくさん落ちる「リン
ゴがたくさん落ちた」）やロシア語の同じ意味の動詞 нападать
［完］があり、これらの動詞はすでに imperfective 化接尾辞によっ
て得られた語幹に接頭辞が付加されて作られている。つまり図式化
すると на ＋（пад ＋ а）ということになる。こういったケースでは、
接頭辞の付加は特定の意味的ニュアンス ―― 今、見た例では総
括・分配態の意味 ―― をもたらすが、同時に、派生の前段階で付
加された接尾辞の imperfective 化機能を《消してしまう》のであ

る *43 。

　ところで、2次的派生によって作られた imperfective に相関する完了体が、ネガティブ表示 —— ゼロ表示 —— であるという点についていくらか詳しく述べる必要があるだろう。この点に関して、A.A. ポテブニャ（A.A. Потебня）がすでに考えを述べており、また、S.O. カルツェフスキー（S.O. Karcevski）も、кончить（終える［完］）のようなロシア語の無接頭辞 perfective に関連して、意見を出している。100 年以上も前になるが、ポテブニャは「я кончил（私は終わった）と言う時、この動詞の完了性を、私は、その音の構成要素から直接知るのではなく私の言語に кончал という、不完了の意味をもつ別の似た形があるということよって知るのである」（Потебня 1958: 45）と書いている。カルツェフスキーは「無接頭辞 perfective 動詞はそれ自体として孤立して存在しているのではなく、решить／решать（決める［完／不完］）、благословить／благословлять（祝福する［完／不完］）というように、相関する imperfective をいつも伴っているのである。〈…〉решить の perfective 性は、それが решать に対立しているということで定められている。したがって、решить が perfective 的であるのは、решать が imperfective 的であるからだと主張できるだろう」（Karcevski 1927: 111）と、より明確な考えを述べている。言いかえれば、ロシア語の кончать または решать において、アスペクトは imperfective 化接尾辞 -a- によってポジティブに表現され、кончить または решить においては、ゼロ形態素、imperfective 化接尾辞がないという形で、ネガティブにアスペクトが表現されるということになり、それは対立する imperfective 形式における imperfective 化接尾辞の存在をベースにしているのである。同じように、ブルガリア語の решавам（決める）、купувам（買う）、турям（置く）、плащам（支払う）、давам（与える）などの imperfective では、imperfective 化接尾辞 -ава-、-ува-、-a- —— また、先行の子音交替を伴った -a- —— 、-ва- によってポジティブに、対応する perfective、купя、туря、платя、дам では imperfective 化接尾辞がないという形で、ネガティブにアスペクトが表現される。

　上の原則は、他のタイプの語幹に対しても適用される。ブルガリア

語でそのような動詞としてまず挙げられるのが接頭辞が付加された perfective で、ほとんどの場合、いつも接尾辞派生 imperfective が並んで存在する。さらには、-ca- で終わる借用接尾辞を伴った完了体や鼻音接尾辞を伴った perfective もそうである。伝統文法では подпиша（署名する）、въоръжа（武装させる）などの perfective や、ロシア語の同じ意味の подписать、вооружить において、完了体の意味をもっているのは《perfective 化接頭辞》であると見なされている。しかし、そういった観点は批判を免れない。というのも、このような完了体から派生した imperfective、подписвам、въоръжавам、подписывать、вооружать においても接頭辞は存在しているからである。不完了体と完了体の対立する語幹におけるここでの本来的差異は、imperfective 化接尾辞の有無にある。ここでは無接頭辞動詞と同じように、不完了体はこれらの接尾辞によって、完了体は専ら接尾辞がないということによって表示されるのである。接頭辞はと言えば、動作様態や限界性、あれこれの空間的意味などを表現しており、アスペクトそれ自体に対してはいかなる直接的な関係ももっていない。それは -ca- を含んだ語幹 ── тревясам（草が生い茂る）、брадясам（あごひげにおおわれる）、боядисам（色を塗る）など ── でも同じことである。これらの語幹が歴史的に perfective 性と結びついたのは、スラヴの土壌、当初はおそらく、スラヴ語、ギリシア語2言語併用地域において、アオリスト語幹の原初的形態においてみられるシグマ・アオリストの意味が読み替えられたことと関係している。ただ、現代語について共時的にみると、これらの語幹が perfective 的であるのは、それらから派生した imperfective、тревясвам、брадясвам、боядисвам などで -с- に後続している imperfective 化接尾辞 -ва- が、これらの語幹にはないという理由によるのである。上で見た бодна − бодвам、また легна − лягам（横たわる）のようなタイプにおいて、鼻音接尾辞は imperfective 化接尾辞が付加される際に落ちてしまい、対立する2つの項の両方が、あたかも互いに相容れない有標の形態素によって、形態的に特徴づけられているような状態になる。しかし、これらのケースも共通の定式化ができる。つまり、imperfective 化接尾辞をもつ語幹とその

ような接尾辞のない語幹の対立の原則がここでも有効なのである。同じ語根に imperfective 化接尾辞を付加して不完了体を形成することのない、別の鼻音接尾辞をもった語幹、вехна（しおれる）、якна（強くなる、丈夫になる）、шушна（ささやく）が imperfective 的であるという点は特徴的である *44。

　不完了体を有標の接尾辞付加によって、完了体については無標のゼロ標識で表すという原則は、ブルガリア語圏だけに特有のものであるとは言えない。無接頭辞語幹の個別ケースに関して、この原則が最初に定式化されたのはブルガリア語ではなくロシア語であったということを上で見た。ただ、まさにブルガリア語圏において、この原則は最大限、首尾一貫した形で発展したのである。ブルガリア語のこの点における特徴は、上で見た他のいくつかの点とは異なり、スラヴ語類型からの逸脱ではなく、スラヴ語文法システムに内在し、程度の差はあれ、スラヴ諸語や方言すべてで観察できる発展の傾向を、最も完全に具体化したもののように思える。他のスラヴ諸語地域に比べ、ブルガリア語圏においては、完了体と不完了体が形態メカニズムにおいて最大限、規則的に相関しているという事実から、まさにブルガリア語圏では、次のようなアスペクトに関する現代的な解釈が正当化されることになる。つまり、アスペクトとは、以前からある伝統的な考えとは異なり、1つの動詞語彙素、完全なアスペクト・パラダイムをもった1つの動詞の枠内で、perfective と imperfective が対立する語形変化 ── 形態形成 ── カテゴリーであるという解釈である。

　C.　次に、ブルガリア語動詞システムのうち、上で見た不完了体がポジティブな形式によって、完了体がネガティブな形式によって表現されるという原則が成り立たない領域について簡単に見ていこう。まず非限界動詞がこのタイプにあたり、つねに imperfective 単体動詞（imperfectiva tantum）である。そして、音韻・形態的理由で接尾辞によって imperfective を形成しない限界動詞が挙げられる。

　最初に2つ目のタイプをとり上げてみよう。現代ブルガリア語では次の2つの場合、形態的に imperfective 化のための接尾辞を付加するこ

とができない。a. 完了体語幹がすでに -ва- で終わる接尾辞 ―― 意味は問わない ―― をもっている場合、b. 完了体語幹が先行する派生の段階で、先行子音、または後続する軟子音と交替を起こす imperfective 化接尾辞 -a- をもっている場合 である。a. の例では、развълнувам се（とても動揺する）、помилвам（撫でる）、отпътувам（出発する）、заопаковам（包み始める）、поприказвам（少し話す）、заразмахвам（振り回し始める）などの perfective が、b. の例では заоглеждам（調べ始める）、заобличам（服を着せ始める）、заразправям（語り始める）などの perfective が imperfective を形成しない。ただ、こういったケースでも、どうしても不完了体を使う必要がある場合には、言語システムは見事な活路を見い出す。つまり、不完了体は imperfective 化接尾辞を付加することなく、問題の語幹から直接作られるのである。言い換えると、アスペクト・パラダイムの形式的な制約で欠けた部分が、アスペクト的二面性を発達させることで補われるのである。成り立ちとしては perfective 的な語幹は一時的に、その後、時には恒常的にも両体を示すようになり、perfective は両体動詞（биаспектив）に変化する。

Рада... като вижда зидарите спрели работата си още по-силно се развълнува. (П.Ю. Тодоров)（ラダは職人たちが自分たちの仕事を中断したのを見て、いっそう動揺した。）

...намира птиче гнездо с четири птиченца, помилва ги, иска да ги вземе. (К. Петканов)（…ひなが4羽いる巣を見つけ、それらをなでてやり、つれて帰りたくなった。）

...удоволствие, което човек изпитва преди отпътуването си за някоя далечна страна. (Св. Минков)（…どこか遠くの国に旅立つ前に経験する満ちたりた思い。）

Тя се съвзима, събира всички сили и ⟨...⟩ пак заразмахва мотиката. (Т. Блайков)（彼女は身体の力がだんだんぬけ落ちていくのに耐えながら、力をふりしぼってふたたび鍬をふり上げ始めようとしている。）

これらの例では、perfective と imperfective 形式の《内容的に同等でない》同音異義が生じている ── ほとんどの形式は完了体、不完了体双方とも同音異義化し、文脈によってのみアスペクトを区別できるが、不完了体のいくつかの形式、能動現在分詞、副動詞、-не による動名詞は、同音異義として perfective の意味をもつことはない。ロシア語では разволноваться（とても不安になる［完］）、обрадовать（喜ばせる［完］）、помиловать（赦す［完］）、израсходовать（費やす［完］）、смонтировать（組み立てる［完］）など、-ва- をもつ語幹が、同じように形態的な理由で2次的 imperfective を形成しないが、これらの動詞はふつうは完了体のままであり、исследовать（研究する［完］）、расследовать（調査する［完］）、использовать（利用する［完］）など、個別の場合にのみアスペクト的二面性をもつようになっている。ブルガリア語ではこういった場合のアスペクト的二面性は非常に典型的なものとなっている。

　非限界動詞は、ブルガリア語においても、また、すべてのスラヴ諸語においても不完了体としてのみ機能し、特別な imperfective 性の指標はいわば《必要としない》のである。これらは無標の《本来的》《始原的》imperfective なのである。非限界動詞も、a. すでに言及した лежа, стоя など、無条件の imperfective 単体動詞（imperfectiva tantum）と b. 例えば шия（縫う）、opa（耕す）правя（おこなう）、белея（白くなる）などの展開態（эволютивный способ действия）動詞のような、相対的な imperfective 単体動詞の2つのグループに分けることができる。2つ目のグループの動詞では、文脈や状況によって時に限界に向けてのプロセスの意味が現れることがあり、その場合には、接頭辞が付加された派生動詞のいくつかと、アスペクト意味の上で相関するものとして機能する。ただ、こういったケースでは、ロシア語の шить/ пошить（пальто）（（コートを）仕立てる［不完／完］）、делать/ сделать（おこなう［不完／完］）のような《アスペクト・ペア（видовые пары）》とはならず、шия ‐ пошия ‐ пошивам（縫う）、opa ‐ изора ‐ изоравам（耕す）、правя ‐ направя ‐ направям（おこなう）、белея ‐ побелея ‐

побелявам（白くなる）というように、2つの imperfective を含む独特な《アスペクト・トロイカ》状態が生じる。というのも、ここでは接尾辞による imperfective 化が、問題なく機能し続けているからである。これらの《アスペクト・トロイカ》において、派生元である imperfective と2次的 imperfective の意味的な関係はおおよそ、他のスラヴ諸語における《アスペクト・トロイカ》── ブルガリア語に比べて稀であるが ──、例えばロシア語の читать － прочитать － прочитывать（読む［不完］－［完］－［不完］）の関係と同様である *45。ただ、文法的な構造面からみれば、それぞれの《アスペクト・トロイカ》のうち、後ろ2つの形式が、疑問の余地なく、すでに考察した、形態的規則性をもった完全なアスペクト・パラダイムをもつ、1つの動詞語彙素を構成しているのである。

　無標の、一般的な imperfective は、無接頭辞の perfective や両体動詞と外見上は何ら区別がないように見える。例えば、imperfective の хапя（かむ、刺す）、両体の сипя（（粉などを）入れる、注ぐ）、perfective の стъпя（踏み込む、立つ）というように。しかしこれらの形式は、外見では似ていても、［アスペクト：訳者注］システム内での結びつき方は異なっており、例えば、хапя には2次的 imperfective がなく、また存在する可能性もなく ── хапвам は動作様態も異なり、直接、相関しているのは хапя ではなく1回態の хапна（1回かみつく）である ──、сипя については сипвам、стъпя については стъпям または стъпвам といった2次的 imperfective が必ず存在する。

　展開態動詞に、限界に向けて動作を行うという意味が現れた結果、実際にこの限界に達成したということを強調したいという欲求、すなわち完了体への欲求がいろいろな場合に起こり得るのである。この欲求は、直接、語彙的意味が希薄化した接頭辞を付加することで、つまり、ロシア語の писать － написать のようなアスペクト・ペアを作ることで満たすことができるし、また反対に、間接的な方法 ── より多く使われる方法でもあるが ──、imperfective 化接尾辞が付加されることで、元の形は perfective 化する ── あるいは

まず両体化する —— といった方法でも満たすことができる。ブルガリア語では2つ目の方法がより一般的であり、その他のスラヴ諸語では最初の方法が広く使われている。ブルガリア語でimperfective性から両体性に向けて進化したのは、言及したсипяだけではなく、строя（建てる［不完］、現代語では［完］も意味する）、каля（赤熱する［不完・完］）меня（変える［不完・完］）плюя（つばを吐く［不完・完］）、пишаにおけるいくつかの意味（財産の名義を他者に変更する、リストに登録する、評価をつけるなど）、部分的にпия（飲む［不完］、時に［完］）、その他なども同じ進化をたどっているのは明らかだ。概して、ブルガリア語では北部のスラヴ諸語に比べて、接頭辞も接尾辞もつかない両体を示す語幹がはるかに多い。多くの場合、この発展の道筋はさらに先へと進み、両体動詞はimperfective的には使用されなくなり、次第にperfectiveへと変化した。例えば、видя（見かける）、чуя（耳にする）、кажа（言う）、даря（贈る）、платя（支払う）などは、標準ブルガリア語や方言で程度の差はあるが、かつての不完了体の意味では使われなくなっている。

　最近できた接尾辞付加動詞においても同様の事情が観察される。例えば、非限界であり、つねにimperfective動詞であるдоминирамに対して、限界動詞、анулирамは両体性を示す語幹をもち、現代語ですでにimperfective化接尾辞を付加したimperfective形式анулирвамを形成している。

　D.　もう1つ、ブルガリア語のアスペクチュアリティの特色で、少なからぬ重要性をもっているのは、多回の意味を特別にもつ動詞語幹がなく、また空間移動における《定方向》動詞と《不定方向》動詞 —— 非複数回的運動動詞と複数回的運動動詞 —— の対立がないという点である。

　現代ブルガリア語には形態的構造の点から見ても、また意味の面から見ても、ロシア語のговаривать（話す［不完・多回］）、едать（食べる［不完・多回］）のような形はない。бивамだけがロシア語のбывать（ある［不完・多回］）のように多回性を表すが、この動詞も、次の例のように完了体受動分詞との結合では、歴史的現在

用法として《1回》動作を示すのに使うことができる。

В началото на учебната 1893/94 г. той отново бива назначен за преподавател. (Ст. Стойков) (1893年から94年にかけての学年の初めに彼（А.Теодоров-Балан：原著者注）は再び教師として任命されている。)

　形として他のスラヴ諸語の多回形式に類似しているのは、ブルガリア語のいわゆる単純条件法 ── あるいは《Eventualis（実現可能な未来の仮定)》── で、とても興味深い独特な動詞のモーダルな形式となっている。ただ、それについての考察は、本書のテーマからはかなり外れてしまうことになる（Матеев др. 1954: 149-165; Иванчев 1963: 22-）。
　スラヴ諸語において古くから存在する移動動詞の対立する2つの部類については、ブルガリア語では消滅しており、一定方向と不定方向という2つの意味は次のように同じ動詞で表現される。нося はロシア語の нести（持って運ぶ［定方向］）と носить（持って運ぶ［不定方向］）の、водя はロシア語の вести（連れていく［定方向］）と водить（連れていく［不定方向］）の、бягам はロシア語の бежать（走る［定方向］）と бегать（走る［不定方向］）の、летя はロシア語の лететь（飛ぶ［定方向］）と летать（飛ぶ［不定方向］）の、пълзя はロシア語の ползти（はう［定方向］）と ползать（はう［不定方向］）の意味をそれぞれ表している。動詞 ходя だけがある程度、不定方向や多方向、また繰り返される動きの意味を保っている。この関係において部分的に対立しているのは вървя（歩く［定方向］）であり、ида*46 は意味が変化しており、perfective の「去る」「出かける」という意味と imperfective の「到着する［反復］」「こちらに向かって歩いている」という2つの意味の同音異義語となっていて、ходя との対立関係にはない。空間移動動詞は量的には大して多くないが、とてもよく使われる動詞グループなので、その特性はよく目につく。接頭辞が付加された perfective の派生形態では、異なる種類の古い語幹を容易にたどる

ことができる。例えば、занеса はロシア語の занести（持ち運び始める［定方向］）の意味であり、занося は начать нести（持ち運び［定方向］始める）または начать носить（持ち運び［不定方向］始める）の意味であり、両方ともが完了体である。ただし、ブルガリア語ではこれら 2 変種の違いは、アスペクト関係を直接にではなく、上述したように imperfective 化接尾辞との結合でそれを表現するのである。その場合、imperfective 化接尾辞は複数回的運動動詞の語幹に付加され、しかるべき交替によって語幹のアスペクトを変えるのである*47。

　動作様態の領域でも、ブルガリア語圏とその他のスラヴ諸語分布圏との特徴の差について考察することもできよう。例えば、ブルガリア語ではより広範に始発態が使われるが*48、すでに述べてきた事柄から見ると、その点はより細部の事情ということになろう。以上、全体として、ブルガリア語地域ではスラヴ語共通のアスペクト・カテゴリーが最も完全に、また首尾一貫した形で発展しているということを見てきた。それは完了体と不完了体の対立と動詞の他の文法カテゴリーの対立や動作様態の対立とがはっきりと区別されているという点に現れているし、またアスペクト相関関係において最大限、規則正しい形態的なメカニズムが見られることにもそれは現れている。

第6節　完了体／不完了体カテゴリーの発生*49

　スラヴ語動詞アスペクトの起源の問題については、少なくとも 2 つの相対的に独立した一連の問題が存在する。まず第 1 には、印欧語における現在、アオリスト、パーフェクト語幹システムとスラヴ語動詞システムとの相関性の問題である。第 2 に、動詞接頭辞と接尾辞の始原的な機能とそれらのその後の進化の問題であるが、それらは、完了体と不完了体の形態的メカニズムにおいて、いわゆる perfective 化、imperfective 化の生産的な形態的手段となっている。歴史研究における現代的な段階は第 2 の問題の詳細な研究に負うところが大きい。とりわけ、N. ファン・ウェイク（N. van Wijk）、

132

C.G. レグネル（C.G. Regnéll）、V.V. ボロディチ（В.В. Бородич）がこのような問題に取り組んできた（van Wijk 1929: 237–252, 1935: 196–206; Regnéll 1944; Бородич 1953: 68–86, 1954: 50–)。ただ、今、名前を挙げた研究者やその他の研究者たち（Němec 1958*50）がたどり着いた結論、《定性（determinative）》カテゴリー —— ボロディチは《определенность（定性）》という用語を使っている —— に基づくスラヴ語アスペクトの発生に関するテーゼは、本質的修正なしには受け入れられるものではない。

《定性／不定性（детерминативность/индетермииативность）》の対立ということが、単にスラヴ諸語における nesti と nositi、letěti と lětati のような運動動詞の《定動詞（определенные глаголы）》と《不定動詞（неопределенные глаголы）》の対立と、それに似たスラヴ諸語以外の言語における対立 —— ギリシア語の φέρω と φορώ など —— のみならず、さらには接頭辞付加動詞と対応する無接頭辞動詞の対立も含んでおり、そもそもの最初から、この概念ははっきりしないものとなっている。V. V. ボロディチは論をさらに展開し、《定性／不定性（определенность/неопределенность）》概念を sěsti と sěgěti といった動作と状態の対立、スラヴ語の単純過去時制、アオリストとインパーフェクトの対立にまで拡大している。

　C. G. レグネル、続いて I. ネメツ（I. Němec）は《定性》と《不定性》概念をより明確なものにしようとして、有標と無標形式の差異ということに触れている。それによれば、彼らは動詞を2つではなく、1. 有標の定動詞、2. 有標の不定動詞、3.《定性》《不定性》に関して無標で、どちらの意味でも使うことができる動詞 の3つのグループに分けている。I. ネメツによれば、第1グループは svьt-ne-tъ のような鼻音接尾辞を伴った動詞、vъz-mošti、u-mlьčati のような接頭辞付加動詞であり、第2グループは接尾辞が付加された nos-i-ti、pad-a-ti、sěd-ě-ti のような動詞、第3グループには接頭辞、接尾辞を伴わないすべての動詞が含まれ、いわゆる定動詞の意味の典型とみなされる nesti や、古い時代に主として、あるいは専ら perfective 的となったタイプの pasti、padǫ などもそこに含まれる。I. ネメツの続く解説では、第3グループの動詞だけでなく、多回や

潜在的な意味で使われる動詞はどんな動詞でも不定となるとされている。こういった事情は、チェコ語の Do nádoby (se) vejdou 3 litry（容器には3リットル入る）といった例における完了体の形にもあてはめられている（Němec 1958: 23）。こういったことからもわかるように、より明確化されたと思われた概念が再びその範囲を広げ、はっきりとしたアウトラインが失われているのである。

《定性》《不定性》カテゴリーの不明確さがきっかけとなって、批判的な指摘がなされたことは驚くべきことではない。A. ヴァイヤン（A. Vaillant）は N. ファン・ウェイクとは反対に、φέρω と φορώ —— あるいはリトアニア語の klùpti と klúpoti —— の関係は、例えば ἀναφέρω と φέρω、užklùpti と klùpti のような《接頭辞付加動詞と無接頭辞動詞》の関係とはいかなる共通点もないと強調している（Vaillant 1939: 294–）。

ただ、特に指摘すべきは、定性カテゴリーを基礎としたスラヴ語アスペクトの起源論が、現存するアスペクト・ペアの形態的タイプ全部を1つの相関だけで説明しようとしているという点である。そのことで、いろいろな形態的タイプ間に存在する重要な差異、何よりもまず、1. imperfective 化によるタイプ —— ロシア語の дать ／ давать（与える［完／不完］）、прочитать ／ прочитывать（読んでしまう［完／不完］）—— と 2. いわゆる perfective 化に関係するタイプ —— ロシア語の писать ／ написать（書く［不完／完］）、колоть ／ кольнуть（刺す［不完／完］）という2つの主要なタイプの差異が考慮されていないのである。完了体／不完了体システムが形の上で不均質であるという極めて本質的な事実は、このシステムを構成する各部分が、それぞれ異質なものを含んでいるということを示しているのであるが、その事実は研究者の視野の外におかれたままなのである。さまざまな形態的タイプが同じ機能をもつようになったのは、文法カテゴリーとしてのアスペクトが形成されるプロセスではじめて起ったことであるのに、その機能的な同一性が、より早い時代、完了体と不完了体の対立がまだなかった時代に機械的に移し替えられてしまっている。そのことで歴史的観点は覆され、《新しい性質》の成立を追跡することができなくなってしまう。つまり、いか

に単一の文法カテゴリーが、いくつかの、少なくとも2つの異なる語彙－文法カテゴリーの相互作用によって次第に形成されてきたのか、そして、その語彙－文法カテゴリー自体はさらに遡る時代に、よりたくさんの、より個別的な《動作様態》から作られた、という事実を見ることができなくなってしまうのである。問題となっているスラヴ語アスペクト起源論の指摘した欠点は、すでに正当な批判の対象となっている（Достал 1958: 98-99）。

　もし、完了体／不完了体カテゴリーの発生を研究する際に、その形態的メカニズムにおける実際の多様性ということを真剣に考慮するならば、アスペクト・ペアのタイプすべてに共通点を見出すといったことは、あきらめるざるを得ないだろう。一方での接尾辞による imperfective 化と、他方、いわゆる perfective 化 ── 接頭辞や鼻音接尾辞による ── は、**本来、結びつきをもっていなかった2つの異なる相関関係**にその起源をさかのぼることができるが、それが《定性／不定性（детерминативность/индетермииативность）》概念では間違って一体のものと見なされている。これら2つの相関関係を、特に用語としてはっきりと区別することが課題となっている。nesti と nositi のような相関にはスラヴ語の運動の動詞に関して使われる《定性／不定性（определенность/ неопределенность）》という用語、あるいはもしその方が都合がよければ国際的に使われている《determinativity/indeterminativity》という用語を割り当てるのが適当であろう。もう一方の、接頭辞付加動詞と無接頭辞動詞の相関については、ソヴィエトのドイツ語研究者（Воронцова 1948: 19-31; Москальская 1956: 230-; Иванова 1956: 105-116）にしたがって、**限界性／非限界性（предельность / непредельность）**の相関、国際的には《terminativity/aterminativity》とされている用語で呼ぶのが適当であろう。これらの相関は両方ともが完了体と不完了体の対立の形成において重要な、ただし本質的に異なる役割を果たしていたのである。

　《定性／不定性（определенность/неопределенность）》の相関概念においては《具体的》動作と《抽象的》動作が対立しているが、それは А.А. ポテブニャ（А.А. Потебня）がこの用語に対して与え

第2章　スラヴ諸語における完了体／不完了体カテゴリー　　135

た次のような内容に近い意味においてである（Потебня 1941: 44, 77-）。すなわち、具体的なものとは定であり、相対的に単純で、単一の1回動作であり、抽象的なものとは、複雑な何度も反復される、一般的、習慣的な、または可能な、一言でいえば、不定の動作であり、時には主体の動作を遂行する能力だけを表す。《定性／不定性（определенность/неопределенность）》の相関概念としてとらえられるのは、スラヴ諸語やスラヴ諸語以外のいくつかの言語における運動の動詞の他、ロシア語の слышать – слыхать（聞こえる［不完］–（時おり）耳にする［不完］）、видеть – видать（見える［不完］–（何回も）見かける［不完］）や、より特別なニュアンスをもった быть – бывать（ある［不完］–（時々、よく）ある［不完］）、ел – едал（食べていた［不完・過］–食べていた［不完・多回・過のみ］）、сидел – сиживал（すわっていた［不完・過］–すわっていた［不完・多回・過のみ］）などを挙げることができる。特に、最後のいくつかのペアにおける2つ目の動詞の反復性、多回性、さらには独特な動作の集中性の意味は（Machek 1958: 38-50; Кошелев 1958: 3-39）、不定概念総体において一般に考えられているよりも幾分大きな役割を果たしている可能性がある。今後、不定動詞グループ内部の調査が進むにつれて、さらに細かい動作様態グループを区分することができよう。ただ、重要なのは、すべてのケースで対立におけるポジティブな項とネガティブな項の分布が同じになるという点である。つまり、形態的に有標で意味的に内包の大きなポジティブ項となるのは、どのケースでも不定（あるいは反復）動詞である。

　限界／非限界の相関概念における内容は全く異なっている。ここでの基本的な区分は動作の限界、境界（граница）の有無、動作がこの限界に向けてのものであるかどうかということによってなされる。スラヴ諸語以外のインド・ヨーロッパ諸語の多くで、この相関は 1. 接頭辞付加動詞と無接頭辞動詞、あるいは 2. 鼻音接辞を伴う動詞とそのような接辞のない動詞 の対立として表れる。1. の例としてドイツ語の gefrieren（凍る、液体から固体に変化する）と frieren（凍える、寒さを感じる）、aufwachsen（成長する）あるい

は verwachsen（癒合する）と wachsen（育つ）*51、2. の例として古代アイスランド語の sofna（寝入る）と sofa（寝ている）を参照。また、限界動詞の中でさらに細かい動作様態、結果態、状態変化態などを区分することも、もちろん可能であるが、有標で内包の大きいポジティブな項となっているのが限界動詞であるという点で、1つの統一した相関が形成されているのである。これら以外にも、いくつかの《特徴づけをもたない —— 語根だけからなる》限界動詞がいくつか存在するが、そういった動詞はそもそもの語彙的意味として限界性の意味へと傾き、ふつうは非限界の対立項をもたない。例えば、ドイツ語の geben（与える）、kommen（到着する）、werfen（投げる）、sterben（死ぬ）、ラテン語の do（与える［現・1人称・単］）、venio（到着する［現・1人称・単］）など。

　現代スラヴ諸語においては限界／非限界の古い時代の差異は次のような形で表れている。ロシア語の закричать がそうであるように、限界動詞は perfective の形のみをもっているか、多くは、вырасти／вырастать（成長する［完／不完］）、дать／давать（与える［完／不完］）のように両方のアスペクトを表す形をもっており、それはスラヴ諸語以外の言語における、例えばドイツ語の aufwachsen、geben のような、アスペクトによる差異のない単一の形に対応している。非限界動詞は imperfective にしかならず、расти（育つ［不完］）、спать（眠っている［不完］）、стоять（立っている［不完］）などのいわゆる imperfective 単体動詞（imperfectiva tantum）グループを形成する*52。

　スラヴ祖語において完了体と不完了体が発生する以前の時期には、明らかにこれまで見てきた2つの相関が機能していたと思われる。この2つの相関は共存し、たがいに交差していたのである。したがってこの時代には、いくつかの動詞語幹からは次のような4つのタイプの動詞が形成されていた。1. 非限界定動詞（例えば nesti）、2. 非限界不定動詞（nositi）、3. いろいろな接頭辞が付加されて形成される限界定動詞（u-, vъ-, pri- ＋ nesti）、4. 限界不定動詞（u-, vъ-, pri- ＋ nositi）。

　3. と 4. の動詞グループの違いは、もちろんまだアスペクト的なも

の、現代ロシア語の внести（持って入る［完］）と вносить（持って入る［不完］）のようなものではなかった。古いスラヴ祖語のvъnesti は、ドイツ語の hereintragen（中へ運ぶ）と同じように、意味的には対立するアスペクト両方に相当していた。つまり、「持って入る」という1回の限界に向けての動作について、そのプロセスも、また結果達成された瞬間についても意味することができたのである。一方、vъnositi は同じ限界に向けての動作を意味したが、ただし、それは不定、反復などの動作としての意味であった。

　もちろん、4つのタイプすべての形成が観察されたのは少数の動詞語根だけであった。多くの場合は、どれかのタイプ、たいていは不定動詞タイプが欠落していた。その証拠に、無接頭辞で反復を意味する動詞の多くはより遅い時期に出現しており、一連の語根ではそれらが全く欠落している場合もあったのである。*birati や接頭辞が付加された *sъbirati、*pribirati などの動詞がこの時代にはまだ存在していなかったという点は、ほぼ間違いないであろう。また、問題となる動詞語根にとって限界性の意味がもっとも特徴的なものであれば、おそらく非限界の意味をもつ動詞形がないケースもあったと思われる。例えば、padǫ（落ちる［現・1人称・単］）、damъ（与える［現・1人称・単］）などがそのような動詞であり、それらの不定の意味に相当する padajǫ、dajǫ は、後の不完了体の意味をもっていなかったのである。さらに、4つの動詞タイプすべてが存在する場合でも、文脈次第では、相関における無標で外延の大きい項が、有標で内包の大きい項の代わりに使われることも可能だったのである。例えば、nesti は domovi、vъ domъ（家へ）など、目的を伴えば限界の意味となるが、čęsto（しばしば）など、多回を示す語と共に使われる場合は不定の意味となる。

　周知のように、ファン・ヴァイクや彼と同じ考えをもつ研究者たちは、スラヴ語の完了体は基本的に《定動詞（детерминатив）》から、不完了体は《不定動詞（индетерминатив）》から作られたものであると見なしている。しかしながら、この図式は多くのケースで現実データとは合致しないのである *53。ここで検討している限界性／非限界性、定性／不定性という2つの相関の区分によれば次の

138

ような異なる結論を得ることができよう。**いわゆる perfective 化は一方の相関におけるポジティブな項、すなわち限界性をその起源としてもち、imperfective 化はもう一方の相関におけるポジティブな項、すなわち不定性をその起源としてもつのである。**

　完了体と不完了体の発生の基礎には限界動詞、まず第1に vъnesti（持って入る）、sъbьrati（集める）などの接頭辞が付加された結果態動詞があった。そして、まさにこういった動詞が使われる際に、それらが含む2つの主要な意味、目的達成に向けた動作のプロセスの意味とその動作の結果達成の意味を形態的に、形の上で区別したいという欲求がはじめて起って来るのである。このような形の上での区別を実現するために、言語にすでにある既成の手段が引き込まれ、使われるようになる。すなわち、限界的な動作の不定性と反復性の表現を本来の用途とするモデルである。

　vъnesti‐vъnositi、uletěti‐ulětati（飛び去る）、pasti‐padati（落ちる）、dvignǫti‐dvidzati（動く）といったタイプにおける2つ目の動詞で、古い不定性や反復性の意味と並んで新しい意味、1回（単一）動作のプロセスの意味が発達する。vъnositi という形はこの時代にすでに「不定回、持って入る」といった意味以外に、「1回、持って入るという動作を始めたがまだ終わっていない、その動作の最中、動作の途中である、持ち入るという動作に従事している」ということを意味している。限界動詞が不定の形をもたない場合は、アナロジーで形を作るという方法がとられる。その基礎となったのが接尾辞 -a- が付加された ulětati、padati などの語幹である。このようにして、例えば sъbьrati については sъbirati という形が、priložiti（そえる）には prilagati という形が形成されるが、そこでは元々、*birati、*lagati などという無接頭辞の形が存在していたかどうか（おそらく存在していなかったと思われるが）は問題とされない。-a- を伴う語幹の古い意味は《内的形式（внутрення форма）》に変化し、新しい意味を表現する手段となる。sъbirajetь（集める［現・3人称・複］）のような形は、本来なら「彼はふだん（しばしば）集めている」または「彼は何度か集めた、何度か集めるだろう」ということを意味するはずだが、すでにそれが発生した当初

から「彼は集め始めたがまだ終わっていない、彼はちょうど集めているところだ」という《転意》の意味をもつことになるのである。

ドイツ語の er ist beim Sammeln, er ist im Sammeln begriffen、あるいはフランス語の il est en train de rammasser、スウェーデン語の han håller på att samla, han håller på och samlar（以上、いずれも「彼は集める作業をしているところだ」という意味）などの表現と同じように、sъbirajetъ という形は進行中の意味、主体が動作に従事しているという意味の特別な強調表現と言えるだろう。ただ、スラヴ語ではこの形式は、動作の反復性、潜在性、総じての《非アクチュアル性》、非具体性といった、自らの《直義》としての意味を保持し続けたのである。一方、上述したゲルマン諸語やロマンス諸語の表現にはこのような意味はまったくない。sъbirajetъ という形は、表現力のある、強調的な形式として、この段階では**選択的**な性格をもっていた。古い sъberetъ が、この段階でまだ進行する動作（*se sъberetъ ほら、彼は集めている）や反復動作（*čęsto sъberetъ しばしば集めている）も意味し得たのであり、どんな場合でもこの形だけですますことができた。sъbirajetъ, sъbirati といったタイプの形式が出てきて、不完了体が生まれたのであるが、対立項としての完了体は、まだこの時期には形成されていない。不完了体は、強調表現のための選択的形式として《**中立アスペクト（нейтральный вид）**》と対立しており、ちょうど現代英語の進行形が —— いくつかの状況ではすでに義務的となってはいるが ——《共通体（общий вид）》、いわゆる《不定（Indefinite）》カテゴリーの項と対立しているのと似た状態にあったのである。

その後、不完了体はどんどんその使用域を拡大し、強調形という性質が消滅していき、次第に《進行中の動作》という意味領域すべてを完全に制圧するようになっていったのである。それに伴い、《中立的アスペクト》はこの領域から徐々に押し出され、結局、vъnesti, uletěti, sъbьrati という形は、実際に動作が結果達成された場合のみにその使用が狭められていき、それによって《中立的アスペクト》は完了体へと変化するのである。この時期から vъnesǫ、sъberǫ などの形はもう、「一体、君は今何をしてるのか?」という

問いの答えには使えなくなり、またそれぞれの不定詞についても、načęti（始める）、konьčiti（終える）などの動作の位相を表す形式とは結合し得なくなる。そしてこの時点から、我々は perfective と imperfective の対立、すなわち、現代的なアスペクト・**カテゴリー**を扱うことになるのであるが、この段階では、アスペクト対立が生じていたのは動詞語彙の一部だけであり、まだ完全に整ったアスペクト・**システム**とはなっていない。

　次の段階で、非限界動詞がアスペクト・カテゴリーに引き込まれていく。当然予想されることだが、非限界動詞は不完了体の中に入った。あらゆる文脈で専ら非限界的な意味をもつものは imperfective 単体（imperfectiva tantum）動詞のグループを形成し、例えば dělati（する）のように、文脈次第で限界の意味をもち得るものは、よりはっきりとこの意味を表現するために、sъdělati といった具合に、接頭辞と結合し始めたのである。このようにしてアスペクト・ペアの新しい形態的タイプが生じたのであるが、それはふつう、dělati – sъdělati というように、imperfective の項が外見上、アスペクト的に特徴をもたない語幹を含み、一方の perfective の方が、意味の《希薄化した》、いわゆる空の接頭辞（préverbe vide）と結合した語幹をもつというように、まだ完全には《正規の》ペアとは言えないものであった。こういったタイプのペアは、後に接頭辞が取り除かれる（депревербации）ケース*54 が起こったことで、いくぶんその範囲を拡大しはしたが、アスペクトの発生のプロセス、そしてそれに続くその発展においては 2 次的な役割を果たしているのである。

　アスペクト・カテゴリーが次第に動詞全体に広がっていくにつれて、このカテゴリーの意味内容は少しずつ変化していく。不完了体の意味はどんどん拡大していき、最終的にそれは対立のポジティブな項からネガティブな項、アスペクト対立における一種の中立的バックグラウンドへと変化していくのである。そして当初、バックグラウンド、《中立的アスペクト》として機能していた完了体の方は反対に、対立においてポジティブな、意味的により内容のある項になるのである。共通スラヴ語期の終わりまでには、アスペクト・カ

テゴリーの発展は基本的にこのような段階にまで到達していたが、古い関係における多くの残滓が克服されるのは、もっと後になって、それぞれのスラヴ諸語での独自の進化過程においてである。

　残すところまとめを述べるだけになったが、一般に《perfective化》とよばれるプロセス、動詞語幹に接頭辞または鼻音接尾辞を付加するというプロセスは、後のアスペクト・カテゴリー確立に向けた進化における**前提**を作るにすぎない。このプロセスは、スラヴ諸語やそれ以外の多くの言語に共通に存在する、限界動詞グループの発生をもたらす。動詞の限界性概念が後に2つに分裂することではじめて、スラヴ諸語独特の現象、完了体／不完了体カテゴリーが生じるのである。限界性概念の分裂というのは、進行するプロセスの意味を強調するために、ある場合にはすでに言語に存在した、限界－不定の意味をもつ語幹を使うという手段をとり、ある場合にはアナロジーによって似たような構造の語幹を作るという手段をとる、という形で起こる。まさにこのような語幹の形成こそが、接尾辞によるimperfective化と呼ばれるているものである。このようにして、**接尾辞によるimperfective化から不完了体が発生し、その後、それとは対照的に、その対立項として完了体が発生するのである。**

　もっと後になってはじめて、アスペクト・カテゴリーがすべての動詞語彙に広がるにつれて、接尾辞によるimperfective化と並んで、アスペクト語幹をマークするためのそれ以外の手段、《空の》接頭辞の付加や接頭辞をおとす（депревербация）ことでのimperfective化、また場合によっては補充法といった手段が現れてくるのである。ただし、まさに接尾辞によるimperfective化こそが、過去においても、また現在に至るまで、スラヴ諸語全体において、例外なしに、動詞アスペクトの形態的メカニズムすべての中心であり続けているのである[55]。

*1 この稿はИзв. АН СССР, отд. лит. и яз., 1948, т. 7, вып. 4, с. 303–316 に掲載されたものである。

*2 すでに17世紀チェコの文法家、ヴァーツラフ・ヤン・ロサ（Václav Jan Rosa）の "Čechořečnost, seu Grammatica linguae Bohemicae"（Micro–Pragae. 1672）において、不完了体は動作を「その成立へのプロセスにおいてのみ」表現するものであり、一方、完了体は「すでにある事実」（p.141）として表現するものであるという規定がある。

*3 これらの例ではすべて、不完了体動詞で「きみはそこで何をしているの？」という質問に答えることはできない——もちろんこれらの動詞が転意で使われる場合は別である。例えば、Он находит этот вопрос заслуживающим внимания（彼はこの問題は注目に値すると見なしている［不完・現］）の例など。

*4 V.V. ヴィノグラードフ（В.В. Виноградов）でさえ、そのような客観的基準を定式化できていない。そのことの原因として、ここで見てきた動詞 любить と полюбить について、彼においても「同じ動詞の相関する形式」（Виноградов 1947: 535）としてとらえられているということがあるだろう。動詞 понестись（疾走しはじめる）については、無接頭辞動詞 нестись（疾走している）とペアをなさないと正しく説明されているのだが（Виноградов 1947: 531）。

*5 I.A. カリーニン（И.А. Калинин）は、例えば повыталкивать（多数、全部を押し出す［完］）のような2つの接頭辞が付加された動詞に対して、ペアとしての不完了体を技術的に作ることができないのは、imperfective 化のための接尾辞を二重に付加することはできないという理由によるという事例を挙げている（Калинин 1940: 206）。

*6 ［訳者注］語彙的意味を変えずにアスペクトのみを変更するという意味。

*7 ［訳者注］ロシア語の完了体人称変化形は、学校文法などでは未来形として説明されるが、実際には超時間的潜在的反復動作や現在・未来を融合した時間の流れにおける動作を表す場合が多く、したがって完了体人称変化形については現在未来形［完・現未］としている。

*8 постепенно убил во мне всякую охоту（次第に私の中ではあらゆる興味がうしなわれていった［完・過］）といった転意用法ではこういった制限は弱まったり、完全になくなったりする。Постепенно, один за другим, умерли все его братья（次第に一人、また一人と彼の兄弟はすべて死んでいった［完・過］）のような反復動作の場合も同様である。

*9 初出は英語で The Slavic verb. An anthology presented to Hans Christian Sørensen 16th December 1981. Copenhagen, 1981, p.103–106. に発表された。ロシア語バージョンではいくつかの補足がなされている。

*10 本書では第2章、第1節を参照。

*11 こういった置き換えにおける規則は文脈の違いや、またいろいろなスラヴ諸語によっていくぶん異なってくる。特に置き換えが必須な場合と選択的である場合があったりする。とはいえ、基本的な事情に変わりはなく、いずれの場合であっても置き換えは純粋に文法的なものであり、何らかの語彙的意味の

変更は伴っていないという点が重要である。

＊12 ловить、совать といった不完了体には、もちろんここで見た対応の完了体にはない別の意味がある。例えば、ловил но не поймал（つかまえようとした［不完・過］がつかまえられなかった［完・過］）のように、意志性を表したり動作成立への接近を表す。ただ、そういった意味は、カルツェフスキーの《文法的ペア》に入る多くの2次的不完了体でも一般的なものである。встречал, но не встретил（会おうとした［不完・過］が会えなかった［完・過］）、убеждал, но не убедил（納得させようとした［不完・過］が納得させられなかった［完・過］）、умирал, но не умер（死にかけた［不完・過］が死ななかった［完・過］）など。

＊13 ここでも同音異義語がしばしば観察される。例えば「何かの動作をしながら何かを言う」という意味の приговаривать［不完］と、приговорить（判決を下す［完］）の不完了体としての приговаривать、「低い、小さな声で歌う」という意味の напевать［不完］と напеть（（たくさんの歌を）歌う［完］）の不完了体としての напевать пластинку（レコードに歌を吹き込む）など。ただ、例えば пришептать という形は存在しないのに пришёптывать（時々ささやく）が使われるというように、ペアとしての完了体をもたない、こういったタイプの派生語である不完了体が観察されるということを強調しておきたい。

＊14 ロシア語の《アスペクト・トロイカ》における意味的関係の興味深い分析を J. ヴィランクが行っている（Veyrenc 1980: 159–179）。

＊15 現代ブルガリア語では、ほぼ完了体ごとに──音韻・形態的に imperfective 化のための接尾辞を付加することができない場合を除いて──2次的不完了体の形成が可能である（本書第2章、第5節を参照）。

＊16 この稿は1972年にザルツブルク大学とウィーン大学で行った報告、及び年報 "Wiener slavistisches Jahrbuch" に "Zur Semantik der Perfektivitäts-opposition"（1974, Bd. 20, S. 107–122）という題で発表されたものをもとにしている。

＊17 本書のロシア語訳の抜粋が "Вопросы глагольного вида"（1962, с. 93–104）に掲載されている。

＊18 ここでは《アスペクトの個別的意味（частное видовое значение）》に代えて《用法タイプ（тип употребления）》という用語が使われている。詳しくは同書 p.604– を参照。

＊19 アスペクトの個別的意味に関するより早い時期における重要な研究として Головин 1950: 249–287；Зейдель 1962: 168–174 を挙げることができる。

＊20 ところで、A.V. ボンダルコは新しい論文で、この意味について ── 彼は《報告的機能》と名づけている──プロセス的意味（《プロセス的機能》）とはまったく別個のものであると考察している。

＊21 本書 p.60–61、p.83、Рассудова 1982: 22–23、Гловинская 1982: 41 参照。

＊22 まれにではあるが、具体的事実と具体的プロセスの意味の対立もアスペクト競合として考察されることがある。Рассудова 1982: 30 を参照。

＊23 A. マゾン（A. Mazon）の "action généralisée" という定義（Mazon 1914:

27, 77, 101）や、私が以前、提案した《一般化した事実的意味（обобщенно-фактическое значение）》という用語はここで扱っているケースには部分的にしか対応していない。A.V. ボンダルコが《一般化した事実的機能》と《中立的機能（нейтральная функция）》を区別し、かつ、それらには「はっきりとした境界はない」と強調したことは示唆的である（Бондарко 1983: 174）。いずれにせよ、ここでは A.A. シャフマトフがかつて提起した《特定されない動作－状態（неквалифицированное действие ― состояние）》という定義がもっとも適当であろう。ただし、それは不完了体の一般的な意味的定義として、いくぶん広い意味で使われてはいるのだが（Шахматов 1941: 472）。一般的事実の意味の詳しい記述については Гловинская 1982: 116–146; Бондарко 1983: 160–189 を参照のこと。

*24 このような考え方を最初に示したのは A.A. シャフマトフ（Шахматов 1941: 472）と A.M. ペシュコフスキー（Пешковский 1956: 29）である。

*25 互いに向かい合った2つの矢印を用いた図 ⇄（Forsyth 1970: 13）はラスードヴァの最初の著作においてすでに使われている（Рассудова 1968: 27）。ここで考察している意味を表すのに、いくつかのスラヴ諸語ではロシア語とは異なる方法を用いる。例えばチェコ語ではふつう完了体が使われる（Bareš 1956: 576–577）。

*26 動詞に主なアクセントがある場合には――意図が含意されなくても――不完了体を使うことはまったく問題がない。Ты проливал воду?（きみは水をこぼしていたのか?）、Ты разбивал чашку?（きみはカップをこわしていたのか?）こういった表現は「そのような事実があったかなかったか」という意味になる。

*27 A. マゾンではいくぶん狭い定義が行われており、その定義は［ここで扱っている］ケースの一部のみに該当し、《結果の意味による一括化（сведение к единству через понятие результата）》とされている（Mazon 1914: 46）。

*28 スラヴ諸語すべてでこうであるわけではない。例えばブルガリア語では、該当する動詞は perfective 形も imperfective 形も形成する。

*29 この意味――あるいはニュアンス――が不完了体にも存在することを A.V. ボンダルコが指摘した（Бондарко & Буланин 1967: 56–57）。

*30 ここでの複数の代わりの単数使用は、例示化のためにもたらされたものである。また вам などの与格についても、その使用は選択的ではあるが、例示機能と結びついた表出的なコノテーションがもたらしたものである。

*31 ただ、《過去マーカー》である бывало を必ず入れなければならないわけではない。もしより広い文脈から、描写されている状況が過去の話であることが明らかなら、бывало なしでも十分、文は成立する。

*32 まさにこういったケースでこそ、A.M. ラモフの主張を認めるべきであり、文脈は「アスペクトの形態にとって完全に同等なパートナーであり、コミュニケーションにおける動作の意味を左右するものである」と見なすべきなのだ。

*33 例外は突然予期せず動作が起こったことを強調する表現である（вдруг）как + perfective 現在未来形用法の場合のみであり、それもさほど多くは観察されない。例えば、（вдруг）как закричит и бросился бежать（突然、叫んだかと思うと、どっどかけ出した）など。多回動作の歴史的現在用法では、逆に完

了体を例示的意味（наглядно–примерное значение）で使用することは全く問題ない。

*34 多くのスラヴ諸語、例えばチェコ語、スロヴァキア語、セルビア・クロアチア語などでは、1回動作の歴史的現在用法で、アスペクト対立の中立化が必ずしも起こるとは限らず、起こらない場合もある。スロヴェニア語やその他のスラヴ諸語方言ではそういった中立化はもともと存在しないようにも思える（Бондарко 1959: 48–58）。

*35 省略版ではあるがロシア語訳はКошмидер 1962: 159–161 を参照。

*36 この稿はМаслов 1963: 9–15 から抜粋したものである。

*37 ここでは imperfective 化接尾辞に 2 次的な語形成機能が発生した点や、imperfective 化接尾辞とその他の語形成接尾辞との同音異義の問題、またブルガリア語におけるいわゆる単純条件法の語形変化接尾辞との同音異義の問題については触れない。

*38 ロシア語文法では、《現在語幹》、《不定詞語幹》――あるいは《過去語幹》――を、ブルガリア文法では《現在語幹》、《アオリスト語幹》を第 1、第 2 語幹としている。この場合、第 1、第 2 と数字を使うのには 2 つの理由がある。まず、それらが明らかに単なる符号としての性格しか持っておらず、表示される現象の意味内容を明らかにするものではないからである。実際、第 2 語幹においてはいかなる《不定詞の意味》や《アオリストの意味》も表示されてはいない。第 2 に、数字による表示なら、すべてのスラヴ諸語に適用できるのに対し、不定詞やアオリストといった具体的な形を挙げると、本来、同じ現象を意味するものでも用語上、不統一になってしまうということが避けられない。《アスペクト語幹》という表現は K. イワノヴァも使っているが（Иванова 1959: 220–235）、その定義を行っておらず、実質上は 1 つの体の枠内での第 1、第 2 語幹を合わせて《アスペクト語幹》と呼んでいる。

*39 本来的には、例えば、古代ギリシア語動詞の《時称幹》もアスペクト語幹と呼ぶべきかもしれない。ただし完了体／不完了体という意味ではないが。

*40 ブルガリア語における動作様態の詳細についてはИванова 1974 を参照。

*41 現代ブルガリア語では、意味的原因や動詞が文体的に有標であるという理由で、派生 imperfective が形成されないというケースはない。Иванова（1967: 57）を参照。特にИванова 1967 では、「逝去する」という意味をもつпочинаから派生した imperfective が歴史的現在で使われている例が紹介されているが、この動詞は「逝去する」という意味では、ふつうは perfective 単体動詞として考察されている。

*42 ［訳者注］「空の接頭辞 пустая приставка」とは、接頭辞が語彙的意味を失い、文法機能としてのアスペクト指標のみ表すようになった場合を指す。このような接頭辞は、それが付加された場合も語彙的意味は変化させず、アスペクトのみが変更される。

*43 приказвам（話す）、разговарям（会話する）といった imperfective では状況は異なっており、同時に接頭辞と imperfective 化接尾辞が付加されて形成されている。кажа（話す）→ приказвам、говоря（話す）→ разговарям というように、*прикажа*、разговоря という中間段階を経ずに作られているのである。つまり、これらの動詞は複合的で《ギャップを含む》語形形成素に

よって作られており、その形成素に、接頭辞によって持ちこまれたperfective
性を、いわばただちに《消してしまう》imperfective化接尾辞が含まれるので
ある。

*44 接尾辞によって派生したimperfectiveがすべて《新しい》変化式——伝
統的には第III式——によって同じ変化をし、同じアクセント・グループに属す
るという点も、形態的手段としての接尾辞によるimperfective化の規則性を裏
づけている。派生元のperfectiveは逆にそれぞれ異なる変化をし、アクセン
ト・グループも異なる。ところで、imperfective化接尾辞によって派生された
imperfectiveが同じ変化を取る現象は、他のスラヴ諸語においても観察される。

*45 こういった《アスペクト・トロイカ》の多くで、ブルガリア語の
пошивам、изоравам——これらはロシア語のпрочитыватьに相当するが——
のような2次的なimperfectiveが具体的プロセスの意味をもち得ないというこ
とから、Sv.イワンチェフ（Св.Иванчев）は不完了体を2つの意味的な単位に
分け、HCB2、HCB1という記号で表している（Иванчев 1971: 24-, 1978）。
しかし、いくつかの《アスペクト・トロイカ》では、2次的imperfectiveが進
行するプロセスを示すことができる。例えば Небето на изток все повече и
повече побеляваше（Й. Йовков）（東の空がどんどん白み始めていた）におけ
るimperfectiveを参照のこと。

*46 ［訳者注］ходяに対応するロシア語ходить［不定方向］には［定方向］
動詞としてидтиが対応するが、ブルガリア語で語形として同じ起源をもって
いると思われるのはидаである。

*47 ブルガリア語圏における空間移動動詞とその独特な特質の詳細について
はВенедиктов 1961: 30, 84-99, 1963を参照。

*48 この点についてはДеянова 1976: 459-467; Соколов 1978: 56-を参照。

*49 この章の初出は "Zeitschrift für Slawistik" 誌（1959, Bd. 4, S. 560-568）
に "Zur Entstehungsgeschichte des slavischen Verbalaspektes" という題でド
イツ語で掲載されたものである。ロシア語版では幾分、簡略化し、また部分的に
細部を訂正し、さらに注の52と55、海外の研究者の著作のロシア語訳の引用
を追加した。

*50 この研究のロシア語版レジュメについてはНемец 1962: 265-275を参
照。

*51 これらの例はもちろん、ドイツ語の接頭辞付加動詞はそれぞれ限界的で
あり、無接頭辞動詞はそれぞれ非限界的であるということを意味しているわけ
ではない。

*52 多くの非限界動詞の語幹は接頭辞と結合するが、その結果生じるのはこ
れらの動詞のperfectiveの形ではなく、新しい限界動詞か、またはпоспать、
простоятьのような接頭辞по-、про-を付加した《一定時間幅の持続性》の意
味をもつ特殊な動詞である。これらの動詞は完了体として機能するが、正確な
意味では限界動詞ではない。

*53 特に、なぜnesti, letětiなどのもっとも典型的に《不定》の意味をもつ動
詞の大半が、後に専ら、あるいは主としてimperfective的なものになるのかが
明らかにされていない（Vaillant 1939: 249; Достал 1958: 98; Kölln 1957: 83,
1958: 308）。このグループの動詞でiti（歩く）、běžati（走る）、viděti（見え

る）だけが、いくつかの現代スラヴ諸語においてアスペクト的二面性の意味を
もっている——ブルガリア語の вида でさえ主として perfective 性を表すのであ
る。古い時代において、アスペクト意味のゆれや、アスペクト意味の差異がな
いといったことがこの動詞グループにはしばしば見られたが（Ruzicka 1957:
15–32, 42–47）、グループ全体としては、完了体よりは不完了体へと傾いて
いることには疑いがなく、そのことは、ヴァン・ヴァイクや彼と同じ考えをもつ
研究者たちの理論とはもちろん矛盾したものとなる。

＊54　［訳者注］不完了体の接頭辞が除去されるケースを指す。

＊55　この論文と同時期に別の雑誌に H. シェレズニッカー（H. Schelesniker）
の "Entstehung und Entwicklung des slavischen Aspektsystems"（Schelesniker
1959: 390–409）という論文が記載されている。H. シェレズニッカーもスラヴ
語のアスペクト・システムは「時間的に限定された〈…〉動作の展開プロセス
をイメージしたい」（同 p.405）という欲求、すなわち限界的動作のプロセス化
の欲求を基礎として「接頭辞によってではなく、接尾辞によって発生した」
（同 p.404）と見なしている。ただ、《アスペクト成立以前》の時期において、
限界性／非限界性と定性／不定性概念のそれぞれ別個の相関が存在していたと
いう点には言及しておらず、完了体と不完了体の対立の形成は、アオリストと
インパーフェクトの対立が一種の《完成》を見たものだと考察している。

第3章
スラヴ諸語におけるインパーフェクトとアオリスト

第1節　古代ロシア文章語における
perfective インパーフェクト *1

　共通スラヴ語のインパーフェクト形を保持する一連の新旧スラヴ
諸語は、それを不完了体動詞から形成する場合が圧倒的に多いこと
は周知の事実だ。中には必ず、もしくは必ずと言っていいほど、こ
の方法で作る言語もある。したがって、まさに不完了体意味の動詞
語幹に由来するインパーフェクトこそが、インパーフェクトの《一
般的な》タイプなのである。この《一般的な》インパーフェクトの
意味については、これまでにもよく記述され研究されてきた。すな
わち、この形式が意味する動作というのは、終わることなく持続し
ていた過去の動作であり、過去のある時点で未終了であった動作で
あり、時には、過去のある時点で《閉じられずに》持続していた反
復する動作の連鎖である。このようなそれ固有の意味によって、当
該の形式は、語りにおいてアオリストで表わされる中心的動作と同
時に登場する付帯状況の記述に用いられたり、また、物語を前進さ
せる動きの《背景》となって、過去に属する慣習や登場人物の習慣、
永続的状況一般の記述に用いられたりすることがよくある。別の場
合には、過去における動作の未終了性という主要な意味を土台にし
て、《意図性（конативность）》、つまり現実に叶わなかった試み、
動作実現への志向というモーダル・アスペクト意味——いわゆる試
みのインパーフェクト（imperfectum de conatu）——が発展し出て
くることがある。たとえば、古スラヴ語の **Даѣхж емоу пити
оцѣтъно вино. Онъ же не приѩтъ**（Мар. ев., Марк, 15,
23）（彼らは彼に没薬の入った酒を飲ませようとした。しかし彼は
［それを］受入れなかった－『マルコによる福音書』15、23）にお

149

ける「…飲ませようとした…」、つまり「与えようと試みた」という
ような例である。

　一方で、これとは全く異なる、純粋にモーダルなインパーフェク
ト形式の意味、言わば仮定法的な意味が出てくる例も見出される。
本来、この意味は過去時制とは無関係である。参考にイヨアン・エ
クザルフの例を挙げると、ⰰⱋⰵ ⰱⱁ——念頭におかれているのは
"ⱀⰵⰱⱁ ⰲⱏⰺⱎⱀⰵⰽ"——ⰱⰻ ⰻ ⱄⰾⱀⱌⰰ ⱀⰵ ⰻⰿⱑⰾⱁ, ⱀⰻ ⰾⱁⱆⱀⱏⰺ ⱀⰻ
ⰸⰲⱑⰸⰴⱏ, ⱅⱁ ⰻ ⱄⰰⰿⱁ ⱅⱁ ⱃⱁ(ⰴⱁ)ⰿⱏ ⱄⰲⱑⱅⱑⰰⱎⰵ ⱄⰵ (Шестод-
нев, л.8, цит. по изд. 1879 г.)（『六日記』8、1879年版より引用）
における「…もともと耀いていたであろう」では、可能性は時間
を超越した、あらゆる時に存在するものとして考えられている。
類似した用法は——もっとも引用例のように主文にではなく、仮
定法従属文においてであるが——現代ブルガリア語でも広く見ら
れる。例えば、… ако добитъците **знаеха** да говорят, те щяха да
бъдат като нас (Й. Йовков. Ако можеха да говорят)（… もし家
畜が話すことを**知っていた**［不完・イン］なら、彼らは我々のよう
になっただろう—ヨルダン・ヨフコフ『もし話すことが出来たな
ら』）などである。

　インパーフェクトの、時間を超越した、少なくとも過去時制に属
していない、ある種の仮説的意味 (гипотетическое значение) で
使われるモーダルな用法は古代ロシア語で書かれた『イーゴリ軍
記』の中にも見つけることができる。Не лѣпо ли ны бяшетъ,
братїе, начяти старыми словесы трудныхъ повѣстїй о пълку
Игоревѣ（イーゴリの遠征の、艱難辛苦の物語を昔の言葉で始め
ることこそ、我々には、兄弟よ、**ふさわしいのではなかろうか**）が
その一例だ。

　インパーフェクトのテンス・アスペクト意味と、そのモーダルな
諸意味——仮定法意味と仮説的意味——の間には、どのような発生
的結びつきがあるのだろうか。両者のうち、いずれの意味がより古
いものなのだろうか。I.V. ヤギチ (И.В. Ягич) は自身が手がけたマ
リアによる福音書の後書きで、スラヴ語のインパーフェクトの起源
は S− 希求法 (s-оптатив) にあり、このことと関連して、インパー

150

フェクト形においてはモーダルな意味こそ第一次的なものであるとする仮説を提唱した（Ягич 1883: 458-）。だが、この仮説は後にヤギチ本人によって放棄されることになる（Jagić 1906: 28-29）。

　どう考えても、インパーフェクトのより古い意味は、その過去における持続的で未完の動作を表すテンス・アスペクト意味であると認めることになろう。この主張はインパーフェクト接尾辞の -ě- や -a- と状態動詞の接尾辞とを比較することによっても支持される。古スラヴ語の сѣдѣти（cf. сѣсти）、бъдѣти（cf. боудити）と трьпѣти などである。имамь（cf. jьмѫ）、また接尾辞 -a- を持つ古スラヴ語の плавати（cf. плоути）やロシア語の таскать（cf. тащить）などの《運動複数回（моторно-кратные）》動詞や第二次不完了体動詞——пасти には падати がある——を比べて欲しい。過去時制の意味からモーダルな意味への移行は、アオリスト бъıхъ と бъı で指摘されるのと同じような意味の移行と比較することができるかもしれない。このような比較を行った А.А. ポテブニャ（А.А. Потебня）は、《直接法過去時制と条件性の間、さらに言えば、前者と観念的な叙法全般との間に》ある一定の結びつきがあることを指摘した（Потебня 1958: 268）。無論、この問題には不明瞭な点が未だ多く残っているとはいえ、インパーフェクトにおけるテンス・アスペクト意味の第一次性について疑問の余地はないであろう。

　しかし、さらに興味深いのは、インパーフェクト形式が完了体動詞語幹から作られる、あるいは、少なくとも後々に完了体動詞語幹として振舞う動詞語幹から形成されるかなり珍しい場合である。例えば、古代ロシア語の прильняше（ть）という形式が、прильну から生じ、古スラヴ語の начьнѣахомъ が начьнѫ から生じたような場合である。これらについてはどのように語られてきたのであろうか。どのようにこれらの事例を理解すべきであろうか。このことはしかるべき語幹が、これらの形式が用いられていた時代には、まだ完了体の意味を持っていなかったという証拠になり得るのであろうか。それとも、逆に、これらの形式の中には、後に起こる現象——インパーフェクトがその特徴的な意味を消失することの反映や

古い形式の衰退——を見るべきであり、それゆえに、当該の事例は動詞アスペクトの起源に関する諸問題の解決にふさわしくないものとして脇においておくべきなのであろうか。それとも、最後の案として、完了体動詞インパーフェクトのこのような用い方は何らかの条件下では一般的なものとみなしてもよいのだろうか。もしそのように考えるのであれば、その際の条件とはどのようなものなのであろうか。

　以下では、今立てた各問いの答えが明らかになるよう試みる。

　かつて既に G.K. ウリヤーノフ（Г.К. Ульянов）が、ある一定のやり方で完了体動詞のインパーフェクトを解釈しようと試みたことをここで指摘しておく。しかしその解釈は彼の大作『リトアニア・スラヴ語における動詞語幹の意味（Значения глагольных основ в литовско-славянском языке）』の第1部と第2部で異なるものであった。第1部から判断するに、ウリヤーノフはこれらの形式の存在をその語幹が過去において不完了体の意味を有していた証拠と捉えていた——具体的に彼が念頭に置いていたのは -не- を有する語幹である（Ульянов 1891: 167）、しかし、最終的に彼は主張を変え、第2部ではこのような使用はある一定の構文条件下における《一般的な》ものと考えている（Ульянов 1895: 226–227）。

　1880年代に、つまりウリヤーノフの研究書が世に出るより前に書かれ、結局1941年になってようやく『ロシア語文法に関する覚書より（Из записок по русской грамматике）』の第4巻として初出版された A.A. ポテブニャの草稿を読むと、私たちが関心を寄せる事例は二重に解釈されていることがわかる。古代ロシア語で書かれた年代記や別のいくつかの古文書より多くの資料を引用し、ポテブニャは以下のように書いている。

　「したがって、начати、изъити、усънути、прильнути、въкынутися やこれに類する他の動詞は現代語の начинать、выходить、засыпать、прилипать などの動詞が過去形で表す意味を一時的な現象として持っている。現代語の観点からすれば、〈…〉どうして古代の言語で прильнути の過去形、つまり прильняшеть が、

прилипал を意味することができるのか不可解に思える。

　だが、現代語の観点を持ち出すのはここでは場違いだ。このような過去の持続性はその性格の如何による。動詞が他の形式で完了の意味を持ち、それが前置詞（［訳者注］動詞接頭辞の意）の影響であるとするならば、持続する過去において前置詞はその空間的意味だけを保持するか、あるいはこの過去によって意味される、一連をなす個々の動作が終了したことを意味する——начьняхуть、прильняшеть——のように。」（Потебня 1977: 181–182）

　ポテブニャによる他の記述を見ても、彼が基本的にはこのような事例すべてを現代ロシア語の不完了体過去と等価的な《持続的意味》の場合とみなす視点に傾いているということである。この視点に立つならば、インパーフェクトは、それを形成する具体的な語幹のアスペクト意味を評価するにあたって指標となる形式にはならないので除外すべき、ということになる。すなわち、インパーフェクトにおいては全ての語幹が、言うなれば、《平等の権利を与えられている》ことになり、すべてが不完了体的——もしくは無アスペクト的——ということになる。《このような過去の持続性はその性格の如何による》のであり、各動詞語幹の構造はここではどのような役割も担っていない*2。これと近い考えが T.P. ロムテフ（Т.П. Ломтев）教授が導き出した概念の基盤となっている。彼によれば、アスペクトの差異化は異なる時制形式を順に取り込んでいっただけであり、とりわけアオリストとインパーフェクトがこの差異化に最も遅く取りこまれた部分をなしているということになる。この事実が、これらの形式そのものに、ある一定のアスペクト意味が本質的に備わっていることと結びつく（Ломтев 1948: 72; 1947: 25）*3。

　上述に加えて、ポテブニャは別の可能性も示唆していることに気づく。当該の諸形式は《連続する個々の動作が終わっていること》、つまり、多回動作を表すことができるという点だ。多回動作の個別の部分——連続する個別のアクション——は完成性で特徴付けられているが、一連の動作は全体としてそのような完成性を持たない。まさにこ

第3章　スラヴ諸語におけるインパーフェクトとアオリスト　153

の点に言及しているのがP.S.クズネツォフ（П.С. Кузнецов）で、彼はこのことを《個々では終了する動作の、過去において限定されない繰返し》と定式化した*4。

　これらの興味深い形式が示すのは動作の多回性——複数回性、反復性——であるが、通常は連続する各動作の完成性や終了性がとりわけ強調されることはない、という見解を支持した者の中には、古代のスラヴ諸語における完了体動詞のインパーフェクトについて書いた研究者にもいた。特に挙げるのはチェコの言語学者J. ゲバウエル（J. Gebauer）とW. ヴォンドラック（W. Vondrák）である（Gebauer 1903: 341–354; Vondrák 1908: 276）*5。

　ゲバウエルは事例の異なるタイプ別に異なるアプローチを採用すべき、という立場を取ろうとした。彼は——後に続いたヴォンドラックも同様に——検討したインパーフェクト形が、圧倒的に優勢な多回性の意味と並行して、モーダルな意味を表す可能性も指摘している。また、別の事例では、過去時制の古い体系が崩れつつある結果、完了体動詞のインパーフェクト形式がアオリストの代わりに使用される点についても触れている。相似する現象を古代ロシア語について指摘したのはA.I. エフィーモフ（А.И. Ефимов）である。例えば、『ノヴゴロド第一年代記』の次の部分——и литургии 3 съверши в церковах и оттоле поидяше——正しい поиде の代用——к Новугороду（Ефимов 1937: 104）*6。

　多回性こそがこの興味深い形式の主要な意味であると主張した研究者は他にもいる。Chr. サーラウ（Chr. Sarauw）とN. ファン・ウェイク（N. van Wijk）である。サーラウは完了体動詞のインパーフェクトを "praeteritum consuetudinale perfectivum"、つまり《習慣的動作の過去完了》と名付けた（Sarauw 1905: 155–)*7。ファン・ウェイクは事例のタイプ別に異なるアプローチを採用するという伝統を継承した。彼は特に次のような事例を区別した。a. この形が《perfective と捉えられる個別のアクションからなる、繰り返される出来事》を意味する場合——ポテブニャの定式化《一連を成す個別動作の終了》を参照——と、b. ファン・ウェイクが《単に言語感覚が鈍った結果》と表現した、誤用の場合である（van Wijk 1927:

100-104）。

　動作の多回性（複数回性）や《反復性》がこれらの形式の主要で優勢的な意味であるという主張に異論を唱えたのはF.トラーヴニチェク（F. Trávníček）である（Trávníček 1923: 303, 304）。トラーヴニチェクは、古代チェコ語のこれらの形式を現代チェコ語に翻訳すると、完了体動詞過去形が用いられるという点を主な論拠にして、自身の主張の正当性を主張した。もっとも、彼の主張はこれらの形式が多回意味を持つことに対する反論になってはいない。トラーヴニチェクの見解にはB.ハヴラーネク（B. Havránek）も賛同した（Havránek 1939: 227；ロシア語訳 Гавранек 1962: 179）。

　現代ブルガリア語におけるこの形について論じた研究者は、そこに多回性の意味を見出した。そのような研究者の一人であるL.アンドレイチン（Л. Андрейчин）は、さらに付け加えて、多回動作の意味で使われる不完了体動詞インパーフェクトと、完了体動詞インパーフェクトの間の差異は、後者の方が《より生き生きとした表現力を持つ》点にあると指摘している（Андрейчин 1942: 234-）。

　以上が、この興味深い問題についてこれまで語られてきた中でも極めて本質的なものである。まとめると、上述の議論全体を通して有益な点を2点指摘しておくべきだろう。第1に、引用した先行文献において結構な量の古代スラヴ諸語の言語資料が収集されており、それが全体としてこの興味深い形式の用法についておおよその全体像を与えてくれるという点である。第2の有益な成果とみなすことができるのは、様々なタイプの事例に異なるアプローチを採用する原則が一連の研究において打ち出されている点である。おそらく、完了体動詞のインパーフェクトの研究は今後この方向性で進められなければならない。そのような研究の過程では、次に挙げる3つの極めて異なる現象を区別しないわけにはいかない。1.完了体と不完了体の不十分な差異化に関係する事例。このような場合、現代語の視点から私たちが完了体語幹と捉える動詞語幹がインパーフェクト形をつくるのは、この語幹がまだ古代語の時代には実際に完了体語幹として成立していなかったからである。2.用法の古い規範の衰退や共通スラヴ語の過去時制体系の崩壊と関係する事例。この場

合に完了体語幹がインパーフェクト形を作るのは、インパーフェクトとアオリストの間の意味的区別が失われたためである。3. 動詞語幹が完了体アスペクトであるという点は明確に意識されるものの、インパーフェクト形はその意味が持つ何らかの特別な、まさにこの形式に本質的に備わるニュアンスを伝えるためにつくられるという事例。無論、異なる構文的用法の各タイプで、この興味深い形式がどのようなニュアンスを伝えているのかを明らかにすることが重要だ。

　では、個別の詳細には立ち入らずに、古代スラヴ諸語における完了体動詞インパーフェクトに関連して述べられてきた過去の言説の全てに共通する欠陥を1つあげよう。この共通する欠陥とは、私が思うに、これらの言説を主張した著者らは古代スラヴ諸語の資料にだけ閉じこもり——ある1つの古代スラヴ語に資料が限定される場合さえ珍しくない——、全く、もしくは全くと言っていいほど、この形を今も保持し、実際に使っているスラヴ語、つまりブルガリア語の、その十分に豊かな資料を利用してこなかった点である。しかも、ブルガリア語の資料を利用することは、この研究にとって極めて重要で示唆に富むものになったであろうにもかかわらず、だ。

　なぜなら現代ブルガリア語は、一方で、アオリストとインパーフェクトを持つ共通スラヴ語の過去時制体系を完全に保持しており、他方では、他の現代スラヴ諸語に引けを取らないほどに、完了体と不完了体からなる新しく十分に現代的な体系を発展させている。現代ブルガリア語の言語資料を考慮することで、古い時代のテンスとアスペクトの用法に関して多くの点を解明することができたであろうし、研究者が性急な結論に飛びつくことを防いでもくれたであろう。とりわけ、私たちの時代の生きたブルガリア語に完了体動詞インパーフェクトが存在するということは、このような形が《原則的に不可能である》や《不自然である》といった思弁的な憶測の全てを極めて明確に否定している。古代スラヴ諸語における perfective 的インパーフェクトの用法とその現代ブルガリア語における用法とを一歩ずつ順序立てて比較することによって、古代の用法の中に、発展した現代のアスペクト体系と形容矛盾（contradictio in adjecto）に陥ることなく《つじつま

の合う》ものを見出すことができただろう。そしてその一方で、現代の体系と実際に《つじつまの合わない》もの、したがってその存在事実こそがまだ十分に発展を遂げていなかった古代のアスペクト体系と現代の体系との相違点を示しているもの、を区別することができただろう。

　だが、ブルガリア語の資料を検討対象にしたものは、ブルガリア語の文法研究を除いては皆無であった。強いて言えば、古代スラヴ諸語に関して私たちのテーマに何らかの形で言及している文献の中で、ブルガリア語の個別の例がいくらか気まぐれに頁を飾ることが時にあったか、という程度である。しかも、それらの例は引用された文献の中で、あたかも当然のように、偶然の類似例としての役割を果たしたに過ぎず、そこから何ら本質的な結論が導き出されることはなかった。

　一連のスラヴ諸語の古文書にみられる完了体動詞インパーフェクトの実例の多くは、ポテブニャ、ヤギチ*8、ゲバウエル、トラーヴニチェクらの上述の研究においてすでに収集されていた。そのおかげで私たちの作業の手間ははるかに軽減され、全ての古文書の全面的調査を実施せずとも、標本調査や該当するテクストの諸校訂本を使っての単なる用例の確認といった、部分的に限定した作業で済ませることが可能であった。その一方で、私たちは以下の古代ロシア語の古文書については詳細な調査を行った。まず、『原初年代記』のラヴレンチー写本とイパーチー写本であるが、その際、E.F. カールスキー版の『ラヴレンチー年代記』*9 ならびに A.A. シャフマトフ版の『イパーチー年代記』*10 に使用されている全ての写本も考慮した。そして『フェオドーシー伝』*11、『イーゴリ軍記』*12である。抜取り調査を行ったのは『原初年代記』以外のものも含めたイパーチー写本*13、『キエフ・ペチェルスキー修道院聖者列伝』*14、『ノヴゴロド第一年代記』シノド写本*15、『プスコフ年代記』*16、『ボリスとグレブ伝』*17 である。また、個別の用例をスレズネフスキーの辞書より引用した。

古文書から引用した用例は、可能な限り、句読点も含め原本版で表記されている通りに提示しているが、それでも多少の簡略化は理にかなっているであろう。古代ロシア語の用例における文字 Ꙗ と ꙗ は全て я に、文字 ꙋ と二文字の組み合わせ оу は у に、ѡ は о といった具合にそれぞれ変換した。上付き文字は行に収め、括弧書きにした。

　尚、研究では収集した全資料をくまなく調査したが、資料の全てが本書の以降のテクストに登場するわけではない。

A.　複数回 perfective 意味

　比較的用例が少ないタイプは後述することとして脇に置き、まず、次のように言おう。検討した古代ロシア語のほぼ全ての用例において、完了体動詞インパーフェクト形は過去に何度も繰り返される動作を意味し、その動作の各個別アクションはその都度終了し《既成事実》になる。したがってこのような意味を《複数回 perfective 意味》と名づけるには十分な根拠がある。この意味は従属節にも主節にも現れる。

　強調すべき点は、完了体動詞インパーフェクト形が常にそれのみで用いられるのではなく、別の完了体動詞あるいは不完了体動詞のインパーフェクト形とペアを組んで、あるいはこれらの形の連鎖において登場するという点である。まさに、このようなペアや連鎖に参加する項の間に成立する、特徴のある時間的な相関関係こそが、このような場合に完了体動詞をしかるべく選択させるのである。具体的には、当該の意味範囲で完了体動詞インパーフェクトの構文的用法を次の 3 タイプに分けることができる。1. 複数回ペアタイプ（кратно-парный тип）――この場合、2 つの多回動作――1 つの多回動作といくつかの多回動作というペアもあり得る――の相関性は、構文的手段によっても強調されることで、特にはっきりと現れる。2. 複数回連鎖タイプ（кратно-цепной тип）――この場合、連鎖を構成する、多回的に繰り返されるいくつかの動作間の相関性は特別に強調されていないため、はっきりとは感じられない。だが、相関性はこれらの諸動作の順次性そのものによって暗示される。3.

複数回限界タイプ（кратно-предельный тип）──完了体動詞イ
ンパーフェクト形によって意味される複数回動作は、その各個別のア
クションが他の動作の進行に限界をもたらすもので、この点にこの
タイプの相関性の特徴がある。

　これらの3タイプには共通する特徴があることを理由に、これ以降、
時にこれらの諸タイプを《複数回相関タイプ（кратно-
соотносительные типы）》と名づけ、一括して扱うこともあるかも
しれない。ひとまず、以下では各タイプを個別に検討する。

複数回ペアタイプ（кратно-парный тип）
　このタイプは、通常、従属複文に現れるもので、その際、完了体
動詞インパーフェクト形は主文にも、従属文にも、またその両方に
同時に登場することがある。完了体動詞が複文の両方の部分に使用
されている例から始めよう。
　『原初年代記』の次の2例がこのタイプの典型的な例になるだろ
う。

Такъ же бѣ и другыи бра(т). именемь Еремия... Сему бѣ даръ
дарованъ о(т) ба. проповѣдаше предибудущая... аще... что
речаше. ли добро ли зло. **сбудяшется** старче слово. (ПВЛЛ,
6582, 190)
（エレミヤという名の別の兄弟僧もそうだった。…この者には神
から才能が与えられていた。[彼は]未来のことを予言した。…
もし…[エレミヤが]何か良いことや悪いことを言う[完・イ
ン]と、この長老の言葉は**成就する**[完・イン]。－『原初年代
記』ラヴレンチー写本6582, 190）
Се же паки творяше люде(м) своимъ по вся недѣля. устави на
дворѣ въ гридьницѣ пиръ творити... бываше мно(ж)ство
о(т) мясъ. о(т) скота и о(т) звѣрины. бяше по изобилью о(т)
всего. Егда же **подъпьяхуться, начьняхуть** роптати на князь,
гл҃юще.... (ПВЛЛ, 6504, 126)
（[彼は]さらにこのことを自分の民に行い、…日曜日ごとに邸の

第3章　スラヴ諸語におけるインパーフェクトとアオリスト　**159**

大広間で宴会を催すことにした。［そこには］家畜や獣の肉がたくさんあり、あらゆるものが十分にあった。［彼らは］**酔っ払う**［完・イン］と、公に不平をこぼし**始め**［完・イン］、［次のように］言った。－『原初年代記』ラヴレンチー写本 6504, 126）

私たちが関心を寄せるこれらの形式——речаше、сбудятся、подъпьяхуться、начьняхуть——はどのような意味を持っているのだろうか。

最初に、ここでは紛れもなく複数回性が問題になっていることを指摘しておく。つまり、エレミヤの予言が常に当たったということ、客人らが酔っ払っては公に不平をこぼしだすことが幾度となくあったということ、である。もっとも、ここで私たちが複数回性を一般的に指摘するだけで終われば、引用したこれらの形が意味する複雑な全体像を解明したことにはまだならない。上に挙げた各例で本質的なのは、そこに互いに相関する2つの動作が存在し、それらは時間の中でしっかりとした順次的結びつきを持っているという点である。第1の動作の各アクション、例えば、「酔っ払う」は、第2の動作の各アクション「不平をこぼしだす」に先行し、第2の動作の各アクションが生起する時点には《既成事実》になっている。ここで問題にしているのは、個別の場合でも、2つの出来事からなる一回の相関性、例えば、誰かがある時つい酔ってしまって、悪態をつきだしたというような場合でもなく、繰り返されるものとして体系的に把握される相関性である。言い方を変えれば、ここでの複数回性は《括弧の外に出されて》おり、両方の動作が複数回的であるが、それは各動作がそれだけで複数回的というのではなく、相互間のしっかりとした順次性で強くお互いが結びついている両方の動作が《ペア》で、《サイクル》で、複数回的であるということだ。このことはおおよそ $(a+b)×n$ という公式で表すことができる。公式の中の a は第1の動作、b は第2の動作、そして n は、はっきりとは明示されていないある量の《回数》である。公式は動作ペアそのものの回数と2つの相互に関連する動作からなる《サイクル》全体の反復性を表している。

以下に挙げる古代ロシア語の例も先に引用したものに類似してお
り、接続詞 аще（もしも）と関係代名詞が用いられている。

И обиходя подлѣ бра(т) ю взимая из лона лѣпокъ вержаше на
кого любо. аще **прилняше** кому цвѣтокъ в поющихъ о(т)
братья мало постоявъ… **изидяше** ис ц͠ркви, шедъ в кѣлью и
усняше, и не възвратяшется в ц͠рквь до о(т) пѣтья. (ПВΛΛ,
6582, 190)
（［悪魔は］兄弟僧の周りを歩き回り、レーポク［という花］を懐
から取り出すと、誰かれ構わず投げつけた。もしもその花が歌っ
ている兄弟僧の誰かにくっつけ［完・イン］ば、彼は少し立って
いただけで…教会から**出ていき**［完・イン］、僧房に行って**眠り**
［完・イン］、教会には礼拝が終わるまで**戻ってこなかった**［完・
イン］。－『原初年代記』ラヴレンチー写本 6582, 190）

　この例では《サイクル》の第二項に 1 つの動作ではなく、3 つの
順次的な動作が登場する。つまり、もし花がくっつけば、その修道
僧は教会から出てゆき、自分の僧房で眠り、礼拝が終わるまで戻っ
てこなかった、ということだ。

В лѣ(т) 6600. Предивно бы̀(с) Полотьскѣ въ мечтѣ ны
бываше в нощи тутьнъ станяше по улици яко ч͠лвци рищюще
бѣси. аще кто **вылѣзяше** ис хоромины. хотя видѣти. абье
уязвенъ будяше ＊18 невидимо о(т) бѣсовъ язвою и с того
умирахy. (ПВΛΛ, 6600, 214)
（ポロックで世にも不思議なことがあった。幻覚の中で夜、踏み
鳴らすような騒音が起こり、通りに響き渡るということが度々
あった。人間のように悪魔たちが走り回ったのだ。もし誰かが見
てみようと家から**出る**［完・イン］と、目にも見えずにたちまち
のうちに悪魔らに**傷つけられ**［完・イン］そのせいで死んでいっ
た。－『原初年代記』ラヴレンチー写本 6600, 214）

Аще къто о(т) с͠тааго стада раслабѣлъ бъ с͠рцьмь, **о(т) идяше**

第 3 章　スラヴ諸語におけるインパーフェクトとアオリスト　**161**

о(т) манастыря, тоже блаженыи его ради въ велицѣ печали и скърби **будяше**. (Ж.Ф., 19)

（もし聖なる仲間の誰かが心を弱くして、修道院から**去ろう**［完・イン］とすると、福者［フェオドーシー］はその者のためにひどく悲しみ、嘆くので**あった**［完・イン］。-『フェオドーシー伝』19）

比較せよ――

...аще **родяшеть** дѣтищь. которыи ѣи любъ бываше, **дашеть**, се твое дѣтя. (ИЛ, 6622, 278)

（もし子供を**産んだ**［完・イン］ら、［女は］好きな男に**渡し**［完・イン］、「この子はお前の子だ」と［言うのであった］。-『イパーチー年代記』6622, 278）

以下も類似する例だが、従属文で動詞人称形の代わりに分詞が使われている。

аще коли хотящю ему опочинути, то сѣдъ на столѣ, и тако мало посъпавъ, **въстаняше** пакы на нощьное пѣние, и поклонение колѣномъ творя. (Ж.Ф., 11)

（彼は眠たくなる［不完・能現分詞］と、椅子に腰かけそのまま少し眠ったが、再び夜の祈祷のために**立ちあがり**［完・イン］、［礼拝のために］ひざまずいた。-『フェオドーシー伝』11）

С егда же: И на заутреню входя преже всѣ(х) стояше крѣпко и неподвижимо. егда же **приспѣяше** зима, и мрази лютии. **станяше** в прабошня(х) в черевья(х) в протоптаны(х). яко **примерзняшета** нозѣ его с камени. (ПВЛΛ, 6582, 195)

（朝の祈祷に誰よりも早く来て、しっかりと微動だにせず立っていた。冬と厳しい寒さが**やってくる**［完・イン］と、底に穴のあいた履きつぶされた靴を履いて**立った**［完・イン］ので、彼の両足は石に**凍りついた**［完・イン］。-『原初年代記』ラヴレンチー写本6582, 195）

この例では動作間の時間的な相関関係はより複雑になっている。 станяше や примерзняшета という形で表される動作の反復性は、 приспѣяше という形で表される第一の動作の反復性よりも、反復の頻度が高い。

　古代ロシア語の古文書にはこれと全く同じような構造であるが、公式の片側、あるいは両側に不完了体動詞を持つものがしばしば登場することを指摘しておく。先に『原初年代記』から引用した例──ラヴレンチー写本 6582,190──に続く箇所には、2つの異なるタイプのインパーフェクトが並行して用いられている。

　...аще ли вержаше на другаго. и не прилняше к нему цвѣтокъ, стояше крѣпо(к) в пѣньи, дондеже о(т) пояху утренюю, и тогда изидяше в кѣлью свою. (там же)
　（もし［悪魔が花を］別の者に投げつけ［不完・イン］、その花が彼にくっつかなければ［完・イン］、［彼は］礼拝を勤め終えるまでしっかりと立っていて［不完・イン］、それから自分の僧房に出ていった［完・イン］。−同）

　この例では、その性質からいって不完了体語幹である вержаше と стояше が、完了体語幹の прилняше と изидяше に並行して用いられている。отпояху の形に関しては後述する。

　他の例も比較のこと。

　начатъ... пещи проскуры и продаяти, и еже аще прибудяше ему къ цѣнѣ, то дадяше нищимъ, цѣною же пакы купяше жито, и своима рукама измълъ, пакы проскуры творяше. (Ж.Ф., 3⁶)
　（聖パンを焼き、売り始めた［完・アオ］。もしも利益がでれば［完・イン］それを貧者に与えた［完・イン］。残った金でまた穀物の種を買い［完・イン］、自分の手で挽き、また聖パンを作るのだった［不完・イン］。−『フェオドーシー伝』3⁶)

егда хотяше поѣхати к бл҃женууму, тъгда распустяше вся

第3章　スラヴ諸語におけるインパーフェクトとアオリスト　**163**

боляры въ домы своя, нъ тъкмо съ шестию, или съ пятию, открокъ прихожааше къ нему. (Ж.Ф., 12⁶)

(福者のもとへ行こう［不完・イン］とするときには、全ての貴族たちを家々に帰らせ［完・イン］5〜6人の従僕だけを連れて彼のところへ向かうのだった［不完・イン］。－『フェオドーシー伝』12⁶)

Имѣяше же обычай… обиходити… келіѣ… егда бо услышааше кого млтву творяща, ти тъгда ставъ, прославяше о немь б҃, егда же ли пакы кого слышааше бесѣдующа, дъва ли, или трие съшедъшеся въкупѣ, … ударивъ … въ двьри… о(т)хожааше. (Ж.Ф., 11⁶)

(［フェオドーシーは］僧房を回る習慣を持っているのだった［不完・イン］。そのときに誰かが祈りを唱えているのを聞きつける［完・イン］と、立ち止まり、彼のために神を讃美した［完・イン］。もし誰かが2〜3人と一緒に集まって語り合っているのを聞くと［不完・イン］、戸を叩き立ち去るのであった［不完・イン］。－『フェオドーシー伝』11⁶)

先に述べたように、不完了体動詞インパーフェクト形が構造の両方の部分に登場することもある。例えば、次の例をあげよう。

аще которыи братъ въ етеро прегрѣшенье впадаше. утѣшаху. (ПВЛЛ, 6582, 188)

(もしも誰か兄弟僧が何かの罪に落ちる［不完・イン］と、［彼を］慰めるのだった［不完・イン］。－『原初年代記』ラヴレンチー写本 6582, 188)

Боянъ бо вѣщий, аще кому хотяще［エカテリーナ二世模写版では хотя ше、すなわち хотяше］пѣснь творити, то растѣкашется мыслію по древу. (СПИ, 3)

(予言者ボヤーン、人に歌を作ろうと望めば［不完・イン］、想いは木々を渡るのだった［不完・イン］。－『イーゴリ軍記』3)

и егда о(т)хожаше о(т)него, тъгда блженыи, въшедъ въ

пещеру, моляшеся бу̃....(Ж. Ф., 6⁶)

（［母が］彼のもとから立ち去る［不完・イン］と、福者［フェオドーシー］は洞窟に入り、神に祈るのだった［不完・イン］。－『フェオドーシー伝』6⁶）

ここで次のような疑問が浮かんだとしても不思議ではない。異なるタイプの動詞がこのように用いられる際、両者の間に意味的な差異を認めることはできるのだろうか。

多くの場合、おそらく、そのような差異はある。例えば、以下の例では、その語幹の本来の性質からいって、不完了体形のラヴレンチー写本における умышляше とイパーチー写本における мысляше が意味するのは、おそらく、ある程度の長さを持つ動作であろう。

аще которыи братъ умышляше ити ［イパーチー写本では мысляше изыити］ из манастыря и ［Еремия］ узряше и пришедъ к нему обличаше мысль его и утѣшаше брата. (ПВЛЛ, 6582, 190)
（もし兄弟僧の誰かが修道院を去ろうと企てていた［不完・イン］のならば、［エレミヤは］彼を見つけ［完・イン］、彼のところへ行き、彼の企てを暴き、その兄弟僧を慰めるのであった。－『原初年代記』ラヴレンチー写本 6582, 190）

すなわち、「兄弟の誰かが修道院を去ることを企てていたなら――ある期間このような考えを腹の中であたためていたのであれば――」というように解釈できる。

これに対して完了体動詞からつくられる узряше という形は瞬間的で《perfective》な動作について語っており、エレミヤがその修道僧の胸に長いこと潜んでいたそのような思いに気がついた瞬間について語っている。

前者と後者の動詞によるアスペクト的意味の差異を現代語の翻訳で伝えようとするならば、私たちは《бывало ＋現在形》という構造を用い、以下のようにしなければならないだろう。

第3章　スラヴ諸語におけるインパーフェクトとアオリスト　　165

бывало, умышляет какой-нибудь монах бежать из монастыря, а он заметит это и уличит его.

（修道僧の誰かが修道院から逃げようと企てている［不完・現］なら、彼はそれに気付き［完・現未］、彼の企てを暴くということがよくあったものだ。）

ラヴレンチー写本からの先の例にある最後の 2 つの形 обличаше と утѣшаше は、обличити と утѣшитиにも、обличати と утѣшати にも、同様に当てはまる可能性がある。

次の例も同様である。

бѣ бо и тѣлъмь крѣпъка и сильна, яко же и мужь, аще бо кто и не видѣвъ ея, ти слышааше ю бесѣдующу, то начьняше мьнѣти мужа ю суща. (Ж. Ф., 2⁶)

（というのも、彼女は体つきがまるで男のようにがっしりしていて力が強かったのである。姿を見ずに彼女が話すのだけ耳にする［不完・イン］と、誰もが男だと思った［完・イン］ものだった。 –『フェオドーシー伝』2⁶）

якоже слышааше тутънъ, умълкъняше, творяся, еже мнѣти оному, яко съпить. (там же, 16⁶)

（［フェオドーシーは］足音を聞く［不完・イン］と黙り［完・イン］、眠っているふりをした。 –同, 16⁶）

ここでも、不完了体動詞のインパーフェクトは持続性を持つと捉えられる動作——слышааше——を意味し、一方、完了体動詞のインパーフェクトは《転換》や何か新しいものへの移行であるような動作——начьняше мьнѣти, умълкъняше——を意味している。

別の場合では、《サイクル》内部で、完了体動詞インパーフェクトが意味する動作の終了が不完了体動詞インパーフェクトによって表される別の動作に先行し、この第二の動作の前提や条件を作り出している。このような例で不完了体動詞インパーフェクトが表すの

は、第一の動作が終了したことによって成立した持続的状態である。
以下の例を見てみよう。

тогда пущашет.ĩ. соколовь на стадо лебедѣй, который
дотечаше, та преди пѣсь [пѣснь の代用] пояше. (СПИ, 3)
（10羽の鷹を白鳥の群れに放ったら、その鷹が捉えた白鳥が真っ
先に歌を歌った。－『イーゴリ軍記』3）

ここに登場する дотечаше の形は鷹が白鳥を捉える瞬間、つまり、
指が弦に触れる瞬間を意味し、пояше の形は白鳥の長い歌、つま
り、弦が長く響くことを表す。
次も同様の例である。

аще братъ етеръ выидяше из манастыря, вся бра(т) я имяху о
томь печаль велику. (ПВЛЛ, 6582, 188)
（もし兄弟僧の誰かが修道院を去ったら──瞬間・《転換》、全て
の兄弟僧たちはこれをひどく悲しんだ──持続的状態。─『原初
年代記』ラヴレンチー写本 6582, 188）
аще кто умряше, творяху, трызно надъ нимъ. (ПВЛЛ, ввод-
ная часть, 14)
（もし誰かが死ぬと──瞬間・《転換》、その者のために追悼の宴
を催した──ある一定時間を必要とする過程。─『原初年代記』
ラヴレンチー写本冒頭 14）
аще ли будяше нужьное орудье то оконцемъ малы(м)
бесѣдоваше. в суботу ли в недѣлю. (ПВЛЛ, 6582, 185)
（もし必要なことがあれば、土曜日か日曜日に小さな窓を通じて
話した。─『原初年代記』ラヴレンチー写本 6582, 185）
Воишелкъ же … нача проливати крови много. убивашеть бо
на всякъ дѣнь по три по четыри. которого же дни не убьяшеть
кого печаловашеть тогда. коли же убьяшеть кого, тогда веселъ
бяшеть. (ИЛ, 6770, 858)
（ヴァイシュヴィルカスは〈…〉多くの血を流し始めた。毎日3

〜4人ずつ殺した。誰も殺さない日には悲しみ、誰かを殺すと、喜んだ。 ―『イパーチー年代記』6770, 858）

егда же въздрѣмаашеся, тъгда же съсѣдъ и текъ, идяаше въскраи коня. (Ж. Ф., 15)

（眠気が襲うと、彼は馬から降りて走り、馬と並んで進んだ。 ―『フェオドーシー伝』15）

以下の例とも比較せよ。

Не всегда вода та ицѣляше, нъ егда ю ангелъ възмутяше (Кир. Тур., Сл. о расслабл., цит. по словарь Срезневского)

（その水が常に［病を］治癒したというわけではなく、天使がそれを掻き混ぜた時だけに限られた。 ―『トゥーロフのキリール説教集』「病人について」をスレズネフスキーの辞書（Срезнев-ский 1893: 363）より引用）

先に挙げた例の中で、持続的動作を表すと理解すべきなのは стояху（『原初年代記』のラヴレンチー写本ПВЛЛ, 190）、хотяше（『フェオドーシー伝』Ж.Ф., 12[6]と『イーゴリ軍記』СПИ, 3）、моляшеся（『フェオドーシー伝』Ж.Ф., 6[6]）と、おそらく、утѣшаху（『原初年代記』のラヴレンチー写本ПВЛЛ, 188）もここに入るだろう。しかしながら、同じく文中にある不完了体動詞から作られた形、вержаше（『原初年代記』のラヴレンチー写本ПВЛЛ, 190）、впадаше（同, 188）、растѣкашется（『イーゴリ軍記』СПИ, 3）、отхожаше（『フェオドーシー伝』Ж.Ф., 116, прихожаше（12[6]）に関しては、同様に説明できないことは明らかで、何らかの他の解釈が必要になる。

　今まで検討してきた例は、完了体語幹と不完了体語幹がインパーフェクト形で2つの異なるアスペクト的意味で登場するものであった。おそらく、このようなものと並行して、アスペクト的意味の差異が本質的に無いものもあるのではないか。これらの例の現代ロシア語訳で不完了体過去形を使うと意味的差異が無くなるように。つ

まり、もし誰かが死ぬと、творили тризну на поминках（もし誰かが死ぬと葬式の折に追悼の宴が催された）のような場合である。これは形式的現在（формальное настоящее）を用いた訳 бывало, если умрет, то творят тризну（誰かが死ぬと追悼の宴が催されるものだった）とは異なる。過去形を用いた現代語訳と同じように、その場合、不完了体形が完了体形の代わりに置かれるのであって、その逆ではない。つまり、умрет の代わりに умирал が使われるように、умряше の代わりに умираше が登場する。先に挙げた『原初年代記』の冒頭部分の例14で言えば、事実、15世紀末のラジヴィウ写本と15世紀のアカデミー写本は、1377年のラヴレンチー写本の中の умряше や14–15世紀の焼失したトロイツキー写本の中の умряшеть の代わりに аще кто умираше を用いている。複数のバリアントを検討するとはっきりするが、より後代の写本において、完了体語幹から作られた形が不完了体語幹に由来するインパーフェクト形に取って代わるという現象が広範囲で生じている。『原初年代記』のラヴレンチー写本から取り出した аще что речаше, сбудяшется といった類のほぼ全ての例でこのような交替が生じることを、ラジヴィウ写本、アカデミー写本、トロイツキー写本、16世紀のフレブニコフ写本、17世紀初期のポゴーヂン写本において指摘できる。15世紀初期のイパーチー写本にも、比較的数は少ないが、交替が見られる*19。また、時に混交形も見られる。

　最初の例6582, 190 にあった речаше は全写本で保持されているが、сбудяшется はラジ・ア・イ・フ・ポの写本で збывашеться、сбывашеться、събывашеся に取って代わられている。2番目に出した例6504, 126 に関しては、フ・ポの写本で начиняху が見られるが、これはおそらく古い начьняху とそれに取って代わるべき начинаху との混交であろう。次の例6582, 190 ではラヴレンチー写本の прилняше——ならびにその誤記とも考えられるイパーチー写本の прилпяше——はフ・ポの写本で混交形 прилипляше、すなわち、прилняше + прилипаше に交替している。изидяше（ラヴ）は исходяше（イ）あるいは исхожаше（ラジ・ア・フ・ポ）に、усняше（ラヴ）はそこに意味変化も加わり спаше（イ・フ・ポ）、

спааше（ア）、спяше（ラジ）になっている。後者の場合、記述され
ている状況により相応しいのは、現代語の засыпал とイコールに
なるような *усыпаше という形による交替であるが、この形を写本
に見つけることはできない。この例に出てくる最後のインパーフェ
クト не възвратяшется はラジ・アで не възращашеся に、つまり、
通常の不完了体動詞のインパーフェクト形に交替している。この例に
続き、並行写本では既にお馴染みの（не）прилипляше（フ・ポ）と、
ラヴレンチー写本の изядяше に代わる идяше（イ）が登場する。『原
初年代記』のラヴレンチー写本 ПВЛЛ 6600, 214 の例では、
вылѣзяше（ラヴ・イ）に代わってラジ・ア写本は вылазяше を用い
ている。будяше（ラヴ）はイ写本で бяше、フ・ポ写本では бываше
である。この動詞のラジ・ア写本における交替については後述する。
6582, 195 の例 станяше は、他の写本で стояше（ラジ・ア・イ・
フ・ポ）が代わりに用いられており、また、ここにも「立ちあがっ
た становился」に代わって「立っていた стоял」が登場するとい
う意味変化が見て取れる。6582, 188 の例ではラヴレンチー写本の
выидяше に代わり、イパーチー写本で вънъ идяше が、つまり不完
了体形が再び登場する。フ・ポ写本では въ иныи идяше манастырь
である。

　『原初年代記』には似たような交替が他にも見られる。例えば、
以下の例である。

… и насилье творяху женамъ Дулѣпьскимъ, ащ(е) поѣхати будяше
［ラヴ写本でも同様。但し、イ・ラジ・ア写本では бяше］
Обьрину, не дадяше［ラヴ・イ写本でも同様。但しラジ・ア写本で
は не даваше、ト写本では не даяше］ впрячи коня, ни вола, но
веляше［ラジ・ア写本では повеляше であるが、両者は意識的な交
替の産物ではなく、но веляше の単なる誤記］впрячи ·г̃·ли·д̃·ли
·е̃·ли женъ в телѣгу. и повести Обьрѣна, тако му(ч)аху
Дулѣбы. (ПВЛЛ, вводная часть, стб. 12)
（［アヴァール人は］…ドゥレビの女たちを虐待した。もし1人の
アヴァール人が乗物で出かけることが必要になると、彼は馬も牛

も繋ぐことを許さず、3人や、4人や、5人やの女たちを車に繋ぎ、そのアヴァール人を運ぶように命じた。このようにしてドゥレビを苦しめた。－『原初年代記』ラヴレンチー写本冒頭 12)

他にも次のような例がある。

… и бы̑(с) сѣча силна, яко посвѣтяше молонья ［ラジ写本は блисташеの代わりにяко блисташа молынья］, блещ(а)шеться оружье. (ПВЛЛ, 6532, 148)
（戦いは激しい斬り合いであった。稲妻が光るように武器がきらめいた。－『原初年代記』ラヴレンチー写本 6532, 148)
Аще кто коли принесяше дѣтищь боленъ, кацѣмь любо недуго(м) одержи(м), принесяху ［イ・フ・ポ写本では приношаху］ в манастырь…. (ПВЛЛ, 6582, 189)
（もし誰かが何かの病気にかかった子供を修道院に連れてくるようなことがあると。－『原初年代記』ラヴレンチー写本 6582, 189)
… аще кого видяше в помышленьи, обличаше и втаинѣ и наказаше ［ラジ・ア写本では наказываше］блюстися о(т) дьявола. (ПВЛЛ, 6582, 190)
（もし誰かが悪い考えを抱いているのを見ると、秘かに彼を非難し、悪魔から身を守るように諭した。－『原初年代記』ラヴレンチー写本 6582, 190)
аще кого видяше ли шюмна, ли в кое(м) заворѣ не осудяше ［ラジ・ア・イ・フ・ポ写本では не осужаше］но вся на любовь прекладаше. (ПВЛЛ, 6605, 264)
（騒ぐ者や恥知らずな者を見ても、非難せずに、全てを愛に置き換え［慰め］た。－『原初年代記』ラヴレンチー写本 6605, 264)

上述のことから次の傾向がはっきりと観察される。それは、ラヴレンチー写本の完了体語幹を持つインパーフェクト形は、より後代

の写本で不完了体語幹のインパーフェクト形に取って代わられると
いうことである。この傾向は厳格な規則性を持っているわけではな
い。後代の写本においても完了体語幹のインパーフェクト形が交替
することなく残っている個々の例もあれば、すでにラヴレンチー写
本の中に аще ли вержаше (6582, 190) や аще... впадаше (там же,
188) といった類の例が見つかることは先に述べたとおりだ。これ
らの例の場合、ラヴレンチー写本が書かれた言語では、このような
構造でより特徴的に現れるのは完了体動詞であるにもかかわらず、
不完了体動詞が登場している。こうして写本を比較しながら観察し
てみると、交替の過程はラヴレンチー写本が完成する前に、すなわ
ち、1377年より前に始まっていたことが明らかになる。

　それと同時に、これまで検討してきた交替が唯一の交替でないこ
とも指摘しておく。上では古代ロシア語の文例を現代語に翻訳する
際に、現在形、とりわけ完了体現在未来形を用いた——бывало,
умрет кто-нибудь（誰かが死ぬ［完・現未］、ということがよく
あった）。ここから次の問いが出てくる。このような用法がその時代
にすでに可能であったのではないか？　さらに言えば、私たちが検討
しているインパーフェクト構造を現在形の構造に交替させることが
その当時すでに可能であったのではないだろうか。

　資料からはそのような用法が存在しており、そのような交替も可
能であったことが読み取れる。その場合、通常はまさに完了体動詞
現在未来形が問題になってくるのであるが、時に不完了体動詞現在
形のこともある。時代がすすむにつれ、「複数回ペアタイプ」のイ
ンパーフェクトが現在形に交替する現象がますます広い範囲で見ら
れるようになっていく。まさにこの交替こそ、日常言語としての古
代ロシア語に最大限一致するのではないかと考えることができる。

　以下に、古代ロシア語文献から取った現在形——完了体と不完了
体——を持つ「複数回ペアタイプ」の例をいくつか挙げよう。

　まず、『原初年代記』のイパーチー写本に見られる例だ。

...аще братъ. етеръ. вънъ идяше из манастыря. и вся братья
имяху о томъ печаль велику. и **посылають** по нь приводяху

брата къ манастырю. и шедше вси покланяхуся игумену. и
умолять игумена, и приимаху в манастырь брата с радостью.
（ПВЛИ, 6582, 179）
（…もし兄弟僧の誰かが修道院から逃げ出すと兄弟僧は皆そのこ
とをひどく悲しみ、彼を探しに人を**遣って**［不完・現］、その兄
弟僧を修道院へ連れ戻した。全員で行って修道院長に頭を下げ、
懇願し［完・現未］、その兄弟僧を修道院に喜んで迎え入れた。
　－『原初年代記』イパーチー写本 6582, 179）

　ラヴレンチー写本では最初の現在形には посылаючи が、2番目
の現在形にはインパーフェクトの моляху が使われている。現代語
の感覚からしてみれば、引用部分は時制の使用においてめちゃく
ちゃで完全に支離滅裂な印象を与えるので、このような場合によく
あるように、この訳のわからない部分を「テクストの損傷」として
説明してしまいたい誘惑にかられる。だが、本当にそれで良いのだ
ろうか。私たちが目にしているのは、新しい性質のものが現れつつ
ある状態と古い性質のものが滅しつつある状態を如実に映し出して
いる移行段階そのものである。そこには古い表現手段からより新し
い表現手段への交替が始まり、だが、まだその交替の過程が一貫し
て終了するまでには至っていない状態の姿が留められている。
『イーゴリ軍記』にも次の例がある。

　Камо Туръ поскочяше, своимъ златымъ шеломомъ посвѣчивая,
тамо **лежать** поганыя головы Половецкыя. （СПИ, 13）
　（猛牛がその黄金の兜をきらめかせて駆け抜けると、その場には
異教徒ポーロフツィの首が**横たわる**［不完・現］。－『イーゴリ
軍記』13）

　上述の『原初年代記』ラヴレンチー写本 ПВЛЛ, 6600, 124 の例で、
ラジヴィウ写本とアカデミー写本は、先述の通り、公式の最初の項で
不完了体インパーフェクトに交替するが、公式の次の項では完了体現
在未来形に交替している。この2つの写本では кто вылѣзяше, уяз-

венъ будяше に代わって、аще кто вылазяше ис хоромины, хотя видѣти, абье уязвенъ будеть… и с того умираху と読んでいる。『ノヴゴロド第一年代記』にはこれと似ている箇所がある。

Наиде рана на Полочяны, яко нѣкако бяше ходити уличямъ, яко мнѣти в[ои мн]ожьство, а конемъ [коп]ыта видѣти; да аще кто из ыстьбы вылезеть [アカデミー写本では вылазяаше] напрасно убьенъ бываше невидимо. (6600, 18)
(ポロックの人々に痛撃が襲った。なにか通りを歩いていると多くの軍勢がいるように思われ、また馬の蹄が見えた。そしてもし誰か小屋から出ようとする者があれば、目にに見えないものによって理由もなく殺されたのであった。–『ノヴゴロド第一年代記』6600, 18）

同様に『原初年代記』から既に挙げた箇所6582, 185では、ラヴレンチー写本でаще ли будяше とあるところ、アカデミー写本では аще будеть нужьное орудье となっており、さらに6582,190ではラヴレンチー写本の аще прилняше に対して、ラジヴィウ写本とアカデミー写本では аще прилне к кому лепокъ に代わっている。

古い表現手段が交替する2つのやり方、すなわち、完了体動詞現在未来形に取って代わる場合と不完了体インパーフェクトに取って代わる場合の両方を示す特徴的な例をもう1つ挙げよう。例の始まりの部分は先にも記したものである。

Аще кто умряше [ラジ・ア写本では умираше] творяху трызно надъ нимъ. и по семь т(в)оряху кладу велику и възложахуть [ア写本では возложать、イ写本では възложать] и на кладу мр̃твца. сожьжаху [イ写本では сьжигаху、ラジ・ア写本では сожигаху、т写本では съжьжагаху]. и посемь собравше кости. вложаху [ラジ・ア写本では влагаху] в судину малу и поставяху на столпѣ на путе(х) еже творять Вятичи и нынѣ. (ПВЛЛ, вводная часть, 14)
(もし誰かが死ぬと、その者のために追悼の宴を催した。その後

174

で大きな木組を作り、その木組の上に死者を載せて焼いた。その後、骨を集め、小さな器に入れ、分かれ道にある柱の上に置いた。ヴァチチは今もこのようにやっている。－『原初年代記』ラヴレンチー写本冒頭14）

より後代に作られたテクストでは現代的な表現手段――完了体動詞とそれほど多くはないが不完了体動詞の現在形――が既に体系的に導入されている。例として、『プスコフ年代記』からの例を挙げる。

Бяше бо тогда знамение смертное сице: аще кто отхранет кровью, то на другыи день или на 3-и умирает. (Архивский 1-й список конца XVIв., под 1352 г., с. 21, в изд. Насонова)
（その時の死の兆しとは次のようなものであった。ある人が血を吐く［完・現末］とその人は翌日か3日目に死ぬのである［不完・現］。－16世紀末アーカイブ第一写本、1352年頃、ナソノフ編版21頁）
... а приставы их начаша от поруки имати по 10 рублев и по 7 рублев и по 5 рублев; и псковитин хто молвит великого князя грамотою, а написано, что имь от поруки имати, и они того убиют. (список Оболенского первой половины XVII в., под 1510 г., с.96, в изд. Насонова)
（執達吏らは保証に対して10ルーブル、7ルーブル、5ルーブルと取りはじめた。プスコフの民の誰かが大公令には保証に対していくら取るかが書かれていると言う［不完・現］と、そのものは殺される［完・現末］。－17世紀前半オボレンスキー写本、1510年頃、ナソノフ編版96頁等である。16世紀後半のポゴーヂン第一写本の続きではубиютではなくубилиとなっている。他にも17世紀中頃のアーカイヴ第二写本、オボレンスキー写本の中のポゴーヂン版1509年頃180頁を参照のこと）
Князь же Великій посылаше къ нимъ Князей своихъ по ихъ прошенїю: коего восхотятъ, того и пошлетъ; а иногда посылаше Намѣстники своя во Псковъ по своей воли, коего

восхощетъ, не по ихъ воли, а онижъ насиловаху и грабяху. (Архивский 2-й список середины XVII в., в изд. Погодина под 1508 г., с.174)

(大公は彼らのもとに彼らの求めに応じて自分の公たちを遣わす［不完・イン］のであった。すなわち、彼らが望む［完・現未］者を彼［＝大公］が遣わす［完・現未］のである。時には自分の代官を自分の意志でプスコフに遣わす［不完・イン］こともあった。それは彼（大公）が望む［完・現未］者であって、彼ら［＝プスコフの民］の意志に沿った者ではない。すると、彼らは［代官たちを］襲って［不完・イン］略奪する［不完・イン］のであった。－ 17世紀中頃アーカイヴ第二写本、1508年頃出版ポゴーヂン版174頁）

これまで引用してきた例は、現代語の場合と同様、perfective 形現在が登場していても、一般的な過去の文脈が過去についての話だということを誤解の余地なく示している。

これまでのところをまとめると、私たちが検討してきた意味の表現手段がどのような段階を経て発展してきたか、を次のような図で表すことができるだろう。

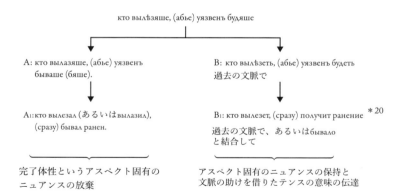

図示した A–A₁ と B–B₁ という２つの《純粋な》タイプの他に、混合タイプの構造が用いられるのは既に見たとおりである。

複数回連鎖タイプ（кратно-цепной тип）

このタイプは用例の数がかなり少ないが、本質的には上で検討した複数回ペアタイプと極めて近い。両者の差異は、動作間の相関性が複数回連鎖タイプでは強調されておらず、複数動作の順次性そのものによって、それが暗示されているという点だけである。また、その際の動作というのは、ペアとなるような２つの動作ではなく、原則的に、無限の数、連続、《連鎖》である。既に見た上述のタイプの中にも動作が２つより多い例があったが、そうは言っても、構造全体としてははっきりとした二項構造を維持していた。だが、今度のタイプは内部的には均質であり、原則的には無限の連鎖である。複数回連鎖タイプは、通常、複数の独立文の並列や短縮文で実現する。従属複文はここでも可能ではあるが、私たちが上で取り上げたものとは異なるタイプになる。

複数回連鎖タイプの古典的な例として次のものを挙げよう。

… и посе(м) научи［ся－ラジ・ア写本で補足］на тряпезницю ходити, и **посажашеть** и кромѣ бра(т) и. **положаху** пред ни(м) хлѣбъ. и не **възмяше** его. но ли вложити в р(у)цѣ ему. (ПВЛЛ, 6582, 194)

（その後［彼は］教会の食堂に通うことを覚えた。［彼を］兄弟僧から離して**座らせ**［完・イン］、彼の前にパンを**置いた**［完・イン］が、それを彼の両手に乗せるまで［彼は］それを**取らなかった**［完・イン］。－『原初年代記』ラヴレンチー写本 6582, 194）

連鎖の中で先行する各動作は次の動作が始まる前に終了する。概して、連鎖全体は無限に繰り返されるので、$(a+b+c....) \times n$ という公式で表すことができるだろう。

以下の例も同様である。

… оводу сущу многу и комаромъ въ нощи, излѣзъ надъ пещеру и обнаживъ тѣло свое до пояса, сядяше, прядыи вълну… отъ множьства же овада и комара все тѣло его покръвено будяше, и ꙗдꙗху плъть его о немъ, пиюще кръвь его, оц҃ь же нашь пребываше неподвижимъ. (Ж.Ф., 9⁶)

（夜中、虻や蚊が多く出るときには洞窟の上に出て腰まで肌をむき出しにし、座って〈…〉毛糸を紡いだ。おびただしい数の虻と蚊で彼の体はすっかり覆われ、彼の肉を噛み、彼の血を吸ったが、われらの父は身じろぎひとつせずそこにい続けていた。 －『フェオドーシー伝』9⁶）

　　この場合、完了体と不完了体のインパーフェクト形の規則的な交替が見られる。つまり、一方では《新しいものの到来》が сꙗду 由来の сꙗдꙗше や покръвено будꙗше によって、もう一方では《持続的な動作》が ꙗдꙗху、пребываше によって表される。

　　別の場合には、いくつかの例で既に検討したように、完了体動詞に代わって不完了体動詞のインパーフェクト形が部分的に使われることがある。例えば、以下の例である。

и по заутрени идꙗше в поварьницю, и приготоваше ［ラヴレンチー写本中の приготоваша はラジ・ア・イ写本で訂正されフ・ポでも同表記］ огнь. воду. дрова. и придꙗху прочии повари о(т) братьѣ. (ПВЛЛ, 6582, 195)

（［彼は］朝の祈祷の後に炊事場に行き、火、水、薪を準備した。それから兄弟僧の他の炊事係たちがやってきた。 －『原初年代記』ラヴレンチー写本 6582, 195）

многажды бо бѣси пакости дѣꙗху ему. и гл҃ху нашь еси… он же гл҃ше вашь старѣишана антихрестъ есть. а вы бѣси есте. знаменаше лице свое кр(с) тн҃ымъ образо(м). и тако ищезнꙗху. (там же 196–197)

（悪魔たちは何度も彼に卑劣に口汚く言った「お前は我々のもので…」。彼は言った「お前たちの首長は反キリストである。お前たちは悪魔である」。そう言って自分の顔に十字を切ったので［悪魔たちは］消えた。 －同, 196–197）

и не брежаше в цр҃квь ходити. нужею привлечахуть и к цр҃кви.

（там же 194）

（［彼は］教会に通おうとしなかったので、［彼を］無理やり教会
へ引っ張って来た。－同，194）

　и тѣмь жито купяху, и се раздѣляхуть, да къждо въ нощи
свою часть измеляшеть на състроение хлѣбомъ. (Ж.Ф., 9^6)
（それ［＝売り上げ］で麦を買って分けあった。パンを作るため、
各自が夜のうちに自分の取り分を粉に挽いたのだった。－『フェ
オドーシー伝』9^6）

複数回連鎖タイプにおいて、より後代の写本で、完了体動詞イン
パーフェクトが《通常の》インパーフェクト、すなわち、不完了体
語幹から作られたインパーフェクトに交替する例が多く見つかるの
は予想通りだろう。例えば、私たちの最初の例『原初年代記』ラヴ
レンチー写本ПВЛЛ, 194 はラジ・イ・フ・ポ写本において не
взимаше であり、ア写本で не возымааше である。同ПВЛЛ, 195
の例はラジ・ア・イ・フ・ポ写本において приходяху で書かれて
いる。同ПВЛЛ, 196–197 の例はフ・ポ写本で исчезаху である。
これと並行して、上述したように、他の形による交替も原則として
可能である。それは現在形——完了体であることが多い——に取っ
て代わられる交替である。このような用法が可能であるのは、『原
初年代記』中の有名な箇所、使徒アンデレの口から語られるロシア
のバーニャでの入浴について記述されている部分からわかる。

　видѣхъ бани древены. и пережьгуть е рамяно. совлокуться и
будут нази. и облѣются квасомъ усинаны(мь) и возмуть на ся
прутье младое. бьють ся сами ［イ写本では и начнуть хвостатись］.
и т(о)го ся добьють. едва слѣзуть ［ト写本の訂正による］ли
живи, и облѣются водою студеноюꙗ, тако оживуть ［ト・ラジ・
ア写本の訂正による］. и то творять по вся дни. (ПВЛЛ, 冒頭、
8)
（私は木製の風呂を見ました。それをひどく熱く焚きつけ、服を
脱ぎ、裸になると皮をなめして作ったクワスを身体に浴びて、若

い枝を自分に向かって取り上げ自分で自分を打ち、どうにか生きて這い出せるほどにまで身体を打ちすえる。そして冷水を浴び、そのようにして生き返ったようになる。－『原初年代記』ラヴレンチー写本冒頭8）

もっとも、記述される手順は過去時制にのみ当てはまるというわけではない。

複数回限界タイプ（кратно-предельный тип）

用例の数は多くはないが、複数回限界タイプも、おそらく、完了体動詞インパーフェクトの用法の非常に特徴的なタイプであろう。当該のタイプには、この興味深い形式に備わる独特の複数回 perfective 意味が明確に現れる。複数回限界タイプというのは、インパーフェクトが доньдеже（～しないうちに／～する前に）で始まる、時間的限界を示す従属文中で用いられる場合のことである。

доньдеже を持つ従属文は、通常、動詞をアオリスト形で用いるが、特にそれは一回行われる動作、一度きりの動作が話題になっている場合に顕著である。例えば、以下の例である。

Въ едину бо нощь вжегъ пещь в ыстобцѣ у пещеры, яко разгорѣся пещь, бѣ бо утла. и нача палати пламень утлизнами, одному же нѣчимъ заложити, вступль ногама босыма. ста на пламени. доньдѣже изгорѣ пещь [и] излѣзе. (ПВЛЛ, 6582, 196) （ある夜洞窟の傍らの小屋で炉を焚いたが、炉が燃え上がったとき、あばら家だったので、炎が隙間を通って燃えだした。隙間を塞ぐものが彼には何もなかったので、裸足の両足で炉が燃え尽きるまで炎の上に立ち、それから出てきた。－『原初年代記』ラヴレンチー写本 6582, 196）

доньдѣже を持つ従属文中の動詞形式が意味するのは、ある出来事であり、その到来が主文の動詞が表す過程に限界や最終点をもたらすことになる出来事である。前述の例で言うなら、主文の動詞

cта の意味から出てくる過程や状態にそのような限界をもたらす出
来事である。このような限界や時間軸上の点が、通常、アオリスト
形、つまり、完了体語幹から作られた《通常の》アオリスト形、に
よって表されるのはまったく自然なことだ。だが、もし動作が1回
きり ——《в едину нощь》（ある夜）—— ではなく、何回かくり返さ
れるような例があったとしたら？ もし、ある挿話の主人公が毎回
《босыма ногама》（はだしで）燃える炉の上に立ち、炉が燃え尽
きるまで、炎の上に立っているとしたら、どうであろうか。
доньдеже изгорѣ пещь（炉が燃え尽きるまで）とそれに先行する
状態の間の《内的》関係の他に、全《サイクル》の複数回の繰り返
しをはっきりと意味する必要性が生じるはずであろう。まさにこの
ような場合に完了体のインパーフェクトが登場するのである。

　例を挙げよう。

И на заутреню входя преже всѣ(х), стояше крѣпко и
неподвижимо... в черевья(х) в протоптаны(х), яко примерз-
няшета нозѣ его г камени, и не движаше ногама ［ラジ・ア写本
では не двигняшеся；イ写本では не двигняше］ дондеже о(т)-
пояху заутреню. (ПВЛЛ, 6582, 195)
（朝の祈祷に誰よりも早く来て、しっかりと微動だにせず立って
いた。…底に穴のあいた履きつぶされた靴を履いて立ったので、
彼の両足は石に凍りついたが、朝の祈祷を**勤め終える**［完・イ
ン］までは両足を動かさなかった。－『原初年代記』ラヴレンチ
ー写本6582, 195）
... аще ли вержаше на другаго. и не приляше к нему цвѣтокъ.
стояше крѣпо(к) в пѣньи. дондеже о(т) **пояху** утренюю. (там
же 190)
（もし［悪魔が花を］別の者に投げつけ、その花が彼にくっつか
なければ、［彼は］礼拝を**勤め終える**［完・イン］までしっかり
と立っていた。－同，190）

『フェオドーシー伝』からもいくつか例を挙げる。

... вся съ радостию приходящая приимаше, нъ не ту абие пострігаше его, нъ повелѣваше ему въ своеи одежи ходити, дондеже **извыкняше** всь устрои манастырьскый. (л. 10^б)

（［福者は］来る者全てを喜んで迎い入れたが、その者にすぐさま剃髪させることはせず、修道院のやり方にすっかり**慣れる**［完・イン］までは、自分の平服で動き回るように命じた。）

... идяаше въскраи коня, дондеже **утрудяашеся**, ти тако пакы на конь въсядяше. (л. 15)

（〈…〉疲れる［完・イン］まで、馬の傍らを歩くと、また同様に馬に乗った。）

... и тако же по вься дьни прѣбываше плача и моля б҃а его ради, донъдеже братъ тъ **възвратяшеся** въспять. (л. 19)

（〈…〉兄弟が**帰る**［完・イン］まで、毎日涙を流し、彼のために神に祈って過ごした。）

.... пребываше неподвижимъ, ни въстая о(т) мѣста того, дондеже годъ **будяше** утрьнии, и тако преже всѣхъ обрѣташеся въ ц҃ркви. (л. 9^б)

（［我らが父は］身じろぎせず、朝の礼拝の時間に**なる**［完・イン］までその場から立ちあがらず、そこにいた。そして誰よりも早く教会に現れた。）

О҃ць же нашь Феодосии бѣаше сице запретилъ вратарю, да по отъѣдении обѣда не о(т) врьзаеть вратъ никому же... дондеже **будяше** годь вечерьнии. (л. 12^б)

（われらが父フェオドーシーは門番に夕食後は、晩の祈祷の時間に**なる**［完・イン］まで、誰にも門を開けないように〈…〉命じた。）

...и...пакы дѣлааху ручьное свое дѣло, другоици же въ оградь копахуть, зелиинааго ради растения, дондеже **будяше** годъ б҃жствьнууму славословию, и тако вьси въкупѣ съшедъшеся въ ц҃рквь, пѣния часомъ творяахуть. (л. 9^б)

（再び自分の手作業に従事し、他の者は野菜を育てるため畑を耕し、祈祷の時間に**なる**［完・イン］まで過ごした。そうして皆が

一緒に教会に集まり、時課の典礼を行った。)

　ここに挙げた全ての複数回限界タイプの例も、それに似通った他の例も、(...a) × n という公式で一般化することができるだろう。公式の中の点線は主文の動作を意味し、その動作が限界 a まで、つまり、この興味深い形式によって表される出来事の生起まで、持続するということである。その際、状況全体が何回か繰り返されることを × n が表している。

　さて、簡単ではあったが、上述したこれらが古代ロシア語の古文書に登場する完了体動詞インパーフェクトが持つ構文的用法の主要なタイプである。ご覧のとおり、詳細に見れば差異はあるものの、検討した3タイプには多くの共通点があり、したがって、3タイプ全てを一緒にして《複数回相関タイプ》と共通の名称で呼び、まとめてしまっても構わない。これらに共通する特徴は次の点に帰するだろう。a. 全3タイプで完了体語幹から作られたインパーフェクトは繰り返される複数回動作の意味を持つ。b. 全3タイプでインパーフェクト形によって表される動作は、他の動作や諸動作と多かれ——第1、第3タイプ——、少なかれ——第2タイプ——密接に結びついている。また、その際の他の動作あるいは諸動作もまた複数回的であり、サイクル全体、連鎖全体、状況全体が繰り返される。c. サイクルの中、連鎖の中、当該状況の中にある関連した諸動作間の内的関係は、そのサイクル全体、連鎖全体、状況全体が繰り返される過程において変化することはない。完了体動詞を用いる際のこの内的関係と言うものは、諸動作のうちのひとつ、あるいはいくつか、あるいは全てに完了体が要求されることがあるというものである。

　1. 状況全体から取り出した時間の断片からも、その状況に典型的な特徴が得られるということが条件づける複数回性と、2. 個別の各サイクル内部における動作間の内的関係が条件づける完了性とが結合する。まさにその結合こそ、この興味深い形式、つまり、完

了的なアスペクト意味を基盤に作られたインパーフェクト形の選択を命じている。これによって、この形式に特徴的な一般的意味も、それが登場する際の文脈の主要な3タイプ——複数回ペアタイプ、複数回連鎖タイプ、複数回限界タイプ——に出てくるその具体的なニュアンスも規定することができる。

　古代ロシア文章語において完了体動詞インパーフェクトが不安定な形、他の諸形式に押しやられたり、交替したりする形であったからといって、この形式にそれ固有の意味が欠如していたということにはならない。なぜなら、用例を分析するとこの形式にはそれ固有の意味が備わっていたということが明らかになるからである。さらに、交替そのものが、つまり、2種類の異なる交替の存在が、取って代わられる形式が持つ特徴のある二面的な意味を証明している。2種類の交替は完了体動詞インパーフェクトがもつ別々の側面にそれぞれ対応しているのである。

　完了体インパーフェクトが不完了体インパーフェクトに交替する際、例えば кто вылѣзяше, уязвенъ будяше（外に出る［完・イン］者は傷つくことになった）のような構造が кто вылазяше, уязвенъ бываше（外に出る［不完・イン］者は傷つくことがよくあった）といった構造に取って代わられ、それから現代の構造 кто вылезал［вылазил］［不完・過］, бывал ранен に代わるとき、文法的に背後に退くのはこのサイクルを成り立たせている動作間の内的関係である。この理由として、おそらく、次の2つの観点があるだろう。まず、内的関係が十分に明白だからという考え方がある。内的関係はこのような構造の中に使われる動詞やそれに付随する諸語が持つ語彙意味によって表されており、したがって、文法形式によってことさら強調する必要がないという理由だ。例えば、когда кто-либо умирал, творили тризну（誰かが死ぬ［不完・過］と、追悼の宴が行われた［不完・過］）という文では、追悼の宴が催されるのが**死後**であるのは明らかだ。あるいは、このような内的関係は非本質的であるから、という見方もある。例えば、когда вылезал, бывал ранен では、傷つけられたのが、外に出ようとしている過程の途中の話であろうと、既に戸外にすっかり出た後の話であろうと関係な

い。だが、別の場合には、特に出来事間のこれと同じような相関性
を、より感覚的にはっきりと、生き生きと描写し、あたかも具体的
な１つの事例のように描写するよう求められるときには、現在形を
用いる第二の交替の手段が選択されるのである。この手段を使うと、
繰り返すサイクルの１つで動作の内的関係が極めて明確に現れ、そ
れは完了体動詞を使ったり、不完了体動詞を使ったりして伝えられ
る。その代わり、この場合には、連鎖全体の反復性とその過去への
帰属性を表す特別な表現が必要になる。過去への帰属性は бывало
（よくあった［不完・多回・過］）という語か、その周辺の過去の文
脈によって表され、反復性は先と同じ бывало という語か、現在形
を過去の意味で使用するには、ペアとなる構造と必ず組み合わせて
使われるという事実そのものによって表される。すなわち、現代語
であれ、古代語であれ、このような構造には少なくとも２つの相関
する動作が絶対に必要となる ＊21。

　換言すれば、古い構造が現代の構造に交替するとき、完了体か過
去形かのどちらかを犠牲にしなければならなかったということだ。
しかし、時制を犠牲にすることは過去の文脈の補助がなければ叶わ
なかったであろう。そのような文脈が無い時には、бывало を付け
加えざるを得なかった。だが、古代にこのような機能で使われる
бывало の例を私たちはまだ見つけていない。

B. モーダルな意味

　不完了体動詞インパーフェクトのモーダルな意味の中で最も重要
なのが《意図性》――試みのインパーフェクト（imperfectum de
conatu）――のモーダル・アスペクト意味である。**完了体**動詞イ
ンパーフェクト形では、古代スラヴ諸語のいくつかのケースでこれ
と似た意味が発展しており、この意味を G.K. ウリヤーノフは《準
備の意味》と名付けた（Ульянов 1895: 227）。

　この意味を持つ古代ロシア語の例を『原初年代記』より挙げる。

И излѣзоша Болгаре на сѣчю противу Стославу, и бы(с) сѣча
велика. и одоляху ［ア・ポ写本はこれと同じ；ラヴ写本では誤記

одалаху；イ写本では одолѣваху］Болъгаре. и ре(ч) Сто́славъ
воемъ своимъ.уже намъ сде пасти. потягнемъ мужьски братья
и дружино и къ вечеру одолѣ Сто́сл(а)въ. (ПВЛЛ, 6479, 69)
（そしてボルガリはスヴァトスラフに戦いをしかけるために出て
きた。凄まじい斬り合いがあり、ボルガリが勝ちそうになった。
スヴァトスラフは自分の軍勢に言った。もはや我々はここで倒れ
るしかない。勇敢に進もう、兄弟たちと従士団よ。そして夕方近
くスビャトスラフが勝った。－『原初年代記』ラヴレンチー写本
6479, 69）

　ウリヤーノフの解釈では одоляху は「勝つ準備が出来ていた
готовы были одолеть」で、D.S. リハチョフ（Д.С. Лихачев）の訳
（Лихачев 1950: 247）では「勝ち出した стали одолевать」である。
当該箇所に続く и къ вечеру одолѣ Святославъ（そして夕方近くス
ビャトスラフが勝った）は、この興味深い形式が試みのインパー
フェクト（imperfectum de conatu）のようなものであることをはっ
きりと示している。イパーチー写本には真の試みのインパーフェク
トである одолѣваху が見られる。
　ウリヤーノフが одоляху に認めた《準備の意味》であるが、現代
ロシア語の完了体動詞現在未来形が持つモーダルな意味にもかなり
近く――可能というモーダルな意味においてなど――ある程度の一
致を見せる。例えば、он такой упорный――гору сдвинет（彼の
根気強さといったら、山をも動かす［完・現未]）、つまり「動かす
ことができる、動かせる状態にある」という意味になる。
　他にも次のような例がある。

Нет, не старость этому имя. Тушу вперед стремя. я с удовольствием
справлюсь с двоими, а разозлить――и с тремя. (Маяковский)
（いいや、その名は老いではない。胸を前に押し出して、僕は相
手が2人でも喜んで打ち負かす［完・現未]。怒らせてしまった
なら、相手が3人でも打ち負かしてやる［完・現未]。－マヤコ
フスキー）

ここでは「打ち負かす用意はできている」を意味している。

おそらく、類似する可能の意味はインパーフェクト形の вмѣстяше にも備わっているだろう。例えば、以下である。

…приносяшеть же ему великыи Антонии. и подаваше ему оконцемъ. яко ся вмѣстяше рука. тако приимаше пищю. (ПВЛЛ, 6582, 192)
（それらのものは大アントニーが彼に持って来て、やっと入るかどうか［というくらい小さな］小窓から渡していた。このようにして彼は食べ物を得ていたのである。－『原初年代記』ラヴレンチー写本 6582, 192）

似たような意味のニュアンスは古代ロシア語の他の例でも散見されるが、その場合は完了体動詞インパーフェクトが否定と一緒に用いられ、話題になっている動作の成立を動作主が望まないことを表している。例えば、以下の例を見てみよう。

и реч(е) велiим гласом: «запрещаеть ти г(оспод)ь, вселукавый дiаволе!» Бѣсъ же **не престаняше** меля в жернова. Федоръ же пакы реч(е)…. (КПП, л. 187)
（〈…〉大声で言った。「神はお前に止めよと仰せである、ずる賢い悪魔め！」悪魔はひき臼を回すのを**止めなかった**［完・イン］。フェオドルは再び言った〈…〉。－『キエフ・ペチェルスキー修道院聖者列伝』187）

上記の例では、とどのつまり「…やめようとしなかった…」ということである。同様の例は他にもある。

и **не допустяху** Угръ опять, и тако множецею убивая. сбиша ѣ в мячь. (ПВЛЛ, 6605, 271)
（ウグリが引き返すのを**許さず**［完・イン］、彼らの多くを打ち倒

し、烏合の衆とした。－『原初年代記』ラヴレンチー写本 6605,
271）

а Дв̃дъ Игоревичь сѣдяше кромѣ и **не припустяху** его к собѣ.
но особъ думаху о Дв̃дѣ.（там же 6608, 274）
（イゴリの子ダヴィドは離れて座っていたが、彼らは彼を自分た
ちの方へ**寄せつけず**［完・イン］、自分たちだけでダヴィドにつ
いて協議した。－同, 6608, 274）

上の 2 つの例では「…行かせようとしなかった…」である。

Бяшять бо в ты дн̃и игуменъ ст̃аго Андрѣя. Григории… тот бо
не вдадяше Мьстиславу въстати ратью по Ярославѣ. река.…
（ИЛ, 6636, 291）
（その頃、聖アンドレイ修道院長グリゴリーは〈…〉ムスチスラ
フにヤロスラフのために挙兵することを、〈…〉と言って、**許さ
なかった**［完・イン］。－『イパーチー年代記』6636, 291 —— ポ
ゴーヂン写本では не дадяше になっている）

　これらの例は全て、ある程度、完了体動詞現在の用法 —— словечка в
простоте не скажут, все с ужимкой（シンプルな言葉は使おうと
もせず、全てに気取って）のようなケースや、あるいは別のニュア
ンスをもつ тишина, не шевельнется ни один лист（静かだ。木の
葉ひとひら微動だにしない）のようなケース —— と比較することが
できるのではないだろうか。
　ここで引用した全ての例は先に検討した複数回 perfective 意味を
持つ例と以下の点で大きく異なることに注目して欲しい。これらの
例には複数回性も無ければ、相互に関連する 2 つの動作間の相関性
もない。Perfective 性、動詞語幹がもつ特別なアスペクト的意味と
いったものの現れはここでは比較的弱く、場合によってはほとんど
消えてしまっている。もっとも、いずれの場合であっても、それが
完全に失われていることは無い。このタイプが古代ロシア語の古文
献に登場するのは比較的まれであることから、これ以上はっきりと

した結論を導き出すことは難しい。

C. 見せかけの場合

　上述のAとBの各段落で検討してきたのは本来の完了体動詞イ
ンパーフェクトの場合であった。その他に見せかけの場合があり、
それは2つのグループに分けることができる。1.　実際には完了体
動詞ではない動詞が現代人の言語感覚では完了体動詞のように見え
る場合と、2.《インパーフェクト》が実際にはインパーフェクト
ではなく《混合型》の形 —— 人称語尾と語幹の構造でインパーフェ
クトに似るアオリスト —— である場合がそうだ。

　見せかけの場合の第1のグループはある種の語幹のアスペクト的
意味の揺れと何らかの点で発生的に結びついており、スラヴ諸語に
おける比較的後期の完了体・不完了体の起源を直接的もしくは間接
的に反映している。第2のグループはアオリストとインパーフェク
トを有する古い過去時制体系の崩壊過程を反映するもので、この過
程が存在する程度に応じてその場に出現するものである。

　両方のタイプを順番に検討しよう。

　1.　スラヴ諸語の最古の古文書に見られる圧倒的多数の動詞は、
既にすっかり定まっているアスペクト意味で、すなわち、完了体か、
不完了体かのいずれかの意味で登場してくる。そのアスペクト意味
は、当該の動詞語幹に本質的な文法意味として、同じ語幹から作ら
れたインパーフェクト形にも保持される。その点に、これまでもそ
うしてきたのであるが、私たちが完了体動詞インパーフェクト ——
不完了体動詞インパーフェクトも同様に —— と呼び、論じていく根
拠がある。例えば、現代ロシア語の родить（生む［完・不完］）、
казнить（処刑する［完・不完］）、женить（結婚させる［完・不
完］）、ранить（傷つける［完・不完］）といった動詞のように、現
代のスラヴ諸語にさえアスペクト意味の二面性が観察される動詞語
幹があるのであれば、それらの歴史をさかのぼる古い時代を対象に
する時、同様の例はさらに多く観察できるだろう。古代のスラヴ諸
語ではこのような場合、その性格そのものが多少今とは違っていた
と考えられる。現代スラヴ諸語におけるこれらの動詞語幹とは異な

り、古い時代のそれは単なる《アスペクトの同音異義語》ではなかった*22。古代のスラヴ諸語においてのそれは、次第に消滅していくものであると同時に、まだ最終的に消滅してしまったわけではないものであり、完了体と不完了体が出現するまで優勢を誇っていたアスペクトの諸関係性の古い体系とその古い性質を持つ要素であった。一連の語幹がもつアスペクト意味の二面性は、他の動詞形態でも登場するが、とりわけインパーフェクト形で観察される。

　過去のアスペクト意味の二面性の極めて示唆的な例として、動詞дамь（与える）の語幹да-‖дад-があげられるだろう。

　現代スラヴ諸語のこの語幹は、通常、完了体の意味でのみ登場する。もっとも、セルビア・クロアチア語のこの語幹は、禁止表現において否定を伴う場合に限り、不完了体の意味でも現れる。ここからヴーク・カラジッチ（Вук Караџић）の福音書翻訳に見られる не дадијаше の表現が説明できる（『マルコによる福音書』11、16、『ルカによる福音書』4、41）。

　だが、古代、語幹 да-‖дад- に特徴的だったアスペクト意味の揺れはこのような場合に限ったことではないと考えられる。例えば、以下の例である。

и тако прѣбывааше не дадыи себѣ покоя бъдѣниемь и млтвами. (Ж.Ф., 24⁶)
（そのように、自分に安んずる間も与えず［完・能現分詞］、眠ることなく祈りを唱えて過ごした。—『フェオドーシー伝』24⁶）

　ここに登場するのは古代ロシア語における当該の動詞の現在分詞形であるが、これは現代ロシア語では не давая［不完・副動詞］に相当する。また、不定詞 дати と《過程の位相》動詞との結合の例もある。

или холопъ ударить свободна мужа а бѣжить в хоромъ, а господинъ начнеть не дати его. (Русская правда в краткой редакции, 17)

（あるいは奴隷が自由人を打ち、主人の家へ逃げ、主人が彼を引き渡そうとしないのならば。－『ルーシ法典』簡素版 17）

ここに挙げた以外にもポテブニャが収集した一連の例がある（Потебня 1977: 52-54）。インパーフェクト形のこの語幹がその新しい意味——完了体の意味——で用いられる例はこれまでに、特に『イパーチー年代記』6622, 278 ——本書 162 頁——『原初年代記』ラヴレンチー写本冒頭 12 ——本書 170-171 頁——で観察した。

だがそれだけではなく、時にこの形はまだ真の完了体性に再解釈されていない限界動作の古い意味でも用いられることがあるのは明らかだ。古代ロシア語におけるこの動詞の否定を伴うインパーフェクトの諸例は、まさにこのように理解すべきなのかもしれない。例えば以下のような例である。

Печенѣзи... придоша и сташа около Бѣлагорода. и не дадяху ［ラジ・ア写本では не даяху］ вылѣсти из города. (ПВЛЛ, 6505, 127)
（ペチェネギは…やって来て、ベルゴロドのそばに陣地を構え、［人々に］町から出ることを許さなかった。－『原初年代記』ラヴレンチー写本 6505, 127）

...и быс(ть) страхъ на всѣхъ. И оттолѣ не дадяху клятися с(вя)тою б(огороди)цею никому же. (КПП, л. 20)
（皆が恐怖に囚われた。その時から誰もその聖母イコンに誓いをたてることは許されなくなった。－『キエフ・ペチェルスキー修道院聖者列伝』20）

その他に、否定を伴わない古代ロシア語の例が 2 例あり、それらはこの動詞のインパーフェクトでは比較的まれな語幹の形を取る。

Посла к Радимичемъ. рька камо дань даете. они же рѣша Козаромъ. и ре(ч) им Олегъ не даите ［ラ ヴ写本でも同じ；イ・т写本では не давайте］Козаромъ. но мнѣ дайте ［ラ ヴ写

本；イ・ト・ラジ・ア写本では даваите］и въдаша［ラジ・ア写本では даша］Ольгови по щьлягу. якоже Козаромъ **даху**［ラヴ写本のみ；イ・ト・ラジ・ア写本では даяху］. (ПВЛЛ, 6393, 24)

([オレグは]ラヂミチに使者を送り「[お前たちは]誰に貢税を納めているのか」と言った。彼らは「ハザール人に」と言った。オレグは彼らに「ハザールに納めずに、私に納めよ」と言った。そこで[彼らは]ハザールに**納めた**ように1シチリャグずつオレグに納めた。－『原初年代記』ラヴレンチー写本6393, 24)

Ярославу сущу в Новѣгородѣ и урокомъ дающю 2000 гривенъ, о[т] года до года. Кыеву, а тысящю Новѣгородѣ гривенъ раздаваху. и тако даху［ラヴ写本では даяху、ア写本では даваху、ラジ写本では давахуть］вси посадницѣ Новьгородьстии. (ПВЛИ, 6522, 114)

(ヤロスラフがノヴゴロドにいて、上納金として毎年2千グリヴナをキエフに納めていた時、千グリヴナがノヴゴロドでは[従士たちに]分け与えられていた。このようにノヴゴロドのすべての代官は納めていた。－『原初年代記』イパーチー写本6522, 114)

明らかに、この両方の例で、даху の意味はすっかり、余すところなく単純な複数回性の意味でカバーされており、perfective 性や他の動作と特別に相関するような側面もない。すなわち、完全に不完了体動詞の《普通の》インパーフェクトが持つ諸意味の1つに対応する。当然のことながら、完了体動詞現在による交替は、この場合、不可能である。даху という形は完了体意味との共通点があまりにも無いので、正しい形の даяху や他の写本の даваху を偶然に誤記したものではなかったか、という考えが浮かんでくる。さらに、語幹もここではインパーフェクトには通常ない作り方、つまり、最後の -д- 無くして、登場してくることも、その可能性を疑わせる。そうは言っても、これを誤記だと断定するに十分な根拠はないのだが。語幹に関して言えば、このような語幹の作り方は不定詞——アオリスト——の語幹の作り方

192

と一致するもので、単純に不正確だと決めつけてはならない。インパーフェクトにもそのような作り方は原則として許容されている。そもそも、当初のインパーフェクトは、おそらく、まさに不定詞語幹から総じて作られていたものであっただろう。例えば、古スラヴ語に並行して存在する зъвааше ‖ зовꙗꙗше では、зъвааше の形の方がより古いことを示す特徴を持つ*23。考えられるのは、古代ロシア語においても даху という形はインパーフェクトの古い旧式の形とみなすべきで、それは、単純な複数回性と同時に、単純な限界性——perfective 性や完了体意味にまだ移行していない限界性——の古い《前アスペクト的》意味を保持していたのではないだろうか。

　古代ロシア語の молвити（言う）から作られたインパーフェクト形もおおかた同じように説明できるだろう。

И о то(мъ) бы(с) м(еж)ю ими ненависть. Ярополку на Ольга. и молвяше всегда. Ярополку Свѣналдъ. поиди на братъ свои. (ПВЛЛ, 6483, 74)
（このために彼らの間に憎悪が生まれ、ヤロポルクもオレグを憎むようになった。スヴェネリドはヤロポルクに「自分の弟に向かって兵を進めよ…」と常々言った。–『原初年代記』ラヴレンチー写本 6483, 74）

　現代ロシア語の молвить は完了体動詞であるが、古代ロシア語のそれは不完了体意味でも登場することがあったか、あるいは現代的な解釈で言うところのアスペクトに対する《中立性》を示したのかもしれない。以下のような例を参照。

нача ей молвити. (ИЛ, 6770, 859–860)
（彼女に言い始めた。–『イパーチー年代記』6770, 859–860）
Дбдъ же… нача молвити на Василка. (ПВЛЛ, 6605, 257)
（ダヴィドは…ヴァシリコに言い始めた。–『原初年代記』ラヴレンチー写本 6605, 257）

第3章　スラヴ諸語におけるインパーフェクトとアオリスト　　193

尚、現代ポーランド語の動詞 mówić（言う）は不完了体である。

現代語で完了体として登場する接頭辞派生動詞の中にも、古代語では動作の単純な限界性を示す過去の《前アスペクト的》意味を——とりわけインパーフェクト形で——保持している例が見つかる。

例えば、動詞 послушати（聞く）には現在分詞形で不完了体意味を表す例がある。

пребываите мирно послушающе бра(т) брата. (ПВЛЛ, 6562, 161)

（平和に暮せ、兄弟互いに言うことを聞け。－『原初年代記』ラヴレンチー写本 6562, 161）

インパーフェクト形で——Володимеръ же слушаше ихъ. бѣ бо самъ любя жены. и блуженье многое. послушаше сладко. (ПВЛЛ, 6494, 85)

（ヴラヂミルは彼らの言うことを聞いていた。自らも女たちとあらゆる淫行を好んでいたので楽しげに聞いていた。－『原初年代記』ラヴレンチー写本 6494, 85）

а святыи Глѣбъ послушаше его, сѣдя и не отлучашеся отъ блаженаго Бориса, но с нимъ день и нощь послушаше его. (Чт. о Борисе и Глебе, 93–93[б])

（聖グレブは福者ボリスから片時も離れずに傍に座り彼の言葉を聞き、昼も夜も一緒にいて彼の言葉を聞いた。－『ボリスとグレブ伝』93–93[б]）

имяше его, яко единого о(т) прьвыихъ с͠тыихъ о͠ць, и вельми послушааше его, и творяаше вся повелѣная ему отъ... о͠ца... Федосия. (Ж. Ф., 13)

（［イズャスラフは］彼をあたかも古代の聖なる父の一人であるかのように敬い、常に彼の忠告を聞き、〈…〉父フェオドーシーが命じた全てのことを行った。－『フェオドーシー伝』13）

2.　見せかけの場合の第2のグループはアオリストとインパーフェクトの用法の古い規範の衰退を示している。このような場合、

インパーフェクトの語尾を持つ形は完了体語幹から形成され、普通のアオリストの意味か、あるいは、それと交替する使命を帯びた《過去完了》の意味で機能する。

例えば、古代ロシア語の古文書『原初年代記』には次の文がある。

Угри же погнаша по них(ъ), яко бѣжаще минуша Боняка и Бонякъ **погнаше** ［明らかにアオリスト погна の代用］сѣка в тылъ, а Алтунопа **възвратяшеться** ［明らかにアオリスト възврати ся の代用］вспять.... (ПВЛЛ, 6605, 271)
（ウグリは彼らの後を追った。彼らは逃げるときボニャクのそばを通り抜けていったので、ボニャクは背後から彼らを斬り殺しながら**追った**。一方、アルトゥノパは逆方向へ**戻った**…。－『原初年代記』ラヴレンチー写本 6605, 271）

このような例はより古いテクストになるとさらに少なくなるが、時代が下ると増えていく。当然のことだが、アオリスト形とインパーフェクト形が混在し始めても、書き手の生きた言語感覚に従って保持されていたのは、他ならぬ動詞形態のアスペクトであった。言葉を変えれば、完了体動詞アオリスト形がインパーフェクトの語尾を持つ形に自由に交替できたのは、両者の語尾の差異が重要ではなくなったからである。だが、動詞のアスペクトは保持されなければならなかった。語形は等しく完了体の動詞語幹から必ず形成されなければならなかった。

このことは――純粋に外面的なことで言えば――完了体動詞インパーフェクトの《復活》を導くかのようだが、この《復活》は見せかけのものである。これらの形式は全く異なる内容で占められており、発生的に古い用法との共通点は何もない。

D. 結論

これまでの議論でお分かりのように、古代ロシア文章語は、少なくとも引用した語りのジャンルに属する古文書において、完了体動詞インパーフェクトの複数回 perfective 用法が著しく発達している

点で際立っている。この点で古代ロシア語と古スラヴ語の資料を比較すると、改めて伝統的に採用されてきた視点を再検討する必要性が確認される。伝統的な視点では、叙事詩的ジャンルの古代ロシア語文献に登場するインパーフェクトは、例外なく、あたかも教会スラヴ語の影響を受けて用いられるものであるかのように、その一方で、その時代の生きた口語には、古代ロシア語の公文書で使われる公用実務文体と同様、あたかもインパーフェクト形は存在していなかったかのように主張されてきた。

　古スラヴ語と一連の差異を見せる古代ロシア語インパーフェクトの形式的側面ひとつをとって見ても、共通スラヴ語インパーフェクトは、古スラヴ語の影響如何に関わらず、ロシア語の土壌に保持され、存在していたことを物語る。まさにこの状況から、研究者のなかには古代ロシア語の書き手がインパーフェクト形を用いたのは《教会の書物からそれを学んだからだけではなく、未だ干上がっていない生きた話し言葉の源泉からそれをくみ取った》（Ягич 1889: 132）という仮説をたてた者もいた。完了体動詞インパーフェクトの構文的用法を分析すると、この仮説の正しさが疑いなく証明される。古代ロシア文章語の古文献で発展した完了体動詞インパーフェクトこそ、古スラヴ語の古文献ではほとんど目にすることがない。したがって、古スラヴ語は、この場合、古代ロシア語の書き手にとっての手本にはなり得ない。ここから導き出される結論は明らかだ。完了体動詞インパーフェクトおよびインパーフェクト一般は古代のロシア語の共通民衆言語における独立した現象であり、この共通民衆言語のいくつかの文学ジャンルにおいて特に発展を遂げた現象である。これは、言語の形態的体系があまり広く普及していなかったことや、その体系が文法構造の重要な要素としては、歴史的に特定の時期のものであり、また、民族的な独自性をもつ、といった状況に照らしてみればもっともなことだ。

　複数回 perfective 意味の完了体動詞インパーフェクトが古代ロシア語において外部から持ち込まれた現象ではなかったからといって、当然のことながら、その安定性が約束されるわけではない。インパーフェクトとアオリストが消滅していく全体的な傾向は言語の中

で作用し、結果、この興味深い形式は交替することになった。交替は、一方では、より普及していた不完了体動詞インパーフェクトによるものであり、次にそれを追い出したパーフェクトによるものであった。他方では、――おわかりのように、偶然ではなく――完了体動詞現在未来形による交替である。

この興味深い形式のモーダルな意味での使用に関して言えば、それは古代ロシア語においては、多少とも十分と言えるほどまで発達することはなかった。この意味に当てはまる場合の大部分は、それとは別に解釈される余地がある。古代ロシア語の古文献には上で検討した両タイプの見せかけの場合があり、その第1のタイプはより早期の古文献に比較的頻繁に登場し、第2のタイプは主により後年のテクストに登場する。

完了体インパーフェクトの複数回 perfective 用法の著しい発展は、古代ロシア語のほか、古代チェコ語にも観察される（Маслов 1954: 92-99）。この点に関して、両言語――古代ロシア語と古代チェコ語――は細部に至るまで驚くほど似ている。しかしながら、この相似点を文化－歴史的な相互作用で説明できるかと言うと、そうではないだろう。古代チェコ語と古代ロシア語の文化とそれぞれの民族の文章語の間には、当然、相互の結びつきがあったことは否定しないが、この結びつきが完了体動詞インパーフェクトのような動詞形態の用法の同一性においても現れ得たというふうには考えない。両言語において指摘した相似性は、何らかの影響や借用の結果ではなく、出発点となる資料とこれらの言語の発展の内的法則における相似が共通性を持っていたことの反映、と仮定する方が、よっぽど信憑性が高くなる。引用した他のスラヴ諸語――古代クロアチア語（Маслов 1954: 101-103）や現代ブルガリア語（Маслов 1954: 104-111、本書の第3章、第2節 C も参照）――の資料もこのことを確信させる。

言うまでも無く、まさに構文論や文法形態の用法を論じる際に、比較歴史研究はとりわけ容易ならぬ困難に直面する。この種の問題では、継承したものを並行的に発展したものから区別できないことが時にある。だが、このことは各個別の場合においてこのような区

別を試みるべきではないということにはならない。この興味深いインパーフェクト形の場合は、いったいどのような状況なのであろうか。

　おそらく、動詞アスペクトの分野におけるより古い関係性の名残りと結びついている見せかけの場合が、この研究を通して検討された現象のうちでもっとも古い時代の、もっとも初期の現象であろう。このタイプは古代ロシア語と古代チェコ語にはただその痕跡として存在しているだけだが、福音書の言語を含む古スラヴ語には相対的により大きな規模で見られる。思いきって言ってしまえば、このタイプは既に共通スラヴ語の土台に存在していたスラヴ祖語のタイプと考えることができる。

　無論、インパーフェクト形は完了体と不完了体が発展し始める前に成立した。その成立は語彙的な《動作様態》の時代であり、そこから限界動詞と非限界動詞の対立が区別されていった時代である。初期のインパーフェクト形が非限界語幹からも、限界語幹からも自由に作られていたのは明らかだ。持続性と限界性は相互に結びつくことが可能で、インパーフェクトは限界語幹からも成立し、用いられたのであるから、より後の時代、つまり《第二次不完了体語幹》が生じて広く普及し、限界語幹の大部分が完了体語幹へと次第に変化していく時代に、言語には出来合いの完了体動詞インパーフェクト形が既に存在していたと考えることができる。

　この形式の意味はどのようなものであったのだろうか。

　インパーフェクトは、限界語幹から作られていた間、単純な持続性というそれ自身の古い意味を保持していた可能性がある。限界語幹が完了体語幹に変化していくようになってから、単純な持続性、本来の意味の持続性、すなわち——ひとつの——動作の単純な持続性の意味は排除され、その代わり、**各動作は非持続的であり得る複数の動作が連続する持続性**の意味が出る。要するに、持続的——durative——な意味に代わって、多回——反復——の意味が出る。完了体語幹から作られたインパーフェクト形の使用において、この連続体を成す個別のアクションは終了した動作や既成事実という性格を持ち、このようなアクションのそれぞれは、限界によって区切

られるということが見通しとしてあるだけではなく、実際に限界に
到達するという点が念頭に置かれる。別の言葉で言えば、これこそ
既に検討した複数回 perfective 意味を獲得するということなのであ
る。

　では、限界動詞インパーフェクトが完了体動詞インパーフェクト
へ移行したのはいつ頃であろうか。

　これまでの全般的な考察をもとに判断すれば、移行が生じるのは
完了体・不完了体アスペクトが生起してすぐ、と考えられるのでは
ないか。なぜなら、言語には当該カテゴリー用に出来合いの形が既
にあったのであるから。別の言い方をするなら、完了体動詞イン
パーフェクトは共通スラヴ語時代の後期、現代のアスペクト体系が
形成され始めた時期に出現した、と考えることができるのではない
か。だが、実際に検討した資料とつき合わせると、この仮説はある
ひとつの点でいくらか齟齬をきたすので、そこに多少の修正を加え
る必要が出てくる。というのも、古代ロシア語、古代チェコ語、古
代クロアチア語、現代ブルガリア語が等しく示している事実は、福
音書の古スラヴ語訳に複数回 perfective 意味が欠如しており、本物
の完了体動詞インパーフェクトの出現例も皆無であること、そして
他の古スラヴ語テクストにはこのカテゴリーの大きな発展がみられ
ない事実と食い違いを見せるのである。このような事態を考慮する
と、おそらく、完了体の出現と完了体動詞インパーフェクトの出現
の間にいくらかの停滞、いくらかの時間的開きがあったと考えざる
を得ないだろう。

　おそらく、ロムテフの次の指摘は正しい。インパーフェクト形は
その意味に独特のアスペクト的ニュアンスを持っていたおかげで、
この形においては、本来のアスペクト的諸意味の差異化がいくつか
の他の動詞形、とりわけ現在形、よりも多少遅く進んだ*24。こ
の差異化は個別のスラヴ諸語へと分離した後に生じたと考えられる。
もっとも、それは基本的にはこれらの言語で書かれた古文書の成立
に先行したが。このような差異化の事情により、それまでの限界語
幹は完了体語幹となって、古スラヴ語がそうであったように、イン
パーフェクト形で用いられることがほとんどなくなった可能性があ

る。あるいは、用いられたとしても、前述のとおり、この形式は新しい機能——複数回 perfective の機能——を果たすようになった。言い方を変えれば、**各スラヴ諸語で複数回perfective 意味が発展するのは、主として、スラヴ諸語が既に分化して存在していた時期にあたる**という考えに、私は次第に傾きつつある。この問題における言語間の相似は細部にも広く及んでおり、親縁言語が発展する際の内的法則の相似性が文法的相似性をもたらす模範例になり得る。

　おそらく、複数回 perfective 意味が発展した後に、この形式の**モーダルな意味**が発展したのであろう。後者の発展は古スラヴ語と古代ロシア語ではほんの芽生え程度しか観察されないが、古代チェコ語ではそれより多少進行し、現代ブルガリア語ではモーダルな意味がその言語内の役割という点で複数回 perfective 意味と肩を並べる程度まで進行する。完了体動詞インパーフェクトのモーダルな意味の発展は完全に法則的なものであった。なぜなら、それはスラヴ語のインパーフェクトがモーダルな意味、特に条件法の意味を表す能力を共通して持っていたことから有機的に生じた結果であるからだ。複数回 perfective 意味領域と比べると、この形式が表すモーダルな意味領域では各スラヴ諸語の状況は一様ではない。

　発展が並行的であったことから、異なるスラヴ諸語において上で検討したような交替の各タイプが生じた——古代チェコ語は完了体動詞パーフェクトに交替するが、古代ロシア語にはそのような交替のし方は欠如していることなどを参照。しかし、それでいて、各種の交替、特に、完了体動詞現在未来形による交替の主たる可能性が生じたのは、スラヴ諸語の発展の内的法則の相似性が基盤にあったことにもよるのである。

　古い比較文法でもっぱら関心が集中したのは、祖語の初期状態の再建と、そのために必要とされる、親縁諸言語がその共通の原点——祖語——から**継承した共通部分**の研究であった。継承ではなく、**共通して発展した**ものはというと、比較文法の中では全く考慮されなかったか、あるいは考慮されたとしても——それが共通だという根拠のみで——祖語から継承されたものとして検討された。だが、諸言語の親縁性は継承された初期資料の共通性にのみ観察されるの

ではない。より後の時代に発展を遂げたいくつかの現象はこれらの親縁諸語が発展する際の内的法則の相似性を反映するもので、そのような現象が持つ相似性にも親縁性は見出される。これに関連して、《祖語の》現象、つまり祖語の時代から継承された現象ではないが、発展が並行的である親縁諸語間に共通する諸現象を研究することは本質的に重要な意味を持つ。

第2節　現代ブルガリア語における
アオリストとインパーフェクト＊25

　現代ブルガリア語のアスペクト・テンス体系において互いに対立するアオリストとインパーフェクトであるが、それらは同時にブルガリア語の他の全ての動詞形態に対立する共通の特徴もいくつか持っている。例えば、アオリストとインパーフェクトは過去時制で唯一の単純形——統合形、屈折・接尾辞派生形——である。6つの単複人称変化形のうちの4つでアオリストとインパーフェクトの語尾は完全に一致している。しかも、この一致はかなりの程度、アオリストとインパーフェクトが長きにわたって著しく相互作用してきた結果であり、このことは言語意識の中で両者が密接なつながりをもっていることを物語る。アオリストとインパーフェクトはその主要な時の意味においては本質的に等しい。もっとも、多くの研究はインパーフェクトをそれ特有の《過去における同時性》を表現するものとして特別に解釈をしている。他にも、「ある・いる」のような重要な動詞の、過去を表わす主要な一連の諸形式——бях、беше（бе）等——はインパーフェクトとアオリストの対立の枠におさまらない。

　今述べたこれら全てのことを考慮すると、私たちはアオリストとインパーフェクトを単に対立させるだけではなく、それらを《単純過去》という概念で統合する必要がある。この概念を表すために提案したこの用語は以下の2つの点で適切なものだ。両者とも統合形であるという形式的な側面においても、パーフェクトやプルパーフェクトが表わす《後の時点にアクチュアルであるような過去》と

異なる意味の側面においても、この用語は相応しい。単純過去と
パーフェクトの対立にはもう1つモダリティに関する二次的なニュ
アンスがある。アオリスト形とインパーフェクト形では意味された
動作に対して《エヴィデンシャルな》関係——話者は通常、動作の
目撃者であったり参加者であったりする——が生まれる。一方、
パーフェクトは動作に対して中立的である点を特徴とするが、さら
に《非エヴィデンシャルな》関係を強調する場合があることも知ら
れている。ご存じのように、ブルガリア語ではパーフェクトを土台
にして《伝達法》と《仮定法》の形式的体系が発展した。

　単純過去の内部で相互に対立するのはアオリストとインパーフェ
クトだけではなく、完了体と不完了体も対立する。換言すれば、こ
こでは2つの交差する対立——1. インパーフェクトとアオリスト
＋ 2. 完了体と不完了体——が問題となる。結果として次の4つの
可能性が生じる。

	不完了体	完了体
アオリスト	不完了体アオリスト 例：стáбáх ＊26, стáбá	完了体アオリスト 例：стáнáх, стáнá
インパーフェクト	不完了体インパーフェクト 例：стáвах, стáваше	完了体インパーフェクト 例：стáнех, стáнеше

　特に広く用いられているのは完了体アオリストと不完了体イン
パーフェクトで、互いの対立が最もはっきりと現れる。不完了体ア
オリストは意味においてそれら両極の中間的な位置を占めている。
それは《狭義のアスペクト》、すなわち完了体と不完了体の対立の面
では完了体アオリストと対立し、《広義のアスペクト》、すなわちイ
ンパーフェクトとアオリストの対立の面では不完了体インパーフェ
クトと対立する。完了体インパーフェクトは孤立した現象である。
なぜならその使用は特別な構文条件においてのみ可能だからだ。こ
れらのことから、以下では次のような順で話を進めようと思う。ま
ず、相互に対立する完了体アオリストと不完了体インパーフェクト
を検討する。次に、今述べた2つの形式に対立する不完了体アオリ
ストを検討し、そして最後に完了体インパーフェクトを検討する。

その後で検討した諸関係を一般化し、それを基盤に単純過去の内部にある2つのアスペクト的対立のそれぞれの内容を規定すべく試みる。

A. 完了体アオリストと不完了体インパーフェクト

完了体アオリスト、つまり完了体のアスペクト的意味をもつ語幹から作られたアオリストは、ひとまとまりの中で捉えられたひとつの——1回の——具体的動作を、具体的な既成事実として表現することが最も多い。言いかえれば、完了体アオリストの最も一般的な意味は**具体的事実（конкретно-фактическое）**の意味である。アオリスト形がこの意味を特徴的に表すのは、それが孤立発話や他の時制形の文脈で用いられる場合や、筋の通った語りの中で《連鎖的に》——完了体アオリスト形の連鎖で——使用される場合である。いくつか例を見てみよう。

孤立発話における直接話法の例である。

Димитър извади от ръкава си измачкана кутия с цигари и предложи на поручика. — Кога **пристигна** от България? — запита той. (П.В., 53)
（ディミタールは袖から巻煙草の入ったくしゃくしゃの箱をひとつ取り出して中尉に勧めた。「いつブルガリアから**来た**［完・アオ］んだ？」と中尉は尋ねた。– P. ヴェジノフ，p.53）

次は他の時制形の文脈の例である。

—Откъде **доде** ти? Кой си? Какъв си? — питаше го Мавроди. (Й., 651)
（「おまえ、どこから**やってきた**［完・アオ］んだ。素性は？ 何者だ？」とマヴロージは尋ねた。– Y. ヨフコフ，p.651）
Ще ида до портиера — **помоли** ме да му занеса една книга. (А.Г., Обещ., 41)
（「門衛のところへ行って来る。彼がある本を持って来るよう**頼ん**

だ［完・アオ］んだ。－ A. グリャシキ『約束』, p.41）

—Викай го, след като го **уби**! — изхлипа Севда. (Г.К., VII, 351）

（「おまえが彼を**殺した**［完・アオ］後でも、彼を呼び続けて！」泣きながらセヴダは叫んだ。－ G. カラスラボフ，7 : 351）

筋の通った歴史的語りにおける完了体アオリストの《連鎖》の例である。

След малки препирни и възражения, **съгласихме се** най-после с упорития Бенковски 〈...〉 Пълномощното **се съчини** от Волова, което Бенковски **допълни** тук-там. Когатосе **свърши** всичко това, ние **слязохме** пак в Оборище и любопитните представители ни **заобиколиха**. Привременният секретар 〈...〉 **преписа** на чисто съставеното вече пълномощно. Бенковски **обяви** на представители.... (З.С., 306)

（いくつかの押し問答の後で私たちはついに頑固なベンコフスキーと**同意に達した**［完・アオ］〈…〉。ヴォロフによって委任状が**書かれ**［完・アオ］、ベンコフスキーがそこここに**加筆した**［完・アオ］。これら全てが**終了して**［完・アオ］、再度オボリシテに**行く**［完・アオ］と、私たちは興味深深の代表者たちに**取り囲まれた**［完・アオ］。臨時の秘書が作成された委任状を**清書した**［完・アオ］。ベンコフスキーは代表者らに〈…〉**告げた**［完・アオ］。－ Z. ストヤーノフ，p.306）等。

筋の通った散文的語りが、発話時点に無関係な想像上の時間の断片に属する出来事について述べる場合も同様である。例えば、以下の例である。

Момъкът **се спря** 〈...〉, **вслуша се** и **се обърна**. Чичо Горан му **махна** с ръка и Рустем **се упъти** към него 〈...〉 Той **дойде** срешу чичо Горан, **спря се** на брега и **се подпря** на тоягата като

овчар. От сухото му, младо, мургаво циганско лице **и з б я г а**
усмивката. (Е.П., II, 91)
（男は**立ち止り**［完・アオ］〈…〉、**耳を澄まし**［完・アオ］、**振り
向いた**［完・アオ］。ゴランおじさんが彼に手を**振った**［完・ア
オ］のでルステムは彼の方へ**足を向けた**［完・アオ］〈…〉。彼は
ゴランおじさんへ**近づき**［完・アオ］、岸で**立ち止る**［完・アオ］
と羊飼いのように杖をついて**もたれた**［完・アオ］。笑みが彼の
その乾いた、若くて浅黒いジプシーの顔から**消えた**［完・アオ］。
－エリン・ペリン，2：91）

　これらの例から、具体的事実の意味で登場する完了体アオリスト
は、筋の通った語りの中で諸出来事を順次的に展開していく手段と
して機能することが見て取れる。各完了体アオリスト形は諸出来事
の漸進的な推移の中に新しい次の段階を固定し、そうやって語りを、
言わば前へ前へと推し進め、前進させる。
　だが、文脈にしかるべき指示──例えば接続詞など──があれば、
同形の他のものと並んでいる完了体アオリスト形が時間的にさらに
前に先行する動作も表すことができる。それは語りの筋上でその時
点に直接的に先行する動作の場合もある。

　　После седна до печката, като **остави** вратата отключена, и
　　почна да плете. (Д.Д., 194)
　　（その後彼女は暖炉脇に腰をおろし、ドアを開けた**ままにして**
　　［完・アオ］、編み物を始めた。－ D. ディモフ，p.194）
　　Велка легна в стаичката, дето **умря** баба ѝ. (Калч., 40)
　　（ヴェルカは彼女の祖母が**亡くなった**［完・アオ］小部屋で横に
　　なった。－ K. カルチェフ，p.40）

　2つ目の例では、より広範囲の文脈から祖母が死んだのはかなり
前の話だったことがわかる。これらの場合、テクストにおけるアオ
リスト形の順序は、動作そのものの順序に一致しない。これが、い
わゆる語りにおける、コシュミーダー（Кошмидер 1962: 387）の

用語に従えば、後退であるが、それはプルパーフェクト形によって
形態的に意味される後退ではない。次の例も参照せよ。

Кралѝчът още повече приличаше на призрак с белите си
долни дрехи, които му **даде** дяконът. (И.В., XII, 24)
（クラリッチは輔祭が彼に**与えた**［完・アオ］白い下着を着てい
たせいで、さらに一層幽霊に似ていた。− I. ヴァーゾフ，12:
24）
Тя живееше срещу зоологическата градина ⟨...⟩ Когато я **доведе** в
София, Чакъра ѝ **намери** квартира в едно чиновническо
семейство. (Д.Д., 116)
（彼女は動物園の向かいに住んでいた ⟨…⟩。チャキールは彼女を
ソフィアに**連れていき**［完・アオ］、ある役人家族のところの一
部屋を彼女に**見つけてやった**［完・アオ］。− D. ディモフ，
p.116）

　ここに挙げたものやこれらに類する例によって明らかになるのは、
《継起性》── 他の動作に時間的に続くこと ── の意味が完了体ア
オリスト形に本質的に備わっているというわけでは決してないとい
うことだ。もっとも、この形が連なって並べば動作が順に後を
追って続くことが意味されるのが普通であるとは言え、この形に唯
一本質的なのはある時点に成立した具体的事実の意味のみである。
　具体的事実の意味に引き続く、完了体アオリスト形の第2の意味
は**総括的な**意味である。この意味で登場する完了体アオリストは、
1回の具体的事実ではなく、諸事実の既知の集合であり、諸事実の
ある種の総体でありつつも閉じた全体としてみなされるものを表す。
例えば、次の引用部分における извърши が表す意味である。

Лила се върна в стаичката, измъкна от сламениците десетина
книги ⟨...⟩, уви ги в пакет и ги зарови бързо в купчината
въглища под сайванта на двора. Всичко това тя **извърши** със
свито сърце, но хладнокръвно, без паника. (Д.Д., 194)

（リラは部屋にもどりベッドから本を10冊引っ張り出し、それら
をまとめて包み、素早く中庭の庇の下にある木炭の山に突っ込ん
だ。彼女はこうしたこと全てを嫌々ながらではあったが、それで
も冷静に、取り乱さずに**やりおおせた**［完・アオ］。－ D. ディ
モフ，p.194）

　総括的意味の特殊な場合として、完了体アオリストが два пъти
（2回）、на три пъти（3回）といった動作の複数回性を表す状況語
や、няколко пъти（何回か）などのように明確に示されていない
《回数》とともに使われる場合がある。例を挙げる。

На два-три пъти Захария **изказа** съжалението си, че не се е сетил
да вземе една дамаджана с вино. (Й., 655)
（ザハリはワインを持って行こうと思いつかなかったことが悔や
まれると二三度口**にした**。－ Y. ヨフコフ，p.655）
Освен това, два пъти го **подкупих**, като му хвърлих тайно
няколко житни зърна. (Е.П., II, 55)
（その他にも、彼にこっそりといくらか小麦をやって、私は二度
彼を**買収した**［完・アオ］。－エリン・ペリン，2: 55）

　このような例全てにおいて多回的な動作は統一されたひとまとま
り性に転化しており、まさにこのことが当該の動作を完了体形で表
わすことを可能にする。
　完了体アオリストの具体的事実の意味は相対的に［束縛のない］
自由な意味として理解しなければならない。一方、総括的意味は文
脈に条件づけられた意味として理解しなければならない。少なくと
も、多くの動詞にとってはそのような状況にある。総括態の動詞に
関して言えば、それらの動詞はそれ固有の総括的意味をいずれの場
合でも保持している。例えば以下の例である。

Децата с разпръснаха и **изпокриха** кое де свари. (Е.П., II,
105)

（子供たちは散り散りになって、めいめい場所を見つけては［皆］
隠れた［完・アオ］。－エリン・ペリン，2: 105）

　当然のことであるが、これらの動詞の使用は特別な《総括的な》
文脈にのみ限定されており、例えば、*аз се изпокрих（私は［皆］
隠れた）といった語結合は不可能である。
　それでは、次に**不完了体インパーフェクト**、つまり不完了体語幹
からできるインパーフェクトに話を進めよう。それは完了体アオリ
ストと正反対のもので、それが意味するのは進行過程にあるその時
だけの1回の具体的な動作か、あるいは限定されずに繰り返される
――もしくは繰り返され得る――通常の多回動作や潜在的多回動作
かである。最初の意味は具体的プロセスの意味と、2番目の意味は
非限定回の意味と特徴づけよう。両意味は文脈によって区別がつく。
とりわけ、筋の通った語りにおいて両者はかなり明確に区別される
のが常だ。
　以下で具体的プロセスの意味をもつ例をいくつか挙げよう。

Веднъж, докато **траеше** дъждът, чичо Митуш и Аго **седяха** на
сундурмата пред дама. (Й., 638)
（ある時、雨が降り**続いている**［不完・イン］間、ミトゥシュお
じさんとアゴは家畜小屋の前の盛り土に**座っていた**［不完・イ
ン］。－ Y. ヨフコフ，p.638）

　上記の例ではある時点への関連付けが веднъж（ある時）という
語によって語彙的に意味されている。

Днес той беше весел и като **сядаше** още, каза с победоносен
вид.... (И.В., XII, 102)
（今日は楽しかった、と彼は**腰を下ろす**［不完・イン］時にも、
勝ち誇ったような顔で言った［完・アオ］。－ I. ヴァーゾフ，
12: 102）

208

この例では、腰を下ろす動作が、具体的事実の意味をもつ完了体アオリスト形によって表される動作と同時であることから、その1回性は明らかである。

Денят мина, **свечеряваше се**. (Е.П., III, 154)
（一日が過ぎ［完・アオ］、日が**暮れていった**［不完・イン］。－エリン・ペリン，3: 154)

上記の例では、動作の1回性は先行する具体的事実の意味の完了体アオリストによってほのめかされる。

И ето, **заспиваше** вече, когато му се стори, че някой ходи на пръсти по двора. (И.Х., 355)
（誰かが忍び足で中庭を歩き回っているように思えたとき、彼はまさにもう**眠りに入ろうとする**［不完・イン］ところだった。－I. ハッジマルチェフ，p.355)

この例に見られる諸形式の相関関係は、I. ヴァーゾフ 12:102 の例で見たものと同じであるが、それに加えて ето（まさに、今にも）で具体的プロセスの意味が強調されている。

最も単純な場合の非限定回の意味は、非限定の複数回性を指示する直接的な語彙と結びつく。そのような語彙には понякога（時々）、някой път（時には）、изрядко（たまに）、често（пъти）（しばしば）、сегиз-тогиз（時折）、всяка пролет（毎春）、на всяка крачка（事毎に）等がある。その他、対の接続詞 ту... ту（～したり、…したり）を持つ構文構造もここにあてはまる。例えば、次のようなものだ。

Понякога тя може би го **обичаше**. (Е.П., I, 176)
（時に彼女は彼をできるだけ**愛した**［不完・イン］。－エリン・ペリン，1: 176)
Той ту **килваше** оръфания си каскет на чело, 〈...〉ту го **тикаше**

назад. (Е.П., II, 126)

（彼は自分の使い古したハンチング帽を額まで**下げたり**［不完・イン］、後ろへ**押しやったりした**［不完・イン］。－エリン・ペリン，2: 126）

　時に動作の反復性や習慣性が間接的に指示されることがある。例として、винаги（いつも）という副詞があるが、その場合、状況が途切れることなく続くとは考えられない。例を挙げよう。

Винаги **ходеше** гологлав, с безредно разпилени коси. (И.Х., 74)

（彼はいつも帽子をかぶらず、不精に髪がたった状態で**歩き回った**［不完・イン］－I. ハッジマルチェフ，p.74）

　ある場合には、他の形式との相関関係と文脈の全体的な性格が動作の非限定的な反復性やその習慣性などを誤解なく明確に指示することがある。例えば、以下の例である。

Той **поставяше** капани, примки, **копаеше** вълчи трапове, **хвъргаше** стръв и живееше с мечтани приходи от продадени кожи на неуловени вълци и мечки. (Е.П., II, 98)

（彼はトラバサミやくくり罠をそこここに**しかけ**［不完・イン］、狼用の落とし穴を**掘り**［不完・イン］、餌を**まき**［不完・イン］、捕らぬ狼や熊の毛皮を売ったもうけを想像しながら**暮していた**［不完・イン］。－エリン・ペリン，2: 98）

Дишах ланинския въздух, **пиех** вода от потоците, **хранех се** с коравия хляб. (там же, 73)

（私は山の空気を**吸い**［不完・イン］、小川の水を**飲み**［不完・イン］、固くなったパンで**食を得ていた**［不完・イン］。－同，p.73）

　ここまで検討してきた不完了体インパーフェクト形の２つの主要

210

な意味——具体的プロセスの意味と非限定回の意味——の他にも、この形は語りのテクスト等で登場することがある。特に以下に挙げるのは、ある種の動詞やそれと結びつく語の語彙的意味に条件づけられて出てくる恒常的−連続的意味の例である。

Още от земята тя **се разклоняваше** на пет здрави и еднакво дебели братя. (Е.П., II, 102)
（それ［ネコヤナギ - 著者注］は地面の根元から5つの同じ太さの頑丈な枝に**分かれていた**［不完・イン］。−エリン・ペリン、2: 102）
Пътят, който **извеждаше** от селото се раздвояваше при самата гора. (И.Х., 378).
（村から**続く**［不完・イン］道はちょうど森のところで二又に分かれた。− I. ハッジマルチェフ，p.378）

　上で見た恒常的−連続的意味の例と並び、動作の反復性が語彙的に**限定されている**ときに不完了体インパーフェクトを用いる例も見られる。

Тая заран той на два пъти вече **получаваше** известие от подполковника. (И.Х., 510)
（その朝、彼は既に2度中佐から報告を**受けていた**［不完・イン］。− I. ハッジマルチェフ，p.510）

　上記の例には、不完了体インパーフェクト形と на два пъти（2度）といった状況語が含まれている。このような文は、実際には、動作の限定的反復性と非限定的反復性が独特なやり方で組み合わさって現れることが多い点を強調しておかなければならない。以下のような例である。

На три, на четири пъти **влизаше** Севда, докато да го измъкне от стаята. (Г.К., VII, 302)

（首尾よく彼を部屋から引きずり出すまでにセヴダは3、4回［部屋に］入った［不完・イン］。－ G.カラスラボフ, 7: 302）

　ここでは、全体の文脈から влизаше によって意味される動作が毎朝3、4回繰り返されたことを示している。次の箇所と比較して欲しい。

Сутрин той **се излежаваше** унесен в някаква полудрямка... Севда постоянно **влизаше** при него и го **буташе** внимателно. (Г.К., VII, 301)
（朝、彼は半ばまどろみに浸って**長寝をした**［不完・イン］…。セヴダはいつも彼の部屋に**入っていって**［不完・イン］はそっと彼を**揺り起こした**［不完・イン］。－ G.カラスラボフ, 7: 301）

　次の例では限定された反復性がより広い非限定的な反復あるいは習慣の枠内で表現されている。

Войка му **улавяше** главата с две ръце и го **целуваше** в устата няколко пъти наред. (Е.П., I, 177)
（ヴォイカは彼の頭を両手で**抱きしめて**［不完・イン］、彼の口に何度か続けざまに**キスをした**［不完・イン］。－エリン・ペリン, 1: 177）
Настроението му рязко **се менеше** по няколко пъти на ден. (Е.М., 318)
（彼の気分は一日に何度か激しく**変化した**［不完・イン］。－ E.マノフ, p.318）

　見て分かるように、全ての場合で、インパーフェクトはまさに反復が非限定的である時点に関係づけられ使用されている。
　筋の通った語りの中の不完了体インパーフェクトは、それが具体的プロセスの意味、恒常的－連続的意味、非限定回の意味のいずれで現れるかに関係なく、語りの中で話題になっているある時点、あ

るいはある時間幅、に実在する諸状況を記述するために用いられ、動作の主要な筋と並行して、つまり話の筋をなす動作と同時に存在する付帯状況を描写するために用いられる。

では、インパーフェクトがアオリストとともに使われる文脈でどのように状況描写に関わるかを見てみよう。

Стефан млъкна, тежка въздишка се отпусна от гърдите му и бавно се разби в стените. Настана тишина. Само старият напрашен будилник равномерно **съскаше**. Навънка **бе**──ここでは、次の例の始めの部分にある беше と同様に、単純過去の бе がインパーフェクトの意味を担っている──черна зимна нощ и в мрака сякаш **се спотайваше** някой чужд, незнаен. (Х.С., 241)

（ステファンは押し黙った［完・アオ］。重いため息が彼の胸から吐き出され［完・アオ］、ゆっくりと壁にぶつかって散った［完・アオ］。静寂が訪れた［完・アオ］。ただ埃まみれの古い目覚まし時計だけが規則正しくカチカチと**鳴っていた**［不完・イン］。窓の外には暗い冬の夜が広がっていて、その暗闇の中、見知らぬよそ者が**潜んでいる**［不完・イン］ように感じられた。－ H. スミルネンスキ, p.241）

この例ではインパーフェクトを用いて、語られる諸出来事の前進的推移が一時停止した時点に存在する状況が記述されている。別の場合では、状況の記述は諸出来事が前進的に動き出すための背景をつくり出すことで、自ら語りの幕を切っておとすこともある。例えば、D. ディモフ（Д.Димов）の長編『タバコ』の最初の出だしがそうである。

Гроздоберът **беше** към края си. От малките вили и кирпиче- ните постройки всред лозята **се разнасяха** ту задружни песни 〈...〉, ту самотни и провлечени гласове 〈...〉, наситени с печал 〈...〉. (Д.Д., 3)

第3章　スラヴ諸語におけるインパーフェクトとアオリスト　**213**

（葡萄の収穫は終わりに近づいていた［不完・イン］。葡萄畑の間の小さな別荘やレンガ造りの建物から揃った歌声や、悲哀に満ちた…長くのびた寂しげな声が**響いていた**［不完・イン］。－ D. ディモフ，p.3）

インパーフェクトは語りの主要な筋に並行する個別の動作を意味する。

Поручик Манев се огледа и подвикна на един войник, който **минаваше** по улицата с бака чай.——Хей, момче!.. Войникът спря и остави баката на снега. (П.В., 45)
（マネフ中尉は周囲を見回しお茶タンクを持って道を**通っていた**［不完・イン］兵士にどなった。「おい、そこの坊主！」兵士は立ち止りタンクを雪の上に置いた。－ P. ヴェジノフ，p.45）

完了体アオリスト形と同様に不完了体インパーフェクト形も、文脈にしかるべく指示があれば、語りの主要な筋に属する動作に客観的に先行する、時間的により前の動作を表すこともある。例えば、以下の例である。

Ей там ⟨...⟩ на мястото на новата постройка **стоеше някога** бащината му къща! Сега от нея нямаше и следа. (К.В., 16)
（ほら、あそこ ⟨…⟩、新しい建物の場所に**いつだったか**彼の父親の家が**建っていた**［不完・イン］。今では何の痕跡もないが。－ K. ヴェルコフ，p.16）
Той гледаше тъжно отъпканата ливада, която **някога даваше** най-хубавото сено в цялата околност (Г.К., VII, 298).
（**かつては**この一帯で最高の干草が**取れた**［不完・イン］［今では］踏みつぶされた草原を彼は悲しそうに見つめていた。－ G. カラスラボフ，7: 298）

不完了体インパーフェクトは過去の出来事についての孤立発話に

も広く用いられる。これはいわゆるインパーフェクトの絶対的用法である。以下に挙げる直接話法の例を参照して欲しい。

状況から具体的プロセスの意味が明らかな例：

——А сега за къде отиваше? (И.В., XII, 387)
（で、今どこへ向かっていたんだい。– I. ヴァーゾフ, 12:387)
——つまり「私が君を呼びとめるまで」
В един миг Рада беше при него. — Бай Колчо!, — Радке! Тебе **търсех**, —каза слепецът. (И.В., XII, 383)
（一瞬のうちにラーダは彼の傍にいた。「コルチョさん！」「ラーダ！君を**探していた**［不完・イン］んだよ」、と盲目の人は言った。– I. ヴァーゾフ, 12:383)

次の例では、反復し、割と恒常的な——時に潜在的な——過去の動作の意味が現在と対立して示されている。

Само преди една седмица стоманата на нашите буталца **се огъваше** като тел. А последният опит... какво показва? (А.Г., Обещ., 41)
（たった1週間前、私たちのピストンの鋼は針金のように**曲がっていた**［不完・イン］。だが、今回の実験は〈…〉何を示しているのだろうか。– A. グリャシキ『約束』, p.41)
Търсим Хасан Кьойли Исмаил — тук някъде живее, — Тук **живееше**, но вече не живее. (Л.С., Избр., 404)
（我々はハッサン・イスマイルを探している。彼はこの辺りに住んでいるのだが。——彼はここに**住んでいました**［不完・イン］が、もう住んではいませんよ。– L. ストヤーノフ『選集』, p.404)
Тоз камък мене **притискаше**, нека притиска сега него!
(Й., 90)
（この石が私を**押さえつけていた**［不完・イン］のだから、次は彼を押さえつければいい。– Y. ヨフコフ, p.90)

孤立発話の不完了体インパーフェクトでは、具体的プロセスや、非限定複数回や、その他の可能な解釈の違いが本質的な問題にならないことも時にある。

　不完了体インパーフェクトが直接話法で完了体アオリストと一緒に用いられると、前者が表す過去に展開する動作は、その後アオリスト形が表わす別の過去の動作によってその展開が中断したり、あるいは単にアオリスト形の動作に取って代わられたりする場合がある。

> Аз я **мислех** самата невинност, брате, а какво **излезе**?
> (И.В., XII, 395)
> (兄弟、僕は彼女は純真そのものだと**考えていた**［不完・イン］、だが結局どうなった［完・アオ］。– I. ヴァーゾフ，12: 395)
> Как си **представях** живота! А какво **излезе**? Пустота!
> (А.Г., Обещ., 47)
> (僕がどんなふうに人生を**思い描いていた**［不完・イン］ことか！でも、結局どうなった［完・アオ］か。空しさだけさ！– A. グリャシキ『約束』, p.47)
> **Имаше** един безгрижен, весел живот! — Отшумя, Жорж. (там же, 50)
> (［おまえは］ただひたすらのんきで愉快な暮しを**していた**［不完・イン］んだよ！――ばか騒ぎは終わったのさ、ジョルジュ。– 同，p.50)

　次のような場合を特に指摘しておこう。具体的プロセスの意味、動作の未完の意味を基盤に、いくつかの動詞の不完了体インパーフェクトにおいて imperfectum de conatu――《試みのインパーフェクト》――と一般に名づけられる独特な意味が発展した。そのような動詞の例として давам（与える）がある。

> Плати му човекът — потвърди Петър Чопа. — 〈...〉с очите си видях. И сто лева бакшиш му **даваше**. — Взех ли ги? — кресна

Казака.— Не, не ги взе, ама **даваше** ги човекът (Г.К., V, 24).
（あいつは彼に借りは返したよ、とペータル・チョップは断言した。――〈…〉僕はそれを自分の眼で見たからね。あいつは100レフのチップを彼に**やろうとした**［不完・イン］。――でも、俺はその金を受け取ったか？――とカザックは叫んだ。――いいや、お前はそれを取っていないが、そいつは金を**やろうとした**［不完・イン］んだ。– G. カラスラボフ，5:24）

不完了体インパーフェクト形の даваше はここでは「与えることを試みた」を意味するが、完了体アオリストの даде が使われるとしたら、それは動作が首尾よく実現したことを表す。

完了体アオリストと不完了体インパーフェクトの最も重要な意味と、それらの用法のタイプを検討しよう。そのために、同じ動詞からなるこれら2つの形が文脈上で直接的に対立し、同じ出来事の2つの見方を表す例を補足することは理にかなったやり方だ。

Кандов не дочака свършека на погребението и **излезе** на улицата пак. Странно! Той **излазяше** малко пооободрен.
(И.В., XII, 291)
（カンドフは葬儀の最後まで待たずに、再び外に**出た**［完・アオ］。どうも奇妙な事だ！彼は少し元気づいた様子で外に**出ていった**［不完・イン］のだ。– I. ヴァーゾフ，12:291）
Нашите **отстъпиха**. Наистина **не отстъпваха** безредно, а пълзяха назад или притичваха до първите падинки, но все пак **отстъпваха**. (П.В., 15)
（我々の方が**退却した**［完・アオ］。正確には、彼らは算を乱して**退却していったのではなく**［不完・イン］、這って後退したり、一番近くのくぼ地まで走ったりしたのだ。だが、いずれにせよ、**退却していった**［不完・イン］。– P. ヴェジノフ，p.15）

これら2つの例のいずれでも、出来事ははじめにひとまとまりの事実として確認されており、その後、出来事の推移の個別的な特徴

を考慮して詳しく検討されている。次は、意味的に近い、類義語的な動詞のアオリストとインパーフェクトによる文脈的対立の例で、具体的事実の意味が非限定的複数回の一般化された意味と対立している。

Когато той 〈...〉 пое покрай плета, някой **свирна** зад него. Имаше в гората едно птиче, което **изсвирваше** тъй и стряскаше човека. (Й., 90)
（彼が編み垣に沿って歩き出したとき、誰かが後ろから**口笛を吹いた**［完・アオ］。森には唐突に口笛のような鳴き声を**発し**［不完・イン］、人を震え上がらせる鳥がいた。 − Y. ヨフコフ, p.90）

　これまで述べてきたことが、現代ブルガリア語における単純過去の2つの重要なアスペクト的バリアント──完了体アオリストと不完了体インパーフェクト──の主要な使用規範である。ここでは、これらの形の使用に際しての周辺的な場合や特殊な場合についての詳細には立ち入らず、指摘するだけに留める。第1に挙げるのは、語彙的に非常に限定されている完了体アオリストの転義的使用で、未来の出来事をあたかも既に成立したものであるかのように表わす用法だ。

Отидохме си, братко, **изгоряхме си** — шепнеха си сега най-разпалените по-преди съзаклятници. (И.В., XII, 307)
（私たちは**死んだ**［完・アオ］、兄弟よ、私たちはもうおしまいだ［完・アオ］！──以前は最も威勢の良かった共謀者らが今になってそうささやいた。 − I. ヴァーゾフ, 12: 307）

　第2に、インパーフェクトがもつ様々に異なるモーダルな用法である（Станков 1966: 131−）。その中から、特に、インパーフェクトが従属文中で仮説的条件の意味を表す用法を筆頭に挙げることができる。

218

Да **знаеше** Марийка по-добре Колча, тя ⟨…⟩ би му разправи-
ла, каква е работата. (И.В., XII, 372)

（もしマリイカがコルチョをよく**知っていた**［不完・イン］なら、
⟨…⟩ 彼女は彼にどういう状況なのかを話すだろう／話しただろ
う。− I. ヴァーゾフ， 12: 372）

このような用法は過去の枠組みとどうしても結びつかない。した
がって、インパーフェクトによって表される仮説的条件はいずれの
時制にも属するものとして考えることができる。例えば、ヨルダ
ン・ヨフコフの短編集の題名は Ако можеха да говорят（もし［動
物が−著者注］話すことが出来たなら）である。モーダルな機能を
もつこのようなインパーフェクトが孤立していることを考えると、
それらを通常のインパーフェクトのある種の同音異義と見なすこと
もできる。

B. 不完了体アオリスト

　不完了体アオリスト、つまり、不完了体語幹から作られるアオリ
ストはこれまで検討してきた単純過去形の 2 つのバリアントよりも
使用される頻度が低い。例えば、L. ストヤーノフ（Л. Стоянов）の
長編『夜明け』の最初の 50 頁にある作者の語りで完了体アオリス
トは、私の計算によると、644 回使われており、不完了体インパー
フェクトは 492 回使用されているが、それらと比較すると不完了
体アオリストはたったの 7 回しか現れない。この相関関係は、実の
ところ、直接話法では異なっており、上の順序で 30 回、10 回、11
回を数える。エリン・ペリンの短編『草刈り人たち』をとってみる
と、完了体アオリストは作者の語りの中の 108 回に加え、登場人
物の直接話法で 10 回使用され、不完了体インパーフェクトは作者
の語りで 42 回現れる。だが、不完了体アオリストは全く一度も登
場しない。他のブルガリアの作家たちにおいても —— どちらかに片
寄る揺れは見られるが —— 大方同じような状況である。その際、収
集例のかなり多くは imperfective 単体動詞（imperfectiva tantum）
から作られる不完了体アオリストが占めている。したがって、完了

第 3 章　スラヴ諸語におけるインパーフェクトとアオリスト　　219

体アオリストも持つ動詞から作られた不完了体アオリストの頻度は、ブルガリア語テクストにおける不完了体アオリストの総頻度よりもさらに低い。だからといって、不完了体アオリストは完了体アオリストの形成が不可能なところでのみ作られ用いられるかのように、あるいは、不完了体アオリストは完了体アオリストの形成が不可能な場合におけるその《代用品》であるかのように考えるのは間違っているだろう。動詞が完了体アオリストを有しているにもかかわらず、話し手や書き手が不完了体アオリストを選択する場合もあれば、不完了体アオリスト形が唯一正しい形で、完了体アオリスト形にも、不完了体インパーフェクト形にも交替できない場合さえある。

　ここで指摘しておくが、アオリストを決して作らないimperfective単体動詞がいくつかある。そのような動詞は実のところ極めて少なく、例を挙げれば бивам（よくある）、無人称動詞の бива（できる、値する）、зная（知っている）、знача（意味する）、изглеждам（…のように見える、…のような見た目である）、приличам（似ている）、трябвам（必要とされている）、трябва（必要である）などである（Деянова 1966: 57）*27。

　現代ブルガリア語における不完了体アオリストの使用の主なタイプは、一見するといろいろと入り混じってかなり不揃いな様相を呈する。これらのタイプを以下に列挙してみよう。1. 動作の持続性の意味が強調されるタイプ、2. 動作の複数回性の意味が強調されるタイプ、3. 同じ時間の断片を共有する中で、次々と入れ替わったり、同時進行したりする諸動作の《束》を表すタイプ、4. 動作の直接的な結果の取り消しを意味するタイプ、5. 一般的事実の意味、そして最後に、6. imperfective単体動詞からなる不完了体アオリスト形が上に列挙した諸ニュアンスのいずれも特に強調することなく、単に完了体アオリスト形が欠如するという理由のみで登場するタイプ。この分類を用いる際に忘れてならないのは、これらの項目は互いに部分的に重なっており、さらに重要なのは、これらが頻度でも、各個別意味の原則的な重要性の点でも、それらが受ける制約の性格そのものの点でも、決して同価値ではないということだ。では、上に挙げた使用のタイプの検討に移ろう。その際の課題は、

上に列挙した6項目の不揃いさの背後にある、不完了体アオリスト
のより深い意味的な特徴と、上で検討した単純過去の2つのバリア
ントとは異なる、この形特有の意味的差異を明らかにすることにあ
る。

1. **動作の持続性の強調**の意味は、不完了体アオリストが過去の
出来事を述べる孤立発話で使われる場合にも、筋の通った語りで使
われる場合にも観察され、また、imperfective 単体動詞から作られ
るアオリスト形でも、完全なアスペクト的パラダイムをもつ動詞か
ら作られるアオリスト形でも観察される。この意味は多くの例に出
てくるもので、いわば、不完了体アオリストにとって極めて典型的
なものである*28。いずれにせよ、それは文脈に条件づけられて
出てくる意味とみなさなければならない。この意味が登場する文脈
のタイプは主に以下のものである。

第1は、継続性を表す状況語を持つ文である。

Защо ни **държа цял час** на пътя, керата? (И.В., XII, 172)
(何できみは私たちを外で**丸1時間も引き留めた**［不完・アオ］
んだい、いたずらぼうず。‒ I. ヴァーゾフ，12: 172)

Муратлийски се изтегна цял на камъка, сключи ръцете си под
главата и в това покойно положение **дълго разказва** историята
си. (там же, p.84)
(ムラトリスキは石の上で長々と体を伸ばし、両手を頭の後ろに
組んで、その落ち着いた姿勢で自分の歴史を**長いこと語った**［不
完・アオ］。‒同，p.84)

Доктор Харалампи ⟨...⟩ **игра до късно** на карти ⟨...⟩, прибра
се в два часа през нощта **и спа до десет сутринта**. Той се
излежава дълго в кревата, стана бавно. (Е.П., II, 185)
(ドクター・ハララムピは⟨…⟩遅くまでトランプに**興じ**［不
完・アオ］⟨…⟩、夜中の2時に帰宅し、**翌朝10時まで眠った**
［不完・アオ］。彼は**長いことベッドに横になり**［不完・アオ］、
それからゆっくりと起きた。‒エリン・ペリン，2: 185)

И **цели два дена** след това Севда **разправя** на майка си за тоя чуден град. (Г.К., VII, 253)

（それから丸2日間セヴダは母親にこのすばらしい町について
語った [不完・アオ]。 – G. カラスラボフ, 7:253）

Веднаж, като **помага десетина дни наред**, Тюлев му подаде
десет лева. (Г.К., Обикн. х., 251)

（ある時、彼が **10日ほど続けて手伝った** [不完・アオ] とき、
チュレフは彼に10レフをさし出した。 – G. カラスラボフ『庶
民』, p.251）

Гологлавов отново извади стария си часовник и **дълго** и
внимателно **отваря** капаците му. (Калч., 96)

（ゴログラヴォフは自分の古い時計を再び取り出し、**長い時間か
けて慎重に蓋を開けた** [不完・アオ]。 – К. カルチェフ, p.96）

第2は、不完了体アオリスト形が表す動作の持続性がその形を繰
り返し重ねることで強調される文——言ってみれば《完全な重複》
である **＊29**。

Бай Ганю извади кесията си, 〈…〉 нарина една шепа монети
〈…〉, **рови́, рови́** из монетите, избра една и я подаде на
берберина. (А.К., Бай Г., 87–88)

（バイ・ガーニュは財布を取り出し、〈…〉小銭をひとつかみ取っ
て 〈…〉、その小銭を**引っかき回し** [不完・アオ]、**引っかき回し**
[同]、中からコインひとつを選び、理髪師にさし出した。 –
А. コンスタンチノフ『バイ・ガーニュ』, p.87–88）

Мислих, мислих, па си рекох: … (М.Г., II, 204)

（私は**考えて** [不完・アオ]、**考えて** [同]、そして決めた 〈…〉。
– М. ゲオルギエフ, 2:204）

Той **гледа̀, гледа̀** докато му се замъгли погледът, изтри очите
си с ръка и пак **гледа̀**. (Е.П., I, 105)

（彼は視界が曇ってくるまで**眺めに** [不完・アオ] **眺めた** [同]、
手で目を擦り、そして再び眺めた。 –エリン・ペリン, 1:105）

Като водите на придошлия Искър, той се **надига̀-надига̀**, докато най-после проникна и в най-затънтените падини. (С.Д., Двор, 309)

（氾濫したイスカル川の水のように、それは遂に最も暗い隅に染み通る［完・アオ］まで上昇し［不完・アオ］、上昇した［同］。 － S. ダスカロフ『庭』、p.309）

　第3は、動作の持続性が後続するテクストの一部から明らかになる文である。そのようなものには、不完了体アオリスト形の後に時間的限界を表す接続詞 докато（する時まで）を持つ従属文が来る場合と、あるいは、次の動詞形と一緒に най-после（ついに）、в края на краищата（結局）等の状況語が使われる場合とがある。

Сетне доближи керемидата до запалената свещ и я **държа** така, **докато** да догори всичкия тамян. (Г.К., VII, 248)
（それから彼女はかわらを火がついたろうそくに近づけ、その状態で香が最後まで燃え尽きる**まで**、**持っていた**［不完・アオ］。 － G. カラスラボフ、7: 248）
　Задигна от скритите наполеони триста парчета, прогуля ги из Пловдив, **губи се, най-после** Хаджията узна, че станал музикант в някой тракийски полк. (Г.Б., 100)
（彼は隠していた金貨から300個取り出し、プロヴディフで遊興して使い果たし、**見知らぬ場所に住み着き**［不完・アオ］、**ついに**ハッジャは彼が何とか言うトラキアの連隊で音楽家になったことを知った。 － G. ベレフ、p.100）

　接続詞 докато を使った例は前の段落にもあるので参照のこと。
　もちろん、持続性が強調される動作は単純過去の範囲内で不完了体アオリストによってだけでなく、不完了体インパーフェクトによっても表わすことが出来るし、一定の条件があれば完了体アオリストによっても表わされ得る。これら3つの可能性の間の意味的差異はどこに特徴があるのであろうか。

第3章　スラヴ諸語におけるインパーフェクトとアオリスト　**223**

a. 不完了体アオリストと不完了体インパーフェクト

不完了体インパーフェクト形と継続性を表す状況語が結合すると、通常、問題になるのは非限定的に反復する動作か、同じ様にインパーフェクト形で表わされる他の並行する諸動作の中で名づけられる1回の動作かのいずれかである。例を挙げよう。

持続的動作の非限定的な反復性：

Но в село Стефан **малко стоеше** —ден-два, колкото да раздаде чаканите армагани. (Й., 126)
（だが村でステファンは**しばらく**、1日2日、期待されていた土産を配ってまわれるくらいの期間、**留まった**［不完・イン］。– Y. ヨフコフ，p.126）

Или си лягаше настрана и по-надалеч и **спеше с часове**. (Й., 564)
（あるいは脇の少し離れたところに横になって**何時間も眠った**［不完・イン］。– Y. ヨフコフ，p.564）

Само дъщеря ѝ Йовка, най-голямото ѝ дете, постоянно я обикаляше, **седеше дълго** около нея и я питаше: — Мамо, какво ти е? (Е.П.,II, 13)
（彼女の長女のヨフカだけはいつも家に寄り、彼女の傍らに**長いこと座り**［不完・イン］、こう尋ねた。——ママ、気分はどう？ –エリン・ペリン，2:13）

これらの例では全て、非限定的に反復する動作の各個別のアクションの持続性が念頭に置かれている。同様の意味は по цяла нощ（幾晩も）のような継続性を表わす状況語を持つ以下の例にも見出される。

Тошка **плачеше** по цяла **нощ**. (Г.К., VII, 11)
（トシュカは幾晩も**泣いた**［不完・イン］。– G. カラスラボフ，7:11）

Крум по цели дни **скиташе** из къра с ловджийска пушка. (Е.М., 42)

（クルムは何日も森の中を猟銃を手にさまよった［不完・イン］。
－ E. マノフ，p.42）

このような意味は不完了体アオリストには無縁だ。次の不完了体
インパーフェクト形を使った例では、それほど典型的ではない少し
異なる意味的バリエーションを見てみよう。

Дълго време Въкрил **възобновяваше** в съзнанието си този
сън. (Г.К., Обикн. х., 405)
（**長い時間**をかけてヴァクリルはその夢を自分の意識のうちに**再
現した**［不完・イン］。－ G. カラスラボフ『庶民』，p.405）

ここで意味されているのは、繰り返される個別のアクションの持
続性ではなく、動作が繰り返された期間全体の持続性である。この
場合、反復の非限定性のニュアンスは多少弱まる。類似する意味は
不完了体アオリストによっても表わされる。

… Коста Деянов, който цели пет години го **лъга** и **ограбва**….
(Г.К., V, 48)
（…まるまる5年間彼を**騙し**［不完・アオ］**強奪した**［不完・ア
オ］K. デヤノフは…。－ G. カラスラボフ，5:48）
Десет години тя **се мъчи** 〈…〉, десет години **работи** като до-
биче и **се свива** пред свекър и свекърва…. (Г.К., VII, 357)
（10年間彼女は**苦しんだ**［不完・アオ］〈…〉10年間馬車馬のよ
うに**働き**［不完・アオ］、舅と姑の前で**骨身を削った**［不完・ア
オ］…。－ G. カラスラボフ，7:357）

ここでは лъжеше、ограбваше、мъчеше се に替えても言えるだ
ろう。インパーフェクトを使うと動作の断続性はよりはっきりと表
わされる。概して、この段落で検討した不完了体インパーフェクト
の全ての場合は、既にお分かりのように、上述した非限定的複数回
の意味で余すところなく記述できる。

第3章 スラヴ諸語におけるインパーフェクトとアオリスト 225

不完了体インパーフェクト形が表わす諸動作のうちの1回の動作の持続性：

Припомни си той с каква жар ѝ шепнеше: ⟨…⟩ А тя дълго време му не **отговаряше**. Само криеше лицето си в ръце, трепереше и мълчеше. (Е.П., I, 88)

（彼はどれほど熱っぽく彼女に囁いたか思い出した［完・アオ］⟨…⟩。だが、彼女はずっと彼に**返事をしなかった**［不完・イン］。ただ、顔を両手で覆い［不完・イン］、震え［不完・イン］、黙っていた［不完・イン］。－エリン・ペリン，1:88）

Командирът отново излезе пред ротата и известно време мълчаливо ги **разглеждаше** ⟨…⟩ като че ли ги проучваше. Срещаше погледи——повечето апатични, пусти, в някои имаше даже нарочна враждебна незаинтересованост. (П.В., 61)

（司令官はまた外に出てきて［完・アオ］中隊の隊列の前で足を止め、しばらくの間、兵をまるで観察するかのように黙ってじっ**と見た**［不完・イン］。彼はいくつもの視線にぶつかった［不完・イン］——大部分は無気力で虚ろな視線であったが、中には敵意に満ちた無関心がことのほか強く表れている眼差しさえあった。－P. ヴェジノフ，p.61）

これら全ての場合で、上に見た具体的プロセスの意味と不完了体インパーフェクトに典型的な状況記述が問題になっていることは明らかだ。

継続性を表す状況語が付随する不完了体インパーフェクト形が、多回性の意味を持たず、さらに文脈中に他の不完了体インパーフェクト形が登場しない例がまれにある。

Той си пийна още няколко пъти от шишето ⟨…⟩ и неговата калугерска душа бе се освободила от черното расо, което **тъй дълго я покриваше**. (Е.П., I, 103–104)

226

（彼はまた何回か瓶からすすった〈…〉修道士の彼の魂は**それを長きにわたって覆っていた**［不完・イン］黒いリヤサから解放された。−エリン・ペリン，I: 103−104）

Дълго се колебаех, Камене. Но преди малко обадих. (А.Г., Обещ., 62)

（私は**長い間迷っていた**［不完・イン］、カーメン。だが、最近言った。− A. グリャシキ『約束』，p.62）

　これらの場合、不完了体インパーフェクトは、この直前に述べたグループの例と同様、具体的プロセスの意味で登場する。

　これと対立して、不完了体アオリストは1回の持続的動作を表し、その推移の過程そのものにおいて動作を表すのではなく、ただ動作を事実として表わす。過去の個別出来事について語る孤立発話においては、不完了体アオリストとインパーフェクトの間の差異は最も小さいものになる。だが、筋の通った語りにおいては、その差異はより顕著に現れる。すなわち、不完了体アオリストは他の諸事実が連続して並ぶ中における1つの事実を示唆する。話題になっている持続的動作は物語の順序だった展開におけるひとつの段階として記述される。これに反して、インパーフェクトが使用される場合は、物語はその順序だった流れの中で一時停止するかのようであり、それはそこに存在している状況を解説するための一時停止である。

　総じて、このことは不完了体インパーフェクトを用いることで動作の持続性が強調される他の場合にもあてはまる。例えば、動作の持続性がインパーフェクト形の重複によって表わされる場合である。

Дъбакът и Корчан〈...〉се **работеха и работеха.** В село по цял ден се чуваха ударите на острите им брадви〈...〉те не жалеха труд, не сещаха умора. (Е.П., I, 14−15)

（ダバックとコルチャンは〈…〉さらにいっそう**働きに**［不完・イン］**働いた**［同］。村では何日も彼らのよく切れる斧の音が聞こえていた。彼らは労を厭わず、疲れも覚えなかった。−エリン・ペリン，I: 14−15）

不完了体アオリスト形が表す持続的な動作が、その後、同じ動詞の不完了体インパーフェクト形によって繰り返し示される例は興味深い。

Павел видя снахите и жена си как излязоха от селото ⟨…⟩ Петровица и Божаница вървяха напред заедно. Далечко след тях вървеше Елка ⟨…⟩ Павел я гледа́ дълго, дълго, докато тя изчезна зад нивите. Гледаше я той и не чувствуваше нищо, ни жалост, ни мъка, ни любов, ни радост, гледаше я като нещо чуждо, далечно. (там же, II, 22)

(パーヴェルは村から出てくる嫁たちと妻を見た。ペトロヴィツァとボジャニツァは前方を一緒に歩いていた。そのずっと後をエルカが歩いていた ⟨…⟩。パーヴェルは彼女が並んだ畑の向こうに姿を消すまで長々と彼女を眺めた [不完・アオ]。彼女を眺めていた [不完・イン] が、彼は何も感じなかった、同情も、痛みも、愛情も、喜びも。彼は彼女を何か縁遠いもののように眺めていた [不完・イン]。—同，2:22)

後者の例で、アオリスト гледа はそれが意味する動作をひとつの段階として語りの順次的な流れに組み入れるだけである。インパーフェクトの гледаше が言及するのは、まさに進行中にあるその動作の詳しい検討である。類似する相関性は次の例でも観察できる。

Тошка се сгърчи от мъка. Нещо я пресече в гърдите, загорча ѝ на гърлото ⟨…⟩ Целия ден тя жъна и плака. Плачеше скришом, завираше се в ръкойките, отскачаше на синорите, приглъщаше съдхиье си. (Г.К., VII, 13)

(トシュカは痛さで身をよじった。何かが彼女の胸の中で引きちぎられ、喉がいがらっぽくなった…。1日中彼女はしめつけられるようで涙した [不完・アオ]。隠れて泣き [不完・イン]、刈り取られる穂の束に隠れて秘かに泣き、あぜ道に走り込み、涙を堪えた。— G. カラスラボフ，7:13)

b. 不完了体アオリストと完了体アオリスト

　完了体アオリストが継続性を表す状況語と結合して使われるケースは、ある一定の枠内に限定される。それは以下の2つである。

　1）完了体アオリストが一定時間幅の持続性を意味する動詞、あるいはそれに近いいくつかの動詞から作られるとき＊30。

Той **почака** един миг с пръст на запънката. (И.В., XII, 10)
（彼は［銃の］引き金に指をかけたまま**一瞬待った**［完・アオ］。 − I. ヴァーゾフ，12: 10)
Още същото лято Ивановата жена падна от колата, повреди се нещо и **пролежа** с месяци в болницата. (Г. К., VII, 258)
（さらにその夏イワンの妻は荷馬車から落ち、どこかを痛め、2、3カ月**入院した**［完・アオ］。 − G. カラスラボフ，7: 258)
Очите му намериха ниската Цветина къщица ⟨...⟩ и дълго се **спряха** там. (Е.П., II, 133)
（彼の眼はツヴェータの小さな家を見つけ⟨…⟩、そして長いことそこに**留まった**［完・アオ］。 −エリン・ペリン，2: 133)
Благолажът вдигна таинствено пръст, **ослуша се дълго и рече** .... (там же, I, 81)
（ブラゴラシュは秘密っぽく指を上げ、**長いこと聞き耳を立てて**［完・アオ］、**言った**［同］…−同，1: 81)

　2）動詞が否定されるとき。
Цели три месяца по ясного небе **се не мярна** ни сянка от облачец. (там же, 6)
（まるまる3カ月もの間、晴れ渡った空には小さな雲ひとつの影も**現れなかった**［完・アオ］。−同，6)

　これらの例は、とりわけ最初のグループに顕著であるが、完了体アオリストがその具体的事実の意味を保持しており、その時だけの1回限りの事実を指し示している。ここで不完了体アオリストが使

われるしたら、それはより一般的な意味を表し、必ずしも1回性を指し示すわけではないだろう。例えば ослуша се дълго が紛れもなく1回の動作で間断ない持続性をもつのに対して、次の例の дълго се ослушва では動作はおそらく間隔をあけて何度か行われている。

Обиколи и горния край на корията, извика няколко пъти, дълго се **ослушва**. (Г.К., VII, 235)
（彼は森の上の方のはずれも一巡し、何度か叫び、長いこと**耳を澄ました**［不完・アオ］。－ G.カラスラボフ，7：235)

動詞の完了体アオリスト形が重複する場合、それが意味するのは動作の持続性ではなく、動作の特別な強調であり、動作の現れの特別な力強さである。例えば、以下の例である。

На очите му **притъмня-притъмня**, като че да са го ударилe в главата с нещо тежко. (Т. Вл., 117)
（彼は目の前が**真っ暗になった**［直訳：暗くなった［完・アオ］-暗くなった［完・アオ］－訳者注]。まるで頭を鈍器のようなもので殴られたかのようであった。－ Т.ヴライコフ，p.117)

これまで検討してきた諸形式の差異の本質は何かということを簡単にまとめるなら、概して次のように言えよう。持続的動作を表す不完了体アオリストは、a.《非過程性（непроцессность)》、動作の展開そのものから乖離した抽象性、その意味での《事実性》で、インパーフェクトとは異なる。それと同時に、不完了体アオリストは、b.完了体アオリストに比べて具体性に乏しく、意味される事実をより一般的に、さらに言えば曖昧に指し示すという点で完了体アオリストと異なると言えるであろう。実際には、このような細かい差異が感じられることはまれで、不完了体の両形式と、ある一定の範囲内ではアオリストの両形式も、相互に交換可能になる。

2.　上で挙げた不完了体アオリストの第2の意味は、**複数回**、それも特に**限定された複数回動作の強調（значение подчеркнутой** кратности действия, и прежде всего его **ограниченной кратности**）の意味である。この意味は、さきほど見た持続的意味と同じように、孤立発話でも過去についての筋の通った語りのテクストにも登場し、また、その際使われる不完了体アオリストは、アスペクト・パラダイムが欠損している動詞からも、そうでない動詞からも作られている。先に見た意味と同様、この意味も不完了体アオリストにとって極めて典型的な意味であり、故にブルガリア語文法書にも記載があるものだ*31。だが、この意味も文脈に条件づけられたものとして考察しなければならない。それは次のようなタイプの文脈で観察される。

　まず、限定された回数をはっきりと示す状況語を伴う文に登場する。例えば、На два пъти майка й минава край нея (Г.К., VII, 198)（2度ほど母は彼女のそばを通り過ぎた – G. カラスラボフ, 7:198）のような文である。この意味がさらに頻繁に観察される文脈は、回数が限定的ではあるが、はっきりとは示されない няколко пъти（何度か）といった状況語をもつ、次のような文である。

> Председателят на съда **няколко пъти вади** часовника си, понеже бързаше. (Калч., 135)
> （裁判長は急いでいたので、時計を**何度か取りだした**［不完・アオ］。– K. カルチェフ, p.135）
> **Колко пъти** Нинка **излиза** вън да надникне от вратника. (С.Д., Двор, 214)
> （いく度、チンカは門の向こうを見やるために庭に**出たことか**［不完・アオ］。– S. ダスカロフ『庭』, p.214）

以下も同様の例であるが、2つ以上の不完了体アオリスト形式が観察される。

> Няколко пъти той **се връща и кръстова** около водениците. (Й., 97)
> （いく度か彼は戻って来て［不完・アオ］製粉所のわきを**通り過**

ぎた［不完・アオ］。 — Y. ヨフコフ, p.97）

　また、次の例では2つの順次的動作がサイクルとして繰り返されていることが強調されている。

Няколко пъти **ту пристъпва** към него, **ту се връща** и найпосле
〈...〉избяга. (同上, 138)
（彼女は何度か彼に**近づいたり**［不完・アオ］**戻ったりした**［不完・アオ］が、結局、〈…〉走り去ってしまった。— 同上, p.138）

　直接、回数を表す状況語はないものの、文脈の他の要素から複数回であることがはっきりしている次のような文においても観察される。

И при други дървета **се спира** Крайналия та и други хайдушки
истории **разказва**. (同上, 144)
（そしてクライナリヤは別の木々のそばにも**立ち止まり**［不完・アオ］、別の反乱パルチザンの物語も**話すのであった**［不完・アオ］。— 同上, p.144）

　限定的、あるいは非限定的に繰り返されることが強調される動作は、単純過去では不完了体アオリスト以外でも表現され得る。すなわち、限定的な複数回動作の場合は完了体アオリストによって——上述したようにしばしば不完了体インパーフェクトによっても——、非限定的な複数回動作は不完了体インパーフェクト、またある場合には、後述するように完了体インパーフェクトによっても表される。多回動作を表す際の、今述べた諸形式の差異は以下の点にある。完了体アオリストが多回動作について、その限定的な回数——それは常にというわけではないが、多くの場合、具体的に示される——の全てを一括して表現するニュアンスをもち、不完了体インパーフェクトは非限定的で終了していない故に、一連の反復がひとつにまとめられない動作を表す。一方、不完了体アオリストは、一連の反復

は限定的であるが、ひとまとまりのものとしてまとめられない場合に用いられる。したがって、不完了体アオリストは няколко пъти、на няколко пъти のように限定的ではあるが、回数を明示しない場合に使用されるのである。次の例ではこのような不完了体インパーフェクトと不完了体アオリストの典型的な使用法を見ることができる。

Петър **се въртеше** неспокойно, няколко пъти **ставà, ходи** до прозореца, **поглежда** и тревожно **се ослушва** .... (Калч., 84)
（ペータルは落ち着かない様子で**寝返りを打ち**［不完・イン］、何度か**起き上がっては**［不完・アオ］窓に**近寄って**［不完・アオ］外を**見**［不完・アオ］、不安そうに**聞き耳を立てた**［不完・アオ］。－ K. カルチェフ，p.84）

インパーフェクト形で表されている動作は非限定的に繰り返されているが、一方、アオリスト形の場合には反復は限定的である。
　別の場合には、アオリスト形でざっと繰り返される状況を示した後で、インパーフェクト形を使ってその状況のディテールをある程度、詳しく描いたり、また、その後の展開を描いたりするといったことが可能になる。以下の例を参照。

Васил няколко пъти **дохожда** в малката къщичка 〈...〉, **вземаше** тефтери, **вземаше** разни книжа и пак **с е връщаше** при Захария. (Й., 677)
（ワシルはいく度かその家に**立ち寄った**［不完・アオ］が、帳簿を**取ったり**［不完・イン］、いろいろな書類を**取っては**［不完・イン］ふたたびザハリヤに**戻る**［不完・イン］のであった。－ Y. ヨフコフ，p.677）
Но скоро още два пъти през същото лято конят **бегà** и **се връща** в чифлика. И все тъй го **заварваше** чичо Митуш——отвън вратника стои, чака. (Й., 615)
（しかしじきに、その馬は夏の間にさらに2度、**逃げては**［不

第3章　スラヴ諸語におけるインパーフェクトとアオリスト　　233

完・アオ］屋敷に戻ってきた［不完・アオ］。ミトゥシュおじさんは門の前に立って、待って、いつも馬を見つけだしていた［不完・イン］。 –同上, p.615）

Лентата **прекъсва** на два пъти, неспокойните зрители **тропаха** с краката си, **свиркаха** с устаи пак **започваше** веселата игра. (Калч., 83)

（テープは2度、**途切れたが**［不完・アオ］、騒然となった観客は**足を踏みならしたり**［不完・イン］**口笛を吹いたりして**［不完・イン］、ふたたび愉快な演奏が**始まる**［不完・イン］のであった。 – K. カルチェフ, p.83）

На няколко места той **слиза** от колата уж да си запали цигара от някой ранобуден стопанин, който се връщаше с натоварена кола, и плахо и предпазливо го **подпитваше** за новини от селото. (Г.К., VII, 232)

（彼は何ヶ所かで荷馬車から**降りたが**［不完・アオ］、それはあたかも、荷物を積み込んで帰ってきた早起きの農家の主人の傍らで一服するためであるかのようであった。そしてほんとうにおずおずと用心しながら村のニュースをいろいろ**尋ねるのであった**［不完・イン］。 – G. カラスラボフ, 7:232）

　ところで、実際の使用では時に両者の差異が曖昧になる。次の例のように、インパーフェクトの登場が予測されるようなところで不完了体アオリストにお目にかかることがある。

Кандов мина няколко пъти из тая улица и **поглежда** ту към зида ⟨...⟩, ту към сянката. Тя ужасно бавно слазяше от стената на срещната къща ... . (И.В., XII, 283)

（カンドフは何度かその通りを歩き、壁を見たり … 壁の影を**眺めたりしていた**［不完・アオ］。影はいやになるほどゆっくりと反対の家の壁から下に降りて来るのであった。 – I. ヴァーゾフ, 12:283）

限定的な複数回動作の表現では、上述した２つのアオリスト、す
なわち完了体アオリストと不完了体アオリストの意味的差異はさら
に曖昧になる。この意味の完了体アオリストは概して不完了体より
も使われる頻度が低く、とりわけ反復性がはっきりと示されない場
合はそうである。通常の語りの文脈では、反復性を表す状況語を
伴った不完了体アオリスト形は、１回動作を表す完了体アオリスト
形に前後を取り巻かれている。次の文は同じ動詞がそのような対立
を見せる例である。

> На няколко пъти той **изменя** посоката на пътуването си. На
> десетия ден ⟨...⟩ той тръгна за село Василино и съвсем **измени**
> посоката си. (Калч., 27)
> （何度か彼は自分の旅の行き先を**変えていた**［不完・ア
> オ］。10
> 日目に … 彼はワシリノ村へ発ち、自らの行き先を完全に**変えた**
> ［完・アオ］のだった。– K. カルチェフ，p.27）

3.　特殊なグループを構成するのが、過去のある時点で、互いに
連続したり、まれに同時進行したりする諸動作を表す不完了体アオ
リスト形の《**束**пучка》である。一般に、このような《**束**》は歴史
物語や叙事的な語りの文脈に見ることができ、完了体アオリスト形
に前後を境界づけられている。《束》によって表される諸動作は、
そういった語りでの、話の進展における１つの段階を共に構成する
のである。まれに、《束》が語りの文脈から逸脱し、過去のある状
況についての情報をそれ自体でもたらすということもある。この
《束》には、どのような動詞から作られた不完了体アオリストでも、
それがアスペクト・パラダイムをもっていようが、欠損していよう
が、入ることができる。いくつか例を見てみよう。
　まず、動作が部分的にでも同時に生起している例である。

> ... обиколи той всички фронтове, **би се, гни** из окопите, но се
> върна жив и здрав. (Г. К., VII, 259)
> （彼はすべての前線をめぐったが、**戦かったり**［不完・アオ］、**塹**

壕でつらい時を過ごしたりして［不完・アオ］、生きて健康な体
で帰ってきた［完・アオ］。－ G. カラスラボフ，7:259）

И не се върна. **Ходи** той от град в град, дълго **носи** чирашката
престилка, **спа** по голите дъски на работилниците, **гладува** и
най-после се измъкна с професия в живота. (К. В., 16)
（帰りはしなかった。彼は町から町へと**歩いたり**［不完・アオ］、
長いこと生徒の前かけをつけたまま、工房のむき出しの板の上で
眠ったり［不完・アオ］、**お腹がすいたりして**［不完・アオ］、そ
うやってやっとのことで一人前になった［完・アオ］のだった。
－ K. ヴェルコフ，p.16）

次に、互いに連続する動作の例であるが、順番は規則的な場合も、
不規則な場合もある。例えば、いろいろ探しまわっているようすを
描く次のような例がある。

Три дни **се губи** тъй навътре в планината. **Катери се** по най-
върлите урви, **слиза** в най-дълбоките усои. Най-после намери
трите бели кози. (Й., 96)
（こうして 3 日間、彼は山奥深くに**姿を消した**［不完・アオ］。と
ても険しい断崖に**よじ登ったり**［不完・アオ］、とても深い峡谷
へと**降りたりしていた**［不完・アオ］。そしてついに 3 匹の自分
の白いやぎを見つけた［完・アオ］のであった。－ Y. ヨフコフ，
p.96）

同様の例を見てみよう。

Но дългия го нямаше никакъв. **Търсиха** го под дърво и камък,
обхождаха селото и планината, зарад него два пъти **преглежд
аха** между труповете при Кавашката воденица, **биха** баща му
до смърт, но безрезултатно. (К.В., 140)
（しかし、背が高い人はどこもいなかった。どこもかしこも**探し**
［不完・アオ］、村も山も 2 度**歩き回り**［不完・アオ］、彼のため

236

にカヴァクの水車小屋の死体を2回も調べ［不完・アオ］、父親を死ぬほど叩いた［不完・アオ］がだめだった。− K. ヴェルコフ，p.140）

Пратиха, та повикаха и доктора. **Гледа** го **обръща** го, **чука** го по гърба, **чука** го под ребрата, написа една хартишка. (М. Г., II, 107)

（人を行かせ、医者を連れてきた。［医者は］彼を診て［不完・アオ］、体を裏返したり［不完・アオ］、背中をたたいたり［不完・アオ］、肋骨の下をたたいたりして［不完・アオ］、紙に［診断を］書いた［完・アオ］。− M. ゲオルギエフ，2: 107）

Той го прегледа внимателно, **дърпа́** го за опашката, **тегли** му ушите **обръща** му клепачите, най-после му надуха с цев някакъв лютив черен прах в носа и го остави. (Е. П., II, 64)

（その人は念入りにそれを診て、尻尾を引っ張たり［不完・アオ］、耳を引っ張ったり［不完・アオ］、まぶたをひっくり返したりして［不完・アオ］、結局、管でひりひりする黒い粉末を鼻に入れ［完・アオ］、そのままにした［完・アオ］。−エリン・ペリン，2: 64）

Скореца непрестанно ги забавляваше. **Свири** им като славей, като скорец, **обажда се** като пъдпъдък, като сойка, като сврака. Хората го харесаха. (同上 , II, 122)

（スコレッツァ［ホシムクドリを意味する登場人物のあだ名 − 訳者注］は絶えず彼らを楽しませていた。ナイチンゲールやホシムクドリのように声を出したり［不完・アオ］、ウズラやカケスやカササギのように鳴いたりした［不完・アオ］。みなはそれが気に入った［完・アオ］。−同上，2: 122）

... хвърли го в огън и цели две седмици го мъчи проклетата редушка. **Вариха** му лай-кучка, синап му **налагаха**, с топли трици го **вързваха**, и мина му. (Г. К., VII, 301)

（その嫌な感染病は熱を引き起こし、2週間も彼を苦しませた。彼にカモミール茶を沸かしたり［不完・アオ］、からし膏薬を皮膚に当てたり［不完・アオ］、温めた糠を塗ったりして［不完・

アオ〕やっと彼は治った〔完・アオ〕。− G. カラスラボフ, 7:
301)

Той седна да пише отговор, **плюнчи** молива, **започва, мисли**
и току го захвърли. (同上, 313)

(答えを書こうとして、鉛筆を**なめては**〔不完・アオ〕、**書きかけ**
〔不完・アオ〕、**考え**〔不完・アオ〕、結局、放りなげた〔完・ア
オ〕。−同上, 7: 313)

Юсуф **писа, бърса, писа, бърса** и в края на краищата отново
се задържа иероглифно написаната дума «истълб». (Г. Б., 32)

(ユスフは**書いては**〔不完・アオ〕**消し**〔不完・アオ〕、**書いては
消し**、結局不可解な単語「истълб」が残った〔完・アオ〕。−
G. ベレフ, p.32)

Галихме я, мама **ѝ слага** от трички, **подрязва** ѝ коси на челото,
за да не я хванат уроки, червен конец ѝ върза на едното ухо и
какво ли не. (К. Г., 58)

(それを**撫で**〔不完・アオ〕、母親は 3 人ずつ**寝かせて**〔不完・ア
オ〕、呪いにかからないように、額の毛を**切ったりして**〔不完・
アオ〕、赤い糸を耳に結んだ〔完・アオ〕。− K. グリゴロフ,
p.58)

例からもわかるように、このタイプの用法はすでに検討したどち
らのタイプにもかなり近い。諸動作の《束》で提示される時間の断
面はいずれの場合も大なり小なり持続的である。いくつかの例で、
完了体アオリストが最初に登場する際に使われる най-накрая（結
局）、най-после（ついに）、в края на краищата（結局）のような
状況語と比べて欲しい。この時間の断片の内部では、多くの場合、
問題となっている時間における各動作の多回性と反復性がおおよそ
明示的に示されているが、だが、反復の回数は限定的ではない。
もっとも、先の例、K. ヴェルコフ p.140 のように、限定された反
復回数が特別に示されない限りにおいてではあるが。もし多回動作
を背景に、何らかの動作が1回生起する場合、その動作が1回であ
ることは、最後の例における върза（結んだ〔完・アオ〕）でわか

るように、完了体アオリストを使用して強調することができる。

　完了体アオリストと不完了体インパーフェクトの間に、意味的な関係において、はっきりと線引きをするとしたら、これまでに検討してきた用例から考えて、次の点を指摘しなければならない。すなわち、連続する完了体アオリストは、通常――つまり特に逆のことが示されない場合には――、すでに見たように、動作の自然な連続性を表現し、その場合、それぞれの動作はたいてい1回の動作である。このように、完了体アオリストは、考察してきたタイプの不完了体アオリストと等しい役割を担うことはできないのである。不完了体インパーフェクトは逆に、上述の例が示すように、歴史物語や叙事的な語りの文脈で、また語り以外でも、一連の《束》として広く使われ、その際、しばしば観察されるのは、まさに回数が限定されない意味での使用である。そうしたことから、今、述べたタイプの用法ではインパーフェクトは不完了体アオリストとぴったりと境界を接していると言え、ときに混同されて使われる場合が出てくる。特に、次のような例を比較のこと。

Вечерта по тъмно Женда пак дойде при баба Ана. **Плака, окайва** себе си, **окайва** Върбана. **Заричаше се**, че няма да ходи никъде и само него ще гледа. (Й., 95)
（その晩、暗くなった時、ジェンダはふたたびアーニャ婆さんのところにやってきた。**泣いて**［不完・アオ］、自らを**呪い**［不完・アオ］、バルバンを**呪った**［不完・アオ］。どこにも出かけないで彼のことだけ見ていると**誓った**［不完・イン］。－ Y. ヨフコフ，p.95）

その他の例も見てみよう。

Вълчетата си бяха добре. И **пасеха**, и вода **пиха**. А този, Комура, **се боричкаше** с другите. (同上 ., 663)
（雄牛はみんな元気だった。草を**はんだり**［不完・アオ］、水を**飲んだり**［不完・アオ］した。コムラという牛は他の牛と**遊んでい**

た［不完・イン］。 – 同上，p.663）

Ходихме почти цял ден. Тя беше необикновено жизнерадостна. **Катери се** по скалите, **беше** извънредно нежна към мен, **пееше**, **разправя се** продължително с ехото на доловете, **викаше** моето име там. (K. B., 94)

（丸1日中、歩いた。彼女はとても生き生きしていた。岩を**登っ**たり［不完・アオ］、わたしにとても親切であったり［不完・イン］、歌を**歌っ**たり［不完・イン］、峡谷のこだまと長い間**呼び**あったりし［不完・アオ］、そこで私の名前を**叫ん**でいた［不完・イン］。 – K. ヴェルコフ，p.94）

そうは言っても、一般的にはアオリストとインパーフェクトのこうした混同は起こらない。ある時間の断片の中で同時進行したり次々と交替したりして生起する動作は、それらの動作が経過するプロセスとして、あるいは非限定的な反復として把握される場合にはインパーフェクトによって表される。もしプロセスの経過そのものが背景に追いやられ、主眼がこれらの動作を物語の進展の流れに組み込むことにおかれる場合は、不完了体アオリストによって表されるのである。

4. 不完了体アオリストには、これまで見てきた用法に比べると頻度的にあまり高くはないが、**一回動作で、動作の直接的結果が後続する出来事によって無効になったり、打ち消されたりする**用法がある。このタイプは運動の動詞やそれらに意味的に近い動詞で、主にアスペクト・パラダイムが完全な動詞によって表される。次の例のように、過去の出来事についての孤立発話においても、また連続的な語りの文脈においても観察される。

——Кой тропа? 〈...〉 ——Отворете! ——Заманов **дохождà**, — пошъпна булка Мичовица 〈...〉 Докторът заметна пак вратата. (И. B., XII, 239)

（「そこにいるの誰だ?」…「開けて下さい。ザマノフが**来て**いたんです［不完・アオ］」農婦のミチョヴィッツァがつぶやいた。

240

… 医者は再びドアに鍵をかけた。 − I. ヴァーゾフ，12: 239）

Брат ти, офицерина, **идва** тука, правиха обиск. (Е. М., 284)

（お前の兄弟、将校がここに**来ていた**［不完・アオ］、捜索が行われた。 − Е. マノフ，p.284）

Онзи ден, в схбота, Велка **ходи** на пазар в града. Като се връщала, не била сама. (Калч., 36)

（一昨日、土曜日にヴェルカは町へ買い物に**行ってきた**［不完・アオ］。帰るときには、1人ではなかったそうだ。 − K. カルチェフ，p.36）

… от деня, в който за втори път **ходи** у Казълбашеви да моли снаха си, се беше изминала цяла вечност. (Г. К., VII, 369)

（カザルバシュヴィへ義理の娘に頼みをするために2度、**出かけた**［不完・アオ］日から、だいぶ時間がたっていた。 − G. カラスラボフ，7: 369）

──Снощи дядовият Манолов син ме **намирà** наистина, но мина през стряхата, та причини врявата. (И. В., XII, 53)

（「夕べ、マノル爺さんの息子は実際、私を**見かけた**［不完・アオ］のに、家を通りすぎて、大騒ぎを起こしたんだ。」 − I. ヴァーゾフ，12: 53）

──Ти **праща** за Райка, нали? Аз ти я не дадох тогава. (Т. Вл., 143).

（ライカのところに［仲人］を**送った**［不完・アオ］のだろう。だけど私が彼らを帰したよ。 − T. ヴライコフ，p.143）

　考察している意味は、使用可能な語彙範囲はかなり限定的だが、一際目立つものであり、文法書に既に記述があるのももっともである（Andrejczin 1938: 39（§ 23, a））。この意味が何故目を奪うかというと дойдох（私は来た）や отидох（私は立ち去った）のような完了体アオリスト、さらには дошъл съм のような完了体パーフェクトが、1回動作──空間移動──の直接的結果が残っているということを表すのに対して、まさに明確に意味の上で対立するからである。もし最初の例で дохождà を дойде（彼が来た［完・ア

オ〕）に替えたとすると、ミチョヴィッツァが問題の発話を行った
時点でザマノフはまだここにいる、立ち去っていないという意味に
なる。実際には、連続する語りのテクストの文脈で、アオリストの
対立する2つの形式の差が幾分、平準化される場合がある。

Веднаж в Стипоне **дохажда** Петко Каравелов. Беше в опозиция.
Околийският му каза да си върви. (Г. Б., 120)
（ある時、スチポンに P. カラベロフが**やって来た**［不完・アオ］。
彼は反対派であった。郡長官は彼に立ち去るように言った。 −
G. ベレフ，p.120)

　上記のような例では、**дойде**（彼が来た［完・アオ］）あるいは
пристигна（彼が到着した［完・アオ］）等を使うこともできそう
であり、実際、その後に Околийският му каза да си върви という
表現が続くのであれば、むしろそちらの方が論理に適っていそうで
ある。だが、話題になっている人物がスチポンに留まってはいない
というイメージは、この人物がそこへ到着したことに言及した時点
においても意識の中にあるのは明らかであり、そのことは不完了体
アオリストが選択されたことからも示唆されるのである。インパー
フェクトはこういった場合には使われないが、それはインパーフェ
クトが **дохождаше, идваше**（何度か、やってきたり立ち去ったり
する）のように、非限定的な複数回の意味や、**идваше**（ちょうど
ここへ向っているところ）が《やって来るプロセス》の最中である
ことを示すように、プロセスの強調の意味をもっているからに他な
らない。

　5.　不完了体アオリストにおいて、基本的に重要な意味となって
いるのが**一般的事実（общефактическое）**の意味である。この意味
がはっきりと出るのは、不完了体アオリストが過去の出来事につい
て伝えたり、質問したりする孤立発話であり、文中に持続性や反復
の強調がなく、語形の《束》もなく、動作結果の打ち消しの意味も
ない時である。一般的事実の意味は、パラダイムの欠損の有無に関
わらず、どんな動詞の不完了体アオリストの形式でも表現可能であ

242

る。この意味は、過去の事実を具体化することなく、またその事実が実現される具体的条件を考慮することなく、総体として、事実そのものとして指し示すという点にポイントがある。例をいくつか見てみよう。

Но той ⟨…⟩ си знаеше едната: «Нападнат бях —— **браних се**!» .(M. Г., II 185)
(だが彼は同じことを繰り返した。「私は攻撃されたので、**自ら身を守った**［不完・アオ］のだ」。- M. ゲオルギエフ, 2:185)
Ходиш ли на училище? —— **Ходих** до четвърти клас. Сега работя в къщи. (Л. С., Зазор., 23)
(「学校に通っているのかい?」「4年生まで**通ってた**［不完・アオ］。今は家で働いているよ。」- L. ストヤーノフ『夜明け』p.23)

これらの例では過去の事実について、孤立した発話で伝えられている。他の例も見てみよう。

… всички чарбаджии лъжат и обират беднотията …——Право —— потвърди Казака ⟨…⟩ ——**Лъга** ме той. (Г. К., V., 27)
(「… 金持ちは皆うそをついて、貧乏人を搾取する」。カザックがうなずいた。「そうだ、… **うそをついていたんだ**［不完・アオ］、彼は。」- G. カラスラボフ, 5:27)
Едно време——хеее ⟨…⟩ той ме **защищавá**. (Г. К., Обикн. х., 111)
(大昔、あぁ、…彼は私を**かばってくれた**［不完・アオ］。- G. カラスラボフ『庶民』, p.111)
Камен: И никакво огъване? Работникът: Никакво! С микрометъра **мерихме**. (А. Г., Обещ., 67)
(カメン:「それで、ゆがみは全然なかったのかね?」労働者:「ありませんでした。マイクロメーターで**測りました**［不完・アオ］から。」- A. グリャシキ『約束』, p.67)

第3章 スラヴ諸語におけるインパーフェクトとアオリスト　243

疑問文でも同様だ。

А как уби тоя заек? **Гърмя** ли? (И. В., XII, 357)
（お前はどうやってこのうさぎを殺したんだ？ **銃で撃った**［不完・アオ］のか？ - I. ヴァーゾフ，12:357）

Ами **не среща** ли нейде едно сиво теле с червен конец на шията? (Т. Вл., 83)
（おまえ、どこかで首に赤い紐をつけた灰色の子牛を**見なかった**［不完・アオ］かい？ - T. ヴライコフ，p.83）

Търсиха ли ме?——наведе се той към жена си. (Г. К., VII, 234)
（「だれか私を**探した**［不完・アオ］かい？——彼は妻の方に身をかがめた。- G. カラスラボフ，7:234）

いずれの場合も、話者は問題となっている事実がそもそもあったのかどうかという点に関心がある。ときには、生起した動作が1回なのか数回なのか、最初の例を挙げれば、問いかけた相手が銃を撃ったのが1回なのか数回なのかも、重要ではないことがある。

不完了体アオリストの一般的事実意味は文献にも指摘がある（Andrejczin 1938: 39; Андрейчин 1978: §251）。

この意味は、過去の個別の事実について述べる同じような孤立発話において、完了体アオリストの具体的事実の意味やインパーフェクトの具体的プロセスの意味に対立する。例えば、最後に見た例、**Търсиха** ли ме?（だれか私を**探した**［不完・アオ］かい？）と215頁で挙げた Радке! Тебе **търсех** (И. В., XII, 383) （ラーダ！君を**探していた**［不完・イン］んだよ）を比べてみよう。1つ目の例では話者は事実そのもの、彼がいない間に誰かが彼のことを探したり、尋ねたりしなかったかどうかに関心がある。2つ目の例では、話者は長いこと根気強く探し続けていたが、それが終わったことを喜んでいるのであり、彼は過去の動作をその経過の中で、つまりある時間進行し、見通しもなく持続した**プロセス**として描いている。もちろん、話者は、グリャシキの作品の主人公が別の箇所で Чети! За това те **търсих** (А. Г., Обещ., 41) （読んでくれよ！そのためにあ

んたを**探した**［不完・アオ］んだから‐A. グリャシキ『約束』、
p.41）と表現したように、ここで不完了体アオリストを使うことも
可能で、そうすることによって《プロセス性》のニュアンス、プロ
セスの進行を強調しないこともできた。

　同様に示唆的なのが完了体アオリストとの対比である。意味の近
い動詞や同じ動詞の場合、文脈でどのように形が異なるのかを次の
例で比較して欲しい。

… от толкова място и баба ми би го измерила … ——Мерихме,
бе ——управяше се един от закачаните. ——Мерихте, ама
мижахте … ——Истина, аз **замижах.** (И. В., XII, 335)
（そんな距離なら私の祖母だって［目標に‐原著者注］命中させ
たかもしれない。…「おれたちは狙ってたんだが」とからかわれ
ていたうちの１人が言い訳をしていた。「お前たちは狙ってはい
たが、**目をつぶった**［不完・アオ］ではないか。… 実際、僕は
目をつぶった［完・アオ］のだった。‐I. ヴァーゾフ，12：335）
… патроните ми са слаби ⟨…⟩ Миналата година ги **пълних** с
италиански барут. **Напълних** пак пушката. (Е. П., III, 156)
（… 私の薬莢は頼りない ⟨…⟩ 去年はイタリアの火薬をそこへ**詰
め**た［不完・アオ］のだが。銃を再び**装填した（詰めた）**［完・ア
オ］。‐エリン・ペリン，3：156）

古典からの例も参照されたい。

Що се тъй забави? ——Аз? ——попита Соколов в недоуме-
ние. ——Марийка късно ли те **намери**? ——Коя Марийка?
Как? **Не намирà** ли те тя? ——извика Огнянов смаян. ——Аз я
пратих до тебе с писмо тая заран. (И. В., XII, 386)
（「なんだっておまえ、こんなに遅かったんだい？」「おれか？」ソ
コロフは訳がわからず尋ねた。「マリイカがおまえを**見つけた**
［完・アオ］のは遅かったのかね」「マリイカってどこのマリイカ
だい？」「なんだって？　彼女はおまえを**見つけなかった**［不完・

アオ］ていうのかい？」オグニャノフは驚いて叫んだ。「おれは
手紙をもたせて、おまえのところに今朝、彼女を行かせたのに。」
　　　－ I. ヴァーゾフ，12: 386）

　この例では、オグニャノフがマリイカのことを尋ねた最初の文で
は、動詞によって表される動作は実際にあったものとして、質問は
事の詳細――いつそれがあったのか――を問題にしている。したが
ってこの質問はとても具体的な性格を帯びている。次のオグニャノ
フの質問、не намирà ли те тя? （彼女はおまえを見つけなかった
［不完・アオ］のか？）では、逆に、大枠における質問である。つ
まりオグニャノフは自らが関心を寄せる事実がまるで無かったとい
うことをすでに知っており、それゆえに否定の не が使われ、質問
に一般的な性格をもたせる不完了体アオリストが使われるのである。
　一般的事実の意味は、孤立発話で持続性や反復性などを強調する
特別な要素がない場合にのみ、最も鮮やかに現れるのであるが、実
際には、この意味は不完了体アオリストのきわめて重要な意味とみ
なさなければならない。なぜなら不完了体アオリストがもつすべて
の意味のうち、一般的事実の意味が最も**自由**であるからだ。すなわ
ち取り巻く文脈の点でも、動詞の語彙的意味においても、また動作
様態においても、この意味は最大限、自由な環境で現れるのである。
さらに、上で考察した他の意味のなかにも、不完了体アオリストに
は、完了体アオリストと比較すると、ある種の不定性や非具体性の
ニュアンスが備わっており、また、インパーフェクトと比較すると、
《非プロセス性》やありのままの《事実性》のニュアンスが備わっ
ていることが容易に見て取れる。そしてこれらのニュアンスは、す
なわち、実質的には一般的事実の意味であることもわかるだろう。
ただ、それは主に文脈に依存する、いろいろに補足的な、特別な付
加的要素で複雑になっているのである。
　6.　これまで考察してきた5つのグループ以外に、もう1つグ
ループが残っている。**不完了体単体動詞**から作られる不完了体アオ
リストである。これらは単に該当する動詞が完了体アオリストの形
式をもたないという理由だけで用いられるもので、上で考察したい

ずれの意味も強調するわけではない。

このグループに属するものには持続性ニュアンスを特徴としてもつものがあるが、そのニュアンスは上記1で見たような何らかの特別な手段によって強調されるわけではなく、動詞の非限界性によってのみもたらされるものである。先行や後続する完了体アオリストとのコントラストが一定の役割を果たしている、語りの文脈の例を見てみよう。

Илия дигна стомната и жадно **смука** студената прясна вода, после седна до вратата. (Калч., 13)
（イリヤは水差しを持ちあげて［完・アオ］、むさぼるように冷たい水を**がぶがぶ飲み**［不完・アオ］、それからドアのそばに腰かけた［完・アオ］。－ K. カルチェフ, p.13）
Тинка отмаля, загуби почва под краката си ... Тя **го гледа** с изплашени очи изпърво, после току прихна в неудържим плач. (С. Д., Двор, 144)
（チンカは弱り［完・アオ］、足元がふらついた［完・アオ］。…彼女は彼を怯えた目で**眺めていたが**［不完・アオ］、堪えきれなくて突然泣き出した［完・アオ］。－ S. ダスカロフ『庭』, p.144）

不完了体単体動詞のアオリストは、意味を本質的に変えることなく、別の動詞の完了体アオリストに容易く交換できる場合がある。

Караджов, подир като изпя песента: «Боят настава, тупат сърца ни», **държа** пламенно слово и Клисура с възторжени викове и при звона на камбаната се прогласи въстанала. (И. В., XII, 305)
（カラジョフは…と歌を歌い終わった後、情熱的な言葉を**述べた**［不完・アオ］が、クリスーラは興奮の叫びをあげ、鐘の音と共に自ら反体制側であることを宣言した。－ I. ヴァーゾフ, 12: 305）

上記の例では、държа の代わりに каза（言う）などの具体的事実の意味をもつ完了体アオリストも可能であったはずだ。

Динко е хвърлил отряда в едно безсмислено нападение, което **струва** живота на трима души. (Д. Д., 633)
（ディンコは隊を意味のない攻撃へと突入させ、それは 3 人の命を**代償にした**［不完・アオ］。 — D. ディモフ，p.633）

　この例でも、което струва живота ... の代わりに、което предизвика смъртта на трима души（それが 3 人の死をもたらした）のように、一括化の意味の完了体アオリストでもよかったはずである。総じて、引用した例において不完了体アオリストは、いかなる補足的ニュアンスももたない、純粋な事実を示しているのである。
　以上が不完了体アオリストの用法の主要なタイプである。ここまで単純過去のバリアントについてやや詳しく検討してきたが、それは、単純過去の内部で、完了体と不完了体という perfective 性におけるアスペクト対立と、インパーフェクトとアオリストという《広い意味での》アスペクト対立が、どのように相関しているかを正しく理解するために、とりわけ重要だと考えたからである。これまで挙げた項目は、当然ながら、全部が等しく重要である訳ではない。それらを相互に比較してみて、不完了体アオリストのもっとも重要でかつ総括的な意味、その他の意味の基盤をなす意味は、一般的事実の意味であるという結論に至った。不完了体単体動詞にとって一般的事実意味と同列に扱わなければならないのが、何ら特徴的ニュアンスをもたない意味、つまり過去の事実を単純に指示し、ありのままで確認する《ゼロ》意味である。一般的事実意味と《ゼロ》意味の中立性を背景に、さまざまな文脈環境においてつけ加えられるのが、動作の持続性や多回性、次々と交替する動作の順次性などを強調するニュアンスである。その結果、まさにこういったニュアンスが、他の形式に比べ不完了体アオリスト形でより頻繁に観察されることになる。これも納得のいく話である。なぜなら、話者が、例えば、持続性を強調した動作を表さなければならない時、必ずしも

完了体アオリストが使えるわけではない。また、この持続する動作の経過プロセスを強調するような根拠がなければ、不完了体インパーフェクトを使うこともできないのである。結局、話者は不完了体アオリストを使うしかない。概して、話者は持続性や限定的な――だが具体的回数は未定――回数性、動作が次々と交替する順次性、動作の直接的結果の打ち消しといった場面を強調する際、意味的により許容力のある形、つまり動作のプロセス性や、反対に、ひとまとまり性といった他の場面を強調しない形を選ぶことがある。そのような形式こそが不完了体アオリストである。この形式と不完了体インパーフェクト、完了体アオリストとの基本的差異は、まさに、インパーフェクトに特有のプロセス性の意味、そして完了体のアオリストやその他の形式に特有な動作のひとまとまり性の意味を、不完了体アオリストがもたないという点にあるのである。いずれの場合も、不完了体アオリストと単純過去のその他の形式が基本的に異なっているわけではない、という点をわれわれは認めている。けれども、だからといって、この形式が一定の環境で使われる時に、上で考察したさまざまな意味を、多かれ少なかれはっきりとポジティヴに表現することを決して妨げはしないのである。

C. 完了体インパーフェクト

　完了体インパーフェクト、すなわち完了体の語幹から形成されたインパーフェクトは、すでに上でもふれたように、いくつかの特別なタイプの文脈でのみ使われる。完了体インパーフェクトが文学作品で観察されるのは比較的まれであるが、M. デヤノヴァ（M. Деянова）が数えたところでは、不完了体アオリストに比べて頻度がはるかに低いという訳ではない。例えば、ヨルダン・ヨフコフ（Йордан Йовков）の選集（Събрани съчинения , т. I–VII. София, 1956）第2巻において、不完了体アオリストと完了体インパーフェクトの割合は 49：43 となっており、またエリン・ペリン（Елин Пелин）の短編7作品中では 23：21 となっている（Деянова 1966: 26）。

　現代ブルガリア語の完了体インパーフェクトの用法はかなりバリエーションに富んでいる。もっともよく使われるのが複数回

第3章　スラヴ諸語におけるインパーフェクトとアオリスト　249

perfective 意味の**例示的**（**наглядно– примерное**）用法であるが、
1回の動作、一度きりの動作を指示する場合もあり、不完了体イン
パーフェクトのようにモーダルな機能で利用されることもある。

1. 完了体インパーフェクトの**複数回** perfective 意味（**кратно–
перфективное значение**）はもっとも重要で量的にも他の用法を
凌駕している。この意味では多回性と perfective 性が結合しており、
過去の動作は客観的には多回なのだが、その非限定的なくり返しの
うちの１つのアクションが、例として描かれる。そして、その例示
的に描かれるアクションは、進行するプロセスとしてではなく、完
結したひとまとまりのものとしてイメージされる。

複数回 perfective 意味は、一般には複数回相関タイプの文脈で実
現し──この文脈の理解については第３章、第１節Aを参照のこ
と──、もっともよく使われるのが、時や条件などを表す従属文中
であるが、ときには主文や並立複文、同種文肢をもつ文などでも観
察される。例を見てみよう。

以下は、**複数回ペアタイプ**の完了体インパーフェクトが、主節と
従属節の両方で使われている例である。

Нарочно край тях минаваха дружките на Тинка, като си
идеха от пазар и ако го **видеха** сред двора, **викнеха** му, та
махалата чуе .... (С. Д., Двор, 176)
（チンカの友達は、市場からの帰りがけ、わざと彼らのそばを通
り過ぎ、もし中庭の真ん中に彼がいるのを**見つければ**［完・イ
ン］、彼に向って、隣近所にみな聞こえるように**大声で叫ぶのだ**
［完・イン］。– S. ダスカロフ『庭』, p.176）

Вечер, щом чиновниците **тръгнеха** да се разхождат по чаршията,
Русин Дуров винаги **закачеше** кафеза с птицата на прозореца
към улицата. Папагалът скачаше（不完了体インパーフェクトに移
行）от пръчка на пръчка и непрестанно кресливо повтаряше:
Глупци, глупци. (Г. Б., 160)
（夕方、役人達がメインストリートに散歩に**出てくる**［完・イン］
やいなや、ルシン・ドゥロフはかごを通りに面した窓に**かけるの**

だ［完・イン］。オウムは棒から棒へと跳びまわって、続けざま
にやかましく「バカタレ、バカタレ」とくり返すのだった。－
G. ベレフ，p.160)

　上記のタイプよりもはるかによく観察されるのが、従属節でのみ
使われる完了体インパーフェクトの例である。主節では、そこで表
現されている動作の性質に関わりなく不完了体インパーフェクトが
使われる。
　問題となっている構文の従属節で最も典型的なのが、以下の例の
ように、接続詞 щом と колчим（колчем）（〜するやいなや）で導
かれる従属節である。

... и децата, които често влизаха в градината да берат сливи, щом
го **видеха**, не слизаха, а просто нападваха и бягаха, колкото им
крака държат. (Й, 38–39)
　(… そしてプラムを取りにたびたび庭に入りこんでいた子ども達
は、彼を見る［完・イン］やいなや、よじ下りるのではなく［不
完・イン］跳び下りて［不完・イン］、パッと全速力で逃げ出し
ていくのだった［不完・イン］。－ Y. ヨフコフ，p.38–39)

以下、同様の例である。

Той се хилеше до уши, щом го **зърнеше** от далеч. (Л. С, Зазор,
68).
(遠くからでも彼を見つける［完・イン］やいなや、その人は笑
顔になるのだった［不完・イン］。－ L. ストヤーノフ，『夜明け』
p.68)
Широкото му лице ставаше бронзово червено всеки път,
щом се **закашляше**. (同上, 13)
(咳をし始める［完・イン］やいなや、いつもその広い顔が銅色
になるのだった［不完・イン］。－同上，『夜明け』p.13)
Още щом **пукнеше** пролетта, баба Наца защъпукваше из двора.

(СД., Двор, 5)

（春になる［完・イン］やいなや、ナツァ婆さんは庭をちょこ
ちょこ歩き始めるのだった［不完・イン］。 − S.ダスカロフ
『庭』、p.5）

И щом **се стопеше** снега и врабци **зачуруликаха** по дръвниците,
измъкваха се и те 〈…〉 и се разшаваха на припек. (同上 , 10)

（雪が**解けて**［完・イン］、スズメたちが木々で**鳴き出す**［完・イ
ン］やいなや、彼らもはい出してきて［不完・イン］、日向で動
き出すのだった［不完・イン］。−同上、『庭』p.10）

Симо гледаше вече уверено и съсредоточено със сините си очи,
и щом го **закачеха** махленските деца, отговаряше им някак
снизходително. (К. Г., 120)

（シモの青い目は、今や自信に満ち、きりっとした眼差しをして
おり［不完・イン］、街の子供らに**いたずらをされる**［完・イン］
やいなや、何か、見下すように答えるのであった［不完・イン］。
 − K. グリゴロフ, p.120）

Какиният Гинкин мъж ядеше пред себе ги смирено, защото,
колчем си **позволеше** да каже нещо или да се изсмее яката, тя
му хвърляше свиреп поглед. (И. В., XII, 45)

（ギンカ姉さんの夫は、あえて何かを言ったり、声高で笑ったり
しようものなら［完・イン］、たちまい冷たいまなざしで睨まれ
る［不完・イン］ので、おとなしく食べていた［不完・イン］。
 − I. ヴァーゾフ, 12:45）

また以下のような、関係副詞 когато（〜するとき）で導かれる
従属節でも観察される。

Когато **дойдеше** в разгара на полката си, Клеопатра ревеше
ужасно, и цялата махала знаеше, че Клеопатра танцува. (同上 ,
XII, 32)

（クレオパトラ（熊の名−著者注）が自分のポルカを踊りながら
激昂する［完・イン］とき、ひどく吼えたて［不完・イン］、そ

252

の界わいの皆が、クレオパトラが踊っているということを知るの
だった［不完・イン］。−同上，12:32）

От опит той знаеше, че когато сянката **се дръпнеше** досред
улицата, до барата, тогава девойката ставаше да полива гради-
ната. (同上, XII, 283)

（経験から知っていた［不完・イン］が、影が通りの真ん中まで
伸びてくると［完・イン］、娘が庭園に水をやるために上って来
るのだった［不完・イン］。−同上，12:283）

Но за чест на Дакито трябва да кажем, че милосърдието му се
равняваше с невежеството му, и той побледняваше, когато
секретарят му **покажеше** някой член от наказателния закон,
чрез който се осъждаше някой, задето е дал плесница някому,
на три месеца затвор. (同上, V, 56)

（ダキトの思いやりは無知に匹敵する［不完・イン］と認めざる
を得ず、誰かが人に平手打ちをくらわせれば［完・パ］、3ヶ月
の懲役になる［不完・イン］という刑法の条項を秘書に**見せられ
ると**［完・イン］、青ざめるのだった［不完・イン］。−同上，5:
56）

Но времето омекна и когато из: снега **минеха** каруци, оставяха
дълбоки следи, които бързо се пълнеха с вода. (Й., 553)

（しかし天気が暖かくなって［完・アオ］、馬車が雪の上を**走る**
［完・イン］と、すぐに水がいっぱいたまる［不完・イン］深い
轍を残すのだった［不完・イン］。− Y. ヨフコフ，p.553）

... когато го **погледнеше**, очите й го заливаха с мека и сладка
светлина. (Й., 31)

（彼を**見れば**［完・イン］、その目は柔らかく、やさしい光に満ち
るのだった［不完・イン］。− Y. ヨフコフ，p.31）

Марин малко общуваше с него. Всякога, когато вуйчото **се из-
правеше** над главата му и грапавият глас **се забиеше** в ухото
му, без да го гледа, той го чувстваше като изправен дървен
труп... и същият този труп с присъствието си сякаш лягаше на
самите му плещи. (К. В., 20)

（マリンは彼とあまりつき合いがなかった［不完・イン］。叔父が頭上に立ちふさがり［完・イン］、そのしわがれた声が耳をふさぐと［完・イン］、いつも、彼に目を上げることもなく、突っ立っている丸太のように … その丸太が、まるでその存在で彼の肩に重くのしかかっている［不完・イン］ように感じるのだった［不完・イン］。− K. ヴェルコフ, p.20）

Дори и тогава, когато **станеше** нужда да помага при вдигането на чувалите в бакалницата 〈...〉, неговият панталон си оставаше все тъй чист и безупречно изгладен, както някога в студентските му години в града. (同上 , 32)

（病院で袋を担ぐ手伝いをする必要が**生じても**［完・イン］、そのズボンは町での昔の学生時代のように、きれいで完璧にアイロンがかけられていた［不完・イン］。−同上, p.32）

Друга вечер, когато имаше време, Стойко не отиваше направо до плетената порта, а свиваше край реката 〈...〉 оглеждаше двора им, къщата, съседите и чак когато **се увереш е**, че никой, отникъде не се мярка и не гледа, пресичаше бързо като лалугер разровената песъчлива улица и се лепваше до високия плет. (Г. К., VII, 197)

（晩、時間があれば［不完・イン］、ストイコは籬の門まですぐには行かず［不完・イン］、川原に寄り道して［不完・イン］、その庭や、家、隣家に目を配り［不完・イン］、誰も来ず、誰も見ていないと**確信すれば**［完・イン］、ハタリスのようにすばやくでこぼこの砂の通りを渡って［不完・イン］高い垣根に飛びつくのだった［不完・イン］。− G. カラスラボフ, 7: 197）

И все пак Ламбо си отиваше чак когато **и з л е з е х** навън да му кажа, да мине друг път, че сега тате няма пари. (К. Г., 53)

（今、父はお金がないから、また来るようにと、外へ**出て**［完・イン］ランボに告げると、やっと彼は帰っていくのだった［不完・イン］。− K. グリゴロフ, p.53）

同様に、以下、като（〜するとき）で導かれる従属節での例で

254

ある。

Драгота не обръщаше внимание на незадоволството на тримата прости братя. Като **се прибереше** в килията си, където никой не можеше да го види, той първом си дояждаше добре със скритото ядене, което държеше под ключ. И като **си помислеше**, че често о. Амфилохий беше го посочвал за пример в умерено ядене и пиене, той се усмихваше. (Й., 47)

（ドラゴタは無邪気な3人の修道士の不満を無視していた［不完・イン］。誰にも見られることのない［不完・イン］僧房に戻ると［完・イン］、まず鍵をかけ［不完・イン］、隠しておいた食事をたらふく食べたものだった［不完・イン］。アンフィロヒィ神父がよく彼をほどよく飲み食いする例に挙げていた［不完・プルパ］ことを思っては［完・イン］、笑っていた［不完・イン］。
－ Y. ヨフコフ，p.47）

Често пъти като **се върнеше** късно с колата, Герасим я заварваше горе в стаичката просълзена. (С. Д., Двор, 159)

（車で遅く帰ると［完・イン］、ゲラシムはしばしば涙にくれた彼女を上階で見つけたものだった［不完・イン］。－ S. ダスカロフ『庭』, p.159）

[Вол Петко] винаги държеше вдигната главата си, като **тръгнеше** за паша. (К. Г., 56)

（牧場に出かける［完・イン］とき，雄牛のペトコはいつも頭を持ち上げていた［不完・イン］。－ K. グリゴロフ，p.56）

その他のタイプの関係節における例を見てみよう。

Тя с трепетно сърце се взираше във всекиго, когот1о **срещнеше**, дано познае някой близък човек. (И. В., XII, 226)

（知り合いがいるのじゃないかとわくわくした心で，彼女は出会った［完・イン］人みなをじっと見つめるのだった［不完・イン］。－ I. ヴァーゾフ，12:226）

Целият ни път от ческата граница до Прага беше едно триумфално шествие; ⟨...⟩ дето **поминеше** нашият трен, шапки захвърчаваха нагоре и нескончаемо «nazdar» цепеше въздуха. (А. К., Бай Г., 81)

（チェコの国境からプラハまでの道程すべてが凱旋パレードだった［不完・イン］。… 我々の列車が**通過する**［完・イン］ところは、どこでも帽子が宙を飛び［不完・イン］、絶え間ない「バンザイ」の歓声が空気をつんざいていた［不完・イン］。— A. コンスタンチノフ『バイ・ガーニュ』, p.81）

Все пак, колкото пъти му **прилегнеше**, бягаше да пие вода на олуците. (Й., 613)

（でも、そう**決める**［完・イン］たびに下水管の水を飲みに行くのだった［不完・イン］。— Y. ヨフコフ, p.613）

И замечтахме ние за още една крава. Кого къде **видеше** мама от съседите, замолваше го да ни помогне да сменим Петко с някоя крава. (К. Г., 57)

（それで、私たちは雌牛がもう一頭あればと願うようになった［完・アオ］。母は隣人の誰かを**見かける**と［完・イン］、ペトコを雌牛に取り換える手伝いを頼んでいた［不完・イン］。— K. グリゴロフ, p.57）

さらに、接続詞 ако（もし）に導かれる例も見ておこう。

Нямаше кой дърва да им насече … Ратайче, ако **вземеха**, крадеше ги и те го изпъждаха. (С. Д., Двор, 9)

（薪を割る者がだれもいなかった … 手伝いを**雇えば**［完・イン］、その者が物を盗む［不完・イン］ので、追っ払っていた［不完・イン］。— S. ダスカロフ『庭』, p.9）

И на вечерята, и после, тя беше всякога на първо място. Тя забелязваше как свахата подсещаше с очи дъщеря си найнапред на нея да поднася. И как, ако ѝ **потрябваше** нещо, скокваха и двете на крак. (同上, 17)

256

（食事中でもその後でも彼女はいつも一番だった。彼女は、姑が娘に最初に自分に食べ物を運ぶよう目で合図している［不完・イン］のに気がついていた［不完・イン］。そして、彼女が何か**必要とあれば**［完・イン］、2人ともさっと立ち上がるのだった［不完・イン］。－同上，p.17)

ロシア語にすると 'если нанимали［不完・過］работника'（もし働き手を雇ったときには）、あるいは完了体のニュアンスを出すのであれば 'если, бывало, наймут［完・現未］работника, он их обкрадывал'（もし働き手を雇おうものなら、その人物は彼らから物を盗むのだった）とする方がよいだろう。

最後に、無接続詞従属節——従属節文頭の動詞の後ろの助詞 ли を伴う——の例である。

Прибереше ли се ключарят, Илия пак се появяваше. (Калч. 105)

（管理人が**行ってしまえば**［完・イン］、イリヤは再び姿を現すのだった。－ K.カルチェフ，p.105)

Лятото кое-как минаваше леко, но **почнеха** ли дъждовете и каловете, **скриеха** ли се животинките в дупките, свираха се и те в слупената си къщурка и весден печеха старите си кокали край кюмбето. (С. Д., Двор, 9)

（夏はようやく、何事もなく過ぎようとしていた［不完・イン］が、雨やぬかるみが**始まり**［完・イン］、動物たちが穴に身を**隠す**と［完・イン］、彼らも小屋に引きこもり［不完・イン］、老骨を毎日、暖炉で温めるのだった［不完・イン］。－ S.ダスカロフ『庭』，p.9)

А **зелнеха** ли се слоговете и баирите, той вземаше тояжката и я откарваше на паша. (同上，7)

（草地や丘の**緑が青々としてくる**と［完・イン］、彼は杖を手に取り［不完・イン］、それ［牛 - 著者注］を牧場に追い立てるのだった［不完・イン］。－同上，p.7)

第3章　スラヴ諸語におけるインパーフェクトとアオリスト　**257**

И понеже от баща си никога не виждах пара 〈...〉 затуй **зърнех ли**, макар и кръгло парченце от тенекийка да е, все го мислех, че с него може да се купят бонбони. (К. Г., 52)
(父親からお金をもらったこともなかった［不完・イン］ので…丸いブリキのかけらでも**見ようものなら**［完・イン］、飴が買えるといつも思ったものだった［不完・イン］。– K. グリゴロフ, p.52)

　上で見た例ではすべて、主節の述語は、複数回動作における個々のアクションのそれぞれのアスペクト的な性質に関わらず、不完了体インパーフェクトで表現されている。つまり、複数回動作内の個々のアクションそれぞれが、客観的に見て持続的なものであろうと —— 上 の Клеопатра ревеше ужасно, и цялата махала знаеше, че Клеопатра танцува の例のように —— 、あるいは客観的に見て瞬間的なものであろうと —— скохваха и двете на крак, вскочили（跳び上がった［完・過］）+ вскочили + вскочили = вскакивали（跳び上がっていた［不完・過］）—— 、それとは関係なく、不完了体インパーフェクトで表現されるということである。こういったケースでは、個々のアクションの《perfective 性》は表現されず、失われ、消えてしまっている。
　以下は、複数回連鎖タイプ（кратно–цепной тип）の完了体インパーフェクト —— 並立複文における —— の例である。

Често пъти тези свои разговори той придружаваше и с по някоя мимика: или **повдигнеше** разперени пръстите от дясната си ръка 〈...〉 и шаваше с малкия и другия до него пръст; или **свиеше** джуните си и **изблещеше** очи, като да се чуди на нещо; или **свиеше** дясното си око и **шавнеше** с левия си мустак, или пък само повдигне［完了体現在へ移行］длан на рамото си и пак си спусне ръката. (М. Г., II, 16)
（しばしばこういった自分の話に、彼はある種の身ぶりをつけて語るのだった。右手の指を不器用に広げながら上に**上げたり**

258

［完・イン］、小指と中指をぴくぴくさせたり［不完・インパ］、**唇を固く引き結んで**［完・イン］、まるで何かにびっくりしているかのように目を**瞠ったり**［完・イン］、また右目を**細めて**［完・イン］左の口髭を**少し動かしたり**［完・イン］、あるいはただ、手のひらを自分の方にのせてはまた腕を下ろしたりしたものだった。－ M. ゲオルギエフ，2: 16）

以下も同様の例である。

Съмваше се и отново се повтаряше същото. Субашът Али излизаше пред конака и гледаше. Додованяка дохаждаше, както и по-рано, в дюкянчето——ここまでは不完了体インパーフェクト．Току **се появеше** отнякъде с изшилен черен калпак от яре, със сипаничево лице, одърпан, напрашен. Личеше си——不完・イン——, че слиза от Балкана. Спре се——完・現へ移行——, огледа се наляво, огледа се надясно и хлътне в дюкянчето, като лалугер в дупката си. Седеше там дълго——再び不完・イン——, а като **минеше** покрай дяда Руся——上で見た като を使った従属節における複数回ペアタイプの完・イン——, преправяше лице и се преструваше ни божа кравица. (Й., 78–79)

（夜が明けると［不完・イン］また同じことのくり返しであった［不完・イン］。アリ警視は警察署の外に出て［不完・イン］あたりを見回す［不完・イン］。前と同じように、ドドヴァニャカは店にやってくるのだった［不完・イン］。彼は、子ヤギの尖った黒い帽子をかぶり、ニキビだらけの顔で、ぼろを纏い、埃だらけでどこからか、いきなり**姿を見せるのだった**［完・イン］。バルカン山から降りてきたことが分かる［不完・イン］。少し立ち止まり［完・現］、左を見［完・現］、右を見て［完・現］、ハタリスが穴に入るように店に入り込む［完・現］。そこで長いこと座っているのだが［不完・イン］、ルシャ爺さんのそばを**通りがかると**［完・イン］、表情を変えて［不完・イン］テントウムシ［firebug］のふりをするのだった［不完・イン］。－ Y. ヨフコフ，

第3章　スラヴ諸語におけるインパーフェクトとアオリスト　**259**

p.78–79）

　次は**複数回限界タイプ**（**кратно– предельный тип**）の完了体イ
ンパーフェクトで、時間枠を作る従属節での例──主節では不完了
体インパーフェクトが使われている──である。

Марко полагаше голяма грижа да вдъхне на синовете си
религиозно чувство. Вечер, доде **и з ч е т е ш е** повечерката си
пред куностаса, големите бяха длъжни да присъствуват на
молитвата. (И. В., XII, 6–7)
（マルコは自分の息子たちに信仰心を養おうとなにかと心をくだ
いていた。毎夕、彼がイコノスタスの前で自らの夕べの**祈りを捧
げ終える**［完・イン］までは、成人した息子たちは祈りをあげて
いなければならないのだった。− I. ヴァーゾフ， 12:6–7）
Той се вслушваше в стъпките им, докато **заглъхнеха** в нощта.
(С. Д., Двор, 56)
（彼は、それらが夜のしじまに聞こえなくなる［完・イン］まで
は、彼らの足音にじっと耳をすませるのだった。− S. ダスカロ
フ『庭』, p.56)
Триех я ⟨...⟩, лъсках я с песъчинки, пак я проплаквах с вода,
дорде **лъснеше** на слънцето и я пъхах във вътрешния джеб. (К.
Г., 52)
（私はそれが陽の光に**輝くようになる**［完・イン］まで、こすり、
砂で磨き上げ、また水ですすいだりをくり返し、内ポケットにそ
れをつっ込んだ。− K. グリゴロフ， p.52）

以下も同様の例である。

... сато по някое бобено зърно плуваше ту към единия край,
ту към другия въртеше се в кръг, дорде някой го **улучеше и
попаднеше** в лъжицата му. (同上, 64)
（豆は、こども達の誰かが**見つけ当てて**［完・イン］、自分のス

260

プーンでそれをつかまえる［完・イン］までは、スープの中で泳いでいた。－同上, p.64）

　次に、《潜在的相関（**скрытая соотносительность**）》ケースでの完了体インパーフェクトの例だが、それらが使われる従属節は、対応する主節をもたないか、または主節で動詞形態が存在しないような従属節である。

Като взе шише, той се зачука с всички под ред; то беше звън и кълкотения, рядко кръчмата на бай Тодор беше виждала таквоз чудо. Само когато **почнеха** по-рано изборите. (С. Д., Двор, 241)
（瓶を手に取って、彼はみなと次々に杯をふれ合わせ始めた。グラスのふれ合う音、手を叩く音がひびき、地主のトドルの居酒屋にはめったに見られない不思議な光景であった。選挙が**始まろうとする**［完・イン］前をのぞいては起こらないような。－ S. ダスカロフ『庭』, p.241）

　選挙前の戦いが始まるときには、決まっていつも居酒屋で騒々しい集まりが行われることは明らかであるが、そのことはここでは先行する文からだけわかることであって、直接には表現はされていない。さらに同じような例を見てみよう。

Остави си шапката настрана и почна да сваля каквото му **попаднеше** на ръка от рафтовете на куп сред бакалницата. (К. В., 81)
（彼は自分の帽子を脇へ置き、荷車から手当たり次第（何か手にふれれば［完・イン］全部）、なにかも一緒くたに小屋の真ん中に投げ下ろし始めた。－ K. ヴェルコフ, p.81）

　これらの例ではすべて、完了体インパーフェクトで表現される、くり返される動作の個々のアクションは、別のくり返される動作の

個々のアクションと、時間的に緊密に結びついており、そのことで、ひとまとまりの完了したものとして自然に認識されているということがわかる。2つもしくはそれ以上の、同じ周期でくり返される動作が、まさにこのように結びついているということが、それらが互いに内容的に関連し、それぞれのサイクルで先行と後続という関係をもっているということが、話し手や書き手に完了体の選択を暗に示唆するのである。もし、他の反復する動作との関連性が、たとえ暗示的なものであっても、そういうものがなければ、一般に、完了体が自らの場所を見出す余地はない。例外的に、主に19世紀の少数の例で、完了体インパーフェクトで表現される多回動作が、何らかの他の動作と関係せず、独立したものとして観察される次のような場合がある。

Вечер големия двор, дето са саите и отлуканата, **се напълнеше** с добитък. (Т. Вл., 37)
（夕方、日除けと干し草置き場のある中庭は家畜で**一杯になる**［完・イン］のだった。 – T. ヴライコフ，p.37）

ところで M. デヤノヴァ（M. Деянова）が指摘しているように、こういった例は、次のような現代ブルガリア語会話文、特に西部ブルガリアではそれほど珍しくないようだ。

Калинчето вечер **сé отвореше** прозорец.
（カリンカは夕方、絶えず窓を**開けていた**［完・イン］。）

それと同時に、2つまたはそれ以上の反復する動作が関連している場合でさえも、完了体インパーフェクトはいつも不完了体に替えることができるのである。上に挙げた ако го видеха …, викаха му（S. ダスカロフ『庭』，p.176）、щом тръгнеха …, закачеше（G. ベレフ，p.160）等の例で、ако го виждаха …, викаха му、щом тръгнеха …, закачваше とすることも、まったく可能だったはずである。すでに見てきたように、主節では不完了体インパーフェクトを使うこ

とが現代語の規則となっており、完了体インパーフェクトは例外である。従属節では、不完了体インパーフェクトはつねに完了体に取って代わることができる。上述の例で比較してみよう。

Но колчем **настаяха** трезвите минути, минутите на размишлението, горките мисли като съскливи змии се разбуждаха в душата. (И. В., XII, 202)
(しらふの瞬間、考える瞬間が**やって来る**［不完・イン］やいなや、にがい思いが、シューシューいう蛇のごとく、心にわき上がって来るのだった。－ I. ヴァーゾフ，12: 202）

また、従属節で両方の体のインパーフェクトが使われている例である。

И когато някой ден **дохождаше** и **изприкажеше** всичко на Ганаила, струваше ѝ се, че са я ограбили. (Й., 66)
(そして、時に彼女が**やって来て**［不完・イン］、ガナイラにすべてを**話す**［完・イン］時には、彼女はすっかりしぼり取られたような気がするのだった。－ Y. ヨフコフ，p.66）

また、こういったケースのすべてで、ако го **видят**, викат му …、щом **тръгнат**, закачи …、колчем **настанат** трезви минути のように、完了体現在の使用も可能であり、さらに、以下の例のように、完了体現在と完了体インパーフェクトを並行して使うこともできる。

Ако **кажат**: тука, той влизаше; ако ли **кажеха**: няма го, той се връщаше. (И. В., V., 53)
(もし、彼がいると**言われれば**［完・現］、その人は［尋ねた者は－著者注]）入り、もし、いないと**言われれば**［完・イン］、もと来た方へくるりと向きを変えるのだった。－ I. ヴァーゾフ，5: 53）
А **пропее**ли червеният петел и кокошките **закуткудячеха** в

хор из кошлетата това беше за нея празник (С. Д., Двор, 7)
（赤毛の雄鶏と雌鶏が**鳴きだすと**［完・現］、それぞれの鶏かごで
みんながいっせいに**コケコッコーとやりだし**［完・イン］、それ
は彼女にとってお祭りだった － S. ダスカロフ『庭』, p.7）

　完了体形式──現在またはインパーフェクト──が使用される時、
動作は《調和のとれた》形で、個々のアクションが1つの例として、
分かりやすく表現されている。一方、不完了体の同じ形式が使われ
る場合には、表現の《調和性》、《分かりやすさ》といったものは存
在せず、2つの動作がサイクルとして反復したり、一連の動作が連
鎖としてくり返されたりするとき、それらの動作間の関連はより概
括的に、《そっけない》形で表現されるのである。
　さらに、サイクルや連鎖の形でくり返される動作の性質そのもの
が、不完了体だけによってしか表現されないというケースももちろ
んある。次の例がそのようなケースをはっきりと示しているだろう。

Той взе да пази нощя с пушка, но вълкът не дохождаше
Нямаше го, когато пазеше, дохождаше, щом се прибе-
реше. (Й., 560)
（彼は夜毎、銃を持って見張りをするようになったが、狼はやっ
て来なかった。彼［牧童］が見張っている［不完・イン］時、狼
はいないのだが、牧童が立ち去る［完・イン］やいなや、狼は
やって来るのだった。 － Y. ヨフコフ，p.560）

　2つの従属節、когато пазеше と щом се прибереше はいずれも、
ある時期、くり返される典型的な状況、これこれが起こるたびに、
狼はこんなようにふるまい、別のこれこれが起こるたびに、狼は違
うふるまいをする、といった状況を表現している。ただ、2つの従
属節は、くり返しの意味において本質的に異なっている。「見張っ
ている時」という従属節はくり返される持続的プロセスを示してお
り、不完了体インパーフェクトの形式が使われているのは理に適っ
ている。一方、「立ち去るやいなや」──щом се прибереше──

という従属節は、くり返される瞬間を、主節の動詞で表される動作
が起こり得る前に、毎回、完了し、《出来上がったまとまった事実》
となる動作を、示している。まさにこの特有の意味によって、完了
体語幹から形成されたインパーフェクトがここで使われることにな
るのである。

　同じような例を見てみよう。

Когато ходжи Станьо **минаваше** важно с бастун по чаршията,
всеки му сваляше шапка и му ставаше на крака. Но щом
отминеше, веднага се чуваха подмятания и псувни. (Г. Б., 38)
（巡礼僧スタニオが杖を持って大通りを、もったいぶって**通ると**
［不完・イン］、皆が帽子を脱いで［不完・イン］、立ち上がるの
だった［不完・イン］。ところが、**通り過ぎる**［完・イン］やい
なや、すぐに、やじや罵声が聞こえてくるのだった［不完・イ
ン］。– G. ベレフ, p.38）

　一方は「行われている時」という、くり返されるプロセスであり、
他方は「行われるやいなや」という、くり返される瞬間である。
　このように、完了体インパーフェクトの例示的意味は、不完了体
インパーフェクトにいつも替えることができるし、また実際の例で
もしばしば取り替えられている。しかし逆は成り立たない。すぐ上
で見た例の пазеше や минаваше は、従属節で使われてはいても、
表現している動作の性質そのものによって、完了体インパーフェク
ト――または完了体現在――に替えることはできないのである。
　完了体インパーフェクトは**1回動作**を意味することもできるが、
それは過去時制における未来の機能、つまり、**過去のある時点でさ
し迫っている動作**、語りの基準時点に対しての未来を完了体イン
パーフェクトが示すような場合だけである。こういったケースでは、
不完了体インパーフェクトに替えることはできない。完了体イン
パーフェクトのこの用法は、когато（～するとき）、докато（～す
る前に）、след като（～した後）、ако（もし～ならば）などを伴
う従属節で観察される。文学作品では、特に登場人物の、出来事の

第3章　スラヴ諸語におけるインパーフェクトとアオリスト　**265**

先の展開を予測するような考えが描出される時に見受けられる。例を見てみよう。

Повече от мъжете ⟨...⟩ виждаха неминуемата си гибел и разбраха, че драмата щеше да свърши, когато немците **обсипеха** позицията им с огъня на минохвъргачките си. (Д. Д., 841)
（ほとんどの男たちは自らの避けがたい死を感じており、ドイツ兵たちが彼らの陣地に迫撃砲火を浴びせる［完・イン］とき、ドラマは終わりを告げるのだということを理解していた。– D. ディモフ，p.841）

Мичкин си спомни, че те изобщо не ляха бързи стрелци. Докато **обсипеха** билото на могилата с убийствен огън, щяха да минат още няколко минути. (Същ, 843)
（ミチキンは彼らが大して速い射撃手ではないことを思い出した。彼らが容赦ない砲火を丘の頂上に浴びせる［完・イン］間に、もう数分間が過ぎるはずである。–同上，p.843）

Още в първата минута, след като **откриеха** огън по наближаващите немци, върху могилата щеше да се изсипе отново адски залп от мини. (Същ, 845)
（彼らが近くにいるドイツ兵に射撃を開始した［完・イン］すぐのちに、耐えがたい迫撃砲の一斉射撃がふたたび丘に襲いかかるだろう。–同上，p.845）

　これらの例で、完了体インパーフェクトが使われている従属節を従える文で、過去における未来が表現されていることがわかるだろう。次の例のように、ふつうの未来の意味も可能である。

... не че в тоя миг мислеше какво ще стане с Шишко ⟨...⟩, ако **се оттеглеше** от позицията върху могилата и така **спасеше** кожата си, откривайки фланга им (Същ, 831)
（もし彼が丘のこの陣地を退却し［完・イン］、そうやって陣地を無防備にして、自らの命を守れば［完・イン］、シシコに何が

266

起こるかを、そのとき彼は考えるべきではなかった－同上，
p.831）

完了体インパーフェクトの過去時制における未来用法の機能でのいくつかの例を V. スタンコフ（В. Станков）が挙げている（Станков 1966: 76–77）。

他と離れて位置しているのが、不完了体インパーフェクトと同様の完了体インパーフェクトの**モーダルな用法**である。一般に、モーダルな完了体インパーフェクトは、他の動作の仮定的な条件となる動作を意味するが、その動作は、別の動作が起こり得る前に完成し、既成事実となっているべきものである。例を見てみよう。

Дори и да **се отвореха** сега всичките врати по някакво чудо
пред него, ⟨...⟩ къде щеше да върви?（K. B., 78）
（たとえもしなんらかの奇跡が起こって、彼の前でドアが全部**開
く**［完・イン］としても、彼はどこへ行けたというのだ－K. ヴェルコフ，p.78）

別のケースでは願望、義務などの異なるモーダルなニュアンスが出る＊32。

D. 結論

以上、現代ブルガリア語における単純過去の4つのアスペクト的バリアントすべてについて、基本的な用法を考察してきた。ここでは、インパーフェクトとアオリストの対立の本質がどこにあり、またその対立が完了体と不完了体の対立とどのように異なるのか、さらにはそれらが互いに重なり合うことで、それぞれの文法素のカテゴリーとしての意味がいかに変異していくか、という点について定式化していこうと思う。

これまで見てきた単純過去における完了体性と不完了体性の対立の基本的内容は、その基本用法を逸脱する場合においても同じである。つまり、完了体は分割できないひとまとまりの動作を意味する

が、《自然な》ひとまとまりの動作としては、1回の具体的事実を意味する。あるいは、いく分《人工的な》ひとまとまりの動作として、《凝縮》、《一括化》、不可分で一体化したものとしてまとめるという手立てで、実際には単一ではない動作を意味したり、《例示化》の手立て、つまり、個別の具体的ケース、動作の1つのアクション、という分かりやすい1例で見せるという手立てで、実際には多回の動作を意味したりするのである。不完了体は動作のひとまとまり性については、それを指示しない。アスペクトの相関においてネガティヴで外延の大きな項は、全体としてみれば不完了体であるが、その個別的意味のそれぞれは、意味的に有標項として観察される場合もある。

　インパーフェクトとアオリストの対立もアスペクト的なものであるが、より広い意味においてであり、同時にかなりの程度、タクシス的でもある。インパーフェクトは進行中の動作や非限定的に反復される動作を、展開するプロセス、または非限定的にくり返されるプロセスとして表現する。アオリストは動作を、その進行や非限定的な反復のプロセス自体に注目することなく、事実として表現する。インパーフェクトとアオリストの相関において、意味的により鮮明に際立っているのは、インパーフェクトであるかのように見えるが、アオリストがネガティヴ項である —— 私が1959年に発表した論文において断定したように（Маслов 1959: 274）—— と完全に認めるには、上で見た（pp.153–154）アオリストの欠損性が妨げになる。というのも、欠損性は文法的相関においてはポジティヴな有標項に典型的だからである。この問題についてはさらなる議論が必要であろう。

　浮き彫りにされた、一方での完了体と不完了体間の意味的差異と、他方でのインパーフェクトとアオリスト間の意味的な差異は相互に関係し、本論で考察してきた、単純過去の4つのバリアントにおける、それぞれの意味とニュアンスを作り上げているのである。完了体のポジティヴ項としての意味、動作のひとまとまり性の意味は、アオリストでは、この動作が事実として、プロセス性を示さないという、描写してきた考察と最もよく調和する。逆に、インパーフェ

クトに特徴的な進行中のプロセス、または反復の意味は、不完了体のネガティヴ的意味、動作のひとまとまり性を示さない、という意味と最もよく調和する。こういったことから、完了体アオリストと不完了体インパーフェクトがブルガリア語の単純過去において最もよく使われるバリアントとなるのである。不完了体アオリストでは、動作はそのひとまとまり性を示すことなく描かれる。というのも、ここでは体が不完了であるから。またそのプロセス性も示されることはない。というのもインパーフェクトではないからである。不完了体アオリストの意味は、補足的要因で複雑になっていない場合は、一般的事実意味として観察されるが、すでに見たように、とり巻く文脈次第でいろいろな形で具体化される。完了体インパーフェクトでは、完了体のポジティヴな意味とインパーフェクトのアスペクト意味が互いに重なり合い、その結果、この形式が意味する動作は、個々のアクションそれぞれはひとまとまりのものとしてとらえられるが、動作全体は一般には──過去時制での未来の代用法とモーダルな用法を除いて──、非限定的にくり返されるものとして表現される。動作をこのような特有な形で捉えるという欲求は、内部でサイクルまたは連鎖がくり返される動作と、別の動作、または諸動作が独特な相関性をもつケースで起こる。そういったケースでは、サイクルまたは連鎖全体が非限定的にくり返されることで、インパーフェクトを使うことが要求され、一方、それぞれのサイクルや連鎖内では動作が時系列的性格をもつため、まさに完了体を使うことがそれとなく促されるのである。実際には、完了体インパーフェクトのような、複雑な《二面性をもつ》意味の用法はつねに任意──つねに不完了体インパーフェクトと完了体現在、または不完了体インパーフェクトもしくは完了体現在に替えることが可能──である。

　ところで、インパーフェクトとアオリスト間のアスペクト対立と同時に、それらの間には、歴史的にアスペクトから派生したタクシス対立が並行的に存在する。アオリスト、特に完了体アオリストは、一般には、《継起性》、出来事の時系列的な順次性を含意しているが、それは、何らかの相反する要素がない場合に、テクスト上でアオリスト形式がもつシンタグマティックな順次性である。アオリストは

《語りを前へと進める》。インパーフェクトは、問題となる出来事と他の出来事との同時性を、いつも含意するわけではないにしても、いずれにせよ、出来事の、他の動詞の形態や、時の状況語、または単に暗示される、過去——またはフィクションの《物語》の時間——のいずれかの時点、"tunc"——《その時》との《同時代性》を含意する。不完了体インパーフェクトと完了体インパーフェクトでおおよそ、似たような形で表れる意味のこの側面は、母語話者にははっきりと感じられるものである。まさにこういった事情は、インパーフェクトが《相対時制》として説明されているという点に反映されており、その点はブルガリア語研究者の大多数が、ほとんど見解の相違なく、意見を共有している（Andrejczin 1938: 40; Деянова 1966: 32-; Станков 1966: 23, 1969: 5, 96-; Герджиков 1973: 127-133, 1975: 61-71）*33。

第3節　語りのテクスト構造とスラヴ語動詞の過去時制体系の類型論*34

　この節題が意味するテーマは、その大枠を少し述べただけでは十分な検討など出来やしないものであることは自明だ。ここでの課題は、現代のいくつかのスラヴ諸語で書かれた文学的散文を題材に、動詞過去形が語りのテクスト構造で果たす機能を決定する一連の共通原則を検討することにある。

A.　文学作品の語りにおけるテンス・アスペクト構造

　文学、あるいは《フィクション》の語り——文学的散文は英語でfictionと呼ばれる——は、芸術家の創造的なファンタジーによって創られたという意味において、架空で虚構の出来事についての語りと定義することができる。もしくは、歴史長編小説のように、現実の出来事が芸術家のファンタジーによって再現された側面についての語りとも言える。文学作品の語りは、歴史の客観的な語りや最新ニュースといった情報等に見られる他の語りのタイプ全てに対立する。

他の多くの言語と同様に、スラヴ諸語においても、過去形があらゆる語りの主要な動詞形式となっていることは周知の事実だ。だが、語りは他の形式でも表されることがあり、特に、いわゆる歴史的現在、よりよい呼び名では、語りの——ナラティヴな——現在によって担われることもある。しかしながら、このような語りは、かなり広まっているとはいってもやはり特殊な場合であり、本書では検討しない。過去形の役割は文学的な語りの場合と、非文学的な語りの場合とでは多くの点において異なる。

　非文学的な語りのテクストの場合、過去形は、言語一般においてそうであるように、過去の事実やそれについてまさに述べられている時点、作者と読み手——聞き手——の現実の nunc（今）——広くいえば、ego, hic et nunc（私・今・ここ）——に先行する事実を指し示している。

　文学的な語りの場合、過去形の役割は多様である。過去形は非文学的な語りの場合と同様に、過去、より正確に言えば、実際の過去の構成素——それが語りの対象として取り上げられるわけであるから——を示すこともあれば、過去に位置づけられるものと見なされた架空の事実を示すこともある。だが、文学作品の語りにおける過去形は、指摘されているように（Hamburger 1968）、実際のところ、過去形の意味を持たないこともある。過去形は、過去のものとはみなせないもの、仮定的で想像上の《叙事詩的》時間と言えるようなもの、それはアクチュアルな——《私たちの》——現在時点、すなわち、語り手と読者の ego, hic et nunc（私・今・ここ）との具体的な相関から解離している tunc（その時）と言えるようなものを示す場合がある。この《叙事詩的な tunc》こそ《語りの登場人物の現在》であり、その時間の中でこれらの——架空の——登場人物が動き、感じ、思考し、会話する。その時間は、すなわち、《彼らの時間》である。この時間枠の中で、順次性、同時性、先行、後続といった内部の、時に非常に複雑な関係性が出現する。テンポが速くなったり、遅くなったり、完全な停止まで至ったり、ということもあれば、時間が後戻りしたり、先走ったりといった場面に出会う。重要なのは、まさにこれらの内部関係がここでは本質的であ

第3章　スラヴ諸語におけるインパーフェクトとアオリスト　　271

り、動詞形式やアスペクト・テンス意味を担う他の指標の選択を決定しているという点である。《叙事詩的時間》と《私たちの》時間との関係について言えば、この関係は外部的で非本質的なもので、存在していないとさえ言ってもいい。その関係性をはっきりさせようとしても極めて一般的な形にとどまり、よくあるように、文化・歴史的な事情や連想されるレアリアなどを唯一の基盤として規定するぐらいが関の山だ。叙事詩的時間は、まだ古びていない《現代生活》を語る場合、概して現在と規定され、過ぎし世代の生活を語る場合は、過去として規定され、未来の空想小説の中では、未来として規定される。また、叙事詩的時間は作家の視点、例えば19世紀の作家が、彼が生きた時代の生活を記述する場合と、彼より後の時代に生きる読者の視点からでは異なって規定される。時には、叙事詩的時間と《私たちの》時間との関係は、どのような形でも規定することができない、すなわち関係性として存在し得ない場合もある。いずれにせよ、関係性がどのようなものであれ、それがテクストの内部構造に影響を与えることはない。あらゆる空想未来小説の語りは未来形ではなく、過去形——あるいは語りの narative 現在形——で進行するのであり、それは過去の語りの場合と同様である（Ibid. 94）。

　文学的語りと、語り手と読者にとって現実的な現在との解離度はさまざまである。

　一方の極では、3人称が全面的に維持される純粋な叙事詩的語りが進行する。それは誰かによって観察可能な状況下の登場人物たちだけではなく、完全な孤立状況にある彼らを描写する語りであり、それにとどまらず、彼らの内的世界を、胸中に秘められた漠然とした感情や思いに至るまで描写する語りである（Ibid. 72–74:「内的過程動詞」について）。作者はまるで全知の神のようだ。彼は人知れず全ての出来事に臨席し、自らの主人公のことは《ことごとく》お見通しで、彼らの秘めた心づもりまでもを同様に《ことごとく》読者に描写して見せる。その一方で、作者はどこにも、どのような形であれ、自らを表面に出すことはなく、存在していないかのようにふるまう。動作は彼の参与なく《ひとりでに》進行していく。

もう一方の極では、《非叙事詩的》あるいは《アンチ叙事詩的》とでも名付けられる文学的な形式が用いられる。それは回想記、日記、手紙、目撃証言などを模倣する形式である。ここでは、語り手の個性——それは他の全ての登場人物に劣らず虚構性を持つ場合が多いが、いくらかは実際の《自叙伝的特徴》を備えている場合もある——は、読者に隠されておらず、逆に、多かれ少なかれ舞台の正面に出てきている。したがって1人称や、時には2人称——《手紙の相手》など——が登場する。語り手が数人いる場合もある。また、ここでは当該のジャンルの決まり事により、第三者の体験や考えを直接的に記述する余地は実質的に無い。ゆえに、話の進行を担う人物が個人的に観察し得ない個別の出来事が語られる際には、それについて《どこから知り得たのか》という問い、つまり《情報源》についての問いが必然的に生じ、それに対して明確に答えられなければならない（Ibid. 250-251）。

　これら二極の間に、混在した移行的な一連の形式が存在する。非叙事詩的要素が散見する叙事詩、叙事詩に《なだれ込む》非叙事詩などである。他にも、文学的語りと非文学的語りの間に見られる中間的な形式もあるが、ここでは区別しないことにする。

　文学的語りのテクストにおけるアスペクト・テンス構造の一連の構成素は互いに義務性と典型性の程度が異なる。それなしでは語りとして成立し得ないという意味において最も重要な、第1の構成素となるのは、動作の前進的な展開であり、動作を諸出来事の客観的な順次性に沿う方向に進めることである。第2の構成素は、第1の構成素ほど必然性は高くないとはいっても、あらゆる語りにとって極めて典型的なものであるが、諸出来事が推移していく中のある特定時に存在する状況の描写である。それはいわば、前進的な展開の中の滞り、停止であり、動作が展開していく背景の具体的描写である。この両方の構成素が対照的に用いられ、言わば、2つの時間軸——順次性の軸とそれに垂直に伸びる同時性の軸——を構成する。これは以下のように図示できる。

第3章　スラヴ諸語におけるインパーフェクトとアオリスト　273

　点で表されているのは時間上で次々に続いて起こる各出来事であり、点の下の線は、それが対応する個別出来事——あるいは順次的な複数の出来事——と同時に生じており、何らかの理由によって語りのテクストに記述されているもの全てを意味している*35。
　このことを散文形式で書かれたロシア語の文学作品を例に見てみよう。例として挙げるのは、K. パウストフスキー（К. Паустовкий）の短編『雨の夜明け』の冒頭部分である*36。

В Наволоки пароход (1)пришел ночью. Майор Кузьмин (2)вышел на палубу. (3)Моросил дождь. На пристани (4)было пусто, —— (5)горел только один фонарь. Где же город? —— (6)подумал Кузьмин. —— Тьма, дождь, —— черт знает что! (V, 129)
（汽船はナヴォロキに夜(1)着いた［完・過］。クジミン少佐はデッキに(2)出た［完・過］。小ぬか雨が(3)降っていた［不完・過］。埠頭には誰も(4)いなかった［不完・過］。ただ、明かりがひとつ(5)灯っていた［不完・過］。「町はいったいどこだ？」——クジミンは(6)思った［完・過］——「真っ暗闇に雨、たまったもんじゃない！」）

　作者の語りに現れる各述語には番号を順番にふった。以下は引用部分を図式化したもので、各番号はそれに対応する述語を表している。

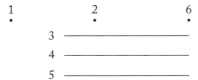

　登場人物の直接話法の内部におけるアスペクト・テンス構造は、いわゆる語りのアスペクト・テンス構造に影響を与えるわけではなく、したがってここでは検討していない。これは登場人物の思考にも関係するものであって、また、間接話法や自由間接話法の多様な形式にも関わるものだ。当然、受け答えや受け答えの形を取った思考は語りを織りなす生地に含まれるが、通常は何らかの導入的な動詞──伝達動詞（verba dicendi）や思考動詞（verba cogitandi）──を伴っている。これらも、このような受け答えや思考を代表させる形で私たちの図式に登場する。上述の引用例にある《点的な》述語 подумал がそうである。導入的な動詞や等価的な類似表現が欠如する場合、図式上では返答そのものに個別に番号が割り振られることになる。このような場合は引用符 ,, で表すのが便利だろう。例えば、パウストフスキーの短編『占領下製品のラベル』の出だしを図にすると以下のようになる。

(1) ── Вам не кажется, что закат освещает горы, как лампа?
　Я (2) оглянулся. (3) Было темно; я (4) не видел лица говорящего... (IV, 348)
((1)「夕焼けがランプのように山々を照らしているように思えませんか？」私は (2) 振り返った［完・過］。辺りは (3) 暗かった［コピュラ・過］。私には話している人物の顔は (4) 見えなかった［不完・過］。)

第3章　スラヴ諸語におけるインパーフェクトとアオリスト　　275

　ここで引用符が下についた数字の1は見知らぬ人の発話全体に対応しており、2、3、4はそれぞれоглянулся、было темно、не видел の述語に対応している。

　語りのテクストに記述される状況は、途切れずに続く場合だけではなく、断続的なもの、つまり、一連の繰り返される出来事からなる場合もある。図では、短い線をいくつか並べた破線で意味する。このタイプをパウストフスキーの短編『虹の向うに』における雷の描写を例に示そう。《挿入されている述語》は登場する順に番号が振られているが、時間的に一致する記号は括弧書きにしてある。

〈...〉Он то (1) усиливался, то почти (2) затихал. И дождь, как бы (3) подчиняясь грому, (4) начинал временами (4a) идти сильнее и широко (4b) шуметь по листве, потом (5) останавливался. (V, 435)
(それ［＝雷］は (1) 強くなったり［不完・過］、すっかり (2) 収まったりした［不完・過］。そして雨は、雷に (3) 従う［不完・副動詞］かのごとく、時に雨音を強めて (4a) 降り［不完・不定詞］(4) 出し［不完・過］、辺り一面の木の葉を (4b) ざわつかせ［不完・不定詞］(4) 出した［不完・過］かと思うと、次には (5) 止んだ［不完・過］。)

　上述の引用部分は以下のように図示できる。

背景の具体的描写は、動作が前に向かって進んでいく最中の停止に関わるだけではなく、《後ろへ》引き返すこと、つまり話が進行して到達した時点に存在する状況を前もって条件づける、先行する出来事への後戻り、と結びつくことが非常に多い。ここで第3の語りの構成素が登場する。コミュミーダーの用語でいうところの後退である（Кошмидер 1962: 387）。後退は私たちの図式上では斜め後方、つまり、左下がりの矢印（↙）で示される。後退は《遠くない》──直近の出来事への後戻り──こともあれば、逆に、《遠い》──より過去に遠ざかった出来事への後戻り──こともある。それは1つの個別出来事についての情報をもたらす場合がある。その場合、図上では斜め矢印とその先端を対応する述語の番号付近に置くことで示している。情報は話が進んだ到達時点に存在する状態の開始についてのものかもしれない。その場合、図では↙で示されている。あるいは、一連の諸出来事についての情報が与えられる場合もある。最後のケースについて、パウストフスキーの短編『雨の夜明け』の一部を例に示す。

«Старость это, что ли?» ──（1）подумал Кузьмин и（2）обернулся.

На пороге（3）стояла молодая женщина в черном платье. Очевидно, она（4）торопилась выйти к нему и плохо（5）причесалась.　Одна коса（6）упала ей на плечо, и женщина,（7）не спуская глаз с Кузьмина и смущенно（8）улыбаясь,（9）подняла ее и（10）приколола шпилькой к волосам на затылке. Кузьмин（11）поклонился.
── Извините, ──（12）сказала женщина и（13）протянула Кузьмину руку. (V, 137)

（「年を取った、ってことか？」クジミンは（1）思い［完・過］、（2）振り返った［完・過］。戸口には黒いワンピースを着た若い女性が（3）立っていた［不完・過］。見たところ、彼女は彼のもとへ行こうと（4）急いだ［不完・過］ので、無造作に（5）髪を結った［完・過］ようだった。彼女のおさげが肩に（6）落

ちていた［完・過］。女性は、クジミンから目を（7）逸らさず［不完・副動詞］、恥ずかしげに（8）微笑みながら［不完・副動詞］、おさげを（9）持ちあげ［完・過］、それを頭の後ろにヘアピンで（10）留めた［完・過］。クジミンは（11）頭を下げた［完・過］。「すみません」と女性は（12）言い［完・過］、クジミンの方へ手を（13）差し伸べた［完・過］。）

引用箇所は以下のように図示される。

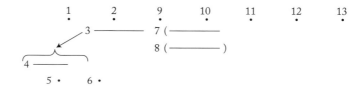

語りの途中で後退を示す要素としてочевидно（見たところ）という語が用いられている。

後退は時に非常に広い範囲に及ぶことがあり、そうなると初期の語りの枠組みより時系列的には《前に》位置する──そしてそれと一緒にはひとつの図式に収まらない──別の語りの枠組みへと動作が転換することを確認しなければならない。

語りの構成素には他にどのようなものがあり得るかについて話を進める前に、既に述べた構成素のいくつかのバリエーションとそれらが互いに結合した多様なケースを見てみよう。語りは、パウストフスキーの短編『雨の夜明け』がそうであるように、"in medias res"、つまり前置き無くストーリーの中途から始まる場合がある。あるいは逆に、ある種の導入部や背景の全体的輪郭の描写、それは往々にしてかなり詳細なものであるが、そこから話が始まる語りもある。時に後退の要素を含むこともあるそのような背景のもとで、後に続く行や段落から諸出来事が前進的に展開し始める。このような場合は原則として、次のように図示される。

———————　　・　・　・　・　等々
———————
———————
　等々

パウストフスキーの短編『黒い網』の冒頭を参照してみよう。

　Над островом стояла осень. Она притаила дыхание ［記号では ∠］, —— дым немногих пароходов, дремавших в порту, величественными колоннами исчезал в небе. Легкие флаги висели тяжело, как знамена. (IV, 458)
（島は秋だった［コピュラ・過］。秋は息をひそめた［完・過］。港でまどろんでいた数隻の汽船があげる煙は巨大な柱となって空に消えていった［不完・過］。軽い旗は垂れ幕のように重たげに垂れ下がっていた［不完・過］。）

続いて後退が起こる。

　Случилось то, о чем Семенов втайне мечтал. Из-за поломки руля пароход задержался во Флиссингене —— самом пустынном и самом безмолвном из всех голландских портов. (IV, 458).
（セミョーノフが秘かに夢見ていた［不完・過］ことが起こった［完・過］。舵の故障で汽船はフリッシンゲンにしばし留め置かれることになった［完・過］のだ。オランダの全ての港の中でもっともひっそりと静まり返ったこの町に。）

　その後、さらに過去へ遠く遡って後退し、フリッシンゲンの歴史が語られ、セミョーノフが街を散策する様子、その秋の街の暮らしぶり等の詳細な記述があり、ようやくテクストの3ページ目になって語りの前進的な展開が始まる。

第3章　スラヴ諸語におけるインパーフェクトとアオリスト　　279

⟨...⟩ Наступил день, заполненный сыростью и облаками ⟨...⟩ Рыбаки ушли за сардинкой ⟨...⟩ Семенов укрылся от сырости в кофейную. (IV, 460)

(⟨…⟩ 湿度の高い曇天の 1 日が始まった [完・過]。⟨…⟩ 猟師たちはイワシを獲りに出かけた [完・過]。⟨…⟩ セミョーノフは湿気から逃れるように喫茶店に入った [完・過]。)

　テクストには先に述べた 3 つの語りの構成素が重なり合う、より特殊なケースが見られることもあるが、そのようなテクストについては後述する。
　文学作品の語りのテクストにおける第 4 の構成素は、使われるのは比較的まれであるが、後続する諸出来事——動作の前進的展開がまた到達していない諸事実——の先取りである。K. シモノフ（К. Симонов）の長編『生者と死者』から例を挙げる＊37。

　　Мишка ⟨...⟩ не знал, что через сутки Синцов не будет ни убит, ни ранен, ни поцарапан, а живой и здоровый, только смертельно усталый, будет без памяти спать на дне этого самого окопа.
　　А Синцов ⟨...⟩ не знал, что через сутки Мишка не будет в Москве и не будет говорить с Машей, потому что его смертельно ранят еще утром, под Чаусами, пулеметной очередью с немецкого мотоцикла. Эта очередь в нескольких местах пробьет его большое, сильное тело, и он, собрав последние силы, заползет в кустарник у дороги и, истекая кровью, будет засвечивать пленку со снимками немецких танков ⟨...⟩ А потом ⟨...⟩, он будет ослабевшими толстыми пальцами рвать в клочки письма ⟨...⟩ И клочки этих писем сначала усыплют землю ⟨...⟩, а потом сорвутся с места и, гонимые ветром ⟨...⟩, понесутся по пыльному шоссе ⟨...⟩

（⟨…⟩ ミーシカは知らなかった [不完・過]。これから一昼夜たったとき、シンツォフは殺されてもいなければ、負傷もせず、

すり傷さえ無く［コピュラ・未＋「殺す」「傷つける」「引っ掻く」の完・受過分詞］、疲労困憊しているだけで、健康体で生きていて、まさにこの塹壕の底で正体無く眠っている［コピュラ・未＋不完・不定詞］ということを。一方の〈…〉シンツォフも知らなかった［不完・過］。一昼夜経てば、ミーシカはモスクワにはもうおらず［コピュラ・未］、そしてマーシャと話す［コピュラ・未＋不完・不定詞］こともなくなること、なぜなら彼はその朝のうちにチャヴスィ近郊でドイツのオートバイ兵の機関銃砲火を浴びて瀕死の重傷を負う［能動不定人称文・完・現未］からであった。この連射は彼の大きくて力強い体にいくつか穴を開ける［完・現未］のだ。彼は最後の力を振り絞って道端の茂みに這っていき［完・現未］、血を流しながら、ドイツの戦車が写ったフィルムを感光させる［コピュラ・未＋不完・不定詞］〈…〉。それから〈…〉、彼は力の失われた太い指で〈…〉書簡を細かく引き裂く［コピュラ・未＋不完・不定詞］のだった。書簡の紙切れはまず地面一帯をひらひらと覆い［完・現未］〈…〉、それから地面から離れ［完・現未］、風に追い立てられるように〈…〉、〈…〉埃っぽい道路の上を飛んで行く［完・現未］のであった。）

先取りを意味するには斜め前方——右向きの——矢印↘が明らかに相応しい。矢印の先端には先取りされた動作や状況を示す記号が来なければならない。これは直前に引用したテクストの最初の段落にある будет без памяти спать（正体なく眠る）の箇所にあたり、記号では↘＿ と記される。

　文学作品の語りで特別な位置を占める第五の構成素として、登場人物の発話——直接話法、間接話法、自由間接話法、彼らの内言——を挙げることができる。

　さらに、語りのテクストには格言や《熟考》が現れたり、《永遠の真理》への参照があったりする。例えば как это всегда бывает（常にそうであるように）や как это часто случается в аналогичных условиях（このような場合にはよくあることだが）などである。パウストフスキーには以下の例がある。

〈...〉Им овладело то чувство, какое всегда бывает, когда попадаешь ночью в незнакомый дом, в чужую жизнь, полную тайн и загадок. Эта жизнь лежит, как книга, забытая на столе 〈...〉. (V, 135)

(〈…〉彼を捉えた［完・過］感情は、夜中見知らぬ家に、秘密と謎に満ちた他人の生活に不意に入り込む［不完・現］時によくありがちの［不完・多回・現］それであった。その生活はまるで机の上に置き忘れられた本のようにそこにある［不完・現］。)

最後になるが、既に語りの純粋な叙事詩的性格からは逸脱した、語られる出来事を語り手や話者のhic et nunc（今・ここ）に関連付ける非叙事詩的な挿入、導入部や結びといったものが、語りのテクストを織りなす生地に現れることがある。このようなものはich-Erzählung（1人称小説）のスタイルでは普通のことで、特に典型的といって良いものであるが、このようなジャンル以外の作品でも目にすることがある。19世紀の作家にはよく見られるもので、例として以下にゴーゴリの作品を挙げる。尚、非叙事詩的な挿入やそれらの述語は太字で示している。

Такое мнение 〈...〉 составилось о нем в городе, и оно держалось до тех пор, покамест одно странное свойство гостя и предприятие 〈...〉, **о котором читатель скоро узнает,** не привело в совершенное недоумение почти всего города. (Мертвые души, т.1, гл.1)

(彼についてはこのような〈…〉評判が街中に広まり、それは、この客のある奇妙な性質と企て〈…〉、**それについては読者もすぐに知る[完・現未]ことになるであろう、**ほぼ街中を疑惑の渦に陥れるまで口の端に上った。──『死せる魂』第1部第1章)

Не мешает сделать еще замечание, что Манилова ... но **признаюсь,** о дамах я очень **боюсь говорить,** да притом мне **пора возвратиться** к нашим героям, которые стояли уже несколько минут перед дверями гостиной, взаимно упрашивая друг друга пройти вперед. (там же, гл. II)

（もう一つ気付いたところを申し上げても構わない［不完・現］だろうが、マニーロフ夫人は…、いや、正直に言うと［完・現末］、ご婦人たちのことをあれこれ申し上げるのは非常に気が引ける［不完・現］し、それに我々の主人公たちの話にそろそろ戻らなければなるまい［完・不定詞］。彼らは客間の扉の前に立ったまま、もう数分間も、お先にどうぞ、と互いに譲り合っているのだ。
——同第2章）

次の例はドストエフスキーからである。

Может быть, мы не очень **повредим** выпуклости нашего рассказа, если **остановимся** здесь и **прибегнем** к помощи некоторых пояснений для прямой и точнейшей постановки тех отношений и обстоятельств, в которых мы **находим** семейства генерала Епанчина в начале нашей повести. Мы уже **сказали** сейчас, что сам генерал ⟨...⟩ был ⟨...⟩ опытным супругом и ловким отцом. （『白痴』第1部第4章）
（おそらく、我々の起伏に富んだ物語をたいして**損なう**［完・現末］ことにはならないだろう。物語の最初のうちに、ここで**立ち止まり**［完・現末］、我々が**気づいている**［不完・現］、エパンチン将軍一家が置かれている関係や状況を直に詳しくわかってもらうために、いくらかの説明に**頼ろうとしても**［完・現末］。将軍自身⟨…⟩経験豊かな夫で如才ない父親だったということは今さっき既に**述べた**［完・過］。）

時に、語りでは、叙事詩的語りの場合は一般的に、物語の結びが歴史的現在（praesens historicum）ではない現在で与えられていることがある。それは語り手と、語り手と同時代に生きる読者の現在である。例えば、ツルゲーネフの『春の水』の最後の行である。

В первых числах мая он вернулся в Петербург — но едва ли надолго. **Слышно**, что он **продает** все свои имения — и **собирается** в Америку.

(5月初旬に彼はペテルブルクに戻った──といっても、長居は
しないだろう。どうも**聞くところによれば**［無人述・現］、彼は
自分の領地を全て**売り払い**［不完・現］アメリカへ発つ**準備をし
ている**［不完・現］ということだ。)

また、昔話の伝統的な結びの表現 И я там был, мед-пиво пил,
по усам текло, а в рот не попало（わしもそこへ居って［コピュ
ラ・過］、蜂蜜酒をご馳走になった［不完・過］んじゃが、酒は髭
を伝ってこぼれてしまい［不完・過］、口には入らなかった［完・
過］んじゃよ）といったものと比較して欲しい。

ここまで検討してきた語りのテクストの構成素は一連の言語的特
徴において互いに対立している。中でも私たちの関心は、動詞のア
スペクトとテンスのカテゴリーに関係する特徴である。これらの特
徴は異なる言語において同一ではなく、各言語のアスペクト・テン
ス体系に、とりわけ過去時制体系の性格に依存する。

B. スラヴ諸語の過去時制体系と語りにおける
その機能の3タイプ

現代の標準的スラヴ諸語──低地、高地ラウジッツ語を除く──
の過去時制体系は、3タイプに区別することができる。これらのタ
イプを、便宜的に、1.北部タイプ、あるいは《アオリスト欠如》タ
イプ、2.南バルカンタイプ、3.セルビア・クロアチア語タイプ、
とそれぞれ名付けることにする。

北部タイプはスラヴ諸語分布圏の大部分を占め、そこには東スラ
ヴ語群と西スラヴ語群──ラウジッツ語を除く──の全部と南スラ
ヴ語群のスロヴェニア語が入る。この分布圏に属する全ての現代ス
ラヴ諸語には、インパーフェクトとアオリスト（I と A）の対立が欠
如しており、したがって諸形式の対立はパーフェクトと非パーフェ
クトのグループ間での対立として実現する。アオリストとインパー
フェクトはここでは消滅した。共通スラヴ語のパーフェクトは普遍
的な過去形に姿を変えた。スロヴァキア語の bol som volal（［コピュ

284

ラ（byt'）・-*l*分詞＋コピュラ（byt'）・現＋「呼ぶ」不完・-*l*分詞）、ウクライナ語のбув ходив（［コピュラ（бути）・過＋「歩く」不完・過］）といったプルパーフェクトは、ある程度までパラダイムの選択項になったか、あるいはまれに登場する強調的過去やロシア語の《非現実法》——хотел было（しようとしたが［しなかった］［不完・過＋コピュラ（быть）・過］）——に見られるようなモーダルな形に再解釈された。最後に、再登場したパーフェクトの各種バリエーション、ロシア語の（он）выпивши（［彼は］酔っている［完・副動詞］）、（у меня）прибрано（［私のもとでは］片付いている［完・受過分詞］）、チェコ語の mam zatopeno（火を焚いてある［不完（mít）・現＋完・受過分詞］）——文字通りには「（ペチカについて）火が焚かれた状態で持っている」——やプルパーフェクトのタイプ——был выпивши（酔っていた［コピュラ・過＋完・副動詞］）等——は方言的性格を有し、標準文章語が口語へ浸透する程度に応じて、語彙的、機能的に限定されたものになっている。このように、過去形における主要な、そして標準ロシア語においては唯一の、アスペクト・テンス対立となったのは完了体と不完了体（Pf: Ipf）の対立であり、より正確に言えば、完了体過去と不完了体過去——ロシア語 заказал–заказывал（注文する［完・過－不完・過］）、ポーランド語 zamówiłem–zamawiałem（注文する［完・過－不完・過］）等——の対立である。

　北部タイプ、つまり《アオリスト欠如》タイプの対極に位置するのが、南バルカンタイプである。このタイプは互いに交差し合う対立の数が最も多く、最も複雑である。ここに属すのは、南スラヴ語群に属する2つの現代標準文章語——ブルガリア語とマケドニア語——と、それらの民衆方言である。このタイプでは完了体と不完了体の対立に、インパーフェクトとアオリストの対立、パーフェクトと非パーフェクトの対立、そして部分的にはモーダルなカテゴリーに属しながらも、まさに語りのテクスト構造にとって重要な役割を果たす伝達法と直接法との対立が交差する。最初の交差——完了体と不完了体＋インパーフェクトとアオリスト——によってできる4つのマス目を埋めるのは非分析的な単純形式で、いずれも《パー

フェクト》に対立する《非パーフェクト》として用いられる。その際の《パーフェクト》は状態パーフェクトだけではなく、特別な方法で過去に属する動作パーフェクトでもある。《パーフェクトクラス》はそれに加えて過去――プルパーフェクト――と未来を持つ。この下位体系全体が完了体と不完了体で登場する。《伝達法》形式は部分的にパーフェクト形式と同音異義的であるが、ブルガリア語ではさらに、行われることが仮定される動作を表す形式による仲介を経てパーフェクト形式と関連する（Маслов 1981: 244, 277－278）。結果、過去の語りに用いられる形式の全体系は極めて複雑になり、細かく差異化される。

　スラヴ諸語における過去のアスペクト・テンス体系の第3のタイプは、《アオリスト》型である南バルカンタイプと北部の《アオリスト欠如》タイプの中間に位置するものである。これが《半アオリスト》型で、唯一セルビア・クロアチア語にのみ見られる。このタイプは実現する対立の数から言っても、それらが交差してできるマス目の埋まり具合から言っても、南バルカンタイプに比べるとかなり簡素なものになっている。それでも、標準セルビア・クロアチア語とその一連の方言においては、インパーフェクトとアオリストの対立――それが不完全なものであったとしても――が保持され、また、過去の名残りとしてパーフェクトと非パーフェクト――あるいはパーフェクトとアオリスト――の対立もある程度は保持されている。もっとも、現代の語りのテクストに関して、このタイプで事実上優勢な位置を占めるのは、共通スラヴ語由来のパーフェクトであり、アオリストや、とりわけインパーフェクトは、実際のところ選択的にすぎない。現在のセルビア・クロアチア語においては、パーフェクトが既に普遍的な過去時制になりつつあり、他の全ての過去形を徐々に駆逐しはじめていると言えるかもしれない*38。

　スラヴ諸語に限らず、過去時制でアスペクトの差異を持つ全ての言語について言えることだが、過去の語りのテクストには、語りの2つの主軸を区別する原理が働いている。2つの主軸は順次性軸と同時性軸であり、この原理はラテン語に準じて"Perfecto procedit, imperfecto insistit oratio"、文字通り「パーフェクトによって発話

は前進し、インパーフェクトによってそれは停止する」と定式化される。

この定式の中であらゆる発話を意味する oratio を、ここで私たちが問題にしている関係の本質をより正確に反映する別の用語で、より狭義の用語——narratio（語り）——に置き換えれば、この定式はさらに正確なものになる。そしてここでパーフェクトとして理解されているのは、無論、あらゆるパーフェクトという訳ではなく、まさに perfectum historicum（歴史的完了）であり、ラテン語の用語ではなく、一般言語学的な文法用語を用いれば、つまりアオリストのことである。したがって、上述の定式をさらに正確なものに変えるとしたら、"Aoristo procedit, imperfecto insistit narratio"（アオリストによって語りは前進し、インパーフェクトによってそれは停止する）ということになる。

このようにした私たちの定式は二通りに理解することができる。第1は、言わばその《文字通りの意味》における理解で、これは過去時制体系にアオリスト形式とインパーフェクト形式の対立を有する言語に対しての理解である。その際、諸言語の伝統文法においてアオリストがどのような名で呼ばれていようと——パーフェクト、passé défini、絶対過去などのように——構わない。第2は、私たちの定式をより広義で理解するもので、これは動詞形式を用いて過去の語りの順次性軸と同時性軸の間に区別を設けるあらゆる言語に対する理解である。このようにより広義で理解する場合、《アオリスト》と《インパーフェクト》の意味も拡大して解釈すべきである。つまり、これらはある種《深層の》カテゴリーであって、その《表層的な実現》は各言語におけるアスペクト・テンス形式の具体的な体系に応じて多様である。同様に、対象となるテクストに描写されている、語りの断片の具体的な《レリーフ》を刻む複数の動作の展開のし方やそれらの時系列的、論理的な相関性の詳細によっても異なることがある。

現代のアスペクト論において、広義で解釈されている "Aoristo procedit, imperfecto insistit narratio"（アオリストによって語りは前進し、インパーフェクトによってそれは停止する）の原則は一連

の概念の中に反映されている。具体的には、多様な《状況タイプ》におけるアスペクト形式の使用について論じたコシュミーダーの学説が挙げられる。彼がそこで対立させた“tło—następ”、文字どおりには‘背景—到来’、あるいは“Während—Eintritt”、文字どおりには‘持続—発生’と比較して欲しい（Кошмидер 1962: 149–, 384–）。また、W. ポラック（W. Pollak）が提案した概念“出来事発生型（Inzidenzschema）”にも反映されている（Pollak 1960: 129 ff.–; 1970: Heft 1, 40–47, Heft 2, 155–163）。その他、ソヴィエトのアスペクト研究者らによって検討されているアスペクト的ならびにアスペクト・タクシス的文脈タイプの理論等にも影響を与えた（Бондарко, Буланин 1967: 62–; Бондарко 1973: 19）。まさに、順次性軸と同時性軸の文法的対立こそが、その言語の過去形の分野にアスペクトカテゴリーが存在することの明確な規準となっている。

　上述した語りの構成素のその他のものがどのようにしるし付けされているかというと、ある程度広く見受けられるのが後退の文法的しるし付けである。例えば、ラテン語やロマンス諸語では、Aoristo procedit, imperfecto insistit narratio の原則はプルパーフェクト形式による後退表現の原則によって規則的に補完される。現代フランス語の plus-que-parfait と passé antérieur のように、差異化がより一層進んだ言語もある。ドイツ語のような《アスペクト欠如型》言語においても、後退は特別な文法表現の形を取る。さらに、ロマンス諸語やゲルマン諸語が持つ現代の《西ヨーロッパ型》体系にとって典型的であるのは、パーフェクトとそれ以外の過去形式との対立であり、この対立は叙事詩的語りと過去の出来事についての《非叙事詩的》な情報伝達とを区別するために用いられる。つまりパーフェクトは、少なくともそれが部分的にでもその特徴を保持している限りは、純粋な叙事詩的文脈には登場しない。

　スラヴ諸語に話を戻そう。語りにおける《順次性軸》と《同時性軸》を区別する共通原則——広義で捉えるところの Aoristo procedit, imperfecto insistit narratio の原則——は、これらの言語における過去の語りのテクストで作用しているが、その作用のし方は各個別言語や個別のケースにおいてかなり重要な修正や補足を伴

う。後退に関しては、スラヴ諸語のいくつかの言語においてのみ、過去時制で特別な動詞人称形——プルパーフェクト形——を用いた表現をとる。後退は組み込まれた完了体述語——副動詞と分詞——の使用によって文法的にしるし付けられる場合もあれば、何らかの語彙的指示による場合もある。あるいはそれが単純に、テクストで言及された諸動作の相関性は後退として解釈する以外にないという事実から明らかになる場合もある。叙事詩的語りと非叙事詩的語りの文法的対立はスラヴ語圏においてはさらに限定的である。

　以下では、語りの二軸を区別する共通原則が過去体系の特徴に従ってどのように修正されるかという点に着目しながら、先に3分類した各地域における状況を個別に検討する。その際、語りのテクストの最初の3つの構成素——動作の前進的な展開、そこに存在する状況の描写、後退——に限定して検討する。

　北部タイプ——《アオリスト欠如》タイプ——の代表としてロシア語を取り上げよう。現代標準ロシア語では、過去時制における唯一のアスペクト・テンス対立は完了体過去と不完了体過去の対立である。まさにこの対立が語りの2つの主要軸の差異化に用いられている。したがって、ここで私たちの定式内の《深層のアオリスト》に一般的に当てはまるのは完了体過去であり、《深層のインパーフェクト》に合致するのは不完了体過去である。これらの形式の用法は以下に引用する文学作品の最初の例で比較して欲しい。ロシア語にとって、そして他の《アオリスト欠如》型スラヴ諸語にとっても同様に、最初の定式 Aoristo procedit, imperfecto insistit narratio は、以下のように修正できるだろう。すなわち、Praeterito perfectivo procedit, praeterito imperfectivo insistit narratio——完了体過去によって語りは前進し、不完了体過去によってそれは停止する。

　だが、この共通原則に対し、個別的ではあるがかなり重要な一連の補足をしなければならない。

　状態や持続的プロセスは、時に、語りの構造の中で他の《点的な》諸出来事の背景としてではなく、語りの展開におけるある一定の、新しく後に続いてくる段階として登場することがある。つまりそれらは順に続いて登場するひとつのリンクとして本筋に組み込ま

れることがある。このような場合、持続的な状態やプロセスはテクスト上では不完了体過去形で表されるが、語りの動態的視点から言えば、これらは《深層のアオリスト》とみなされなければならない。アスペクトの選択に際し、ここで決定的な役割を果たすのは動作そのものの性格であり、語りの構造におけるその位置づけではない。以下の例はパウストフスキーの『雨の夜明け』からである。

　　—— Что хорошо? —— громче (1) переспросила Ольга Андреевна и (2) подняла на Кузьмина глаза. Она (3) смотрела на него, как бы стараясь догадаться о чем он думает—— строго, подавшись вперед, ожидая ответа. Но Кузьмин молчал. (V, 139)
（「何が良いというの?」声を強めてオリガ・アンドレイヴナは（1）訊き返し［完・過］、クジミンへ視線を（2）上げた［完・過］。彼女は険しい顔で前屈みになって返事を待ちながら、まるで彼の脳裏にあることを察しようとでもするかのように、彼を（3）見た［不完・過］。だが、クジミンは黙っていた。）

　この中の подняла глаза（視線を上げた）という語句はいくらかの時間にわたって《見る》という動作を暗示しているが、ここではさらに《見る》動作が特に意味のあること、プロットの進行にとって重要な要素として強調されている。私たちの図ではこのような動作を実線で意味し、点と同列に並べることにする。引用した抜粋の最初を図で示すと以下のようになる。

1　　　　2　　　　3
·　　　　·　　——

　このような場合、文脈は時に諸出来事の順次性を表したり ——副詞の сперва - затем（まず - その後）、сначала - потом（最初に - それから）等——、後続する動作や状態の持続性を示したり —— 《量的な時間を表す限定詞》の долго（長い間）、два часа（二時間）、целый день（一日中）等——する直接的な語彙指示を含むことが

290

ある。以下は K. シモノフの例である*39。

Сначала он (1) принимал участок от комбата из цветковского полка, (2) лазил с ним по развалинам, (3) устанавливал в охранении своих людей. Потом (4) беспокоился, где локоть соседа слева и справа. («Солдатами не рождаются»)
（まず、彼はツヴェトコフ部隊の砲兵中隊長から一区域を（1）引き継ぎ［不完・過］、彼と共に廃墟を（2）這いまわり［不完・過］、自分の部下を前哨部隊に（3）組織した［不完・過］。それから兵同士の間隔が十分か、右から左から配列に（4）気を配った［不完・過］。－『兵士として生まれるのではない』）

図：

```
1 _____    4 _____
2 _____
3 _____
```

つまり1と4の述語は順次性の線上に並んでいる。

Они (1) спустились в ход сообщения, довольно долго (2) шли по нему, потом (3) свернули в окоп и, наконец, (4) уперлись в дверь блиндажа. («Живые и мертвые»)
（彼らは地下通路に（1）下り［完・過］、そこをかなり長いこと（2）歩いた［不完・過］。それから塹壕へ（3）向きを変え［完・過］、ついに、掩蔽部の扉に（4）行きあたった［完・過］。－『生者と死者』）

図：

```
1            2            3            4
•          _____         •            •
```

しかし語りの、背景ではなく、段階を構成する持続的動作は《一定時間幅の持続性》の意味を持つ――すなわち接頭辞 по- をもつ限

定継続態や接頭辞 про- を持つ長期継続態——動詞から作られた完了体過去形を用いて表されることもある。このような形で表された動作を ├────┤ と図示することにする。パウストフスキーの『雨の夜明け』からの例を見てみよう。

〈...〉Кузьмин (1) сел на диван с деревянной спинкой, (2) поколевался, (3) достал папиросу, (4) закурил 〈...〉. (V, 135)
(〈…〉クジミンは木製の背もたれのついたソファに (1) 腰掛け [完・過]、(2) 少しもぞもぞして [完・過——限定継続態]、巻煙草を (3) 取り出し [完・過]、(4) 火を点けた [完・過]〈…〉。)

図：

ロモフは不完了体過去形が《出来事の原動力》を表すことがある場合についても指摘している。これは不完了体が「何かを成し遂げようとするが実現に至らなかった意図——あるいは試み——を意味する」場合である（Ломов 1979: 16)。以下の例である。

Старушка **хотела** что-то сказать, но вдруг остановилась, закрыла лицо платком и, махнув рукой, вышла из комнаты. (Л. Толстой. Детство)
(老婆は何か言い**たがっていた** [不完・過] が、不意に立ち止まると、スカーフで顔を覆い、腕を一振りして、部屋から出ていった。——L. トルストイ『幼年時代』)

おそらくこのタイプに分類することができるのは、хотеть（望んでいる）、собираться（しようと決めている）、намереваться（意図している）といった動詞や、意図を明示的には表していないものの、その本来の語彙意味によって不完了体で意図的な用法が可能になるか、もしくは《そのような素地を持つ》動詞——例えば「(与

えようと）すすめた、与えようとした」をいう意味になる давал や
「説得しようとした」という意味での убеждал など――から作られ
た不完了体過去形である。

　さらに別のバリエーションとして、北部タイプ――《アオリスト
欠如》タイプ――の過去体系を持つスラヴ諸語の中には、不完了体
過去形が語りの《出来事生成詞》として使用される言語が見受けら
れる。この、とりわけチェコ語に特徴的な不完了体過去の起動的用
法については Sv. イヴァンチェフ（Св. Иванчев）が詳細に記述し
ている（Иванчев 1961）。以下はハシェックからの例である*40。
Bretschneider (1) umlkl a (2) díval se zklamaně po pusté hospodě
（ブレトシュナイダーは（1）黙って［完・過］、がっかりしたよう
に空のパブを（2）見た［不完・過］）――文字通りには「黙りこ
み、見ていた」。不完了体のこのような起動的用法には、├────── と
いう記号を採用するのが理にかなっているだろう。したがって、引
用文は以下のように図示できる。

　図：

何回も反復する一連の動作も、背景としてだけではなく、新しい段
階として語りの筋に組み込まれることがある点を指摘しておく。例えば、
既に 276 頁に引用した短編『虹の向うに』の中の雷の描写の直前には、
Тучу передернуло синим пламенем. Медленно загремел гром
（黒雲に青い炎が走った［完・過］。雷がゆっくりと鳴った［完・
過］）というフレーズがある。テクストのこの最初の部分とその続
きの部分を合わせて図示すると次のようになる。

　叙事詩的テクストでアスペクト・テンス形式が用いられる時の共
通定式が、ある種の述語では、スラヴ諸語に特徴的に複雑になるこ

とがある。これは特にロシア語において一貫して現れるものであり、《観念的活動》の動詞、中でも知覚動詞（verba sentiendi）と認識動詞（verba cognoscendi）に意味的に従属する述語に関係する。このような述語の場合、動作の同時性を表す不完了体過去形は通常、現在形に取って代わられる。パウストフスキーの短編『古い丸木舟』の例を挙げる。

Поезд остановился. Стало слышно, как **гудит** шмель, запутавшийся в оконной занавеске. (IV, 599)
（列車が止まった［完・過］。窓のカーテンに絡んでしまったマルハナバチが**ぶんぶん唸る**［不完・現］のが聞こえた［完・過］。）

標準ロシア語の語りにおいて後退を表すには完了体過去も不完了体過去も用いられるが、どちらが選ばれるかは諸動作の内的相関性に拠る。あるいは《従属タクシス》を表す特別な形式である、先行を表す完了体の副動詞——ならびに完了体の分詞——が用いられることもある。また、先に挙げたいくつかの例に見たように、しばしば語彙的手段が後退を指示することがある。《アオリスト欠如》タイプに属する他の言語には、後退の表現に特別な動詞形であるプルパーフェクトを限定した範囲で用いるものがあり、その一例としてスロヴァキア語を挙げることができる。

エミル・ホラック（Emil Horák）の指摘によると、プルパーフェクトは中部スロヴァキア方言で日常的に使われる形式であり、そこからプルパーフェクトはスロヴァキア文学の古典作家——19世紀・20世紀初頭の作家——の使用言語に入った（Horák 1964: 286–298）。ホラックの主張では、プルパーフェクトの主要な意味は、動詞が表す動作が過去の他の動作に単に時系列上で先行することを示す意味ではなく、動作の結果やそのアクチュアルな帰結を強調する意味である。また、彼はプルパーフェクトの機能はそれ以外にもあり、主要な過去時制の文体的バリエーションとしても用いられると述べている。ホラックの引用例には完了体語幹から作られたプルパーフェクト形がもっぱら使用されている。では、この形の主

要な意味をホラックの例に見てみよう。なお、全ての例はグレゴル・タヨフスキ（Gregor Tajovský）から取った（Ibid., p.289）。

Bežala, ako by deti pred nejakým nešťastím mala zachrániť. Izba **bola vychladla**, rozložila rýchle ohňa, naložila dreva...
（彼女は何か不幸が迫っている子供たちを守らなければならないかのように走った。部屋は**冷え切っており**［完・プルパ］、彼女は素早く火を起こし薪をくべた。）
Keď maturoval, otec mal už blízo 70 rokov a matku robota už tiež **bola zhrbila**.
（彼が卒業したとき、父は既に70歳に近く、母も苦労で**腰が曲がっていた**。［完・プルパ］── ［訳者注］直訳：苦労は母の腰を既に曲げていた。）
Do večera **boli sme** už všetko **popredal**i a že začalo sa mračiť, zatiahli sme voz plachtou.
（夕方には**私たちは既に全てを売り払っていた**［完・プルパ］。空に暗雲立ち込め始めた時、私たちは荷を防水シートで覆った。）

　完了体のプルパーフェクトは選択的であり、主要な過去時制──上の例では順に vychladla、zhrbila、sme popredali──か、もしくは先行動作の結果という特別な意味を保持する、状態パーフェクトを表す構造──izba bola vychladnutá（直訳：部屋は冷やされていた［コピュラ・-*l*分詞＋完・受過分詞］）、matka už bola zhrbená（直訳：母は既に腰を曲げられていた［コピュラ・-*l*分詞＋完・受過分詞］）、už sme mali všetko popredané（直訳：私達は既に全て売り払われて持っていた［コピュラ・現＋「持つ」不完・-*l*分詞＋完・受過分詞］）── に、常に交換することができる（Ibid., p. 290）。これに類似する方法で、スロヴァキア語のプルパーフェクト形はチェコ語に翻訳される（Ibid., p.294）。
　時系列上の先行を表す不完了体のプルパーフェクトは極めて稀であるが、それは主要な過去時制と交換することが出来ないと指摘されている。例えば、次の文脈 Červenovlasý, ktorý ju **bol držal** od predku,

第3章　スラヴ諸語におけるインパーフェクトとアオリスト　**295**

položil ju na chrbát. ── ロシア語訳：Рыжий, который **держал** ее (пациентку) спереди, положил ее на спину (彼女［患者－著者注］を**前抱え**にしていた［スロヴァキア語－不完・プルパ；ロシア語－不完・過］赤毛の男は彼女を背負った）で過去形に交換してしまうと、先行動作は主文で表されてる動作と同時の動作に変わってしまうというのがその理由だ（Horák 1957: 350）。だが、この例のロシア語訳でわかるように、交換したとしても、誤解は生じないであろう。したがってプルパーフェクトの選択性は、不完了体のプルパーフェクトにも同程度に当てはまると考えられる。

　ここ数十年（訳者注：本書の出版は1984年）の間に標準スロヴァキア語におけるプルパーフェクトの使用規範はゆるぎ、この形を用いない諸方言の影響を受けて──部分的にはチェコ語の影響も受けて──その使用頻度は低くなった。だが、ホラックの証言によれば、スロヴァキア人の言語意識にとってプルパーフェクトは未だ古めかしい表現でも、方言的表現でもない（Horák 1964: 296-298）。

　プルパーフェクト形は他の《アオリスト欠如》言語においても語りで後退を表す際に用いられるが、いずれの場合も、この形の使用率は高くはない。ウクライナ語における使用率はポーランド語よりもいくらか高いようである（Бойтюк 1981: 31-37; Maurer 1960）。スロヴェニア語におけるプルパーフェクトの使用状況には一致した見解がない（Деянова 1970: 99-127）。ロシア語方言に見られる新しいプルパーフェクト──был ушедши（去っていた［コピュラ・過＋完・副動詞]）、у него было сказано（直訳：彼のもとでは語られていた［コピュラ・過＋完・受過分詞]──彼は言っていた）──は、それが筋の通った語りのテクストでどのように機能するか、という視点からは未だ研究されていない。

　南バルカンタイプに話を移そう。ここでは現代ブルガリア語を資料に検討する。このタイプでは Aoristo procedit, imperfecto insistit narratio の原則が最も純粋な形で実現する。この原則の最も単純な場合は、語りの前進に完了体アオリストが用いられ、そこに存在する状況の描写に不完了体インパーフェクト──動詞 быть（ある・いる）の《共通過去（общий претерит）》を含む──が用

いられる*41。例をヨルダン・ヨフコフの短編『電線沿いに』から挙げよう*42。

Като (1) чу гласа му, момичето (2) се обърна. Слабо (3) беше, изпод завивката едва (4) личеше снагата му, (5) стопена от болестта, лицето му (6) беше като восък, но очите му (7) бяха още светли, още млади и усмихнати. То (8) гледаше ту баща си, ту Моканина. (440)
(彼の声を（1）聞くと［完・アオ］、少女は（2）振り返った［完・アオ］。彼女は痩せて（3）いて［不完（コピュラ）・イン］、毛布の下から彼女の病気のせいで（5）やせ細った［完・受過分詞］体の線が（4）見えていた［不完・イン］。彼女の顔は蝋のようで（6）あった［不完（コピュラ）・イン］が、目はまだ光を帯び若々しくほほ笑みをたたえて（7）いた［不完（コピュラ）・イン］。彼女は父を見たり、モカーニンを（8）見たりしていた［不完・イン］。）

図：

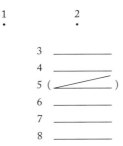

　語りが前進する中のひとつの段階を表す持続的な出来事は――私たちの図式では点と同線上に並ぶ実線で示されている――、アオリストを持つ非スラヴ諸語の場合と同様に、アオリスト形で表される。その際、ブルガリア語で用いられるのは不完了体アオリストである。例えば、ヨフコフの短編『ペストの間』からの次の抜粋である。

(1) Поизкашля се дядо Нейко 〈...〉 и пак (2) почна думата си. Отново (3) **приказва** за чумата, после за глада, после пак за чумата. Най-после той (4) свърши и (5) рече .... (133)

(ネイコ爺さんは (1) 咳払いをして ［完・アオ］〈…〉また話を (2) 始めた ［完・アオ］。彼はまたペストの (3) 話をして ［不完・アオ］、その後で飢えの話を、そしてまたペストの話をした。ついに彼は話を (4) 終え ［完・アオ］、(5) 言った ［完・アオ］〈…〉。)

図：

一連の反復動作も、この連続が語られる諸出来事の前進的推移においてひとつの段階をなす場合は、不完了体アオリストで表されることがある。例えば、前述のヨフコフの短編の最後の部分である。

Всички (1) се урнаха назад, (2) заблъскаха се, (3) завикаха. След туй (4) се чу тропот като от стадо и черквата, (5) останала съвсем празна, (6) светна. Под полюлея (7) стоеше само Тиха. (8) Искаше да бяга и тя, но (9) видя една жена и (10) се спря: (11) беше Дочка. Тя (12) гледаше (13) падналия пред олтаря, (14) чупеше ръце, очите й (15) бяха като на луда.

—— Ах, боже, какво да правя —— (16) викаше тя, —— син ми е, а е чумав! Ах, боже!

Няколко пъти ту (17) **пристъпва** към него, ту (18) **се връща** и най-после, като (19) се хвана за косите и (20) заплака, (21) избяга и тя.

Тогава Тиха (22) тръгна към чумавия. (138)

(皆が逆方向に (1) 駆けだし ［完・アオ］、どっと (2) 混みあって ［完・アオ］、(3) 叫び出した ［完・アオ］。その後家畜の群れの足音のような音が (4) 聞こえ ［完・アオ］、すっかり (5) 空になった ［完・-*l*分詞］教会が (6) 明るくなった ［完・

アオ］。シャンデリアの下にはチーハだけが 1 人（7）立っていた［不完・イン］。彼女も走って逃げだ（8）したかった［不完・イン］が、ある女性が（9）目にとまり［完・アオ］（10）立ち止まった［完・アオ］：それはドチカ（11）だった［不完（コピュラ）・イン］。彼女は祭壇の前に（13）倒れていた［完・-l 分詞］人物を手を（14）後ろに組んで［不完・イン］（12）見つめていた［不完・イン］。彼女の眼は狂人のそれで（15）あった［不完（コピュラ）・イン］。「ああ、神様、どうしたらいいのでしょう」と彼女は（16）叫んでいた［不完・イン］。「彼は私の息子なのに、彼がペストだなんて！ああ、神様！」。彼女は彼のそばに（17）**近寄っては**［不完・アオ］、（18）**離れたり**［不完・アオ］を何度か繰り返した。そしてついに髪を（19）ひっつかみ［完・アオ］（20）泣きだして［完・アオ］、（21）走り去った［完・アオ］。チーハはペストにかかった者のところに（22）足を進めた［完・アオ］。）

図では以下のようになる。

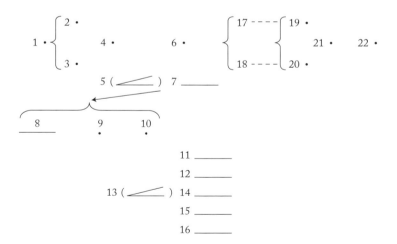

ブルガリア語の語りのテクストで使われる不完了体アオリストの他の諸タイプについてはここでは検討せず――第 3 章、第 2 節 B を

第 3 章　スラヴ諸語におけるインパーフェクトとアオリスト　　299

参照──、次の点のみ強調しておこう。ブルガリア語において、出来事はそれ自身の性格に関係なく──私たちの図上の点、実線、点線、破線のどれに相当しようと──、語りの順次的な前進における一段階となっているのであれば、それはアオリストで表される。その際、個別の１つの点に相当するのは完了体アオリストで、それと同線上に並ぶ点線や実線に相当するのは、通常、不完了体アオリストである。後者の場合、時に《一定時間幅の持続性》の意味を持つ動詞の完了体アオリストの場合もある。それと同時に、語りの順次的な推移の中である一段階を成す持続的な動作は、現代ブルガリア語ではインパーフェクト形で表されることはない。もっとも、より古いブルガリア語にはそのような例も見受けられる＊43。

《深層のインパーフェクト》について言えば、南バルカンタイプのそれは不完了体と完了体のインパーフェクト形で実現する。不完了体インパーフェクトが優勢であり、直前に引用したヨフコフの抜粋部分では7、8、12、14、16、また11と15の番号がついた述語がそうである。だが、いわゆる複数回相関タイプの文脈における多回動作の場合では──第3章、第1節Aを参照──、不完了体インパーフェクトと同じように完了体インパーフェクトが用いられることもよくあり、そのような例は次のヨフコフの短編『死闘』にも見られる。

В дрезгавината, не твърде далеч, той (1) забеляза вълка. Той не (2) бягаше, не (3) вървеше, а едвам (4) се влачеше. (5) **Направеше** една-две крачки и (6) падаше, (7) опитваше се да стане и пак (8) се поваляше. (561)

（薄暗がりの中で、それほど遠くはないところに彼はオオカミの姿に（1）気づいた［完・アオ］。彼は（2）走り［不完・イン］もしなければ、（3）歩く［不完・イン］わけでもなく、（4）足を引きずる［不完・イン］のがやっとであった。一歩二歩（5）**進んだ**［完・イン］かと思うと、（6）倒れこみ［不完・イン］、立ち上がって（7）みよう［不完・イン］にも、すぐへなへなと（8）崩れてしまう［不完・イン］のであった。）

図は以下の通り。

```
                1 ・

           2  ─────────
           3  ─────────
           4  ─────────
        ⎧  5  ‐ ‐ ‐ ‐ ‐
        ⎩  6  ‐ ‐ ‐ ‐ ‐
        ⎧  7  ‐ ‐ ‐ ‐ ‐
        ⎩  8  ‐ ‐ ‐ ‐ ‐
```

　観念的活動動詞を主文に持つ従属文中の述語には、《スラヴ的》
時制の一致が見られることもあれば、《西ヨーロッパ的》時制の一
致が見られることもある。前者の場合は、同時性は現在形で、先行
は過去形、往々にしてパーフェクト形で、後続は未来形で表される。
後者の場合、同時性はインパーフェクトで、先行はプルパーフェク
トで、後続は過去未来で表される。この両方のタイプが1つの文脈
に混在することもある。エリン・ペリンの寓話的短編『預言者』か
ら例を挙げよう*44。

Пророкът обърна очи〈...〉и тогава с ужас забележи, че земята
се тресе само под неговите нозе и че къщите наоколо
стоеха спокойни и неподвижни. (III, 50)
（預言者は振り返り［完・アオ］〈…〉そしてそのとき彼は大地が
揺れている［不完・現］のは彼の足下だけで、周囲の家々は平然
と不動のまま**立っていた**［不完・イン］ことに気がつきぞっとし
た［完・現］。）

　組み込まれる述語に相当するのは不完了体の分詞と副動詞
（──）ならびに完了体の分詞（∠）で、これは《アオリスト欠如》
タイプで指摘したことと同様である。
　後退ではプルパーフェクトが広く用いられる。次の例はそれが静
態的な意味で用いられているもので、ストーリー展開上の特定の時

までに成立した状態に重点を置いている。例はエリン・ペリンの短編『夏の日』より、農民たちが仲間の一人によるカバルの演奏を聴いている場面の記述である。

Дядо Йорго слушаше с отворени уста. Цинцаринът мечта-
еше. Гаврил **беше се подпрял** на тезгяха, с изкривена глава,
като че хвърчи нейде високо-високо, и унесено **бе склопил**
клепки. Очите на Марко **бяха се удвоили**. А кавалът все пове-
че и повече унасяше. (I, 49–50)
（ヨルゴ爺さんは口を開けて聞いていた［不完・イン］。アルーマ
ニア人は夢見心地であった［不完・イン］。ガブリルはカウン
ターに**肘をついていて**［完・プルパ］、頭を後ろに反らし、まる
でどこか空高くを飛んでいる［不完・現］かのように、うっとり
と**目を閉じていた**［完・プルパ］。マルコの眼は**真ん丸に見開か
れていた**［完・プルパ］。カバルは（聴衆を）遠くへ遠くへ誘っ
て行った［不完・イン］。）

次の例では、プルパーフェクトが動態的な意味で用いられている。
それが表す動作は本筋の諸動作に先行する動作であるが、その帰結
はアクチュアルなものである。例はチュドミルの短編『聖名日』よ
り *45。

Голямата дъщеря кърпеше нова покривка за маса, която бай
Митьо **бе изгорил** с цигарата си, а малката, привързала пръст,
чистеше канава.
（上の娘はミーチョが巻煙草で**焦がした**［完・プルパ］新しい
テーブルクロスを繕っており［不完・イン］、下の娘は指に包帯
をまいて溝の掃除をしていた［不完・イン］。）

だが、ブルガリア語のテクストでは、後退は特別な形式を用いる
ことなく表されることが多い。そのような《無標の》、それほどの
過去には遡らない後退の例には、既に挙げたヨフコフの短編『ペス

ト の 間』の 2 番目の引用例の中の 8、9、10 の述語が相当する。より遠い過去へ遡る後退の例は、次のエリン・ペリンの短編『初雪』からの抜粋にとりわけ明確に表れている。

Сега той (1) гледаше с тъга навън, и мислите му (2) гонеха зайци по заснежените рътлини като копои. Уви, чичо Кола (3) нямаше ни пушка, ни куче! Пушката (4) заложи за дълг в кръчмата, кучето му (5) умря от мъка, че (6) нямаше с кого да ходи на лов. (II, 98)
（今、彼はふさぎこんで窓を（1）みつめていた［不完・イン］。彼の思いは猟犬のように雪に覆われた丘を越え兎を（2）追っていた［不完・イン］。ああ、コラおじさんには鉄砲も（3）持っていなければ［不完・イン］、犬もいない！自分の鉄砲は居酒屋で（4）質草に入れた［完・アオ］し、犬は腹を空かして（5）死んでしまった［完・アオ］から、狩りに一緒に出かける相手も（6）持っていなかった［不完・イン］。）

図は以下の通り。

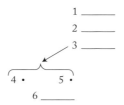

さまざまな余談や教訓において——とりわけ ich-Erzählung（1人称小説）や語りの現在への後退において——規則的に用いられるのはパーフェクトであるが、アオリストやインパーフェクトも使われる。一方、他人の言葉や考えを伝える際には、しかるべき伝達法形式が使用される。まれな、例外的なケースとして、パーフェクトが叙事詩的語りの中で、今挙げた条件外で登場することがあり、特にそれは никога（決して～ない）のような副詞と一緒に使われる。以下の例は既出のエリン・ペリンの短編『初雪』からである。

През двора премина ситно ⟨...⟩ Доне Козицата, съсед и връстник на чичо Кола, сиромах като него и ловец като него. Само че Доне никога в живота **си не е имал** пушка. Той ходеше на лов с брадва или с търнокоп. (II, 98)

（中庭を小走りにやってきた［完・アオ］のは⟨…⟩隣人でコラおじさんと同い年のドネ・コジツァだった。彼と同じく貧乏者で、彼と同じく猟師だった。ただドネは人生で一度も鉄砲を**持ったことはなかった**［不完・パ］。猟には斧かつるはしを持って行った［不完・イン］。）

伝達法形式の機能にはそれ特有の問題点がいくつかあるのだが、ここでは検討しない。

スラヴ語の過去時制体系の第3のタイプ——セルビア・クロアチア語タイプ、あるいは《半アオリスト》タイプ——は中間的で移行的なもので、その具体的な処理の仕方は千差万別である。語りのテクストのアスペクト・テンス構造の研究の現段階において、このタイプこそ、おそらく最も興味深いものだ。

語りの構造のばらつきは、個々の作家で構造が大きく異なっている点に如実に表れており、それは作家の出身地の方言環境による差異や、テクストを創作した時代、ストーリー構成における文体的差異に関係している。アオリストとインパーフェクトがセルビア・クロアチア語言語領域の南、モンテネグロと南ヘルツェゴヴィナで比較的よく保持されていることはよく知られている。他にも、これらの形は20世紀より19世紀の標準語においてより広く用いられていたし、20世紀では標準語のセルビア変種において、クロアチア変種よりも、やや広く使用されていた。そして内容がより現代的なテーマを扱っていたり、擬古性が無いテクストよりも、擬古文体や古風な伝説物や歴史物の創作において、アオリストやインパーフェクトは広く用いられている。同一作家による異なるテクストでその使用にかなりの揺れが見られることも少なくない。

アオリストとインパーフェクトの不規則な消失過程は次の点でも言える。不完了体アオリストは不完了体インパーフェクトよりも消

失の度合いが大きいが、不完了体インパーフェクトは、完了体アオリストよりも、はるかに消失の度合いが大きい。その一方で、完了体インパーフェクトはかなり前に完全に消失している。語りを前進させる手段として完了体アオリストをまだ規則的に用いる文学テクストでは、比較的まれなケースではあるが、このアオリストに対し、その《自然な》相関項であるインパーフェクトが状況描写の手段として対立する。スヴェトザル・チョロヴィチ（Svetozar Ćorović）の長編『ストヤン』から次の一節を例に出そう *46。

Drugi ne (1) odgovori. (2) Obori glavu i, (3) vlačeći nogu za nogom, zemišleno (4) iđaše dalje. (26)
（もう 1 人は（1）答えなかった［完・アオ］。頭を（2）垂れて［完・アオ］、足を（3）引きずりながら［不完・副動詞・現］、先へと（4）進んでいった［不完・イン］。）

図：

語りの展開における一段階として登場する持続的動作をインパーフェクトが表すこともある。同じ長編から次の例である。

Stojan (1) ustuknu kad je (2) opazi i dugo vremena (3) gledaše je, ne (4) zboreći ništa i ne (5) trepćući očima. (127)
（彼女を（2）目にして［完・アオ］、ストヤンは（1）飛び退いた［完・アオ］。そして一言も（4）発せず［不完・副動詞・現］、（5）瞬きもせず［不完・副動詞・現］、彼女を長いことじーっと（3）見つめていた［不完・イン］。）

図：

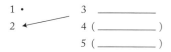

　だが、概して、インパーフェクトがチョロヴィチの作品*47 に登場することは比較的少なく、現代作家ともなればその使用はさらに珍しい。例えば、パウストフスキーの短編『雨の夜明け』*48 のセルビア語訳には全体を通してインパーフェクトが6回登場するが、それは全て動詞 beše（ある・いる）のインパーフェクトである。これは作品の中の挿入詩の翻訳に使われているもう1つのインパーフェクト（žuđahu）を数に入れなければ、ということではあるが。イヴォ・アンドリッチの作品からインパーフェクトが次第に消えていく事実は、有名な Ž. スタノイチッチ（Ž. Stanojčić）の研究で明らかである（Stanojčić 1967）。

　セルビア・クロアチア語の現代の語りのテクストで《深層のインパーフェクト》の機能を果たすのは、通常、不完了体パーフェクトである。それは《深層のアオリスト》の機能を持つ完了体アオリストやさらには完了体パーフェクトの背景を作りだすことがある。最初に、完了体アオリストと不完了体パーフェクトという対立が実現している例を挙げよう。例は長編『ストヤン』からである。

Gazda Simo (1) pomilova ga po obrazu, (2) osmjehnu se i (3) dade znak rukom da pođe za njim. (4) Pođoše u dno avlije, gdje (5) se dizala ⟨…⟩ štala neka ⟨…⟩ sa malim, uskim vratima. (70)
（主人はその顔を（1）撫で［完・アオ］、（2）微笑み［完・アオ］、手で自分の後をついてくるように（3）合図した［完・アオ］。彼らは⟨…⟩小さくて狭いドアがついている小屋のようなものが⟨…⟩（5）立つ［不完・パ］中庭の奥へと（4）進んだ［完・アオ］。）

図：

```
        1       2       3       4
        •       •       •       •
                5 _____
```

Strina Mara, koja (1) je sjedila blizu velike rakiske boce, (2) pijucnu malo rakije, (3) namršti se i (4) odmahnu rukom. (28)
（ウオッカの入った大きなボトルのそばに（1）座っていた［不完・パ］マラおばさんはウオッカをちょっと（2）すすり［完・アオ］、（3）顔をしかめて［完・アオ］、手を（4）振りおろした［完・アオ］。）

図：

```
        1 _____
        2 •     3 •     4 •
```

　この長編では類似の図式が完了体パーフェクトと不完了体パーフェクトという対立によっても実現する。

U ponedjeljak ujutru, kad (1) je otvorio magazu, Stojan (2) je bio zamišljen, sumoran 〈...〉 (3) Sio je na šiltu, (4) podupro glavu rukama i tupo (5) gledao na čaršiju. (138)
（倉庫を（1）開けた［完・パ］月曜日の朝、ストヤンは思い悩んで（2）いる［不完・パ］様子で不機嫌だった〈…〉。彼は売台の奥に（3）腰をかけ［完・パ］、あごの下を両手で（4）支え［完・パ］、ぼんやりと市場の広場を（5）見つめていた［不完・パ］。）

図：

```
        1 •     3 •     4 •     5 _____
        2 _____
```

現代のセルビア語とクロアチア語の文学テクストでは、まさに完

第3章　スラヴ諸語におけるインパーフェクトとアオリスト　307

了体パーフェクトと不完了体パーフェクトの対立において、2つの主要な語りの《軸》——《順次性軸》と《同時性軸》——の対立が実現することが最も多い。アンドリッチの中編『ゼコ』より例を挙げる＊**49**。

Kad se mladić (1) istrgao i (2) otrčao, Margita (3) je prišla krevetu. (4) Bila je potpuno van sebe, (5) grcala je, (6) zapletala se u dugačku košulju i (7) mrsila reči bez pravog smisla : ⟨...⟩

　Zeko (8) je ustao, brzo (9) navukao odelo, dok je žena pored njega jednako (10) jaukala, zatim (11) je naterao i nju da navuče nešto na sebe. Ona (12) je drhtala kao u jakoj groznici i (13) naslanjala se celom težinom na njega, (14) ponavljajući stalno ⟨...⟩. (279)

（若者が（1）身を振り切って［完・パ］（2）逃げだした［完・パ］とき、マルギタはベッドの方へ（3）近づいた［完・パ］。彼女はすっかり（4）我を忘れ［不完・パ］、（5）すすり泣き［不完・パ］、自分の長いシャツに（6）からまって［不完・パ］、意味不明なことを（7）口走っていた［不完・パ］。⟨…⟩

　ゼコは、妻がまだ相変わらず彼の傍で（10）泣言を繰り返している［不完・パ］間に、（8）立ち上がり［完・パ］、素早く（9）着替える［完・パ］と、彼女にも何か身につけるように（11）強いた［完・パ］。彼女はまるで重い熱病にかかっているかのように（12）震えていて［不完・パ］、常に⟨…⟩（14）繰り返しながら［不完・副動詞・現］、自分の全体重をかけて彼に（13）寄りかかっていた［不完・パ］。）

図：

```
1          2          3           8           9          11
•          •          •           •           •          •
           4                      10                     12 _____
           5 _____                                   13 _____
           6 _____                                   14 ( - - - - - - - -.)
           7 _____
```

308

このような場合に見られる関係性は、私たちが《アオリスト欠如》型言語でみたものとかなりの程度類似する。だが、セルビア・クロアチア語のこのような文脈では、完了体パーフェクトに代わって完了体アオリストが出現する可能性が常にある。この例は『ゼコ』の次のページにさっそく現れる。そこには最初のベオグラード空襲——1941 年 4 月 6 日——の様子が地下壕の中の視点で描かれている。

Jedna je eksplozija 〈...〉(1) poduhvatila kuću nekako odozdo iz dubine, tako da su ljudima zubi (2) škljocnuli jedni o druge 〈...〉

—— To je stanica odletela! ——(3) **reče** neko mirnim, gotovo šaljivim glasom.

Začuđeni, ljutiti pogledi (4) **krenuše** na tu stranu. To (5) je izgovorio nastojnik kuće, koji (6) je sedeo na jednom koferu, mrk i zamišljen, u punoj protivnosti sa tonom onoga što (7) je rekao. Nervozni i prekorni glasovi (8) **poleteše** put njega. 〈...〉

Još odjek toga udarca nije bio potpuno (9) nestao, kad se ceo red takvih eksplozija (10) **sruči** na grad. U podrumu (11) **se ugasi** svetlost, vazduh (12) **se ispuni** prašinom. (13) Izgledalo je kao da se breg na kom (14) stoji Beograd (15) prolama i (16) ruši sam u sebe.

Samo za tren oka Zeko (17) **izgubi** dodir sa stvarnošću, ali odmah zatim (18) **oseti** sve ponovo, i to jače i jasnije. (280)

(爆音が 〈…〉 家を奥底から（1）持ちあげたので［完・パ］、人々は歯をガタガタ（2）震わせた［完・パ］。〈…〉「こりゃ駅が吹っ飛んだんだ！」誰かがのんびりとほとんど冗談めかした声でそう（3）言った［完・アオ］＊**50**。

驚きと怒りのまなざしが声のした方に（4）**向けられた**［完・アオ］。この言葉を（5）発した［完・パ］のはスーツケースの上に（6）座っていた［不完・パ］清掃夫だった。じっと考え込んでいる陰気なこの男の様子は彼が（7）発した［完・パ］言葉の調子とは全くあい反していた。イライラとした怒りのヤジが彼

に (8) **飛んできた** [完・アオ]〈…〉。

　攻撃の音はまだ完全には (9) **おさまっておらず** [完・プルパ]、同じような爆音が繰り返し繰り返し街を (10) **襲った** [完・アオ]。地下室の電気が (11) **消え** [完・アオ]、空気が埃に (12) **満ちた** [完・アオ]。ベオグラードの街が (14) **のっている** [不完・現] 山が (15) **バラバラに壊れていく** [不完・現]、自然に (16) **崩れ落ちていく** [不完・現] かのように (13) **思われた** [不完・パ]。

　一瞬ゼコは現実との接点を (17) **失った** [完・アオ] が、すぐにまた全てを (18) **感じた** [完・アオ]。しかもその感覚はさらに強く、鋭いものであった。)

図：

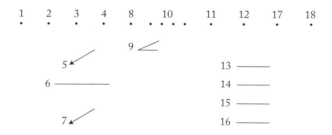

　引用例に使われているいくつかの述語については、後でまた言及することになる。今はセルビア・クロアチア語の語りのテクストにおいて検討した共通原則 Aoristo procedit, imperfecto insistit narratio の実現可能性の全てを考慮し、この原則をこの言語にふさわしく次のように再定式化しなければならない。それは Aoristo vel perfecto perfectivo procedit, perfecto imperfectivo (rarissime imperfecto) insistit narratio（完了体アオリストかパーフェクトによって語りは前進し、不完了体パーフェクト——極めてまれにインパーフェクト——によってそれは停止する）。

　上述の機能を担うものとして、アオリストなのか、パーフェクトなのか、それを選択する際のルールがどのようなものであるかを解明することは、セルビア・クロアチア語の動詞の文法と文体をめぐ

る最大の難問のひとつである。この問題が何らかのつながりで一度となく文献で議論されているのはご存じのことだろう。ここでは特にアンドリッチの作品中に使われている実例をもとに説得力のある分析をしたスタノイチッチの研究（Stanojčić 1967: 208–219）に言及する必要がある。時にアオリストは古めかしさや《伝説っぽさ》を生み出す手法であり、だからこそ登場人物を読者から独特なやり方で《遠ざける》手段であった。例えば、短編『ムスタファ・マジャール』がそうである。だが、別の場合、例えば中編『ゼコ』のように、現代的なテーマを持つテクストの場合、アオリストが登場するのは出来事がテンポよく展開していく《躍動感のある状況》であったり、さらに付け加えると、物語のクライマックスにあたる出来事やストーリーを左右するような急展開において見られることが多い。例えば、『ゼコ』でアオリストが登場するのは、爆撃の描写——引用した箇所以外に325–329頁も参照——だけではない。他にも主人公ゼコが態度を変えるきっかけとなったゼコとミコ大尉との会話の場面（246–247頁）や、マルギタがマリヤの子供たちを激しく非難したことへのゼコの反応が描かれている場面（274頁）、ゼコの精神的進化においては恐らく最も重要な転機点であろう、彼がベルグラードの目抜き通りに吊るされた人々を目にした時（285頁）やゼコがエリツァの逮捕を知った瞬間の描写（314頁）などである。アオリストの登場は中編の最終章、第8章においても示唆的である。そこでは、反ファシズム闘争に直に参加したものの、何もやり遂げることが出来ずに、戦死していく主人公が描かれている。

　もちろん、今述べたような見解は、詳細な検討無くして、他の作者の言語についても同様だと言えるものではない。さらに、文学的価値ではアンドリッチの散文に及ばない語りのテクストをいくつか無作為に選び出し検討してみたところ、私のこの見解は現代語全体としてはむしろ当てはまらない。したがって、この問題は未解決のままということになる＊51。

　パーフェクトは、主要な定式に含められる諸機能以外にも、多様な他の機能で広く用いられている。その中からいくつかを以下に指

摘する。

a.　観念的活動の動詞が表す動作に先行することを意味する。以下はチョロヴィチの『ストヤン』からの例である。

Po mutnim očima i podbuhlom licu moglo se poznati da **nije** dovoljno **spavao.** (138)
（淀んだ眼とむくんだ顔から彼が十分に**寝ていなかった**［不完・パ］ことは明らかだった。）

b.　後退することを意味する。この例は爆撃の記述があるアンドリッチの引用文中の述語5と7である。

c.　さまざまな余談や教訓、ich-Erzählung（1人称小説）において過去時制や先行を意味する。このようにパーフェクトは、他言語のパーフェクトに特徴的な、語り以外の機能でも登場する。

観念的活動の動詞が表す動作との同時性は、現在形によって表されるのが常である。爆撃の記述における述語14、15、16の他にも、『ストヤン』から以下の例を挙げる。

Nekolcina, i ne pitajući, sami zaključiše da **je** gazda na zadnjem času. (175)
（何人かは、周囲に尋ねることもなく、主人が危篤である［コピュラ・現］という結論に自ら達した［完・アオ］。）

ロシア語を除く北部タイプの諸言語においても個別のケースで見られることであるが、過去の語りにおける後退がプルパーフェクト形で表される場合がある。爆撃の記述において、一方では述語5と7がパーフェクトで現れ、他方では述語9がプルパーフェクトで登場する――odjek ... nije bio potpuno nestao（…音はまだ完全にはおさまっておらず［完・プルパ］）。次の例はパウストフスキーの短編『雪』のセルビア語訳からである*52。

Tatjana Petrovna je posle čaja odvela Potapova na očev grob, iza

312

šume. Zamagljeni mesec **se** već **beše** visoko **podigao**. Breze su slabo svetlele na mesečini i bacale na sneg lake senke. (84)

（お茶の後、タチヤナ・ペトローヴナはポターポフを木立の向うの父の墓まで連れて行った［完・パ］。霞がかった月は既に高く**上っていた**［完・プルパ］。月明かりに白樺の木々が仄明るく輝き、軟らかい影を雪の上に落としていた。）

Kada je stigao do kuće već **se beše spustilo** veče. (83)

（彼が家に帰った［完・パ］とき、日は既に**暮れていた**［完・プルパ］。）

　この短編のもうひとつの翻訳、つまりクロアチア語訳**＊53** では、該当箇所にパーフェクトが用いられていることを指摘しておく。

　さて、ここまで私たちは叙事詩的語りの３つの主要な構成素が実現する際に、スラヴ諸語のアスペクト・テンス体系の３タイプがどのように機能するかについて――その際、一連の本質的な限定は設けたが――検討してきた。ここで用いた過去の語りのテクストが有するアスペクト・テンス構造の記述例――とりわけ図示の方法――は、さらに発展させることが可能であろうし、また、今後の研究の過程で一定の修正がおそらく加えられるであろう。これから必要となるのは、スラヴ諸語間の翻訳をさらに広く活用すること、そしてスラヴ語アスペクト研究と動詞時制論が蓄積してきた大量の事実を、テクスト言語学の立場から、より体系的に再解釈することである。

＊1　初出：Маслов Ю.С. Имперфект глаголов совершенного вида в славянских языках. 所収：*Вопросы славянского языкознания*, вып. I. М., 1954, с.68–138. 本文には多少の変更が加えられている。

＊2　ポテブニャは《前置詞》、すなわち動詞接頭辞は、インパーフェクト形において《その空間的意味だけ》を保持すると述べる一方で、будяшетьのような場

第3章　スラヴ諸語におけるインパーフェクトとアオリスト　　**313**

合には個別に説明を加えざるを得ない。このような動詞もまた、彼の言葉によれば、《持続する過去の性格によって完了体性のニュアンスが容易に消し去られてしまう》ということになる（Потебня 1977: 182）。

*3 J.ズバチ（J.Zubatý）は 古代チェコ語において不完了体の意味は完了体動詞のインパーフェクト形にあると考えた（Zubatý 1915: 237）。

*4 参照：Мейе А. Общеславянский язык. М., 1951. Примечания [П.С. Кузнецова], с. 451. クズネツォフの論文「古代ロシア語におけるテンス・アスペクト的関係の起源に関する問題」（«К вопросу о генезисе видовременны́х отношений древнерусского языка»）では次のように定式化されている ——《ここで問題となっているのは、限定されずに繰り返される過去の動作でありながら、しかし、毎回終了したり瞬間的であったりする動作である》（Кузнецова 1953: 250）。

*5 ゲバウエル（Gebauer 1903）は多回性の意味を不完了動詞のインパーフェクトに対しても —— 動作の持続性の意味とともに —— 認めている。

*6 引用例の綴り方はエフィーモフのものを踏襲した。

*7 サーラウは完了体動詞インパーフェクトを《習慣的動作の過去完了》と名付けた直後に、次のような断りを入れている。「この形は、実のところ、不完了体動詞の《一般的な》インパーフェクトによって表されるような習慣的動作を表現するのではなく、むしろ、《時々の動作》—— des gelegentlichen Vorgangs —— を表すために用いられる」。サーラウの見解によれば、不完了体動詞インパーフェクトと完了体動詞インパーフェクトの両形式は、《英語の he used to do it と he would do it の対立に近い形で》互いに対立している。

*8 ヤギチは自身が出版した『マリアによる福音書』の後書きの他にも、A.I.ソボレフスキー（А.И. Соболевский）の『講義録』に対する書評の中である程度の量の古代ロシア語の例を引用しているが（Ягич 1889: 132–）、彼が引用しているインパーフェクト形が完了体語幹から作られていることについては言及していない。

*9 Полное собрание Русских Летописей, издаваемое... археографической комиссиею..., т. I. Лаврентьевская летопись. Вып. I. Повесть временных лет. 2-изд. Л., 1926 —— 引用に際してはПВЛЛ（Повесть временных лет по Лаврентьевскому списку）と略す。数字は当該の版における年号と段を表す。

*10 Полное собрание Русских Летописей, изданное... археографической комиссиею..., т. II. Ипатьевская летопись. 2-е изд. СПб., 1908 —— 引用の際はПВЛИと略し、数字は当該の版における年号と段を表す。

*11 Житие... Феодосия, изд. О. М. Бодянским (по списку XII в., принадлежавшему Московскому Успенскому собору). М., 1858. —— 引用の際の略記はЖ.Ф.。

*12 СПИと略記し、数字は 1800年版の頁を表す。

*13 上記10に挙げた版による。ИЛと略記し、数字は年号と段を表す。

*14 D.I.アブラモヴィチ版：Д.И. Абрамович. Києво-Печерський патерик. Київ, 1930. 略記КПП。

*15 Новгородская первая летопись старшего и младшего изводов. М.; Л., 1950.

*16 A.ナソノフ版：A. Насонов. Псковские летописи, вып. I. М.; Л., 1941; M.ポゴーヂン版：M. Погодин. Псковская летопись. М., 1837.

*17 D.I.アブラモヴィチ版：Д.И. Абрамович. Жития... Бориса и Глеба. Пг., 1916.

*18 Будяше —— будеть のインパーフェクト —— は、文脈全体から判断するに、ここでは完了体動詞インパーフェクトとして検討されるべきである。次の例 ——『フェオドーシー伝』、19 —— で用いられている будяше も、断定はできないが、同様に理解される可能性がかなり高い。

*19 これより以下、異本の比較のために使用する『原初年代記』の写本はその頭文字の最初のアルファベットを取って示す。A＝アカデミー写本、И＝イパーチー写本、Λ＝ラヴレンチー写本、П＝ポゴーヂン写本、Р＝ラジヴィウ写本、Т＝トロイツキー写本、Х＝フレブニコフ写本
［訳者注］訳中では各写本名の和訳の頭文字で示す。アカデミー写本＝ア、イパーチー写本＝イ、ラヴレンチー写本＝ラヴ、ポゴーヂン写本＝ポ、ラジヴィウ写本＝ラジ、トロイツキー写本＝ト、フレブニコフ写本＝フ。

*20 この場合、...будет ранен［コピュラ・未・3人称単数＋「傷つける」の完・受過分詞］］も可能であるが、通常見られるものではない。その理由は明らかで、буду［コピュラ・未・1人称単数］という形が完了体・不完了体の形の相関的体系の中で少々孤立した立場にある点、また、それが他の動詞のいわゆる現在未来形よりも、さらに強く未来の意味を連想させるという点に関係している。

*21 この事実は100年以上も前に I.V.キレエフスキー（И.В. Киреевский）が K.S.アクサーコフ（К.С. Аксаков）へ宛てた書簡の中で指摘している。書簡は当時新しく出た『ロシア語動詞について』という小冊子を話題にしたもので、その中でキレエフスキーは以下のように述べている。「бывало, я подойду к его двери（僕は彼の家の戸口へやって来る［完・現未］、ということがよくあった［不完・多回・過］）の、それだけで終わってしまったら文になりません。あなたは必ず подойду（やって来る［完・現未］）が相関するような**別の動詞を加える**必要があるのです。例えば я подойду, он отворит（僕がやって来る［完・現未］と、彼が戸を開ける［完・現未］）といったように。したがって、このような未来〈…〉は1つの動作が別の動作と関係するような順序によってのみ表現することができるのです」。この引用の前には次のように書いている。「もしそれが互いに相関する一**連**の諸動作や、少なくとも、2つの動作では**なく**、たった1つの動作であるならば、たとえそれが何度か繰り返されたとしても、過去に遂行されているものであるなら、それを未来形で表すことはできないでしょう」（Киреевский, 1861: 106）。

*22 ポテブニャは以下のように指摘している。「完了体動詞と不完了体動詞の同音異義語…の場合は、あらゆる同音異義語の場合と同様に理解することができるはずである。рожу（産む［完・現未・不完・現］）が使われる時は常に、それは不完了体動詞現在形か、あるいは完了体動詞現在未来形である。そのどちらでもない —— そのどちらでも構わない —— ということは**現代語** —— 強調はマスロフ —— ではあり得ない」（Потебня 1977: 116–117）

*23 イパーチー写本 6622, 278 における紛れもないインパーフェクト дашеть と比較せよ。

*24 Ломтев 1948, 1947を参照。この問題に関してはロムテフの主張に同意するが、それでも重要な断りをひとつ入れておく。ロムテフの主張によれば、インパーフェクト形におけるアスペクトの差異化は、主に、古代スラヴ諸語の最初の古文書が成立した後の時代には既に進行中であったということになってしまう。そのため、彼が構想した観点から完了体動詞インパーフェクトを正しく解釈することは不可能であった。ロムテフはそれを単純にまとめて《前アスペクト的》状態の名残りとみなした。私たちは、インパーフェクト形のアスペクト的差異化が行われたのは、たとえ現在形より遅かったとしても、やはり基本的には文字使用以前の時代であったと考える。

*25 当節は著者が1957年にソ連科学アカデミースラヴ学研究所で学位を授与された『現代ブルガリア語における動詞アスペクト』の中の一章を新しく書き直したものである。当論文の一部はМаслов 1959: 157–312に所収。

*26 「立つвставать」や「なるстановиться」を意味するこの動詞をはじめ、他の多くの動詞でアオリスト形のアクセントに揺れが見られ、その結果、不完了体アオリストと不完了体インパーフェクトの6つの単複人称変化形のうちの4つで両者に同音異義語の可能性が生じる。これに加えて、動詞の中にはアオリストとインパーフェクトのアクセントが常に一致するものもあれば ―― вървя́х は不完了体アオリスト「私は歩いた」と不完了体インパーフェクト「私は歩いていた」に相当、зача́ках は完了体アオリスト「私は待ち始めた」と「待ち始めるということがよくあった」という完了体インパーフェクトに相当 ―― 、この興味深い形式がアクセントに関わらず、いかなる場合においても外見的に区別できる動詞もある。例えば、пи́сах「私は書いた」は不完了体アオリスト、пи́шех「私は書いていた」は不完了体インパーフェクト、напи́сах「私は書き上げた」は完了体アオリスト、напи́шех「私は書き上げるということがよくあった」は完了体インパーフェクトである。詳細はМаслов 1981: 222–224。

*27 デヤノヴァの指摘によると、方言ではここに挙げた動詞のいくつかはアオリストを形成する。例えば、Днеска зная́ ли си уроко?（君は今日の宿題を知っていたかい）（サモコフ方言）。не ща（望まない）、сядам（腰をかける）、лягам（横になる）からは標準語でもアオリストが ―― 私の以前の主張に反して ―― 作られる（同頁の例4）。

*28 示唆的であるのは、既にネオフィト・リルスキー（Неофит Рилски）が不完了体アオリスト ―― 彼の用語では《第1完了体》― について述べる際、まさに継続性を表す状況語を伴う例を引用していることだ。«Вчера весь день носихъ вода, или д𝖴рва. Завчера вездень лежахъ, вчера вездень сушихъ жито то»（昨日、1日中水や薪を運んだ。1日中横になっていた、昨日は1日中乾かしていた）（Болгарска грамматiка, 1835: 202）―― ネオフィトは同文法書の別の箇所 ―― 187頁 ―― で《第1非限界》を特に《継続的》と名付けている。

*29 動詞形式の《強調の》重複が登場するのは、もちろん、不完了体アオリストの場合だけではないが、そこではとりわけ特徴的である。А.А.シャフマトフはロシア語における類似の現象 ―― Он кричит, кричит, а толку все нет（彼は喚くは、喚くは、でも何の得にもならない）―― を不完了体アスペクトの《強調の下位アスペクト（усилительный подвид）》とみなす（Шахматов 1941: 475）。

*30 ブルガリア語の完了体形は ―― アオリストに限らず ―― ロシア語より

もいくらか自由で、「長く」や「2時間」などの継続性を表す状況語とも結合する（Маслов 1959: 225–226）。

*31 ネオフィト・リルスキーがすでに不完了体アオリスト ——《第 1 非限界時制》—— を《頻発的》と呼んでおり、думáхという形式は《多回のдуманѣ》を意味していると書いている（Болгарска грамматика 1835:202）。終了した多回動作を表現する際、不完了体アオリストが典型的に使用されるという点をL. アンドレイチンは強調している（Andrejczin 1938:39）。

*32 ブルガリア語におけるモーダルな完了体インパーフェクトの詳細についてはМаслов 1954:116–121を参照のこと。

*33 ブルガリアの言語研究者で、インパーフェクトとアスペクトの対立に関して異なる見解を支持しているのが Sv. イワンチェフである（Иванчев 1971:84）。

*34 当節は 1979年春に著者が行ったコペンハーゲン大学での講義に基づいている。

*35 ここで提案する、テクストのアスペクト・テンス構造の構成素の表記法には、これ以降、様々な補足を入れていく。以下の文献には他の表記法が挙げられている。Forsyth 1970: 9–10; Scheljakin, Schlegel 1970: 248–257; Бондарко 1973: 26–27; Филатова-Хелльберг 1975: 90; Leinonen 1982: 272–286.

*36 これ以降、引用されるパウストフスキーの短編は以下に所収のもの。Паустовский К. *Собр. соч.* в 6-ти томах. М., 1958. 引用の後に置かれる丸括弧内の数字は巻とページを表す。

*37 引用は以下の版から。Симонов К. *Живые и мертвые.* М., 1965, с.91–92.

*38 したがってパーフェクトは、当然のことながら、パーフェクト固有の性質をセルビア・クロアチア語においては既に失いつつある。むしろそれは今になっては《複雑過去》や《分析過去》といった用語で表されるべきであろう。しかし、このような名称は長くて大仰であまり便利ではない。したがってセルビア・クロアチア語で最も多用される過去形に対して、私たちは伝統的な《パーフェクト》の用語を維持する。《パーフェクト》で呼ぶことは、通時的にも、また部分的にはこの形式が持つ意味範囲に昔の名残りとして存在する個別の意味的ニュアンスによっても、正当化される。

*39 《時間定量限定詞》の用語とシモノフからの引用2例はA.M.ロモフ（А.М. Ломов）の文献から援用した（Ломов 1979: 16）。

*40 引用は以下の版から。Hašek J. *Osudy dobrého vojaka Švejka za světové války.* Praha, 1954, s.44.

*41 動詞быть（ある・いる）の《一般過去》についてはДеянова 1970: 143を参照。

*42 これ以降に挙げるヨフコフの短編は以下の版による。Йовков Й. *Разкази.* София, 1962. 引用末尾の数字は引用したページを示す。

*43 チホンラボフのダマスキンに見られるインパーフェクトの使用例：И влѣзе връху водата и **ходѣше** и приближи се при краи（水に足を進め、**歩き**、縁に近づいて行った）。М.デヤノヴァ（М. Деянова）はこのような例における

インパーフェクトの使用は「現代的な観点からは普通ではなく」、「聖書文体」の影響と結びついていると述べている（Деянова 1966: 36）。

＊**44** エリン・ペリンの作品の引用は以下の版による：Елин Пелин. *Съчинения в шест тома*. София, 1972-1973. 引用末尾の数字は巻とページを示す。

＊**45** チュドミルの引用は以下より。Чудомир. *Избрани произведения*. София, 1955, с.135.

＊**46** これ以降の引用は以下の版による。Ђоровић С. *Стојан Мутикаша*. Београд, 1954. 引用末尾の数字は引用したページを示す。技術的な問題を考慮してセルビア・クロアチア語テクストからの引用は全てラテン文字で表記する。

＊**47** 長編『ストヤン』の第1章は16ページにも及ぶものであるが、インパーフェクトはたった5回しか使われていない。

＊**48** Paustovski K. *Sa one strane duge*. Beograd, 1973, s.111-124.

＊**49** 引用は以下の版による。Андрић И. *Немирна година. Приповетке*. Београд, 1963.

＊**50** これよりアオリスト形の訳にあたる箇所は斜体で示す。［訳者注］和訳では太字で示す。

＊**51** 完了体アオリストとパーフェクトは、動作を —— 急速に —— 進展させる手段としての役割を担う時、完了体現在形（презенс СВ）とも競合することがよく知られている。完了体現在形は、ある種のセルビア・クロアチア語の語りのテクストにとっては、いたって典型的なものである。だが、本書ではこれまで検討の対象を過去の語りの分野だけに限定し、語りの現在（нарративный презенс）のケースについては扱っていないので、この現象についてはここで触れない。

＊**52** Paustovski K. *Sa one strane duge*. Beograd, 1973より。以下のロシア語のテクストと比較せよ。«После чая Татьяна Петровна провела Потапова на могилу отца, за рощу. Туманная луна поднялась уже высоко. В ее свете слабо светились березы, бросали на снег легкие тени» (Паустовский К. Собр. соч. в 6-ти томах, т.5, с. 63)（お茶の後、タチヤナ・ペトローヴナはポターポフを木立の向うの父の墓まで連れて行った。霞がかった月は既に高く上っていた。月明かりに白樺の木々が仄明るく輝き、軟らかい影を雪の上に落としていた－パウストフスキー、『パウストフスキー全集』第5巻、p.63）; «Потапов подошел к дому в сумерки» (там же, с. 61)（ポターポフは日が暮れた頃になってやってきた－同, p.61）。

＊**53** Paustovski K. *Oluja u stepi. Pripovijesti*. Zagreb, 1947.

第3章第2節で引用された文学作品

（本文中では左側の省略形が用いられている。括弧内は訳文中での日本語表記。）

А. Г., Обещ. – Гуляшки Андрей. Обещание. Пиеса в 3 действия. – Септември, 1949, №. 2, с. 40–67.（A. グリャシキ『約束』）

А. К., Бай Г. – Константинов Алеко. Бай Ганю. – В кн.: Константинов Алеко. Съчинения в два тома. Т.I. София, 1957, с. 51–218.（A. コンスタンチノフ『バイ・ガーニュ』）

Г. Б. – Белев Гьончо. Иглата се счупи. 2 изд. София, 1946.（G. ベレフ）

Г. К. – Караславов Георги. Избрани съчинения в десет тома. Т.V, София, 1957; т.VII, София, 1958.（G. カラスラボフ）

Г. К., Обикн. х.– Караславов Георги. Обикновени хора. Роман. Първа част. [София, 1953].（G. カラスラボフ『庶民』）

Д. Д. – Димов Димитър. Тютюн. Роман. 2 изд. [София, 1953].（D. ディモフ）

Е. М. – Манов Емил. Краят на Делиите. Роман, София, 1954.（E. マノフ）

Е. П. – Елин Пелин. Съчинения в шест тома. Т.I-III, София, 1972–1973.（エリン・ペリン）

З. С. – Стоянов Захарий. Записки по българските въстания / Под ред. на Хр. Христов. [София, 1952].（Z. ストヤーノフ）

И. В. – Вазов Иван. Събрани съчинения в двадесет тома. Т. V, Повести; т.XII, Под игото. София, 1956.（I. ヴァーゾフ）

И. Х. – Хаджимарчев Иван. Овчарчето Калитко. Роман. 5 изд. София, 1955.（I. ハッジマルチェフ）

Й. – Йовков Йордан. Разкази. София, 1962.（Y. ヨフコフ）

Калч. – Калчев Камен. В края на лятото. София, 1945.（K. カルチェフ）

К. В. – Велков Крум. Село Борово. 3 изд. София, 1946.（K. ヴェルコフ）

К. Г. – Григоров Крум. Три разказа. – Септември, 1950, №7, с. 52–64.（K. グリゴロフ）

Л. С. Зазор. – Стоянов Людмил. Зазоряване. София, 1945.（L. ストヤーノフ『夜明け』）

Л. С. Избр. – Стоянов Людмил. Избранные произведения [на перепл.: Избрани творби]. М., 1953.（L. ストヤーノフ『選集』）

М. Г., II – Георгиев Михалаки. Избрани разкази / Под ред. на Ал. Филипов. Т.II. София, 1943.（M. ゲオルギエフ）

П. В. – Вежинов Павел. Повести и рассказы. [На обл.: Повести и разкази]. М., 1951.（P. ヴェジノフ）

С. Д. Двор – Даскалов Стоян Ц. Двор. Разкази. София, 1946.（S. ダスカロフ『庭』）

Т. Вл. – Влайков Т. Г. Избрани съчинения / Увод и уредба от Г. Константинов. [София, 1949].（T. ヴライコフ）

Х. С. – Смирненски Христо. Събрани съчинения в четири тома, т. IV. Проза. София, 1960.（H. スミルネンスキ）

第4章
非スラヴ諸語のアスペクト論と
対照言語学的アスペクト論の諸問題

第1節　ゴート語の動詞が表す動作の
　　　限界性／非限界性カテゴリー*1

　国内外を問わず、ゲルマン語学の学術文献や学習書でかなりよく
知られている見解のひとつに、古代ゲルマン諸語には、なかでもとり
りわけゴート語において、スラヴ諸語の完了体・不完了体カテゴ
リーに多かれ少なかれ類似するような完了体・不完了体の文法カテ
ゴリーが存在したというものがある。このような見方は既にJ.グリ
ム（J. Grimm）の研究にその端緒が見られるが、それを発展させた
のがA.シュライヒャー（A. Schleicher）に代表される一連の学者た
ちであった。その後、19世紀末にはW.シュトライトベルク
（W.Streitberg）と彼の学派によって理論的構築がなされ、この考え
方はほぼ最終的で明確な表現形式を得るに至った（Streitberg 1889:
70-177; Behaghel 1924:93-95)*2。

　シュトライトベルクによれば、ゴート語の完了体動詞は、スラヴ諸
語と同じように、不完了体の単純動詞、つまり無接頭辞動詞に接頭辞
を付加することによって形成される。接頭辞は動詞をperfective化し、
スラヴ諸語におけるのと同様に、動詞の語彙意味の性質を変えたり、
例えばgaggan（ロ）идти（行く［不完］）とusgaggan（ロ）выйти
（出て行く［完］）のように、あるいは《純粋なperfective化の手段》
としてふるまったりすることがある、例えばsaihwan（ロ）видеть
（見える［不完］）とgasaihwan（ロ）увидеть（見える［完］）のよう
に。後者の機能に関して言えば、ゴート語では接頭辞ga-が用いら
れることが多い。加えて、ゴート語にはスラヴ諸語と同様に、完了
体の無接頭辞動詞、いわゆるperfective単体動詞（perfectiva
simplicia）がいくつか存在している。例えばwairþan（ロ）стать

321

（なる［完］）などである。綿密に計算されたシュトライトベルクの仮説について、細部には立ち入らず、以下のことを述べるにとどめる。彼の教え子たちが師の主要な観点を素早く他の古代ゲルマン諸語に対しても取り入れた結果、20世紀初めには彼の仮説は既に理論とみなされるようになり、ゲルマン語学においていわば《共通の土台》となっていた。

　しかしながら、シュトライトベルクの発表からまだ1年という頃、彼の主張は徹底的な批判を浴びることになる。チェコのゲルマン語学者であるV. モウレク（V.Mourek）は、スラヴ諸語とは異なり、ゴート語における動詞接頭辞のperfective化機能など全くとんでもない話で、少なくとも、接頭辞が新しいニュアンスを動詞の語彙意味にもたらすいかなる場合においてもそれを論じることなどできないと、大量の資料によって裏付けながら、説得力のある指摘をした。つまり、ゴート語のusgaggan はスラヴ語の выйти（出て行く［完］）に意味的に対応するだけではなく、スラヴ語の выходить（出て行く［不完］）にも同じように対応するというわけである（Mourek 1890, 1895）*3。それから数十年のうちに、Ant. ベーア（Ant. Beer）や少し遅れてA. ミローヴィチ（A.Mirowicz）と続く研究によって、シュトライトベルクの仮説の中心をなす主張、すなわち、接頭辞ga- が perfective 化機能を持つという主張や、いわゆるperfective 単体動詞が完了体意味を持つという主張が誤りであることが明らかになった（Beer 1915–1921, 1918: 446–469; Mirowicz 1935）。ベーアはスラヴ人としての《自然な》言語感覚に照らし、また、より厳格な方法論的立場をとったミローヴィチはアスペクトの義務的使用と選択的使用を区別したE. コシュミーダー（E.Koschmieder）のアスペクト理論に立脚して、各々、シュトライトベルクが完了体とみなしたゴート語の動詞形態は意味的には不完了体だけが許容される文脈に登場する場合が多々あることを明らかにした。言わば、gasaihwan は увидеть（見える［完］）だけではなく、видеть（見える［不完］）も意味することができ、wairþan も стать（なる［完］）だけではなく становиться（なる［不完］）を意味することがあるというように。これと逆の例、すなわち、シュト

322

ライトベルクに従えば不完了体とみなされる形態が、意味的には完了体的であるというような例はさらに多く観察された。

　ベーアと、とりわけミローヴィチの研究によって、シュトライトベルクの仮説は根本から覆されたように思えた。ミローヴィチの発表以前の 30 年代初めに、既に B. トルンカ（B. Trnka）がシュトライトベルクの仮説を《ドイツ・ゲルマン語学における最大の学問的虚構》と呼んでいる（Trnka 1932: 325）。それにもかかわらず、この仮説は私たちの時代までしぶとく生き延びているのである*4。この状況は、50–60 年代になって Ph. シェーラー（Ph. Scherer）が再びゴート語と古高ドイツ語には完了体と不完了体の《形式的体系》がないことを詳細に証明するに至ったことでもわかる（Scherer 1954: 211–223, 1956: 423–434, 1964: 222–245）。

　一体、なぜ、シュトライトベルクの仮説と、とりわけその中心をなすゴート語の接頭辞 ga- が perfective 化機能を持つという主張が、ここまで《根強い》ものになったのであろうか。

　おそらくその理由は、シュトライトベルクの論敵らがいくら説得力のある批判を繰り返しても、ゴート語における《語彙的に無色の》接頭辞 ga- の機能について何かしらの有効な解決策を見いだすことに成功しなかった点、さらには、ゴート語の saihwan – gasaihwan のような無接頭辞形と接頭辞形の交替の背後にどのようなカテゴリーが存在するのかを解明できなかった点にあるのではないだろうか*5。シュトライトベルクの論敵が唯一証明できたのは、ゴート語にはスラヴ語タイプのような完了体性／不完了体性の文法的──《形態的に表現される》──カテゴリーはなかった、ということだけである。だが、彼らはそれ以上踏み込まず、そこに──他の非スラヴ系の多様な諸言語の動詞に見出されたような──別のアスペクト・カテゴリー、もしくは、《アスペクトのような》カテゴリーがあるのかどうか、という問いを立てることさえしなかった。その結果、A. メイエがミローヴィチへの書評で述べているように、シュトライトベルクの論敵は「この難解なテーマをめぐる論争にけりをつける」ことができなかったのである（Meillet 1935: 77）。

　実のところ、ゴート語の動詞のアスペクト・カテゴリーの議論を

めぐって、シュトライトベルクとは考えの異なる、ある有効な解決策が提示されたことがあった。それは20世紀を迎える前後、B. デルブリュック（B. Delbrück）、A. ノレーン（A.Noreen）、少し後に登場するB. トルンカらの研究で示されたもので、関連する問題や定式化はさまざまであるが、この有名になったゴート語の動詞は、現代ゲルマン諸語でそれに相当する動詞のように、完了体意味とは異なる、ノレーンの主張によれば、それより意味範囲の広い《限界（terminative=предельное）》意味を表していたという推測が語られた。この意味を表さないゴート語や他ゲルマン諸語の他の動詞は《非限界（cursiva=непредельные）》動詞として特徴づけられた（Delbrück 1897: 160-161, 126; Noreen 1904-1912:646-647; Trnka 1929: 496-500, 1928: 193-197)。この視点は40年代にソヴィエト言語学*6 で支持されるようになり、その後M.M. グフマン（М.М. Гухман）によってゴート語の大学向け教科書に採用された（Гухман 1958: 128-129, 171-172, 207-209）。だが、限界動詞と非限界動詞の理論は、第1に、ゲルマン語学においては広く受け入れられなかった——現在でも未だ受け入れられていない——、第2に、検討対象になったのが主に現代語資料であったということがある。このような問題がすべてゴート語資料に対する新しいアプローチの必要性を生じさせた。その研究成果が本書で述べられるものである*7。

　ゴート語の資料を検討するとすぐに気づくが、シュトライトベルクによるゴート語の perfective 動詞は2つのグループに分類することができる。それは a. 語彙意味が一致する imperfective の複製を全く——少なくとも、検討したテクストにおいては——持たない動詞と、b. そのような複製を持っているかに見える、シュトライトベルクによれば、《純粋なアスペクト・ペア》を作る動詞、とに分かれるのである。

　そのように分けると、第1のグループに入るのは、その語彙意味を失っていない接頭辞を付した動詞全て*8 とシュトライトベルクの言う"perfective 単体動詞"の大部分である。後者の例は giban（ロ）дать/давать（与える［完／不完］）、niman（ロ）взять/брать

（取る［完／不完］）、他にも、qiman（ロ）прийти/приходить
（来る［完/不完］）、briggan（ロ）принести/приносить（持って
来る［完／不完］）、wairþan（ロ）стать/становиться（なる［完
／不完］）などで、後者の3例とそれぞれgaggan（ロ）идти（行く
［不完］）、bairan（ロ）нести（持って行く［不完］）、wisan（ロ）
быть（ある、いる［不完］）は明らかに語彙意味で異なる。さらに
このグループに加えることになるのは、広く用いられているいくつ
かの接頭辞付加動詞で、接頭辞 ga- が付くものもある。これらの動
詞には対応する無接頭辞動詞が全く見られない。例えば、ganisan
（ロ）выздороветь/выздоравливать（［病気が］治る［完／不完］）、
urreisan（ロ）подняться/подниматься（立ち上がる、起き上が
る［完／不完］）、そして gaþaursnan（ロ）засохнуть/засыхать
（枯れる［完／不完］）や usgutnan（ロ）пролиться/проливаться
（こぼれる［完／不完］）のような、接頭辞が付いた形でしか観察さ
れない48個の -nan で終わる第Ⅳ弱変化動詞もこのグループに入
る。

　第2のグループに入るのは、まず、無接頭辞動詞が、語彙意味を
消失した接頭辞 ga- や場合によっては別の接頭辞、例えば接頭辞 us-
を付した動詞、と対立しているペアである。シュトライトベルクは
bugjan – usbugjan をロシア語の покупать – купить（買う［不
完：完］）に相当するものとみなしている。それにいくつかの《補
充法》ペアが加わる。ここには rodjan-qiþan のように2つの無接
頭辞動詞が互いに対立するペアが入る。このペアをシュトライトベ
ルクはロシア語の говорить – сказать（言う［不完 – 完］）に相当
させている。他には、gaggan – galeiþan のような、無接頭辞動詞
が、それと別の語幹を持つ接頭辞付加動詞と対立するペアも含まれ、
このペアはシュトライトベルクによれば идти – пойти（行く［不
完 – 完］）に相当する。

　ゴート語のアスペクトの問題を解決するにあたって、各グループ
の重要度は決して等しいものでないことは明らかである。第1グ
ループの動詞、すなわち、ペアをなさない動詞について言えば、ス
ラヴ諸語の動詞と比較すると、その二義性は極めて自然なことで、

このことは既に V. モウレクが納得のいく形で明らかにしている。ペアをなさないこれらの動詞の不定形が、通常、スラヴ諸語ではまさにアスペクトの点で互いに区別される2つの不定形からなるペアに対置することは、任意のスラヴ語に単純に《逐語》訳してみるだけではっきりする。これと状況が異なるのが第2グループの動詞、すなわち、ゴート語の動詞ペアである。スラヴ語の動詞の体ペアに、少なくとも辞書においては、1つの動詞ではなく、やはりペアが対置するとき、そのようなペアの内部にはスラヴ語の動詞に見られるような体の差異化に似た、意味的な差異化があると仮定するのが自然だと思われるだろう。まるでsaihwan－gasaihwan＝видеть－увидеть（見える［不完－完］）という比例の関係が自ずと浮かんでくるかのようで、そこからはゴート語の動詞には完了体と不完了体のカテゴリーが存在するという結論を導くほかはない。このような方向性で進んだのがシュトライトベルクであり、彼の学派であった。シュトライトベルクの論敵はこのような考え方の虚構性を証明したが、前述したように、それに取って代わるものを何も提案することはできなかった。現在の課題は、ペアをなす両項の間にアスペクトの意味、あるいは、《アスペクトのような》意味において何らかの差異が本当に存在するのかどうかを明らかにすることであり、もしそのような差異が存在するのであれば、それはどのようなものなのか、どのように現れるのか、スラヴ諸語の完了体・不完了体の差異とそれはどのような相関関係にあるのか、という点を明らかにすることである。このような方向で進むことによってのみ、私たちはこの興味深い問題の解決に向けて取り組むことができるのである。

　ベーア、ミローヴィチ、シェーラーらの考察からは、ペアを成す両方の動詞は意味的に完全に同一であるという結論が出てくる。しかし、彼らがそれぞれの研究で正当に批判したシュトライトベルクのアスペクト理論と同じく、それが虚構であることを知るのに、それほど多くの資料を検討せずとも十分である。実際の状況はこのどちらの視点よりもずっと複雑な様相を見せる。wairpan－gawairpan（投げる）、driusan－gadriusan（落ちる）、nasjan－ganasjan（救う）、greipan－undgreipan（捕える）のようなペアにおいては、無

接頭辞動詞と接頭辞付加動詞が意味的に等しいという事実しか証明されない（wairpan=gewairpan 等）。したがって、ペアの各動詞が全ての観点からみて同義語ではない、すなわち、アスペクトの観点から両者に異なる点があることを確実に断言するに足る資料はないのである。これらのペアを例にとると、ベーアをはじめとするシュトライトベルクの論敵の見解の正しさは完全に裏付けられる。だが、その一方で、slepan – gaslepan のようなペアではまるで正反対のことが起こる。つまり、ペアを成す各動詞は常に異なる意味で使われているのである（slepan 常に ≠ gaslepan）。動詞 slepan は状態の意味「眠っている」でのみ登場し、もう一方の gaslepan はその状態の開始「眠りにつく」を意味する。大多数のゴート語の動詞ペアに共通するのは、同じペアであっても、各動詞が完全に同一で相互に置き換えが可能である例がある一方、そのような同一性や互換性を持たない例も存在するということだ。大多数の動詞ペアについて、シュトライトベルクの論敵は、唯一、次の点で正しかった。スラヴ語的な視点で —— いずれのスラヴ諸語の話者にとっても —— perfective と判断される意味は、実際、これらのほぼ全てのペアで両方の動詞によって自由に伝達される。では、スラヴ語的な視点から見て imperfective 的な意味はどうかというと、事はそれほど単純ではない。

　例えば《補充ペア》の gaggan – galeiþan を例に取ると、ходить（歩ける／歩き回る［不完］）の意味 ——「歩く能力を持つ」という意味でも、特定の目的や決まった方向性も無く実現する現実の動作の意味でも —— は、決して派生動詞 galeiþan で表わすことができず、常に無接頭辞動詞 gaggan でのみ表される。例えば、マタイ伝 11 章 5 やルカ伝 7 章 22 にある haltai gaggand（足の不自由な人は歩く）—— ギリシア語 περιπατοῦσιν —— や、ルカ伝 20 章 46 の atsaihwiþ faura bokarjam þaim wiljandam gaggan in hweitaim（白い衣を着て歩き回りたがる律法学者らに気をつけなさい）—— ギリシア語 περιπατεῖν —— 等である。ゴート語聖書において gaggan＝ギリシア語 περιπατεῖν に相当する例を全て数えたところ 25 回あった。ところで、この意味で使用される galeiþan には一度もお目にかからなかっ

たのであるが、この動詞が他の意味、スラヴ語アスペクトの観点からすると imperfective 的な諸意味を表すことは時々ある。例えば、テモテへの第一の手紙 1 章 3 の baþ þuk saljan in Aifaison galeiþands Makedonais（マケドニアに向かって出発しようとしている際に、わたしはおまえにエペソに留まるように頼んだ）——ギリシア語 πορευόμενος——、あるいはヨハネ伝 8 章 14 の unte wait hwaþro qam jah hwaþ galeiþa, iþ jus ni wituþ hwaþro qima, aiþþau hwaþ galeiþa（なぜならわたしはどこから来たのか、そしてどこへ向かっているのかを知っているからである。だが、あなたたちはわたしがどこから来て、どこへ向かっているのかを知らない）——ギリシア語では両方とも現在 ὑπάγω——等である *9。

　これと同じようなふるまいを見せるものに standan‒gastandan のペアがある。その「なる」や「とどまる」という意味、転義の「信仰についている」という意味に限って言えば、個々の例がスラヴ語的に考えて perfective 的なのか、imperfective 的なのか、に一切かかわりなく、ペアをなす各動詞は同義語として用いられる。だが、стоять（立っている［不完］）をその文字通りの意味で表すのは無接頭辞動詞の standan だけである。

　sitan‒gasitan のペアにおいても、「座る」の意味であれば、ペアをなす各動詞の同義性が認められる。この意味では、原則として、いずれの動詞にも出会う可能性があるのだが——例えばマルコ伝 9 章 35 の sitands（座って）——、実際には gasitan が使われる頻度の方が少し高い。だが、その主要な意味 сидеть（座っている［不完］）で無接頭辞動詞は少なくとも 28 回使われているのに反して、接頭辞付加動詞はギリシア語の καθῆσθαι（座っている）にたったの 2 回しか対応しておらず、それもその両方の例で文脈が動詞の意味の再解釈——「座っている」という状態そのものの意味に代えて「座る」という状態開始の意味が可能——を示唆しているか、少なくとも、そのような再解釈を可能にしている。例えば、ヨハネ伝 6 章 3 の ἀνῆλθε δὲ εἰς τὸ ὄρος ὁ Ἰησοῦς καὶ ἐκεῖ ἐκάθητο μετὰ τῶν μαθητῶν αὐτοῦ（それからイエスは山に登り、弟子たちとそこに座っていた）——ゴート語版テクスト：…usiddja… jah jainar gasat miþ siponjam seinaim（…山に

登り、弟子たちとそこに座った）、マルコ伝 4 章 1 の συνήχθη πρὸς αὐτὸν ὄχλος πολύς, ὥστε αὐτὸν ἐμβάντα εἰς τὸ πλοῖον καθῆσθαι ἐν τῇ θαλάσσῃ（おびただしい数の群衆が彼のもとに集まってきたので、彼は舟に乗り込み、海に座っていることになった）——ゴート語版テクスト：…swaswe ina galeiþan ＜ dan ＞ in skip gasitan in marein（…座ることになった）である。

ペア rodjan－qiþan において、「話す能力を有する」という意味での говорить（話す［不完］）は rodjan によって伝達される。この動詞をシュトライトベルクは "非 perfective 化継続相（nichtperfektivierbares Durativum）" と呼んだ。ルカ伝 1 章 20 の例 …sijais þahands jah ni magands rodjan（…［あなたは］黙り、話せなくなる）では、不定形 rodjan が「話す能力を有する」という意味を表しているのであるが、ギリシア語のテクストで使われているのはアオリストの不定形（λαλῆσαι）である。「口がきけない」という意味を表す unrodjands は、つまり「話す能力を持たない」ということである。その一方で、「話す＝話す能力を使う」という意味は rodjan によっても、シュトライトベルクが perfective 単体動詞（perfectivum simplex）と呼んだ qiþan によっても、自由に表すことができる。しかも、qiþan はスラヴ語動詞の不完了体に一致することもある。例えば、マタイ伝 11 章 7 他に現れる dugann qiþan（ロ）начал говорить（話す［不完・不定詞］ことを始めた）は現存する聖書において全部で 9 回現れる。

示唆的なのは hausjan－gahausjan と saihwan－gasaihwan の各ペアである。何らかの知覚を得るための意図的な動作——「聞く」と「見る」——の意味は、これらのペアの無接頭辞動詞の方で表される。同じことが「聞こえる＝聴力を有する」の意味についても当てはまる。事実、マタイ伝 11 章 5 の baudai gahausjand（耳の聞こえぬ人は聞こえるようになる）はギリシア語のテクストでは ἀκούουσι で、古スラヴ語訳——マリアによる福音書——では ГЛОУСИН СЛЪІШАТЪ である。しかし、その文脈が示すように、恐らくここで強調されているのは状態の開始の瞬間であろう。これは同じ詩行で並行的に使われている blindai ussaihwand（盲人は見えるようになる）でも同様である。動詞 gasaihwan で 1 回だけ表され

ている「見える＝目が見える」という意味は＊10、動詞 saihwan
を使うことで常習的に（систематически）伝達される。一方、
「聞こえる＝聴覚で捉える」と「見える＝視覚で捉える」という意
味では、無接頭辞動詞も接頭辞付加動詞も自由に用いられ、しかも、
場合によっては、スラヴ諸語では不完了体しか使えないところに接
頭辞付加動詞が使われることもある。これはルカ伝 7 章 44、マル
コ伝 8 章 23、24 他における gasaihwan や、ルカ伝 10 章 24 他にお
ける gahausjan の例に見られる。

　これも特徴的であるのだが、動詞 gasaihwan の同義語であり、シュ
トライトベルクが perfective 動詞とみなした gaumjan は、「見る」や
「目が見える」という意味を表すことはできず、常に視覚によって実
際に何かを知覚した事実のみを表す。また、その際にスラヴ諸語の不
完了体動詞に相当する場合もある。ルカ伝 6 章 41 の aþþan hwa
gaumeis gramsta in augin broþrs þeinis, iþ anza in þeinamma augin
ni gaumeis?（なぜ、あなたは兄弟の目にあるちりを見ながら、自分の
目にある梁を見ないのか）（βλέπεις-οὐ κατανοεῖς）。

　動詞ペア waurkjan – gawaurkjan において、「働く、作用する、行わ
れる／生じる」（客体を持たない ἐργάζεσθαι と ἐνεργεῖν）といった意味は、
無接頭辞動詞の waurkjan のみで表わされる。例えば、テサロニケ人へ
の第二の手紙 3 章 10 の hwas ni wili waurkjan, ni matjai（ἐργάζεσθαι）
（働きたくない者は食べることもしてはいけない）や、ローマ人への手紙
7 章 5 の þan auk wesum in leika, winnons frawaurhti …waurhtedun
in liþum unsaraim（ἐνηργεῖτο）（わたしたちが肉体にあった時には、
罪の欲情が…わたしたちの体の中に働いていた）などである。このよ
うな例は 9 つあったのに対し、動詞 gawaurkjan がこの意味で用いら
れている例は 1 つも見つからない。

　これらの事実を背景にすると、今まで見たものに比べ例の数が少
ない動詞についても、同様の見方が説得力をもつようになる。

　例えば、動詞ペア bugjan – usbugjan の bugjan は「買い物をする」
という非他動的意味で 3 度用いられるが——マルコ伝 11 章 15、ル
カ伝 17 章 28、19 章 45——、たった一度だけマタイ 10 章 29 で中動
態（медиопассив）の形をとり、「値段がする」——文字通りには

330

「これこれの値段で買われる」——という意味で用いられている。動詞 usbugjan がこれらの意味で用いられる例は見当たらない。だが、他動詞的意味「購入によって何かを手に入れる」では、両方の動詞が同程度に使用される。

　動詞ペア hailjan – leikinon は「治す＝治療に従事する」という意味で用いられる。例えば、マルコ伝3章1–2の Jah galaiþ aftra in swnagogen, jah was jainar manna gaþaursana habands handu. 2. jah witaidedun imma hailidediu sabbato daga, ei wrohidedeina ina（そして［イエスが］また会堂に入ると、そこには片手のなえた人がいた。［彼らは］彼が安息日に治療するかどうか、彼を訴えるために、じっと窺っていた）などである。ギリシア語のテクストでは εἰ θεραπεύσει αὐτόν（彼を治すかどうか）に当たる。ここからわかるように、ゴート語のテクストでは対象が省かれている。つまり、ここで重要なのは、病人が実際に完治する事実が生じるかどうかではなく、キリストが土曜日に《治療という労働》に従事するかどうかという点である。この理解が正しいものであることは、これと重複する場面があるルカ伝6章7で動詞 leikinon（治療に従事する）が使われていることによって裏付けられる。そこではギリシア語テクストにおいても対象が欠如している。さらに、このような解釈に近いものとして、マタイ伝9章35の例 jah bitauh Iesus baurgs allos jah haimos laisjands... merjands aiwaggeljon... jah hailjands allos sauhtins（θεραπεύων）（それからイエスは、…教えを説き、福音を伝道し…、あらゆる病いを治しながら、全ての町々村々を巡り歩いた）を挙げることができる。ルカ伝9章6では分詞 leikinonds が同様の意味で用いられている。一方、動詞 gahailjan と galeikinon が同じこの用法で使われている例は見当たらない。それとは対照的に、「治す＝治療する」の意味であれば、この4つの動詞全てが登場し、また、場合によっては不完了体の使用がより自然に思われるべきところにも、ga- を持つ形態が用いられるのである。

　「黙る」の意味について言えば、ペアをなす þahan – gaþahan は同義的である。しかし「黙っている」の意味で見出されるのは無接頭辞動詞のみである。

第4章　非スラヴ諸語のアスペクト論と対照言語学的アスペクト論の諸問題　331

動詞ペア bairan – gabairan（産む）では、接頭辞のついた動詞が不完了体の意味で用いられることがある。例えば、テモテへの第二の手紙2章23の gabairand＝γεννῶσιν である。しかし、「産む」を「出産に従事する」――ギリシア語 τεκνογονεῖν――の意味で伝達する必要が生じると、テモテへの第一の手紙5章14に見られるように、翻訳家は無接頭辞動詞の bairan を用いている。

　動詞ペアの後者の方、シュトライトベルクが言うところのperfective 的な方の動詞で表わすことができない諸意味は、どのような特徴を持っているのであろうか。これらの意味と、同じ動詞でも支障なく表わされる、スラヴ語的な見地からすれば imperfective 的な諸意味との差異はどこにあるのであろうか。例えば、なぜ galeiþa は「（～へ）歩く」を意味するのに、「歩きまわる」は表せないのか、とか、gahailja はしばしば「（人）を治療する」や「（病気）を治療する」といった意味を表すが、決して「治療に従事する」を意味することがないのはなぜか。それに「聞こえる＝聴覚で捉える」を意味する gahausja は「聞く＝聴覚で捉えようとする」を表すことは決してなく、また、上述したように、開始のニュアンスが出てくるマタイ伝11章5の一例を除いては、「聞こえる＝聴覚をもつ」を意味することも決してないのはなぜだろうか。

　おそらく、動詞ペアの片方、シュトライトベルクが言うところのimperfective 的な動詞の方のみによって表わされる意味、例えば、「歩きまわる」、「立っている」、「座っている」、「話す能力がある」、「聴覚をもつ」、「視覚をもつ」、「働く、作用する」、「買い物をする」、「治療に従事する」、「黙っている」や、これらに類似する諸意味において、動詞が表す動作は質的に新しい状態への移行をもたらすものとしてではなく、それ故に、動作の流れが何によっても限定されないもの――少なくともかなり先まで見通しても――として登場すると考えられる。このような動詞の意味を現代ゲルマン諸語の文法書では**非限界**意味と名付けている。非限界意味の個別のケース、非限界性内部の個別の動作様態（Aktionsart）にあたるのが、《意図的（conative）》意味である。これが表すのは、例えば「聞く」や「見る」のように、動作が成功するかどうかには無関係な意志的動

作であり、《成功》に達する事実そのものが必須ではないように、《成功》を成し遂げた瞬間に終わる必要もない動作である。

　これらの動詞の意味の全てと対照的なのが、通常、ペアをなす双方の動詞によって自由に表される他の意味である。例えば、「（〜へ）行く」、「（〜に）なる」、「立つ」、「止まる」、「座る」、「（〜を／〜について）言う」、「（〜を）する」、「（〜を）買う」、「（人／病気を）完治させる」、「黙り込む」などである。これらの意味において、動作は、主体あるいは客体の状態や位置における何らかの新しい事態への移行点や変化点、アクチュアルあるいは予測される《新しいものへの転換》点、アクチュアルあるいは予測的に見込まれるクリティカル・ポイントとの《交差点》、動作の限界点、といったものを——少なくとも見通し的に——含むものとして登場してくる。例に見るように、それが現代のゲルマン諸語の文法で**限界意味**と名づけられる動詞意味である。

　限界意味もまた、一枚岩のようなひとつのまとまりではない。これらの意味は内部でいくつかの個別の動作様態に分けることができ、それらは学術文献で個々の用語で名づけられている。とりわけ、《効果（эффективные）》や《成功（сукцессивные）》の意味——成功した動作や目的に達した動作の意味——のグループを取りだすことができる。例えば、「視覚や聴覚で把握する」は「見る」や「聞く」といった《意図的》意味と相関する意味である。さらに、何らかの持続的な状態の開始点を焦点化する《起動（ingressive）》の開始意味——「座る」、「黙る」等——、限界や目的で区切られた物理的運動を焦点化する狭義での《終了（terminative）》意味——例えば、「〜へ行く」——を区別することができる。しかし、強調しておくが、多様な動詞にこのようなニュアンスが認められるにしても、限界意味——広義での terminative——のグループ全体は意味形態的統一体として非限界（aterminative）意味に対置しているように思われる。

　このことから、ゴート語の動詞ペアには限界と非限界の動詞意味が対立して存在することが明らかになる。形式的な面では、この対立は**非対称的**で《いびつな》ものだ。なぜなら非限界意味は動詞

ペアのうちのシュトライトベルクが imperfective とみなした方の動詞によってのみ表わされるのに対し、限界意味は区別なく両方の動詞によって表されるのであるから。この規則を逆に定式化することもできる。すなわち、動詞ペアの——シュトライトベルクが言うところの——perfective 動詞は、ほぼ常に限界意味のみを持つのに対し＊11、imperfective 動詞は動作の異なる要因に応じて、限界意味も非限界意味も持つことがある。

　意味的な側面から指摘すべき重要な点は、限界意味とそれと意味的に近い非限界意味の間には、**いかなる場合でも完全な語彙的同一性はあり得ない**ということだ。このことから限界性と非限界性の対立をアスペクトとみなしてはならないということがはっきりする。なぜならアスペクトというものは、本来、**同一の語彙内容に対して二通りの文法表現**が、動詞が表す同一の動作に対して二通りの見方が、可能であり、またそれが典型的な場合にのみ、成立するものであるからだ。例えば、スラヴ諸語や英語においてそうであるように。限界性／非限界性のカテゴリーは、動作様態の分野における最大限の抽象概念であり、それは動詞語彙分類の枠を幾分か越えているとさえ言える、文法の《一歩手前》に位置するような抽象概念である。その意味においては、このカテゴリーを《**アスペクトのような**》カテゴリーと呼ぶこともできよう。

　限界性の意味は、既にノレーンが指摘しているように、完了体の意味より広いのであるから、接頭辞 ga- や類似する他の接頭辞をもつ形態が時にスラヴ語の不完了体に一致し、しかも、その多回意味だけではなく、《プロセス》意味に一致することがあるのもしごく当然だ。とりわけ、限界動詞の現在形は、未来や抽象的現在の意味のみならず、具体的現在の意味、すなわち、その発話時点にまさに展開している動作の意味でも用いられる。例をみてみよう。ルカ伝7章 44 の Jah gawandjands sik du þizai qinon qaþ du Seimona: gasaihwis þo qinon?（そして女の方を向き、シモンに言った——「この女が見えるか」）（βλέπεις）であるが、この例は、見える能力を問題にしているのではなく、その動詞の効果的意味、「おまえは視覚で捉えているか」という限界意味の個別のケースが問題になっ

ている。もっとも、スラヴ語の視点で言えば、ここではまぎれもなく不完了体だけが可能である。同じような状況は動詞 gasaihwan、gahausjan、gaumjan などの多くの用例にもあてはまる。

　過去形でも同様に、接頭辞 ga- をもつ動詞は、スラヴ語の視点から言えば、不完了体の意味を持つことがあり、ギリシア語原文のインパーフェクトに往々にして一致する。例えば、ルカ伝 6 章 19 の jah alla managei sokidedun attekan imma, unte mahts af imma usiddja jah ganasida allans（そして群衆は皆、彼に触ろうとした。彼から力が出て、皆を癒したからである）（ἰᾶτο）では、病人が実際に健康になり、回復していったことが語られている。つまり、強調されているのは回復能力そのものではなく、動作におけるその現れである。この場合の動作は、当然ながら限界的であり、対象の新しい質的状態への移行と結びつくもので、この新しい状態に到達して終了するものである。しかし、スラヴ語文法の規範からすれば、ここで要求されるのは不完了体になる。嵐の海の話においても、マルコ伝 4 章 37 の gafullnoda やルカ伝 8 章 23 の gafullnodedun の形は、船が波にのまれていく事態を指しており、その終了を近い将来にひかえるプロセスが表されている。他にもこの接頭辞をもつ動詞が使われる類似する全てのケースで同じような状況が生じる＊12。

　それと同時に、既に指摘したことだが、無接頭辞動詞は動作に付随するさまざまな要因で、さまざまな意味を表す可能性があるから、それがスラヴ諸語の完了体に一致することがあるというのも、全く自然なことだ。例えば、マタイ伝 9 章 25 の atgaggands inn habaida handu izos（中へ入り、彼女の手を取った）（ἐκράτησεν）など。他にもベーアとミローヴィチにはこのような例が多数引用されている。

　無接頭辞動詞の限界性と非限界性はいったいどのような要因に依存しているのであろうか。少なくとも、これには 2 つの要因がある。まず、問題となっている動詞の語彙意味に依ること。次に、その動詞が用いられる文脈に依る場合があること、である。

　現存するゴート語テクストに観察される driusan（落ちる）、wairpan（投げる）、nasjan（救う）、greipan（つかむ）のような無接頭辞動詞は、決まって限界意味で用いられる。これは恐らく偶然

ではない。既にその語彙意味から判断して、これらの動詞はそもそも非限界のものとは考えられないのであろう。同様のことは、主体が何らかの新しい質的状態へ移行することを意味する -nan で終わる第IV弱変化の無接頭辞動詞——fullnan（満たされる）や swinþnan（強くなる）等——についても言えるのは明らかだ＊13。ここに示した全ての動詞は上に挙げた giban や wairþan といった動詞、すなわち、シュトライトベルクが "perfective 単体動詞" と名づけた動詞に意味的に近い。この両方をひとつの共通した**絶対的限界**——非限界用法を持つことができない——動詞グループにまとめることができる。《語彙的に無色の》ga- を用いた語形成型が一方にはあり、もう一方には無いという点で、giban と driusan は異なるが、その差異はそれほど本質的なことではない。それ以上に重要で強調すべき点は、対応する接頭辞付加動詞——gadriusan、gawairpan、gafullnan——が形成される場合でも、それらはペアとなる無接頭辞動詞と意味的に違わないという点である。

　反対に、他の無接頭辞動詞の中には非限界意味が目立って優勢的にふるまうものがある。例えば、sitan（座っている——稀に、座る）、haban（持っている——稀に、手に入れる）、standan（立っている——稀に、立つ、立ち止まる）である。動詞 slepan（眠っている）にいたっては、上述したように、開始意味「眠りにつく」の例は全くない。その理由は、やはり、その性質として非限界的な過程を意味するこれらの動詞の語彙意味に潜んでいる。ここで限界意味が生じ得るのは、話者が状態の開始や生起を念頭に置いている場合だけである。もっとも、このような開始意味の伝達には、gaslepan、anaslepan といった接頭辞付加動詞が使われることが多い。このことと関連するが、無接頭辞動詞と接頭辞付加動詞の意味的差異は、しかるべきペアにおいて、相対的に極めて高い一貫性を持って区別される。シュトライトベルクの「非 perfective 化継続相」——frijon（愛している）等——とともに、上に列挙した単純動詞は優勢的に非限界意味を持つ**優勢的非限界**動詞グループを形成する。ここでも、接頭辞付加動詞を形成するか否かにおける slepan と frijon の差異は、少しも本質的なことではなく、重要なのは、シュトライトベルクの

「非 perfective 化継続相」もまた、時に限界意味で——まさに開始意味で——用いられることがあるということだ。例えば、マルコ伝 10 章 21 iþ Iesus insaihwands du imma frijoda ina jah qaþ（イエスは彼に目をとめ、彼を愛して、言った）（ἠγάπησεν）における動詞 frijon の意味を参照して欲しい。マリアによる福音書では当該箇所に ВЪЗЛЮБИ（ВЪЗ-［開始を表す接頭辞］+ ЛЮБИ（愛している）」が用いられている。

　これらの二極——《絶対的限界》動詞と《優勢的非限界》動詞——の間に、限界意味と非限界意味を併せ持つ、その他の無接頭辞動詞が位置する。それらの動詞でいずれの意味が実現するかを決めるのは、各動詞が使用される個々の場合における周囲の文脈である。その際、以下に挙げる 2 つの主要な可能性を区別しなければならない。

　1.　文脈が限界性／非限界性を強調する表現を要求するのであれば——例えば、両者が直接的に対立するような文脈の場合——、無接頭辞動詞は非限界意味を、接頭辞付加動詞は限界意味を表すために用いられる。これはペア slepan – gaslepan で実現するものに似る。

　2.　限界性／非限界性の区別を特に強調する必要がないのであれば、無接頭辞動詞は限界意味を表すために用いられる場合がある。この場合、限界意味領域においては、ペアをなす両方の動詞が完全に同義になり得る。これは動詞ペア driusan – gadriusan が持つ同義性に似ている。

　この 2 つの可能性の例をそれぞれ挙げよう。

　1.　文脈的対立

ヨハネ伝 6 章 66 uzuh þamma mela managai galiþun siponje is ibukai jah þanaseiþs miþ imma ni iddjedun（その時から彼の弟子の多くが立ち去り、それ以来、彼と一緒に歩まなかった）—— ギリシア語 ἐκ τούτου πολλοὶ ἀπῆλθον ἐκ τῶν μαθητῶν αὐτοῦ εἰς τὰ ὀπίσω καὶ οὐκέτι μετ᾽ αὐτοῦ περιεπάτουν.

　ルカ伝 8 章 8 saei habai ausona du hausjan —— マルコ伝 4 章 9、23 と 7 章 16 では hausjandona —— gahausjai（聞く耳のある者は

聞きなさい）対応するギリシア語 ὁ ἔχων ὦτα ἀκούειν ἀκουέτω には
対立がない。

ルカ伝 14 章 11 saei hauheiþ sik silba, gahnaiwjada, jah saei hnaiweiþ
sik silban, ushauhjada（だれでも自分を高くする者は低くされ、自
分を低くする者は高くされるであろう）── ギリシア語 ὁ ὑψῶν
ἑαυτὸν ταπεινωθήσεται καὶ ὁ ταπεινῶν ἑαυτὸν ὑψωθήσεται.（ルカ伝
18 章 14 も同様）

2. 限界意味における無接頭辞動詞と接頭辞付加動詞の非対称的
並行性

ルカ伝 16 章 6 nim þus bokos jah gasitands sprauto gamelei fimf tiguns
（証文を取り、すぐに座って 50 と書きなさい）とその直後の詩行
nim þus bokos jah melei ahtautehund（証文を取り、80 と書きなさ
い）── ギリシア語では両方ともアオリストの命令形 γράψον であ
る。

ルカ伝 9 章 14 qaþ þan du siponjam seinaim: gawaurkeiþ im anakumbjan
（そして彼は自分の弟子たちに言った。「彼らを座らせなさい」）── ギ
リシア語 κατακλίνατε αὐτούς. ── これに対し、ヨハネ伝 6 章 10 iþ
Iesus qaþ : waurkeiþ þans mans anakumbjan（イエスは言った。
「人々を座らせなさい」）── ギリシア語 ποιήσατε τοὺς ἀνθρώπους
ἀναπεσεῖν.

ルカ伝 14 章 19 juka auhsne usbauhta fimf jah gagga kausjan þans
（私は五対の牛を買ったので、それをしらべに行くところです）。こ
れに対しルカ伝 14 章 18 land bauhta jah þarf galeiþan jah saihwan
þata（私は土地を買ったので、それを見に行かなければなりませ
ん）── ギリシア語では両方ともアオリスト ἠγόρασα が使われて
いる。

ゴート語における諸関係性は、以上に述べたような形で、ウル
フィラのゴート語聖書テクストに観察される。これよりさらに古い
時代、動詞と接頭辞が接合する以前の時代においては、限界性と非
限界性の意味は、ある場合には、異なる語根を持つ語幹によって表

され、また別の場合には、1つの語幹に両方の意味が混在するという形で表されていたのではないかと推測される。その後に登場した接頭辞付加動詞は、接頭辞が展開する動作に空間と時間の面から限定を加えることで、大抵はその動詞を限界動詞に変えた。私たちがここで検討していない接頭辞の多くは、プロセスを空間的に限定したり、何らかの個別の動作様態を表現したりする具体的な限界を動詞に持ち込んでいる。その一方で区別すべきは、限界意味がより抽象的な性格をもつ一連の接頭辞で、その筆頭に挙げられるのが接頭辞 ga- である。そこに動詞のペアが誕生する。それまで両方の意味──限界と非限界──で用いられていた語幹に、限界意味を表現するため、接頭辞 ga-──あるいは別の接頭辞──が付け加えられることが次第に多くなっていく。だが、その結果として、無接頭辞動詞による限界的用法が即座に完全に消滅するようなことにはならなかった。ある範囲内において、ペアをなす両項による意味的ではない並行性が見られることになった。自らの語彙意味によって、今日まで限界的意味でのみ登場する動詞は、その意味で使用され続けた。その中には"無色の"接頭辞 ga- を付した派生動詞を形成しないものもあり──シュトライトベルクの perfective 単体動詞（perfectiva simplicia）──、他のものは ga- 派生動詞を形成したとしても、その語幹に何らかの特別な機能を担わせるわけではなく、単に類推によって生じたものであった。そして、自らの語彙意味により、主として非限界的意味で登場する動詞は、その意味で使用され続けた。そのような動詞の中にも、接頭辞 ga- を付した派生動詞を形成しないものがあり──シュトライトベルクの非 perfective 化継続相（nichtperfektivierbare durativa）──、一方、それが ga- 派生動詞を形成する場合には、そこに開始意味があてがわれることが多かった。

　では、結論を述べよう。ゴート語にはスラヴ語に類似する動詞アスペクトもなければ、動詞アスペクトのカテゴリーそのものも無かった。そこに存在したのは、動詞が表す動作の限界性／非限界性の《アスペクトのような》カテゴリーであり、それは、現代ゲルマン諸語で対応するカテゴリーとは幾らか異なった形で、存在してい

た。ゴート語における限界性／非限界性の特徴は、この対立が非対称で《不完全》な性格をしていた点にあるのではなく——現代の諸言語でも無接頭辞動詞が限界的意味と非限界的意味を兼ね備えていることはよくあることだ——、ゴート語には現代ゲルマン諸語には見られない**限界性を表す抽象的な指標**——接頭辞 ga-——が存在していた点にある。これと関連して、ゴート語には、スラヴ諸語に見られるある種のアスペクト・ペアを連想させる動詞ペアが、かなり広範に用いられており、このことがシュトライトベルクと彼に続いた後進の多くが犯した間違いの原因となった。

第2節　所有パーフェクトの起源について*14

　ロマンス諸語とゲルマン諸語全体と、他の後発のインド・ヨーロッパ諸語のいくつかにも共通する文法的特徴の中で、極めて特色あるもののひとつに、完了分詞（participium perfecti）*15 を補助動詞「持っている」と結合させて動詞時制を形成する、ということがある。この補助動詞を過去時制と未来時制で用いた場合の結合形は、通常、前過去——フランス語の plus-que-parfait や passé antérieur、英語の Past Perfect、ドイツ語の Plusquamperfekt 等——と、前未来——フランス語の futur antérieur、英語の Future Perfect、ドイツ語の Futurum II 等——という、いわゆる、先行を示す相対時制の意味を持つ。補助動詞が現在形の場合、この結合形が表す意味は、二極——過去の動作が現時点との関連で捉えられるパーフェクト意味と、過去の観念に補足的時点が加わったことで複雑化するようなことがない《純粋な》過去時制の意味——の間で揺れがみられる。前者の意味は起源的により古く、英語の I have taken などで比較的明瞭に現れるが、後者は歴史的には新しいもので、例えば、フランス語の j'ai pris に見られる。それに応じて、この時制は諸文法で《パーフェクト》——ドイツ語、オランダ語、スカンジナヴィア諸語他——や、"現在完了（perfectum praesens）"——英語 Present Perfect——と呼ばれたりもしており、さらに《複合過去》——フランス語 passé composé——と呼んでいるところもある*16。

340

ある言語——英語、スウェーデン語、スペイン語、ポルトガル語、ルーマニア語、アルバニア語——において、分詞と動詞「持っている」の結合形は、上に並べた動詞時制を形成するために全動詞がとる唯一の手段であるが、別の言語——フランス語、イタリア語、ドイツ語、オランダ語、デンマーク語、ノルウェー語——においては、周知のごとく、特定の動詞グループに対して、別の形成手段——分詞と補助動詞「ある」の結合——が用いられる。フランス語 il est venu、ドイツ語 er ist gekommen 等である。この後者の形成手段は、動詞「持っている」を付する形の発達によって、今ではその重要性を失ってしまった西ヨーロッパ諸語においても、その昔は——昔の名残という形では現在も——見られるものである。その論理的構造はかなり単純でわかりやすい。すなわち、он есть пришедший（彼は来ている［コピュラ・現＋完・能過分詞］）＝ он пришел（彼は来た［完・過］）。したがって、互いに何の関係も持たない世界の多くの言語が広くこの形を用いている。もう一方の、上に挙げたような、動詞「持っている」が付いた形の形成は、それが自ずと理解されるようなものであるかというとそうではない。この形成手段の論理構造は《表面に》あるのではなく、研究を通して、解明され、説明が与えられるべきものである。

　上述した全ての言語は、分詞と補助動詞「持っている」の結合によって形成される動詞時制を持つ傍ら、英語の I have it done（私はそれをなされた状態で持っている——私のもとではそれはなされてある）に見られるような、多かれ少なかれ、使用される構文を持っている。このような表現形において、動詞「持っている」は《完全な陳述》動詞ではないものの、かといって、純粋な補助動詞と見なすこともまた、できない。この動詞が意味するのは対象の所有である。分詞は、陳述定語の役割を《孤立項》として担いながら、対象がその時点に、すなわち、動詞「持っている」の現在時制において、置かれている状態——現在の状態——を意味する。この状態は先行する動作の結果であり、その動作の主体は動詞「持っている」の主語と一致しないこともあり得る。したがって、ドイツ語 Er hat die Hose immer gebügelt（直訳：彼はズボンをいつもアイロンをかけ

られた状態で持っている——彼はいつもアイロンのかかったズボンをはいている）は、彼自身が自分のズボンにアイロンをかけていることを意味するのではない。ドイツ語 Das Kind will alles erklärt haben (=erklärt bekommen)（その子は全部説明して欲しがっている。（［誰かに］説明してもらう）、英語 I will have it done（誰かによって）、フランス語 Il eut la tête tranchée（彼は首を切り落とされた）のような例では、2つの主体の不一致が文の意味そのものから出てくる。

　この陳述分詞を持つ所有表現形は、外見上同じ成分を持つ動詞時制と、意味だけではなく、ある形式的特徴においても、各言語で一線を画す。英語における形式的差異は語順に出る。I have it done と I have done it を比較すればわかるように、陳述分詞は文の最後に孤立して登場するが、複雑な動詞時制の一部となる分詞は、補助動詞と一体をなして、その直後に位置する。スペイン語の補助動詞 haber は、それが本来もつ所有の意味を完全に失っており、「私はそれをなされた状態で持っている」という構文は、他の動詞 tener を付して作られる。その他にも、このような構文における分詞は、対象と［文法的に］一致するが、複雑な動詞形では分詞の不変化形が用いられる。例えば、tengo escrita la carta（私はその手紙を書かれた状態で持っている）に対する he escrito la carta（私はその手紙を書いた）のようにである。分詞の語形変化形と不変化形の使い分けは、語順の差異とともに、いくつかの言語において見られる。デンマーク語では Han vil have dem straffede（直訳：彼は彼らを罰された状態で持っていたい——彼は彼らを罰して欲しがっている）に対する Han har straffet dem（彼は彼らを罰した）であり、フランス語では j'ai une lettre éctrite（私は書かれた手紙を持っている）に対する j'ai éctrit une lettre（私は手紙を書いた）のように。ドイツ語ではこの2つのタイプの形式的差異は単にアクセントの違いにでる。ich habe den Brief geschrieben という文でいわゆる強アクセントが分詞に置かれると「私は書かれた手紙を持っている」を意味するが、分詞が全体に依存した一部となっている複雑な動詞時制の場合、この文は弱いアクセント、いわゆる副次アクセントを持つに

すぎない（Zieglschmid 1929: 57）。

　このように、具体的な細部にかなりの多様性を抱えるものの、列挙した全ての言語において類似する点を観察できる。それは、これらの言語には、2つの並行する、起源論的に疑いなく関連しているが、質的には異なる構造があるということだ。一方は、対象をなんらかの状態で所有していることを表す、陳述分詞を持った所有構造で、もう一方は、同様に《所有》ではあるが、内容ではなく、外面上の形においてそうなっている、複雑な動詞時制シリーズである。研究者の課題は、この2つの構造の歴史的相関性を具体的に明らかにしながら、パーフェクトの所有の外的形式と、それと同型の複雑時制の《内的形式》、すなわち、法則的な仕組みを明らかにすることにある。

　この課題の解決に言語学はどのように取り組んできたのだろうか。

　A. ポット（A. Pott）は、この興味深い2つの構造の基盤となっている所有のイメージに注目し、所有を表す多様な表現形を用いてパーフェクトを表す言語は、非インド・ヨーロッパ諸語にも見られると指摘した。ポット曰く、「動作、とりわけ、パーフェクトで表されるような終了した動作は、動作主によって獲得され、その者に属する私有物という姿をとって、全くうまい具合に提示することができるのだろう」（Pott 1884: 291–292）。しかし、パーフェクトの内的形式のこのような解釈は、ポット自身によっても、他の研究者によっても、発展させられることはなかった。起源論的に無関係な諸言語が、個々に有する形態的に一致しない表現形どうしを、類型学的に対照することは、これ以上進展しなかった。所有パーフェクトの起源の研究は、ロマンス・ゲルマン諸語の資料の枠内に留まったというだけでなく、その研究対象は一層狭く、ラテン語や古高ドイツ語で書かれた古文書における具体事例を論拠とするようなものであった（Thielmann 1885: 372–, 509–; Behaghel 1901: 64–; Paul 1905: 159–）。そうしてこれらの具体例から、以下のような進化の道筋が考え出された。

　その出発点となったのは、ラテン語 navem paratam habeo（teneo）（私は船を準備された状態で持っている——船は準備万端だ）や、古高ドイツ語 ih haben（wir eigum）iz funtan（私は（私たちは）そ

れを見出した）の類の文で、意味的には上で見た陳述分詞を持つ現代の所有構文と同一のものである。分詞で表される状態を作り出す動作の主体が、文の主語と一致するということがなければ、当然のことながら、動詞時制に向かって進化するということもなかった。現代フランス語の il eut la tête tranchée（彼は首を切り落とされた）と同タイプのプラウトゥスの文 Per iocum...dictum habeto quae nos tibi respondimus（Thielmann, s. 511）（直訳：私たちがおまえに答えた、その言われたことを冗談として持っていてくれ＝私たちがおまえに答えたことは冗談だと受け止めてくれ）を比べて欲しい。だが、文の主語が動作主体と一致する箇所では、常に、この表現形全体が再解釈される可能性があった。つまり、この形は、**主体が所有した時点における対象の状態**の表現から、**所有に先行する期間における主体の動作**の表現へと、たやすく変わる可能性があり、そして実際に、そのように変化していった。対象を述定する孤立項の分詞が、動詞述語の担い手、動作の表現者に変わった。所有や保持の意味は薄れ、次第に失われ、動詞「持っている」は補助動詞に変わった。対象は所有の対象から動作の対象へと変化した。このようにして「私は船を準備された状態で持っている」や「それを見つけられた状態で持っている」に代わり、「私は船を準備した」や「それを見つけた」が誕生し、その中の「準備した」「見つけた」は、複雑な動詞形態——ラテン語の古い単純パーフェクトやゲルマン諸語の古い単純過去形と競合し始めていた《記述パーフェクト》——によって表現された。その後、再登場した形式は《アナロジーによって》、その当初の範囲を超えて拡大し、新しい動詞を次々と取り込んでいった。対象はこの語結合に必要な成分ではなくなり、遂に、この形成手段が非他動詞の範囲にまで転移するという最終局面を迎え、*habeo venutum, *habeo dormitum——ラテン語ではもはや確認されない——や、ich habe geschlafen といったタイプが誕生する。この複雑な文法的まとまり——所有非他動詞パーフェクト——の成分として、非他動詞から形式的には受動態の分詞——*dormitum や geschlafen 等——が、はじめて形成された。アドホックに作られたこれらの分詞は、複雑な動詞時制以外で用いられることはなく、ま

さにこの点において、言語がもつ他のあらゆる分詞と著しく異なっていた＊**17**。

　所有パーフェクトの起源についての伝統的な考えとは、大方、以上述べたようなものである。この考え方の本質は、見てきた通り、現在の言語に存在する2つのタイプ——便宜的に I have it done 型と I have done it 型とすれば——のうちの一方が、もう一方からの派生とみなされているという点にある。それは I have it done ＞ I have done it である。その客観的な基盤をなすのが、指摘したように、ラテン語ならびに古高ドイツ語で書かれた資料であった（次表参照）。

所有構造の発展段階（伝統的な考え方）

所有構造の発展段階	文献における登場時期	
	ラテン語	古高ドイツ語
1. 所有が陳述分詞と結合（現在の状態を意味する）	初期の文献から存在	初期の文献から存在
2. 所有の《記述パーフェクト》が他動詞から成立	6世紀ガリアのラテン語で大規模にみられる	オトフリート（9世紀中期）
3. 同上＋対象の省略	カロリング朝時代の文献	
4. 非他動詞から所有の《記述パーフェクト》が成立	確認されず（しかし、ロマンス諸語では初期の文献から存在）	ノートカー（10世紀）に初出した以降は確認されず（中高地ドイツ語で再登場）

　だが、その他のゲルマン諸語全てと、全ロマンス諸語に関して言えば、これらの言語が示す事実は上述の考え方を支持し得ないものであるか、あるいは、以下で見るように、それと矛盾するものでさえある。

　まず、この起源を検討するにあたって、全てのロマンス諸語は、実際のところ、最初から除外されている。なぜなら、それらの言語では、その初期の文献からすでに、非他動詞の所有パーフェクトやプルパーフェクトの形を使用しているので、進化の先行過程がどのようなものであったかを確認することができないからである。ゲルマン諸語の中では、唯一、4世紀のゴート語が第2、第3、第4段階の欠如を示しており、間接的に、伝統的構想の正しさを証明するか

第4章　非スラヴ諸語のアスペクト論と対照言語学的アスペクト論の諸問題　　**345**

のように見える。その一方で、古高ドイツ語の最も近くに隣接し、同時代の言語でもある古代ザクセン語や古英語、ならびに、構文論的には中でも一番古風な古代アイスランド語は、以下で述べるように、古高ドイツ語とは全く異なる様相を呈しているのである。分詞と動詞「持っている」の結合形は、これら全ての言語において、最も初期の古文書から極めて広範に亘り登場しており、また、既に、対象の所有を表さないのが一般的であった。このことは、個々の場合における文脈全体によっても、いくつかの特定の外的基準——この表現形の所有的解釈を排除するような無情物主語（неличное подлежащее）の出現等——によっても、反駁の余地なく証明される。例えば、古代ザクセン語の『ヘーリアント』*18 にある haƀad unk eldi binoman ellean-dâdi（151）は、当然、「老衰が我々から力を奪った」という意味であり、「老齢が力を我々から奪われた状態で持っている」という意味ではない。また、sagda ... that sie habda giôkana thes alo-waldon kraft（294）は「全能の力が彼女を妊娠させたと〈…〉言った」であって「全能の力が彼女を妊娠させられた状態で持っていた」ではない。古代アイスランド語の『エッダ』*19「ヒョルヴァルズの息子ヘルギの歌」（32）にある Hǫfomk miklo gloepr meirre sóttan（はるかに大きな悪行が私を襲った）も参照してほしい。古英語にあっては、既にその最初期の古文献より、この興味深い構造において動詞「持っている」が、主体がそれを所有する、という解釈を許容する対象とも、そのような解釈を許容しない対象とも、広く結合することがわかっている（Hoffmann 1934）。それどころか、ゴート語と古高ドイツ語を除く、全てのゲルマン諸語においても、その書記資料の当初より既に、非他動詞の所有パーフェクトとプルパーフェクトが存在しており、つまり、状況は全ロマンス諸語と同じなのである。『ヘーリアント』には既に、非他動詞やその他のいくらかの動詞から作られたパーフェクトやプルパーフェクトが見られ——gigangan（行く）、gifâhan（誰かの側につく、信奉者になる）、farwerkôn（罪を犯す）——、それよりさらに古い古英語の文献『創世記』と『ベーオウルフ』では、tosomne faran（（乗り物で）寄り集まる）、to gaedre gan（歩み寄る）、to symble sitten（テーブルにつく）、forsidian（死ぬ）といった動詞から habban が付いた形が作られている（Hoffmann 1934: 35）。『エッダ』にも hafa を持つ非他動詞パーフェクトが見られ、例えば「ヒョルヴァルズの息子ヘルギの歌」（40）の Hǫfomk hjǫrr komet hjarta et næsta（剣が私の心臓のすぐそこまで達したのだ）のように。

　以上が、伝統的な考え方と言語資料の間に見られる第1の不一致である。

　従来の考え方の重大な第2の欠点は、パーフェクトとそれと同タイプの形式がアスペクトからテンスへと質的に発展した点を、本質的に捉えていないことである*20。その結果、**古語においては、非限界（cursiva= непредельные）動詞の所有パーフェクトは不可能だった**という特徴が、見過ごされてきた。実際、「眠っている」「泣いている」等の非他動詞だけではなく、非限界他動詞「持っている」「愛している」「憎んでいる」といったものも、その他動性にもかかわらず、パーフェクトの形では一度としてゴート語や古代ザクセン語の資料に確認されたことはない。一方、動詞「（しっかり）持っている」――古代ザクセン語 haldan、古高ドイツ語 haltan――は、もしそれが ich habe gehalten という所有パーフェクトと表面上一致する構造で現れるとしたら、それは現在時制の意味 "ich halte" でのみ用いられた。以下のノートカー*21 の例と比較してほしい。Jâ uuaz ist daz mir in himele ist kehalten uuer mag daz kesagen? Inmortales diuitias habest du mir dar gehalten (II, 292, 5)（我が為に天にいて（直訳：保たれている）それを言うことのできるものはいったい何か？　汝我が為にそこで不死の富をつかんでいる）――ラテン語テクストの該当箇所は Quid enim mihi est in celo となり、現在形が使われている。;『ヘーリアント』から Than faran wi thâr alla tuo, / ... endi that hrên-kurni lesan/ sûþro tesamne endi it an mînan seli duoian/hebbean it thâr gihaldan, that it hwergin ni mugi/wiht awerdian (2571)（では我々は皆でそこへ赴き、麦をきちんと集め、それを私の倉庫に入れ、それが痛まないようにそこに保管しよう）。これと類似のことは、英語でも見られる。英語では、例えば、動詞「持っている」がパーフェクトで登場することは古英語の全期を通し

てなく、ic habbe ihaued 'I have had' が確認されるのはラヤモンが初出で、それは中英語初期、13世紀初頭にあたる（Hoffmann 1934: 41）*22。古フランス語に関しては、E.A. レフェロフスカヤ（E.A. Реферовская）が示したように、非限界動詞の所有パーフェクトはロマンス諸語においても当初は不可能であった*23。

　古語のパーフェクトを、動詞が表す動作のある特定の**アスペクト**とみなすならば、これら全ての事実が、全くもって、道理にかなった自然なものになる。なぜなら、アスペクトは、テンスと異なり、動詞の語彙意味と密接に結びついた文法カテゴリーであるからだ。そのせいで、アスペクト・カテゴリーは原則的に不完全なものになり、それぞれのアスペクト・カテゴリーが動詞語彙の全てを包括することも原則的に不可能となり、動詞の意味そのものが原因となって、問題となるアスペクトの形を形成することが出来ない動詞群が、不可避的に、存在することになるのである。現在の状態と、その状態を引き起こした過去の動作を、統一的にイメージするアスペクト形式として古語のパーフェクトを考えるならば、それが後に**何の状態も残さない動作**を意味する動詞から形成することが出来なかったことは、明らかである。唯一、パーフェクトが動詞時制に変化していく程度に応じて、そしてそのアスペクト的ニュアンスが弱化あるいは消失していくのに応じて、パーフェクトが本来もっていたアスペクト的不完全性が克服され得たということも、明白である。

　これらの全過程が、上述したように、これまで見過ごされてきた。だからこそ、ich habe geschlafen といったパーフェクトが古語に存在しないのは、この動詞の非他動性の結果であると解釈されてきたのである。パーフェクト ich habe geschlafen は、事実、古代ザクセン語でも古英語でも不可能であったわけだが、それはこの動詞がもつ非限界（cursiva）の特徴に起因するということにつきる。なぜなら、上に挙げた一連の状態移行——限界——動詞からは haben を持つ非他動パーフェクトが形成され、広く用いられていたということは、上述の通りであるからだ。

　これと関連して、言語資料と、パーフェクトの発展に対する伝統的な見方との間に生じる、もう1つの不一致を強調しておかないわ

けにはいかない。学問の世界で特に力を入れて取り組まれてきた問題に、《パーフェクトの2つの記述の区別》、つまり、所有型と"il est venu"型の区別がある。付け加えれば、非他動詞の領域にまで入り込む所有パーフェクトは、まず、"imperfective"、すなわち、非限界動詞を、そして《非変移型 perfective 動詞（немутативные perfectiva）》、すなわち、動作主体の一般的状態の変化や空間における位置変化に無関係な動作を意味する《完了体》動詞——「笑い出す」「あくびをする」等——を捉えていると考えられてきた。だが、事実はこれと異なる。

　古英語の非他動詞パーフェクトについて、G. ホフマン（G. Hoffmann）は「アルフリックの時代（1000年頃）まで、habban と結合して使用されたのは、perfective のみである」ことを明らかにした。しかしながら、ホフマンが《imperfective パーフェクト》の項目に入れているアルフリックの用例も、実際には、状態移行動詞にあたるものであり、例えば、ofer tha reodan sae faran（紅海を通って移動する）や syndian（罪を犯す）から作られるパーフェクトがある。唯一、ウルフスタン（1023年）と、それに続く 1121-1154 年の年代記になって初めて、非限界動詞から作られた非他動詞パーフェクトの疑いなき例が見つかる。それらは、ウルフスタンでは wunian（住む）から出来たもの、年代記では beon（ある、いる）、standan（立つ）等から出来たものである（Hoffmann 1934: 36）。古英語において、habban の付いたパーフェクトで用いられた、ホフマンの言う、非他動詞 "perfective" は、必ずしも《非変移型》である必要などなかった。このことは、これらの動詞の中に、主体の状態変化や空間における位置変化を意味する、まさしく、《変移型》といっていい動詞が含まれていることをとってみても、一目瞭然である。例えば、先に挙げた forsidian、to gaedre gan、to symble sitten、tosomne faran といった動詞である。そこに挙げられている古代ザクセン語の gigangan や gifâhan も同じくらい《変移型》である。だが、farwerkôn（罪を犯す）は状態移行的に、また《非変移型》として理解されるかもしれない。同時に、『ヘーリアント』に出てくる非限界動詞の libbian（生きる）や thionon（仕える）は、一度ずつ、

第4章　非スラヴ諸語のアスペクト論と対照言語学的アスペクト論の諸問題　349

プルパーフェクトで出てくるのみである。この時制の方が、アスペクト的性格を堅持していたパーフェクトよりも、先行という純粋に時間的な意味において、少し先に発展していたらしいということを、『ヘーリアント』の資料は示している。加えて、上述した非他動詞のhaben パーフェクトが、根本的に《imperfective 性》を持つという規則を導き出す根拠資料となった、大元の古高ドイツ語において、ノートカーは、ih habo geweinôt（私は泣いた）の二例の他に、状態移行的な ih habo sundôt（私は罪を犯した）と、道程のはじめと終わりの指示がついた《変移型》状態移行的な ih habo gefaren を用いている。例えば、… danne sî gefaren habeti fone erdo ze demo mânen（I, 827. 24–26）（…彼女が地から離れて月へ向かった時）や、移動距離の指示を伴った Sô sie dô gefaren habetôn fone erdo ûf cenzeg unde zueinzeg unde sehs tûsent louftmalo（I, 826, 1）（彼らが地から 126000 スタディオン離れた時）などである。

したがって、古代の所有タイプの非他動詞パーフェクトは、《変移型》パーフェクトを含む、まさに、状態移行パーフェクトだったのであり、古語において、非限界パーフェクトがだいたいにして不可能である点からも、これ以外に、別の説明は成り立たないことがわかる。

さらに話を進めよう。所有パーフェクトの起源に関する伝統的理論の明らかな欠点の1つには、それがこの興味深い構造が持つ根本的な所有の意味を狭めており、それと I have it done のような現代の所有構文の意味とを、無条件に同一視していることも挙げられる。所有パーフェクトは、あたかも、意味的に現代諸語における全く同じ所有構文から、直接生まれてきたかのように考えられている。ところで、プラウトゥスの文献は、とりもなおさず、ラテン語初期の文献ということであるが、そこでは対象所有の枠に収まらない例に遭遇する。例えば、… illa omnia missa habeo, quae ante agere occepi（前に始めたことはみんな放っておこう）——プセウドールス第2幕第2場8——を直訳すれば「以前にし始めた、その放って置かれた状態で持っているものすべて」であるが、そこでの動詞の語彙意味（残す、放って置く）は、所有の観念と結びつかない

（Thielmann 1885: 535）。

　このタイプの基盤になっている所有という観念が、狭められて解釈された結果、この観念はパーフェクトの規則的な内的形式となるかわりに、かなりの程度に偶発的で外的な、パーフェクトの意味にとっては、非本質的なものになってしまった。所有の意味と動詞時制としてのパーフェクトの意味は、概して、互いに交差しないものだとわかっても、研究者の中には、それでも、この２つの間の連結環を見つけようとしたものもおり、例えば、「理解する」というような、何らかの《観念的な活動》を意味する動詞のパーフェクトについて、《メタファー的》、《観念的》、《内的》所有などと、言われることがあった（Thielmann 1885: 509; Henry 1906: 392; Wunderlich 1924: 263）。全体として、現代語のパーフェクトの多くは、中でも特に、何らかの理由で主体と対象の間に実際の所有関係が成り立たないパーフェクト全て、例えば、j'ai perdu le livre（私は本を無くした‐英語 I have lost the book）、j'ai vendu le vin（私はワインを売った‐英語 I have sold the wine）、mon chien a mordu mon voisin（私の犬は私の隣人を噛んだ‐英語 My dog has bit my neighbor）のようなものに加え、J'ai lu（私は読書をした‐英語 I have read）といった無対象パーフェクトや、J'ai vecu（私は住んでいた‐英語 I have lived）、j'ai dormi（私は眠った‐英語 I have slept）といった非他動パーフェクトもまた、それらが成立したまさに当初から、その外的形式以外には、何ら所有的性質は持っておらず、純粋に、機械的《アナロジー》、所有形式がその本来の所有意味を失った後に生じた、オートマティックに《一般化》された結果としての産物である、という結論になった。

　もっとも、対立する意見も出された。O.エルトマン（O. Erdmann）は非他動所有パーフェクトの中にさえ、生きた内的形式を見つけようと試みた。エルトマンは、ich habe geschlafen, geweint（私は眠っていた、泣いていた）を、"ich habe etwas Geschlafenes, Geweintes an mir)"（私は私のもとに何か眠らされたようなもの、泣かされたようなものを持っている）と解釈し、自己の見解の裏付けとして、第１に、受動 es ist geschlafen, geweint worden（寝かせられていた／泣かせられた）の可能性——非他動詞による無人称受動の可能性——を挙げ、第2に、スカンジナヴィア諸語において、分詞が「そのような起源を極めてはっきりと示している」中性の変化形を持つことを根拠に挙げた（Erdmann 1886: §15）。しかし、このエルトマンの解釈は定着せず、「etwas Geschlafenes、Geweintes をはっきりとイメージすることは出来ない」という理由で、O. ベハーゲル（O. Behaghel）によって即座に否定されてもいる（Behaghel 1901: 64）。

　上述の欠点はまた別の欠点とも密接に結びついている。既に述べたように、西ヨーロッパ諸語の所有パーフェクトの発展について、伝統的スキームを構築してきた研究者たちは、西ヨーロッパ以外の諸言語においても、類似の現象がみられることを完全に無視していた。たしかに、この伝統的スキームが既に人々の共通認識になってかなりの時間を経たのちではあったが、西ヨーロッパ型に対する外国語の比較表現——例えば、イラン語群諸方言（Meillet 1921: 189）やヒッタイト語（Vendryes 1937: 88）にも見られる所有動詞を伴うパーフェクトなど——への言及が次々と学術誌に見られるようになる。新しい言語資料の登場は、「持っている」＋分詞という、西ヨーロッパ型所有の狭い形態的枠組みからの脱出を意味していた。特に人々の注目を集めたのは、ラテン語においても、habeo factum という型の前には、歴史的に先行する別の型——mihi factum est「私にはなされた」——があり、それは動詞「持っている」を使わず動作主を与格で表すものであったことと、古代ペルシア語やその他一連の言語——特にアルメニア語やいくつかのケルト諸語——では、分詞あるいは動詞由来の派生形容詞と、「私にはある」型の表現との結合がヴォイス的に能動的性格をもった記述的パーフェクトとして用いられていたことである（Vendryes 1937: 87-92）。これらの結合形の成分となっている「私のもとにある」——"est mihi" や "est apud me"——という構造を、J. ヴァンドリエス（J.Vendryes）は補助動詞「持っている」の独特なバリアントとみなした。この考えをいくらか進めた形で示したのが J. ローマン（J. Lohmann）である。古代アルメニア語のパーフェクト構造が属格形主体（="mei est" 型）を持ち、

また、全く別の言語構造を持つ非インド・ヨーロッパ系グルジア語は、-sa を取る与格形主体と -i を取る《主格》形客体を置く、特徴的なパーフェクト時制の文を作る。これらの現象を条件づけている理由が、まさに、《所有的把握》そのものにあると、ローマンは主張した (Lohmann 1937: 42-)。

このような他言語との比較が、まだ、さほど議論をよばなかった頃、西ヨーロッパ諸語の所有パーフェクトを研究していた学者たちの共通認識は、だいたい、以下のようなものだった。一連の西ヨーロッパ諸語で確認される所有パーフェクト形式の共通点は、この形式が**単一起源**である結果であり、同源——ラテン語——から、拡大した結果である、と。したがって、全てのロマンス諸語については、共通祖語の規則的な発展として語られ、ゲルマン諸語や現代ギリシア語、アルバニア語については、ラテン・ロマンス系モデルの**借用**——《翻訳借用》——と考えられた。既に、J. グリム (J. Grimm) は、ラテン語によるゲルマン諸語の所有パーフェクトへの影響は、「あり得ないことではない」として、このような事態を招く基盤は、ゴート語における記述パーフェクトの欠如という側面にあると考えた (Grimm 1837: 155)。他にも、エルトマンはラテン語の影響をよりはっきりと肯定する意見を後に述べている (Erdmann 1886: §150)。

後年、ラテン語の影響を受けた可能性が完全に排除される一連の言語との、説得力のある比較研究が提示されると、所有パーフェクトの**複数起源**が目に見える形で証明されることになった。この事実は、西ヨーロッパの異なる諸言語においても、所有パーフェクトは個別に、独自に、発生した可能性があるのではないかという発想を、学者らにもたらすべきであっただろう。しかし、すっかり定着した見解が再検討されることはなかった。ウルフィラの聖書に、haben が付いたパーフェクトが欠如しているという事実は、相も変わらず、事実上、唯一の主要な論証として用いられた。研究者の誰もが、次の事実を前にしても当惑することはなかった。まず、最も発展した所有パーフェクトは、まさに、古代ゲルマン諸語——古代ザクセン語、古英語、古代アイスランド語等——に見出され、それらは、文

第4章　非スラヴ諸語のアスペクト論と対照言語学的アスペクト論の諸問題　　353

語・口語を問わず、ラテン・ロマンス語のいかなる影響からも、古高ドイツ語よりは、遥か遠くに離れて存在していたという事実、そしてパーフェクト形は、言語も含めたあらゆる面で極めて独自性の高い民衆叙事詩の記録に最も広く用いられるという事実である。興味深いこの文法形式が持つ、火を見るより明らかな、**民衆的性格と**の矛盾をかかえながら、メイエは、ラテン語のモデル habeo id factum がラテン語を知る個々のゲルマン人に《翻訳借用された》かのように、主張する（Meillet 1930: 129–130）。ヴァンドリエスでさえも——異なる諸言語との比較表現を幅広く概観したまさにその論文で！——ドイツ語、英語、スカンジナヴィア諸語におけるパーフェクト形を、《聖職者の影響》と説明している（Vendryes 1937: 87）。現在、ゲルマン諸語の所有パーフェクトのラテン語起源説は、ヨーロッパの学界では当たり前のことになったと言ってもよい。この説のバリアントとして、H. ブリンクマン（H. Brinkmann）の見解がある。ブリンクマンは、ゲルマン諸語で類似する動詞時制は、いずれも本来《教養のある上流階層》の財産であり、ラテン語の文語的文化の影響を受けたこの層の人々の言葉において生じたものであったが、その後、ある種の「文化下降（gesunkenes Kulturgut）」が起こり、この《上流》からきた新制度をどう解釈すべきかもわからないような《下層》の民衆のものになり下がったものとみなした（Brinkmann 1931）。

　ラテン・ロマンス語の habeo id factum といったタイプの影響は、アルバニア語や現代ギリシア語の所有パーフェクトでもその存在が確認されたことは前述したとおりだが、ギリシア語において、動詞「持っている」と分詞の結合形は、既に古典期から見られ、例えば、ソポクレースや、さらにそれ以前のヘーシオドスの記録に見られる（Chantraine 1927: 250–251）*24。

　言語起源説で言語の発展過程が1つであることを支持する立場に立つ言語学者は、その信念に基づいて、孤立した言語事実を記述するにとどまらず、真の意味でそれを理解しようと努める。つまり、その発展の基盤にあり、言語毎にその具体的現れはどれほど多様であろうと、その際に繰り返される共通の法則のみならず、問題とな

る言語事実とその言語の構造的特徴と結びついた固有の、2つとない具体的な民族的特徴もまた、明らかにしようと試みる。したがって、この興味深いカテゴリーの起源を解明するにあたっても、**検討対象はその西ヨーロッパ諸言語の定型の枠を出ること**が必要であり、際立つ形態的差異が表面上あったとしても、まさに**内的形式**を見る立場からは、検討してきた構造と類型論的な並行性を提示するであろう他言語の資料を考察していくことが必要だったことは、間違いないだろう。

　上で述べたことを念頭に置きながら、**ロシア語方言**に現存するひとつの現象、у меня, младой, в доме убрано（直訳：若い私のもとでは、家の中は片づけられてある［у＋属格1人称・単＋完・受過分詞］＝若い私の家は片付いている）といった類の構造に注目し、検討してみよう。この構造の内的形式と西ヨーロッパの所有パーフェクトの内的形式との間に見られる相似については、既に1852年にS. シャフラノフ（С. Шафранов）によって最初の指摘がなされており、その後、ポテブニャ（А.А. Потебня）もこの点を指摘している（Шафранов 1852: 10–11; Потебня 1888: 143）。だが、このロシア語との比較は、パーフェクトについて論じる西ヨーロッパの学者らには知られないままであり続けた。ローマンの文献にも、ヴァンドリエスの文献解題にも引用がないのであるが、このロシア語との比較研究は、疑いなく、西ヨーロッパ所有型の歴史における謎のいくらかを解明し得たであろうものだった。

　両者の構造の形態的差異は大きく、一見してそれとわかるものであったことから、西ヨーロッパ型がロシア語に与えた——あるいは、その逆の——《影響》の可能性は、それがいかなるものであろうと、はなから否定されていた。また、そのような影響の可能性は、文化史的にも否定されていたということもある。では、双方が持つ所有の内的形式の相似が何を示すかと言えば、ある共通の意味的法則というものが存在するということだ。そして、それが各言語の具体的な特徴に即して個別に現れてきたことを、より鮮明に物語るということだ。両者における内的形式の相似は、У меня（есть）книга（私のもとには本がある［у＋1人称属格・単＋（コピュラ（быть）・

第4章　非スラヴ諸語のアスペクト論と対照言語学的アスペクト論の諸問題　　355

現）＋本［主格]]）が、Ich habe das Buch とイコールになり、у
меня книга прочитана（直訳：私のもとでは本が読まれてある［у
＋1人称属格・単＋本［主格］＋読む［完・受過分詞]]－私は本
を読んだ）が、Ich habe das Buch gelesen とイコールになるという
パターンだけにとどまらない。さらに進んで、西ヨーロッパの《目
的語脱落》——Ich habe gelesen、geschrieben—— に対しては、ロ
シア語の《主語脱落》——シャフラノフの例 У меня убрано（直
訳：私のもとでは片づけられてある［у＋1人称属格・単＋片付け
る［完・受過分詞]]－私は片付けた）—— が相当するパターンが
ある。これは所有するモノと動作するモノが欠如するという、両者
ともに《無対象的》とでも形容できるバリアントを持っているとい
うことである。しかし、それだけではない。西ヨーロッパ型と同様
にロシア語型でも、所有と非他動詞分詞との結合が可能なのである。
その例をシャフラノフが挙げた民謡の抜粋に見ることができる。

У дородного добра молодца
（立派な丈夫の若者が）
много было на службе послужено：
（ずいぶん長いこと奉公した［完・非他動・受過分詞]）
на печи было вволю полежано,
（かまどの上に気のすむまで横になった［完・非他動・受過分
詞]）
с кнутом за свиньями похожено；
（鞭を持って豚を追い立て歩きまわった［完・非他動・受過分
詞]）
много цветного платья поношено：
（沢山の晴れ着を着古した［完・他動・受過分詞]）
по подоконью онучей попрошено
（窓の下で足巻き布を乞うた［完・他動・受過分詞]）
и сахарного куска поедено：
（砂糖ひとかけらを食べた［完・他動・受過分詞]）
у ребят корок поотымано；

（若者らが固いパン切れを取り上げた［完・他動・受過分詞］）

на добрых конях поезжено,

（駿馬に乗って旅をした［完・非他動・受過分詞］）

на чужие дровни приседаючи.

（他人の荷橇に腰を曲げて）

У дородного добра молодца

（立派な丈夫の若者が）

много было на службе послужено：

（ずいぶん長いこと奉公した［完・非他動・受過分詞］）

на поварнях было посижено,

（台所に腰を落ち着けた［完・非他動・受過分詞］）

кусков и оглодков попрошено,

（食べ物や残飯を乞うた［完・他動・受過分詞］）

потихоньку, без спросу потаскано；

（こっそり、無断で持ってきた［完・他動・受過分詞］）

голиками глаза повыбиты；

（箒で目ん玉が飛び出した［完・他動・受過分詞］）

ожогом плеча поранены.

（火傷で肩が怪我した［完・他動・受過分詞］）

　これと非常によく似た例は、既に現代になって、北西部方言地域で採集された方言資料の中にも見出すことができる。V.I. ボルコフスキー（В.И.Борковский）が記録した Здесь у волкоф хожано（ここは狼がうろうろしていた［不完・非他動・受過分詞］）、ф письме кланенось у них（手紙には彼らからよろしくとある［不完・再帰・受過分詞］）（Борковский 1944: 120）や、『ロシア語方言アトラス』にある У них в город уехано（彼らは町に去った［完・非他動・受過分詞］）、У них не привыкнуто（彼らは慣れなかった［完・非他動・受過分詞］）、У Катьки замуж выйдено（カチカは嫁にいった［完・非他動・受過分詞］）、У йово было не выспанось（ヨヴォはよく眠れなかった［完・再帰・受過分詞］）、У него уж три года как женёнось（彼は結婚してからもう3年だ［完・再帰・受過分詞］）、

У меня на службе побывано（私は兵役についていた［完・非他動・受過分詞］）等である *25。

　これらの例全てに見られる非他動詞の受動分詞——послужено（奉公する［非他動・受過分詞］）、полёжано（横になる［同左］）、посижено（座る［同左］）、побывано（いる［同左］）——や、再帰動詞の受過分詞——кланенось（よろしくと伝える［再帰・受過分詞］）、выспанось（よく眠る［同左］）、женёнось（結婚する［同左］）——は、明らかに独立して用いることのできない分詞である。この点で、上の引用例は、ドイツ語の ich habe gedient、gelegen、gesessen、geschlafen、geweint、［旧］ich habe gefahren 等の例に似ている。いずれの場合でも、分詞は単に《かっこ付きの分詞》で《疑似分詞》でしかない。それは当該の表現形の外では自立して使われることのない、複雑な全体を構成する一部分であり、機能的には前述した——注15参照——スウェーデン語の、いわゆる、スピーヌムと同じ機能を果たす形である。

　私たちが検討しているロシア語型の**意味**について言えば、所有関係の表現は、ここでもやはり、過去における——大過去においても同様に——動作の表現として、再解釈されている。このことは、先程も説得力のある例で観察したばかりであるが、私自身が、コルホーズ農家の女性との会話において、首尾よく採集できた以下の例にも、はっきりと現れている。インフォーマントは、ノヴゴロド州ヴォロトフスキー区ゴロツィ村在住のF.A. ヴォルコヴァ（1919年生まれ）である。

　1. У меня сын еще ни разу не сфотографирован.
　（直訳：私のもとで息子はまだ一度も写真に撮られていない［完・他動・受過分詞］。−私はまだ一度も息子の写真を撮ったことがない。）
　2. У вас этот шкаф недавно куплен?
　（直訳：あなたのもとでこのたんすは最近買われたのか［完・他動・受過分詞］?−あなたはこのタンスを最近買ったのか?）
　3. Примус не у меня потушен, еще у бабушки.

（直訳：石油コンロは私のもとで消されたのではなく、既に祖母のもとでだ［完・他動・受過分詞］。－石油コンロを消したのは私じゃなく、祖母がもう消していたのだ。）

4.（Как попал сюда этот мешок?）── Забыл, может быть, повешен у самóво.

（（ここにどうしてこの袋があるのか？）── 直訳：忘れたんだ。多分、自分のもとで掛けられたんだ［完・他動・受過分詞］。－多分、君は、君自身が掛けたということを忘れたんだ。）

5. Вчерась у меня наволочка сложена и туда положена.

（直訳：昨日私のもとで枕カバーは畳まれ、そこに置かれた［完・他動・受過分詞］。－昨日私は枕カバーを畳んでそこに置いた。）

6. На кухне нельзя ни на минутку оставить ничего: у кошки уже стащена рыбина.

（台所にあるものは一瞬たりとも眼を離してはいけないよ。直訳：猫のもとでもう魚一匹が盗って行かれたからね［完・他動・受過分詞］。－もう猫が魚一匹盗っていったからね。）

7. Где бобочка зеленая с вырезом, что у мамы для него куплена?

（直訳：ママのもとで坊のために買われた切り抜き細工の緑の蝶［のおもちゃ］はどこ［完・他動・受過分詞］?－ママが坊に買った切り抜き細工の緑の蝶［のおもちゃ］はどこ?）

8. Что у него тут наделано! И полотенце сбросил и книги!

（直訳：何が彼のもとでやらかされたんだ！［完・他動・受過分詞］──いったい彼は何をやらかしたんだ！タオルは落ちているは、本は落ちているは！）

9. Сколько у вас дáно за нее?

（直訳：あなたのもとではそれにいくら与えられたのですか［完・他動・受過分詞］?－あなたはそれにいくら与えたのですか?）

10. Я вообще красное люблю: у меня уже два платья сношено.

（だいたい私は赤い服がとても好き。直訳：私のもとではもう二着が着つぶされた［完・他動・受過分詞］。－私はもう二着を着つ

ぶした。）

11.（Где ж стекло?）——А у Вовочки взято, еще вчерась или позавчерась.

（（ガラスはいったいどこだい?）——直訳：ヴォヴォチカのもとで持って行かれたよ［完・他動・受過分詞］、昨日か一昨日のうちにね。—ヴォヴォチカが持って行ったよ。）

12.《無対象型》—— У кого это на скатерти налито?

（直訳：いったい誰のもとでテーブルクロスにこぼされたの［完・他動・受過分詞］?–いったい誰がテーブルクロスにこぼしたの?（子供への問いかけ））。

　上述の例を詳しく見てみよう。引用したものの中に、《無対象型》は言うまでもないが、本来の所有関係、すなわち、文の文法的主語によって表わされる対象が前置詞yの付いた属格で意味される人物に所有されている事実、が実現している例は少ない。y＋属格の結合は、《所有者》ではなく、実際の主体、つまり、問題となっている動作を行った人を意味している。これが特にはっきりとわかるのが、例えば、3.の例 не у меня, еще у бабушки、4.の例 у самóво、12.の例 у кого? である。これら全ての例における主眼点は、過去の動作によって引き起こされた現在の状態、というよりはむしろ、動作そのものとその遂行者である。5.と11.に使われている副詞 вчерась（昨日）、позавчерась（一昨日）も参照してほしい。また、特に興味深いのは、取得を意味する動詞の分詞を持つ例（6.と11.）で、前置詞yを持つその構造は、これらの動詞が使われる際の構造が表す通常の意味と正反対である——взял у меня книгу（直訳：私のもとで本を取った–私から本を取った）。

　『ロシア語方言アトラス』は、y＋属格の結合が《所有者》を表さない、という判断の正しさを支持する。例えば、動作主を明らかに強調している、次のような例、Это не у меня, у сестры еще вышито（それは私のもとではなく、妹のもとですでに縫われた［完・他動・受過分詞］）が意味するのは、「私ではなく、妹が縫った」ということであり、前出の3.の例に類似する。У меня забыто, а Степанида помнит（直訳：私のもとでは忘れられた［完・他動・受過分詞］——私は忘れたが、ステパニダは覚えている）も、同様である。また、過去時制を強調する状況語とともに使われている Фцера хожено за хлебом（直訳：昨日パンを買いに行かれた［不完・非他動・受過分詞］——昨日パンを買いに行った）という例では、標準語の вчера ходили за хлебом（昨日パンを買いに行った）のように、実際の主体が省略されている。他にも、В каком году учонось-то у меня?（直訳：私のもとで学んだ［不完・再帰・受過分詞］のは何年だったか?）が в каком году я учился?（私が学んだのは何年だったか?）を意味する等の例がある。

　要するに、引用した《ゼロ・コピュラ》の例は全て、**パーフェクト——現在時点と何らかの関係を持つ過去時制——**と規定することができる。したがって、動詞 быть が過去時制と結合すると、**プルパーフェクト——大過去——**になる。

　以下に、ヴォルコヴァの発話に見られた大過去の例をいくつか挙げる。

　Знали все, у его было сказано; а другой бы не признался.
　（直訳：彼のもとで言われていた［コピュラ（быть）・過＋完・他動・受過分詞］［彼が言っていた］ということは皆が知っていた。別の人だったら正直に言わなかっただろう）——再び《無対象型》である。

　Я по пути зашла бы за хлебом, да у меня денег было мало взято.
　（私は途中でパンを買いに寄ったことだろう、だが、［直訳］私のもとでは少しのお金しか持っていかれなかった［コピュラ（быть）・過＋完・他動・受過分詞］［私はお金を少ししか持っていかなかった］）

　У бабушки было мне да́но 10 рублей.
　（直訳：祖母のもとで私に10ルーブル与えられていた［コピュラ（быть）・過＋完・他動・受過分詞］［祖母は私に10ルーブルくれていた］）——この前置きの後で、購入したものについての説明が《通常の》過去形で述べられる。

第4章　非スラヴ諸語のアスペクト論と対照言語学的アスペクト論の諸問題　　361

ここからわかるように、ロシア型と西ヨーロッパ型の間には、時制意味に関して疑いのない類似性が観察される。一言でいえば、全ての面において、**現れる外形では互いにまるで異なり**、歴史的・文化的には全く無関係に形成されたふたつの表現形の間にある**本質的な一致**を私たちは目の当たりにしているのだ。形式的・技法的な面における完全な不一致こそ、まさに、2つのタイプの間に、歴史上、具体的な相互関連がなかったことを証明しており、したがって、それらの内的で観念的な**構造、それらの内的形式**の単一性、両者が辿った発展の道筋の単一性、その結果として、このような発展の道筋には法則性があることが、ことさら強調されるのである。そして、私たちは、改めて、所有パーフェクトは、伝統的な見方がそう解釈したような、文法の中に借用された《共通の主題》のようなものではない、という結論に行きつき、改めて、所有パーフェクトの複数起源説、異なる言語におけるその独自発生・独自発展説の正しさを確信するのである。まさにそれによって再確認されるのは、異なる諸言語が互いに単独で、時に、類似するカテゴリーを発展させるということである。だがそれは、共通祖先から受け継いだ資料の共通性がそこに見出されることによってでは決してなく、何らかの《影響》や《借用》によってでもなく、ただ唯一、言語構造の特徴に応じて各個別言語に現れる**明らかに共通する法則性**によるものである。

　このように、所有パーフェクトの複数起源が事実として立証されたとしても、私たちはこれまでのように、ロマンス諸語やゲルマン諸語については単一起源説を、興味深いこのタイプのラテン語起源説を、固持し続けなければならないのであろうか。西ヨーロッパ諸語においても、所有パーフェクトの複数起源を前提とする方が、より正しい道なのではないだろうか。まして、これまで見てきたように、ラテン語影響仮説がこれらの言語に見られる諸事実と明らかに矛盾するのであれば、尚のことではないだろうか。

　これがロシア語型を検討した結果として出てきた第1の疑問である。

　さらに話をすすめよう。ロシア語方言では、見たところ、所有タイプの内的形式が、西ヨーロッパ諸語のそれよりも、ずっと**生き生**

きと感じられるようだ。このことは、ロシア語方言の資料には、無情物動作主を持つ例が極めて少ないという重要な事実によって、証明される。ヴォルコヴァのスピーチではそのような例は皆無であった。また、『ロシア語方言アトラス』は、北はベロモルスクからチェレポヴェッツまで、さらに西南ではオスタシュコヴォ、デミヤンスク地区まで含み、西はイリメリ湖やヴォルホフ地区までを含む、広大な地域を対象にした豊富な方言資料集であるが、その中であっても、該当する表現はたった3例しか見つからない。それらはТут у трактора пройихано（直訳：そこをトラクターのもとで通り過ぎられた［完・非他動・受過分詞］——そこをトラクターが通り過ぎた）、У автомобиля йдено（直訳：自動車のもとで通って行かれた［不完・非他動・受過分詞］——自動車が通って行った）、Фсё у власти дáно（直訳：全てがお上のもとで与えられている［完・他動・受過分詞］——全てをお上が与えた）である。もっとも、この3例全てにおいて、実際には、無情物動作主の背後に、有情の動作遂行者である人が、最後の例では人の集団が隠れている。これと全く事情が異なるのが、西ヨーロッパ諸語である。これらの言語では、所有パーフェクトの使用に際し、動作主の無情性の点において、いかなる制限も今や存在しない。既に古期より、とりわけ、先に触れた古代ザクセン語の最初期の文献や『エッダ』には、この興味深い構造中に、まだそれほど多用されてはいないものの、無情物主体が見出される。

　所有型の内的形式が生き生きとした感覚を持つロシア語資料こそ、問題となっているカテゴリーの基盤をなす《所有観念》の本質を分析するには、とりわけ、興味深いものであろう。もっとも、当然のことながら、現代語がこの型の当初の意味を保持しているとは言えないが。ともかく、ロシア語所有パーフェクトの事例を駆け足で見てきたが、それだけでも、その基盤にある所有の観念は、対象物の実際の所有や《比喩的な》所有としてまとめられるものでないことがはっきりする。それは**かなり広く**理解しなければならず、動作あるいは動作の結果に対し、人が持つ何らかの関心事として、主体の領域内の動作——ギリシア語の中動態を想起させるようなニュアンス——として、最終的には、いわゆる、心情与格（dativus ethicus）

によって表わされるものに似た、伝達内容に対する情緒的態度の表出として、理解されるべきものであるかもしれない。これら全てのニュアンスを、私たちの論理や法的規範が意味する対象物の所有のイメージに結び付けるのは、正しくないだろう。これらのニュアンス、もしくは、おおよそこれらのニュアンスで、現代のロシア語方言の中で発展してきた、その源泉となる本来の所有観念は、——ロシア型においても、西ヨーロッパ型においても——、国外のロマンス語系・ゲルマン語系パーフェクトの研究者が考えていたものと、本質的に異なったものであったのではないだろうか。そのように仮定する方がより確かなのではないだろうか。

　これがロシア語方言の発話資料が示唆する第2の疑問である。

　ついでに次のことも指摘しておこう。これまで見てきたように、ロシア語の所有型における内的形式の際立って生き生きとした感覚も、《無対象型》、つまり、文法的に無人称の形——у меня убрано（直訳：私のもとでは片づけられた［完・他動・受過分詞］——私は片づけた）——や、非他動詞由来の形——у них уехано в город（直訳：彼らのもとでは町へ去られた［完・非他動・受過分詞］——彼らは町へ去った）等——を、形成するのに、些かの支障ももたらさない。このことは何を意味するのであろうか。この興味深い表現形の基盤にある考え方は、それが単なる対象の所有ではないという、まさにそのことによって、**対象そのものの欠如とも、さらには非他動性とも、自由に結合できる**、ということではないのだろうか。だが、そうなると《無対象型》や非他動詞型を、原則として最も遅く成立した現象とみなす根拠はどこにあるのか、という疑問が生じる。また、これらの、あたかも最も遅くに成立したかのように言われる所有パーフェクトやプルパーフェクトのタイプが、最初期の書記資料から既に見られる他の言語がある。それらの言語に、ラテン語と古高ドイツ語の古文献においてパーフェクトの各タイプが登場する順次性を当てはめる根拠はどこにあるのだろうか。

　これがロシア語の資料を調べると生じる第3の疑問である。

　ロシア語の諸事実の検討は、次の点でも示唆に富む。この興味深いロシア語の構造の使用は、文字を用いない方言と標準語との間に、非常に

はっきりとした違いを生む。次のような言い方 у меня проработана уже половина материала（直訳：私のもとで資料の半分は既に検討され終わった［完・他動・受過分詞］──私は資料の半分をすでに検討し終えた）、у него уже прочитана вся литература（直訳：彼のもとで全ての文献は既に読み終えられた［完・他動・受過分詞］──彼は全ての文献を読み終わった）、у нас работа и не начата（直訳：私たちのもとで仕事は始められていない［完・他動・受過分詞］──私たちは仕事を始めていない）は、日常的な口語でも、標準語の書き言葉でも使われる。これら全ての結合形は、第1に、《対象を持つ》。私たちは、いったい何がなされたか、という指示のない у меня сделано（直訳：私のもとでなされた［完・他動・受過分詞］──私はなした）というような言い方はしないであろうし、まして、文字化することなどあり得ない。無論、у меня поезжено（直訳：私のもとで行かれた［完・他動・受過分詞］──私は行った）と言うことも、無い。第2に、この言い方は、対象の実際の、あるいは《メタファー的》な所有という枠に、すっかり収まる。つまり、これは西ヨーロッパ型に類似する《配列型》と言ってよいもので、先に I have it done 型と便宜的に定式化した、現在の状態を意味する陳述分詞を持つ所有構文に似る形である。この構造と所有パーフェクトとの間の差異は、ロシア語においては、標準語用法とそれと同時代の方言用法との間の差異として展開する。しかし、ここから所有パーフェクトの歴史にとって──とりわけ、ロマンス諸語のそれにとって──、いくつかの重要な結論が自ずと出てこないであろうか。それというのも、ラテン語文献にはトゥールの聖グレゴリウスの時代に至るまで所有構造が客体を持たない《無対象型》である事例は存在せず、*habeo dormitum のようなタイプは一度も登場したことがない。一方のロマンス諸語においては、既にその最初期の古文書から、所有パーフェクトが、非他動詞型さえも取り込んで、最盛期を迎えていることを知ることができるのだ。このことは、当時の書記資料には反映されていないものの、パーフェクトはそれよりも前に、既に庶民大衆のことばに存在していたということを意味するのではないだろうか。同様の問いをゲルマン諸語に対しても立てるこ

第4章　非スラヴ諸語のアスペクト論と対照言語学的アスペクト論の諸問題　　365

とができる。おそらく、ここでも、古高ドイツ語の古文書は——その大部分が翻訳であり、あらゆる点においてラテン語の影響を強く受けていたものだから——、生きた民衆ことばの当時の状況を反映していないのではないか。この事情が、先に何度も指摘した、古高ドイツ語の資料とそれと同時代に存在した他ゲルマン諸語の事例との間に見られる不一致を、説明するのではないだろうか*26。

　これが、ロシア語資料を検討した結果生じた諸問題の、最後のものである。

　では、これまで述べてきた諸結論をまとめることにしよう。

　所有パーフェクトとそれと関連する他の動詞形態は、太古の昔に起源をもつ現象である。その基盤にある動作結果の《所有の知覚》は、私たちが通常考えるような意味での対象物の所有という観念とは、著しく異なる考え方を反映している。おそらく、ここで本質的に重要な点は、対象物の所有や私有という以上に、人主体と周囲の環境との**相関性**であり、それらの**共生感覚**と相互の帰属性であろう。所有のこのような理解を完全に解明するには、社会的現実の所有関係を、何らかの形で反映している多くの言語カテゴリーを、今後、詳細に検討していくしかない。そのような言語カテゴリーには一連の言語が持つ《所有変化（притяжательное спряжение）》、中動態、代名詞構造、ある種の名詞分類、格構文論におけるある種の現象等が挙げられるが、他にも沢山ある。現時点では次のように推測することしかできない。現代の私たちの考え方と異なる、この所有性の理解は、とどのつまり、私有の物質的、社会的関係そのものが、ロシア語や西ヨーロッパ諸語の有史時代のそれとは、本質的に異なるものであった時代に遡る。

　発展過程のある段階で、パーフェクトのカテゴリーに反映される所有観念は、その変化したイメージと**矛盾するようになる**。それが一目瞭然に見てとれるのが、所有の対象と解釈され得るモノが欠如する場合、すなわち、《無対象型》の場合であり、さらには、非他動詞型の用例である。深まる矛盾を解決する道は2つある。a. 実在する規範として意識している所有観念を再解釈することで、モノの所有として捉えるか、あるいはb. 特に再解釈が不可能な文脈にお

いて、《内的形式の忘却》を許すか。結果として、本来1つであったものが2つのタイプに割れた。便宜的に言えば、I have it done のタイプと、I have done it – I have read – I have gone のタイプである。

　しかし、内的形式の忘却はすぐに進んだのではなく、長期間にわたって不均衡な過程を経た。その過程において、所有パーフェクトやプルパーフェクト等が、文字を持たない話し言葉と、書き言葉では極めて異なった形で解釈されてきたことがわかる。書き言葉においては、表現力に富む手段がはるかに論理的に、よく考え抜かれて使用されており、表現の文字通りの意味に対して、非常に《デリケート》な態度が観察される。そこでは、内的形式と、この表現形が持つ実際の意味との間の不整合が、よりはっきりと感じられる。文字を用いない口語や方言では、より早い時期に内的形式を《忘れる》あるいは《忘れていく》傾向が見られ、文字通りの意味は熟慮されることなく、よって、それが論理的に何らかの不整合を見せてもたいした関心は引かなかった。そのおかげで、過去には規範として意識されていたものの名残りが、言語カテゴリーの中に留まったまま、比較的やすやすと、より完全な形で無文字の方言の中に保持されることが時にある。方言では、矛盾すると現代では意識されることも、あらゆる他の《逸脱的》用法をとってみても、全て論理的なフィルターを通ってしまう標準語とは異なり、《耳障り》に感じられることが少ない。

　このことから今のロシア語に存在する状況が理解できる。標準語に浸透したのは、論理的で《健全な意味》に矛盾しない所有構造のバリアントだけであった。それはすなわち、実際の、あるいは《メタファー的》なモノの所有が表されているもので、西ヨーロッパのI have it done 型に意味的に相当する у меня это сделано（直訳：私のもとでそれはなされてある――私はそれをした）のタイプであった。無文字の方言はいろいろあり、各々が真の所有パーフェクトを保持する程度は、実にさまざまである。しかも、まだ完全に忘れ去られてはいないものの、その内的形式は次第に弱まり、再構築を迫られることになった。その結果、内的形式は動作に対する私的関わ

りや、動作そのものや、動作の結果における利害関係といったニュアンスに変化することになる。

　ロシア語に見られる状況は──時代や歴史上の具体的な条件がどれほど異なっていようと──、学者が解明しようとしているラテン語との関係を理解するためのヒントを与えてくれる。Ph. ティールマン（Ph. Thielmann）は、プラウトゥスの喜劇に所有構造が比較的広く用いられている点に言及し、「この構造は本来、民衆の話しことばが持つ財産であった」と論じている（Thielmann 1885: 535）。付け加えて言うならば、まさに、大衆作家としてのプラウトゥスに、上述したような、モノの所有という枠に収まりきらない例──missum habeo（無くして持っている）、relictum habeo（置き去って持っている）──が見出されるのである。もっとも、無対象型や非他動詞型は見つからないのであるが。古典期のカエサルやキケローになると、所有構文の使用は、実際、プラウトゥスに比べて数量的に多少増加はするが、おそらく、この増加は、主として、《観念的》所有を表す例──cognitum habeo（知られて持っている）、compertum habeo（認識されて持っている）、comprehensum habeo（理解されて持っている）等（Thielmann 1885: 517–）──が原因であろう。それらは、純粋に標準語としての《学者的》バリアントであり、本質的には I have it done 型の域を出ないものである。その後6世紀まで、所有構文の使用は停滞もしくは減退し、その使用は、主に法律文に代表される、厳密な定型文の範囲に限られるようになる（Thielmann 1885: 538–539–）。この事実も、無論、偶然のことではない。周知のように、まさにこの時代、ラテン語文献は、民衆とその《通俗的な》言語から最大限に乖離しており、最大限に不自然な《文語調》で、その言語手段の使用においてもっともぎこちないものであった。この事実こそ、まさにこの時代、生活の中で使われていた言語資料に《フィルター》がもっとも厳しく作用していたことを説明し、所有パーフェクトと、民衆の話しことばでは昔から間違いなく使われていたプルパーフェクトが、文献の敷居の外に取り残されてしまったことを説明するのである。所有構文の文語的な使用が、民衆の用法に接近するという意味での急転換は、6世紀後半になっ

てようやくガリアの地で起こった。トゥールの聖グレゴリウスになると、その使用例は著しく増加し、その構造は定型文の厳しく限定された範囲から抜け出し、新しい語彙層に拡大する。この表現形の意味は、圧倒的に多くの場合において、既に動詞時制の意味として解釈されるようになる。付け加えるなら、これらの新しい節目が文献に訪れた、その発端が民衆の口語にあることは、トゥールの聖グレゴリウスにおけるかなりの例が、直接話法に当たることにも示されている（Thielmann 1885: 541–543 sq.）。しかし、彼の作品においてさえも、無対象型の例は１つも見出されない。無対象型が書物に浸透し、文字化されるのは、指摘したように、カロリング朝になってからのことであり、それはその後の《言語の崩壊》——古典的使用の規範から離れて《巷の言語》に近づく——に合わせて進行した。一方、*habeo venutum のような非他動詞型が最初に定着したのは、これまで見てきたように、ロマンス語文献からである。それは既に過去の伝統に縛られておらず、いわゆる、通俗的な、すなわち民衆の言語に、既に古くから存在した多くの現象がついに反映されたものであった。

　もちろん、現代ロシア語におけるこの興味深い形式が辿ってきた発展の道筋は、ローマ帝国滅亡期のラテン・ロマンス諸語方言におけるそれとは、全く異なっている。その当時は、まさに無文字の方言が真の民衆語であった。そこに未来があった。標準ラテン語は、当時の社会で民衆とは隔絶していた、ごく少数派の上流階層が持つ財産であったために、それ以降の発展の過程で勝者になることが出来なかったのである。勝者への道に進んだのは、口語の民衆方言であった。パーフェクトとプルーパーフェクトにおける所有の内的形式は、ついに忘却の彼方にすっかり追いやられ、それらを書き言葉で使用する際の障害ではなくなった。歴史の表舞台に登場したロマンス諸語は、既に、分詞と、所有動詞を補助動詞として用いる形式から構築される動詞時制体系が発展を遂げ、その文法化が十分に進んだ状態であった。それと全く立場を逆にするのが、現代ロシア語である。社会主義革命の後、識字能力の全般的な普及と、教育と文化の民主化が広く実施された状況において、私たちの国語としての標

準ロシア語は、真の意味で、民衆のことばであった。まさに、革命とその後の社会的、文化的転換が方言を克服し、それを取り除くことによって、標準語の社会的基盤を大幅に拡大した。無文字の方言ではなく、まさに標準語に未来があった。それ故にロシア語の無文字方言の所有パーフェクトは、消滅する運命にある現象とみなさなければならない。これと関連して、V.I. ボルコフスキー（В.И. Борковский）が、《у меня + 分詞》という構造は、彼が調査をした複数の村において、《高年齢層の話し言葉》にのみ広く普及していることを強調している点は興味深い（Борковский 1944: 119）。おそらく、私がヴォルコヴァの話し言葉に既に非他動詞型の例を1つも見出せず、《無対象》型でも、ほんの数例しか見つからなかったことも、偶然ではないであろう。一言で言えば、ラテン・ロマンス語においては、興味深いこれらの構文の文語的用法が、民衆の口語的用法に次第に合致していったのに対し、現代ロシア語では、逆に、方言的用法が標準語の用法に次第に近づいていき、ついには、後者に屈してしまうであろうことは避けられない。

　ゲルマン諸語の所有パーフェクトとプルパーフェクトも、ロシア語やラテン・ロマンス語のそれと同じように、外部からもたらされたものではない、その地方独自の現象を示している。ゴート語の聖書が編纂された時代は、おそらく、まだ所有構造の内的形式が十分に実感されていたため、その構造を自身の翻訳に用いる危険をウルフィラは冒さなかった。西ゲルマンでは、内的形式が忘れ去られていったプロセスは、8-9世紀にはすでに、終盤に差し掛かっていたように見える。なぜなら、先に検証した通り、無人称主体の例が――まだそう頻繁にというわけでは無いものの――出てくるからだ。『ヘーリアント』の前出の引用例を参照してほしい。この時代から、所有パーフェクトとプルパーフェクトを文語で使用することに対するわだかまりが無くなっていく。古高ドイツ語の翻訳文献が、まだしばらくの間、この形式を無視し続けていたとしたら、それは単に、下手なドイツ語の翻訳家らが弱腰で、原文を踏襲しただけということもあろうし、その一方で、イシドールスのような優れた翻訳家たちが意識的にこれらの形式を避けたのは、その中に、俗ラテン語型

とロマンス語型の連想によって、《通俗的な言葉》——sermo vulgaris——の特徴を、まだ感じ取っていたからであろう。『ヘーリアント』、『ベーオウルフ』、『エッダ』の歌謡、古代アイスランド語のサーガの作者は、そのような懸念に臆することはなく、またオトフリートはこの点に関して、他の問題となる箇所でもだいたいそうだが、妥協策を取っている。概して、彼は新しい動詞時制を広く用いてはいるが、無対象型に頼ることがたまにあるのみで、habenやeiganを用いた非他動詞パーフェクトは、未だ全く認めていない。総じて言語の革新者であったノートカーのみが、思い切って次の一歩を踏み出し、habenやeiganを持つ非他動詞パーフェクトとプルパーフェクトを作品に持ち込んだ。しかし、そのノートカーも、当然だが、ラテン語の影響を強く受けており、このような事例はまだその数が大変少ない＊**27**。それより少し後に登場したヴィリラム（Williram）の文献が示すように、実際、ノートカーはその時代にこのような試みを行った唯一の人物であった。中高ドイツ語の時代になって初めて、事態は決定的に進展する。文語の民主化の萌芽とともに、そして、文学が教会聖職権拡大思想の流れから解放され、世俗テーマへ移行する流れとともに、文語的用法は、ついに、ドイツ語においても民衆の用法との一致をみることになる。

　だが、民衆語のパーフェクトとプルパーフェクトは、その間も、一箇所に留まっていたわけではない。これらの表現は、文語がその定着に遅れを取ろうが取るまいが関係なく、全てのロマンス諸語とゲルマン諸語で同じ方向に発展していった。それは、アスペクトからテンスへの発展であり、先行動作が引き起こす状態の表現から、遂行後に何らかの痕跡を残す動作そのものの表現への発展であった。このプロセスは所有型においても、il est venu型においても、進行した。いずれの場合であっても、直接的なアスペクトの結果性、状態とそれを引き起こした動作の結果との結びつき、に代わり、プルパーフェクトの場合であれば、過去の別の動作に対する時間的先行性の概念が、パーフェクトの場合であれば、過去の動作とイマの時点、《話者の現在》との論理的結びつき、論理的相関性の概念が、次第に前面に出てくるようになった。このプロセスの外見上の目印

第4章　非スラヴ諸語のアスペクト論と対照言語学的アスペクト論の諸問題　371

となったのが、**アスペクト意味との関連でパーフェクトとプルパーフェクトが当初持っていた欠陥の克服**であり、パーフェクトとプルパーフェクトの動詞語彙全体への拡大、つまり、「持っている」、「愛している」、「憎んでいる」、「臨んでいる」、「ある、いる」、「座っている」、「立っている」、「眠っている」、「住んでいる」、「義務がある」等の、非限界の他動詞や非他動詞によるパーフェクトとプルパーフェクトの形成であった。原則として、過去の出来事は現在時点といずれの論理的結びつきも持ち得る。まさにそれが理由となり、パーフェクトとプルパーフェクトの発展の新たな段階では、各動詞がこれら2つの時制形を取ることになった。

複合過去の成立プロセスの幕を閉じる、非限界動詞パーフェクトの形成は、同時に、それがその後に辿る意味的進化を予測させる。過去の出来事と現在時点との論理的結びつきは、アスペクトの結果性という強い支えを失ったことで、弱まっていき、パーフェクトの意味的特性は次第に失われて、パーフェクトと単純過去との境目が次第に不安定なものになっていくというものだ。だが、全てのロマンス諸語とゲルマン諸語が、大なり小なり、経験したこれらのプロセスについての検討は、既に本書の対象外である。

第3節　ゲルマン諸語、ロマンス諸語、スラヴ諸語の　　　単純過去形消失に向けて*28

古い――統合的――過去形が失われ、それが、パーフェクトとして本来機能していた新しい形式に取って代わられる現象は、多くのインド・ヨーロッパ諸語で指摘されており、これまでに一度となく言語学者の関心を引きつけてきた。この現象は、似たような方向性で並行して進化を遂げたという事実の見事な一例となるだろうし、だからこそ、対照文法の方法論によって研究すべきものである。このように研究したのはA. メイエ（A. Meillet）が最初である（Meillet 1909/1921: 141-, 183-190）。以下では、個別言語や諸言語グループに見られるこの現象に注目した一連の研究と、この現象に関する貴重な通時的・共時的記述を順に見ていくことにする

372

（Жирмунский 1956: 452–сл.; Lindgren 1957; Foulet 1920: 271–313; Pollak 1960: 102–129; Słoński 1926: 1–33; Стойков 1958: 185–207; Michalk 1959: 103–112）。そうすることで、メイエが示した道筋に沿ってよりスムーズに前に進むことができ、そして幾分異なる結論に到達することも可能になる。

この興味深い現象がゲルマン諸語、ロマンス諸語、スラヴ諸語で発展していく過程での**共通点**は以下の点である***29**。

1.　この現象は、全てのケースにおいてパーフェクトの特徴的な意味的進化と結びついている。その進化はパーフェクトにその固有の意味を失わせ、かつてのパーフェクトと過去時制の別の（諸）形式との広範な、あるいは完全な同義性を生じさせるものであった。

2.　上述の理由で同義的になった諸形式が競合した結果、分析的パーフェクト形式が残り、統合的過去形式——もしくはその諸形式——が失われた***30**。

3.　この現象が各語派に属する全ての言語と方言に及んでいる例は、上述の3つの語派では見られず、いずれの場合も部分的に観察されるのみである。したがって、各語派には単純過去形の《消失ゾーン》と《保持ゾーン》があり、また、その間に移行ゾーンが見出されることもある。

ゲルマン諸語、ロマンス諸語、スラヴ諸語におけるこの現象の進化過程で、最も重要な**相違点**は、以下のようにまとめられるであろう。

A.《消失ゾーン》において、以下の形式が使用されなくなったか、あるいは使用されなくなりつつある。

ゲルマン諸語においては、唯一存在するゲルマンタイプの統合的過去形。

ロマンス諸語においては、存在する2つの統合的過去形の1つのみが該当し、それはラテン語の《パーフェクト》に起源をもつものである。この形式を我々はその機能に従ってアオリストと呼ぶことにする。ロマンス諸語の文法書でこの形式の表記が統一されていないことも都合がよい。もう一方の統合的過去形であるインパーフェ

クトは、いずれのロマンス諸語においても失われていない。

スラヴ諸語においては、それが有する2つの統合的過去形の両方ともが、すなわちアオリストもインパーフェクトも、失われた。どちらか一方を失い、どちらか一方を保持しているという言語はスラヴ諸語にはひとつもない。

B.《消失ゾーン》において主要な、あるいは唯一の過去形となった、かつてのパーフェクトは分析形式で残ることもあれば、《統合化》される場合もある。

ゲルマン諸語とロマンス諸語においては、統合化の若干の特徴がところどころで限定的に見られる分析形式で残った。

スラヴ諸語のかつてのパーフェクトは、広範囲で統合化した。それは補助動詞が完全に——ロシア語——、もしくは部分的に消失した点、かつてのパーフェクトが多少変則的に保持される語尾の類に変った点——ポーランド語 byłem（私はいた［1・単・過］）、byłeś（2・単・過）…の一方で jam był（私はいた［男・単・過］）、tyś był（君はいた［男・単・過］）等もある——、その他の一連の特徴に見て取れる（Kopečný 1958: 93–95）。古い諸過去形式の消失を早い時期に、十分に実現したスラヴ諸語の中で、唯一、スロヴェニア語だけは、かつてのパーフェクトを統合化しなかった。

C.《消失ゾーン》と《保持ゾーン》の割合は、さまざまである。

ゲルマン諸語では《保持ゾーン》が明らかに勝っている。消失が実現したのは、「南ドイツ方言と西中部ドイツ方言のうちのかなりの（南側）部分」（Жирмунский 1956: 452）——この地方のより北側の地域では、部分的な消失にとどまる（Жирмунский 1956: 452–453）——と、イディッシュやアフリカーンスのように地理的に孤立したゲルマン諸語においてである（Zieglschmid 1930: 172–173）。

ロマンス諸語では両ゾーンの割合がだいたい等しい。現在の口語フランス語では、消失のプロセスはほぼ完了しており、多くのフランス語方言（いくつかの辺境方言を除いて）や、カナダのフランス語、レト・ロマンス語、モルドバ語、一連のイタリア語系やルーマニア語系方言においても実現した。その一方で、《保持ゾーン》に

はイベロ・ロマンス諸語やイタリア語、フランス語、ルーマニア語の各標準語とそれらの方言がいくつか入る＊31。

　スラヴ諸語で際立って優勢なのは《消失ゾーン》である。消失は東スラヴ語群と西スラヴ語群——ソルブ・ラウジッツ語の両者を除く——と、スロヴェニア語で早期に十分な程度で実現した。その後、消失のプロセスが進んだのは、低地ラウジッツ語と高地ラウジッツ語の北部——他の高地ラウジッツ語方言や両ラウジッツ語の標準語では、今も単純過去形を保持しているのであるが——と、セルビア・クロアチア語のカイ方言、チャ方言である。尚、シュト方言に関しては、部分的に、特に、ベオグラードやドゥブロヴニクといった都市の口語において進行した。しかし、別の地域のシュト方言や標準語においては、アオリストとインパーフェクトは保持されている。そしてブルガリア語とマケドニア語のみが、消失のプロセスから離れたところにいた——バナトの孤立したブルガリア方言を除いて。

　見てきたように、本質的な差異は言及した語派間のみならず、各語派内の個別言語や方言の間でも観察される。今後さらに研究が進めば、重要な差異が他にも発見されるであろうことは疑いない。加えて、興味深い研究対象と考えられるのは、失われつつある諸過去形式が——かつてのパーフェクト形以外の——他のタイプに取って代わられるという問題である。具体的には、現在時制の問題、特に、《語りの現在（повествовательное настоящее）》の問題で、これは南ドイツ方言による語りの文学で非常に重要な役割を担っていると、リンドグレンは指摘している＊32。それに ich tat baden のような記述文構造の問題（Жирмунский 1956: 452）等である。

　さて、これまで検討してきた現象全体と、その実現過程で生じた諸語派で観察される差異について、その**考えられる要因**を見ていこう。

　そもそも、言語学的現象の複雑さは、何らかの言語変化について、その唯一無二の原因を探求しようとする試みは、全て必ず失敗に終わる運命にあるというところだ。おそらく、因果関係の異なるレベルといったようなものを区別しながら、諸要因の総体について議論

を進める必要があるのであろう。この意味において、上述した相似点と相違点の検討は、もちろん、おおよそのものであるが、いくらかの方向付けを与えてくれるように思える。

まず、第1点目に指摘した特徴が、全体として、現象そのものの成立に必須で共通の前提条件になっていることは、まず疑いないだろう。パーフェクトの意味的進化なくして、それが他の過去時制の形と同義性を生じ得ることはなく、したがって、第2点目に指摘した変化を生じさせる条件を整えることも、叶わなかったであろうことは明らかだ。同時に、この進化そのものは、検討した諸言語における諸単純過去形の消失の場合にのみ観察されるわけではなく、より一般的な特徴をもっている。つまり、初期には非常に明確で豊かな表現力に富んでいたパーフェクト固有の意味が漸次的に拡大し、弱化していったという過程である。《状態パーフェクト》から《動作パーフェクト》へと漸次的に移行し、そして《動作パーフェクト》内部では、過去の出来事と現在時点との直接結果的な結びつきから、より抽象的で論理的な結びつきへと変化し、その後、純粋に形式的な結びつき――現在形に囲まれた環境での単なる過去の事実確認など――へと、次第に移行していった。これらの痕跡は世界の非常に多くの言語で辿ることができる。このことはパーフェクトをどのような形式（統合的／分析的）で表しているかに関わらず、パーフェクトを持っているところでは、どこでも見出されるようだ（Kuryłowicz 1956: 29-30）。この進化の最終段階にあたるのは、アクチュアリティ――現在時点との結びつき――のニュアンスの完全な消失と、パーフェクトによる《ナラティヴ》機能の獲得、すなわち、筋を追う語りの時制の獲得である。しかし、パーフェクトがパーフェクトでなくなる、この最終段階にまで達しているところは、そうはない。この段階が達成されるまでは、たとえある一定の文脈においては既に他の過去時制と同義的になっていようと、パーフェクトは自身の特質を保持している。このような状況は、例えば、現代標準ドイツ語に見られる。純粋な叙事詩的語り（эпическое повествование）の分野では専ら優位にたつ過去であるが、語り以外の場面では常にパーフェクトと交換することができ、その際、意

味が変わらないことも多い。

　ところで、おそらく完全な同義性だけではなく、完全に近い程度の同義性というものも、──その他の好ましい諸条件が揃えば──、ある形式が別の形式に完全に置換されるための基盤となる。たとえば、上述したように、南ドイツ方言で《語りの現在》が広く用いられることは、複合過去形が一貫して使われる語りを避けようという傾向性を、如実に示すものである。この事実を考慮すると、ここで過去の消失が始まったのは、パーフェクトがナラティヴ機能を完全に獲得する前であった、と仮定せざるを得ない。もっとも、かつてのパーフェクト形式のナラティヴ的用法は、既に15世紀末より、南ドイツの古文献にはっきりと確認されている。

　同時に、かつてのパーフェクトがその固有ニュアンスを完全に失ったとしても、そのことが、より古い過去時制形式の破滅を導くわけでは、必ずしもない。絶対的な同義語はそのまま言語に残り続けることはない。それと類似する状況下で、言語から振り落とされるのは、ヘレニズム時代のギリシア語がそうであったように、かつてのパーフェクトであるかもしれないし、ラテン語の《パーフェクト》のように、競合する両形式が一クラスに統合されることもあれば、ゲルマン諸語における強変化動詞の過去形について仮定されているように、ひとつのパラダイムの中で一体になることもある。事実、この3つのケースにおいて問題になるのは、2つの統合的形式が競合する場合であって、統合的形式と分析的形式が競合する場合ではない*33。

　では、因果関係の次の、2つ目の層についてみていこう。具体的には、親縁関係があり、類型論的に相似する諸言語がひとつの語派に属する場合、そこで作用する要因と、また、それらの言語の文法構造に共通する体系的特徴に関連する諸要因について検討する。ゲルマン諸語においても、ロマンス諸語においても、競合を《生き延びた》のがまさに分析的形式であったことは、偶然とは言えない。このような進化の結果は、これらの言語の一般的な分析的傾向とうまく合致するものである。スラヴ諸語においても、かつてのパーフェクトが勝利するのであるが、上述Bでみたように、そのパーフ

第4章　非スラヴ諸語のアスペクト論と対照言語学的アスペクト論の諸問題　377

ェクトは《統合化されて》いる。スラヴ諸語では、古い統合的過去形の破滅と、かつてのパーフェクト形式の統合化の間には、ある一定の関連性があると言ってもよい。なぜなら、パーフェクトの統合化がないところでは——ブルガリア語やマケドニア語のように——、インパーフェクトやアオリストの消失もないか、あるいは消失がより遅れて進行し、それも完全な消失には至らないからである*34。唯一、スロヴェニア語のみが、上述の通り、共通原則の例外となっている。スラヴ諸語では、パーフェクトが統合化されたことで、パーフェクトの意味的進化そのものが容易になり、加速したという案も浮かんでくる。

　Aで述べた差異を引き起こすことになった、これらの言語のテンス・アスペクト体系にある要因は、至って明瞭である。

　ロマンス諸語において、インパーフェクトは完全に保持されている。そこでは、どんなに逆説的に聞こえようと、アオリストの消失がインパーフェクトとアオリストの古い対立を崩さなかったのである。ポラックが指摘したように、フランス人は passé simple に学校教育や本を通してしか馴染んでいないにもかかわらず、彼らの語感は passé simple と imparfait との間の明らかな違いを区別することができる。なぜなら、この差異は、彼らの言語習得の最初から、別の形、すなわち、imparfait と passé composé という対立で、与えられているからなのである（Pollak 1960: 128）。したがって、古い対立はその影響力を完全に保持してはいるが、ただ、それはアオリストの消失以後に、インパーフェクトと分析的過去——《分析的アオリスト》とも言えるだろう——の対立という別の形で実現している。ロマンス語系の分析的パーフェクトの内部において、アスペクトはこれまでも一度も差異化されたことはなく、現在も差異化されていない。それを構成する分詞が、インパーフェクトに相当するものや、アオリストに相当するものに、下位分類されることはない。限界動詞と非限界動詞という動詞分類は、アスペクトによる分類ではない。したがって、非限界の分詞が存在するからといって、パーフェクトがインパーフェクトに取って代わることができるというわけではない。ロマンス諸語の分析型パーフェクトは、その意味的進化に応じ

て、《アオリスト的アスペクト》の仲間になり、それと融合していく。

これと別の姿を見せるのがスラヴ諸語である。スラヴ諸語では、かつてのパーフェクトが単純過去形を両方とも追い出した。これが可能であったのは、かつてのパーフェクト——それを構成する分詞も含め——が二面性を持っており、完了体か、不完了体かに、アスペクトで差異化されていたからに他ならない。当然、完了体がアオリストと完全に等価でないのと同様に、不完了体もインパーフェクトと完全に等価ではないが、そうはいっても、やはり、アオリストとインパーフェクトの対立と、完了体過去と不完了体過去との対立の間には、消失を実現した全てのスラヴ諸語において連続性が明らかに見られる。より正確には、以下のように言うべきであろう。完了体動詞語幹に由来するアオリストと不完了体動詞語幹に由来するインパーフェクト——これらは古い過去形の最も広範に亘り一般的に見られる変種である——が、前者は完了体過去に、後者は不完了体過去に取って代わる。不完了体語幹のアオリストは、通常、不完了体過去に取って代わるが、時には、完了体過去に取って代わられることもある。例えば、アオリスト лежа ≥ пролежал である。最後に、非常に稀で特殊な形である完了体インパーフェクトを引き継いだのは、不完了体過去や完了体現在であり——ロシア語では時に бывало と結合して бывало придет и скажет——、チェコ語では——スロヴァキア語やポーランド語でも同様だが——、多回性の意味で用いられる完了体過去も部分的にその役目をになった*35。

スラヴ言語学でよく知られている考えは、古い諸過去形の破滅はアスペクトの発展——あるいは《強化》——によってもたらされた、というものである。しかし、アスペクトの発展は、インパーフェクトやアオリストの消失の原因——少なくとも、唯一無二の原因や主要な原因といったもの——にはなり得ない。なぜなら、第1に、消失が生じなかったスラヴ諸語においても——ブルガリア語など——アスペクト・カテゴリーは、ロシア語やポーランド語に少しの引けも取らず、十分に発展を遂げている。第2に、古い諸過去形の消失——スラヴ諸語のように両方一度にというわけでなくても——は、スラヴ諸語のようなアスペクト体系が全くない言語でも観察される

第4章　非スラヴ諸語のアスペクト論と対照言語学的アスペクト論の諸問題　　379

という事実からも明らかだ。同時に、アスペクトの影響は、疑いなく、消失の過程と結果に反映されている。それは、特に、2つの古い過去形をその一方だけではなく、両方とも失ったという点に見られる。したがって、アスペクトの対立が動詞パラダイム全体に浸透しておらず、過去時制という一面に限定されているロマンス諸語が、古い過去形の一方しか消失しなかった点とは異なっている。

アスペクトの諸問題は、多少とも、上述のCで指摘した差異にも関係する可能性がある。ゲルマン諸語の動詞は、諸文法カテゴリーを担う《過剰負担》を強いられてはいなかったので、概して、楽にパーフェクトと非パーフェクトの対立を維持した。一方、動詞の構造全体を貫くアスペクトを有するスラヴ諸語にとって、この対立を維持するのは、概して、より困難であった。《部分的な》アスペクトを有するロマンス諸語は、それらの中間的な位置を占める。もっとも、一方では、南ドイツの諸方言、イディッシュ、アフリカーンス、他方では、ブルガリア語、マケドニア語はこの図式に当てはまらず、したがって、この図式そのものが相対的なものであることがわかる。

ある具体的な時期の、ある個別具体的な言語や方言における、消失の実現の有無を直接的に左右する因果関係の3つ目の、下位の層は、恐らく最も複雑で、分析しにくいものであろう。そこで作用するのは個別の諸要因で、時と場所の限定がもっとも強い。ここで、上の段落で述べたことの例外にあたる2つの事例について見てみることにしよう。

I. ドイツ語圏南部における過去形の消失は、この地域で弱化母音 -e が脱落したことにより、過去形と全ての弱変化動詞の3人称単数現在形の間に同音意義が生じたことと、恐らく、関係がある（Жирмунский 1956: 452——そこに挙げられている文献も参照；Lindgren 1957: 116-129）。なぜなら、上で検討した共通条件の観点から言えば、過去形を消失したドイツ語方言とこのような消失がないもう少し北部の方言の間に、本質的な差異は何ら認められないからである。その一方で、-e 脱落の地理的境界は、概して、《消失ゾーン》の境界と一致している。もちろん、圧倒的に多くの場合、一般的な文脈——他の動詞形態や状況語等——や、当然、発話状況

そのものが、同音異義の形を正確に理解するに足る十分条件を整えている。そうはいっても、一連の文脈や状況によっては、筋を追う現在や過去の——語りの——部分が無ければ、このような同音異義は不便なものであっただろうことは間違いない。結果として、自ずから過去形を避けて、より頻繁にパーフェクトを使う志向性が生まれ、それが最後の引き金となって、ドイツ南部における諸単純過去形の消失**可能性**を**現実**のものにしたのであろう*36。

II. ブルガリア語とマケドニア語がアオリストとインパーフェクトを固守する理由について、これらの言語ではアスペクトが集中的に発展しなかったことにあるかのような説明が試みられることが時にあるが、それは、上述したように、現実に一致しない。おそらく、より正確なのは、諸単純過去の保持をいわゆる伝達法の発展と関連付ける説明であろう（Стойков 1958: 206）。ここで私が重要だと考えるのは、現在時制と未来時制では選択的に用いられる伝達法が、過去時制で《他者の経験》を伝える際には義務的になるという点である。この義務性によって、直接的な——直説法の——発話にとって中心となる諸過去時制——アオリストとインパーフェクト——は、個人的に知覚された事実の伝達を強く連想させるものとなったのである。アオリストとインパーフェクトにおいて、この二次的で補足的なニュアンスが発展したことは、これらの形式と、そのようなニュアンスの発展をみなかったパーフェクトとの対立を強めた。なぜならまさにパーフェクトが、一連の諸状況の結果として、伝達法が成立する最初の土台となったからである。唯一消失を実現したブルガリア語方言であるバナト方言には、St. ストイコフ（Ст. Стойков）が指摘するように、伝達法が欠如している（Стойков 1958: 205）。もっとも、上述の説明でも、全ての問題が解決できるわけではない。伝達法は歴史の浅いカテゴリーであり、その形成は、既にスラヴ諸語の多くでインパーフェクトとアオリストが消失してしまった大分後なのであるから。

結論に入ろう。過去の諸形式がかつてのパーフェクトの諸形式によって駆逐される事態には、共通する必須の前提条件がある。間違いなく、それは、パーフェクトに特徴的な意味的進化の結果として

諸形式の間に生じた、常に完全なものではないにしても、非常に広範囲にわたる同義性である。そのように考えるべきだ。広い同義性によって、諸形式のうちのひとつに破滅の可能性が生じるが、その可能性の実現と実現の方向性を左右するのは、多くの言語で繰り返される一般的法則では既になく、その言語の体系に埋め込まれた個別の法則や、とどのつまり、その言語の歴史的発展の具体的な諸状況である。

---

*1　本節は初出論文（Маслов 1959: 69–80）を一部省略し修正を加えたものである。また、内容的に補足した箇所がある。

*2　Streitberg 1889にはこの問題の先行文献が示されているほか、それ以降のシュトライトベルクや彼の学派による研究はBehaghel 1924を参照のこと。

*3　モウレクはシュトライトベルク学派のひとりである R. ヴストマン (R. Wustmann) の研究書（*Verba perfective namentlich im Heliand*「perfective動詞—特に『ヘーリアント』を題材にして」1894）に対して書評を載せている（Mourek 1895: 195–204）。

*4　gameljan（書く）といった接頭辞 ga- を持つゴート語の動詞を《perfective》、すなわち《非継続的（недуративные）》や《点的（точечные）》とみなす解釈は J. クリオーヴィチ (J. Kuryłowicz) にも見られる（Kuryłowicz 1964: 102, 129; 1977: 70–71）。ゴート語動詞研究の大著を最近出版した A.L. ロイド (A.L. Loyd) は、ゴート語の ga-派生動詞の《完成アスペクト（комплетивный вид）》は、一連の断りがあるにせよ、全体としてはスラヴ語の完了体と同列のものと指摘している（Loyd 1979: 79, 87–88, 143 sq.）。研究者の中には中間的な、妥協的立場を取るものもいる。Iv. プデチ（Ив. Пудич）の主張は、ゴート語の接頭辞 ga-は《perfective化機能》を有しているが、同時に、この接頭辞を持たない動詞ではアスペクトは《選択的》で文脈に依存していた、というものである（Пудич 1956）。M.M. マコフスキー（М.М. Маковский）は接頭辞 ga- の《perfective意味》を指摘しながらも、同時にこの接頭辞が「多くの場合において甚だ選択的に用いられる」ことを強調している（Маковский 1959: 41–98, 特に72р.）。

*5　ベーアは ga- を持つ形式と持たない形式が交替する理由のひとつとして、ゴート語の翻訳家にはギリシア語原本にある接頭辞付加動詞を ga- を持つ形式で伝えようとする傾向があったのではないかという説明を試みている。しかし、事実はこの仮説に反するものである。例えば、gasaihwanは無接頭辞動詞に150例で対応しており、接頭辞付加動詞に対応しているのは2例だけである。また、gameljanはギリシア語のγράψειυに58例で対応するが、それが接頭辞付加動詞

に用いられるケースはたった4例しかない。A.L.ライス（A.L. Rice）の計算に依れば、ゴート語のga-派生形式の総数2516例のうち、1712例—全体のほぼ7割—全がギリシア語原文中の無接頭辞動詞に対応している（Rice 1932）。

＊6 40年代後半に書いたいくつかの論文で私は限界意味を《状態移行（трансгрессивное）》意味——主体もしくは客体が新しい状態へ移行する意味——と名付け、以下のように指摘した。「おそらくゴート語の接頭辞付加動詞は状態移行意味を持っていたのであろう。無接頭辞動詞そのものは多くの場合アスペクトにおいてニュートラルであり、非限界意味も状態移行意味も持つことがあった」（Маслов 1948: 197）。

＊7 この問題への別のアプローチ方法については、本文と注4で挙げた文献以外にも諸研究があるので参照のこと（Marache 1960; Pollak 1971; Josephson 1976）。

＊8 その中には接頭辞ga-が「共に」という語彙意味を持ちこむ派生動詞も含まれる。例はgarinnan（寄り集まる）＝συνέρχομαι——ルカ伝5章15他。

＊9 ご覧のように、この例ではゴート語のgaleiþaは原文中の接頭辞付加動詞に対応している。だが、περιπατεῖνもまた接頭辞付加動詞でありながら、実際にはこの動詞がgaleiþanで訳されることは決してなく、常に無接頭辞動詞gagganが用いられる。

＊10 ヨハネ伝9章41: iþ blindai weseiþ, ni þau habaidedeiþ frawaurhtais, iþ nu qiþiþ þatei gasaihwam eiþan frawaurhts izwara þairhwisiþ（もしあなた方が盲人であったなら、罪はなかったであろう。だが、あなた方が『私たちは見える』と言うのであれば、あなた方の罪は留まる）（βλέπομεν）

＊11 接頭辞ga-を持つ形式が非限界意味を持つのは共通規則の極めて些少な例外的ケースである。提示した引用例——ヨハネ伝9章41のgasaihwam（視力を持っている）——の他には、おそらく、ルカ伝8章27にあるgawas（住んでいた、滞在していた）の形式しか加えることができないであろう。

＊12 例外はヨハネ伝9章41とルカ伝8章27である（注11を参照のこと）。

＊13 -nanで終わる無接頭辞動詞の中には、managnan（豊かにある）やweihnan（聖なるものである、神聖なものとして讃えられる）のように、非限界的なものもあることを指摘しておく。残念なことに、-nan動詞を対象にしたH.アンネルホルム（H. Annerholm）の研究書ではこれらの動詞のアスペクトと動作様態に関する問題は検討されていない。

＊14 本節は初出論文（Маслов 1949: 76–104）を一部省略し修正を加えたものである。また、文献Zieglschmid 1929と注25を新たに加えた。

＊15 スウェーデン語の場合、これらの時制は分詞ではなく、いわゆる、スピーヌム（supinum）を使って表される。これはもともと分詞の不変化形であったが、進化過程で個別の形態カテゴリーとして独立した。詳細はLjunggren 1934を参照のこと。

＊16 諸言語において、この時制と単純過去との区別が十分に明確ではないことにより、他にも、多かれ少なかれ、恣意的な用語が乱立する事態が生じている。だが、この問題の検討は本書の課題ではない。

＊17 ところで、所有パーフェクトの起源を扱った研究書では、以下の点に関心が払われていない。スウェーデン語では、複雑な動詞時制を構成する分詞が

定語や陳述の機能で使われる分詞から形態的に独立しており（注 15 参照）、
*dormitum のタイプの《疑似分詞》は明らかに特別な位置づけで登場する。この
言語では leva（生きている）、ligga（横になっている）、rasta（休んでいる）、sitta
（座っている）、sova（眠っている）や、これらに類する動詞は、いわゆる、ス
ピーヌム、すなわち、複雑な動詞時制の成分となる分詞、を形成するのみであ
り――jag har levat, legat, rastat, suttit, sovit――、本来の分詞形である *levad、
*legad、*rastad、*sutten、*soven 等は存在しない。

＊18 引用は以下の版による。Heyne, M. 1905. *Heliand nebst den Bruchstücken
der altsächsischen Genesis. 4. Aufl.* Paderborn.

＊19 引用は以下の版による。*Die Lieder der Edda* / Hrsg. von B. Sijmons und
H. Gering. Halle (Saale). 1888.

＊20 ソヴィエトのゲルマン語学において、ドイツ語パーフェクトの発展を、
アスペクトから時制への発展とみなす解釈が形成されたのは以下の研究である。
Жирмунский 1936: 41–42［後に再収 Жирмунский 1976: 359–360］; Зиндер
1935: 77–95。

＊21 引用は以下の版による。*Die Schriften Notkers und seiner Schule. Bd. I–III* /
Hrsg. v. P. Piper. Freiburg, 1882–1883.

＊22 特徴的であるのは、ホフマンはこの事実に気付きながらも、古語では他
動性／非他動性に関わらず、非限界パーフェクトが不可能であったという一般
的なテーゼに到達できなかったという点であり、英語において、アスペクト意
味が habben と類似するその他の他動詞が、どのようなふるまいを見せるかを検
討しようとしなかった点である。

＊23 古フランス語において、《imperfective》動詞――非限界動詞――の分詞
を用いた構造は、「より時代的に後に登場する類推的な現象であるか、その文
脈において、動作を限定し、分詞を perfective 化する、目的や場所を表す文中の
状況語の存在によって裏付けられた現象であるか、そのどちらかの場合で可能
であった」（Реферовская 1941: 1）。

＊24 これと関連して、ヴァンドリエスもこの点ではラテン語とギリシア語は
「相互に影響を与えあった」可能性があることを認めている（Vendryes 1937:
87）

＊25 今現在、このような例は多量に採集され記録されている。Кузьмина,
Немченко 1971 の他、V.I. トルビンスキー（В.И. Трубинский）の諸文献のう
ちでも、特に、Трубинский 1979: 154–173 や、論文集『結果構文のタイポロ
ジー』の中の一章「ロシア方言における結果、受動、パーフェクト」
（Типология результативных конструкций 1983: 216–226）など。

＊26 既に、グリムが次のように述べている。彼はゲルマン諸語の「古代詩はな
んと気楽に記述パーフェクトを用いていることだろうか」と指摘したうえで、
所有パーフェクトが「ぎこちない古高ドイツ語の散文で欠如したのは〈…〉単に
翻訳家らがラテン語のテクストに極めて忠実に従ったためであろう」と仮定す
る（Grimm 1837: 153）。しかし、そう仮定しながらも、ゴート語の聖書に所有
パーフェクトが欠如することを根拠に、グリムはたちまちその仮定を取り下げ
ている。

＊27 J. ディーニングホフ（J.Dieninghoff）の試算によると、ノートカーが用い

ている所有パーフェクト全体の中で、habenとeiganを持つ非他動詞パーフェクトは、わずか3%を占めるにすぎない（Dieninghoff 1905）。

*28 本節は初出論文（Маслов 1964: 192–201）の一部に修正を加えたものである。

*29 同様の事実は、インド・ヨーロッパ語族の別の語群のいくつかでも記録されている（Meillet 1921: 153–, 189–）

*30 逆の方向性、つまり、分析型パーフェクト使用域の部分的縮小による、単純過去使用域の拡大は、スペイン語のラテンアメリカ型変種（例えばСтепанов 1963: 169–170）やアメリカの口語英語（Vanneck 1958: 237–242）で指摘されている。このような逆の方向性は、おそらく二次的で、周辺的な現象と見るべきであろう。

*31 詳細は以下の文献を参照のこと—Foulet 1920: 308–313; Pollak 1960: 119–120, 124–129。また、ポラックが挙げている諸文献も参照。

*32 Lindgren 1957: 98–106を参照。非常に特徴的なのは、P.ロゼガー（P. Rozzeger）が標準ドイツ語——Als ich das erstenmal auf dem Dampfwagen saß（私がそのトラックにはじめて座っていたとき）——と、作家自身の方言——Wiar ih zan erstnmol afn Dompfwogn bin aufgsessn——との、2種類で書いた短編に関する資料である。標準語バリアントの語りでは、過去形が一貫して用いられており、それは直接法の全形式の——直接話法等を除いて——94％を占め、これにプルパーフェクトを加えると全体の97％を占める。一方、同じ条件で方言バリアントを見ると、全体の75％は現在形で占められ、25％のみがパーフェクトで語られる。過去形とプルパーフェクトは完全に欠如している。これと類似する状況は、K.リンドグレン（K. Lindgren）が検討したスイスや南ドイツの作家が方言で書いた他の短編においてもみられる。これらの作品には標準語で書かれた並行テクストが無いという点でのみ、ロゼガーのものと異なる。

*33 しかし、注30で述べた事実があることにも留意のこと。

*34 Kopečný 1958: 95を参照。パーフェクトにおける補助動詞の消失と、古い過去形の消失との間に関連性があることは——ソルブ・ラウジッツ語方言を資料に——F.ミハルク（F. Michalk）も指摘している（Michalk 1959: 105）。

*35 Маслов 1954: 86–88, 96–97他を参照。ロシア語に関しては本書3章1節も参照のこと。

*36 特にオーストリア・バイエルン方言において、単純過去形を消失に至らしめた重要な環境が、そこで《反事実（irrealis）》というモーダルな機能をもつ歯音接尾辞（dental suffix）が定着したことであった可能性もある。実際、この可能性は既にヨゼフ・シーペック（Jozef Sipek）が仮説として指摘しており、後に、イングリッド・ダール（Ingerid Dal）も改めてこのことを強調した（Dal 1960: 1–7）。だが、ダールの主張に反論する短評もある（Trost 1961: 170）。

マスロフ著『アスペクト論』によせて

　本書はユーリー・セルゲーヴィチ・マスロフ（Юрий Сергеевич Маслов）著 «Очерки по аспектологии» の邦訳である。

　マスロフは 1947 年、「現代ロシア語におけるアスペクトと動詞の語彙的意味 «Вид и лексическое значение глагола в современном русском литературном языке»」と題する論文を発表。ヴェンドラー（Zeno Vendler）の動詞 4 分類よりも 10 年早く、アスペクトと動詞意味タイプとの相関性を指摘していた。1957 年には博士論文『現代ブルガリア語の動詞アスペクト ――意味と用法―― «Глагольный вид в современном болгарском литературном языке（значение и употребление)»』を執筆、ブルガリア語文法体系への強い興味と深い洞察がその後のマスロフにおけるアスペクト研究の確かな土台を築いていくことになる。

　さらに 1962 年には当時の名だたるアスペクト研究者の諸論文を掲載した論集『動詞アスペクトの諸問題 «Вопросы глагольного вида »』を編集、自身も「各国現代言語学における動詞アスペクト «Глагольный вид в современном зарубежном языкознании»」を掲載し、スラヴ諸語のみならず世界の諸言語におけるアスペクト研究の流れと問題点を的確にまとめている。その後、1963 年に『現代ブルガリア標準語における動詞アスペクト形態論 «Морфология глагольного вида в современном болгарском литературном языке»、1978 年に『対照アスペクト論の原理によせて «К основаниям сопоставительной аспектологии»』、1983 年に『結果相、パーフェクトと動詞アスペクト «Результатив, перфект и глагольный вид»』というようにアスペクト関係の優れた論文を精力的に発表していくが、これら一連の著作の集大成として 1984 年、マスロフが当時のレニングラード大学（現サンクトペテルブルク大学）一般言語学講

387

座主任の最後の年に発表されたのが本書 «Очерки по аспектологии» 『アスペクト論』である。

　マスロフの『アスペクト論』は、発表からすでに30年以上経った現在に至るまで、多くの論者によって引用され、本書によって提示されたアスペクト・カテゴリーの基本枠組み、アスペクト現象に関する緻密な考察は、その後のアスペクト研究の流れを決定づけたと言っても過言ではない。その意味で、『アスペクト論』は現代アスペクト研究史における金字塔とも言える重みをもった研究として位置づけることができよう。

　マスロフ『アスペクト論』の意義を語る上で、以下のような論の中心的な柱を挙げることができる。

　マスロフは、メッシャニーノフ (Иван Иванович Мещанинов)、カツネリソーン (Соломон Давидович Кацнельсон) といった、当時の最新鋭の歴史言語学者たちに師事している。メッシャニーノフ、カツネリソーンらはその時期、新たな言語類型論、言語発達論の可能性を検討、それは後にクリモフ (Георгий Андреевич Климов) によって「内容類型学」としてまとめられるのだが、そうした歴史言語学の新たな潮流にその研究の緒において出会ったことが、マスロフのアスペクト研究の卓越した1つの柱を作り上げることになる。

　彼は印欧諸語の古代ギリシア・ラテン語から現代語に到る道筋において、まず、動詞アスペクトは起源的には動作様態 (Aktionsart) が独特な形で改変されたものであると位置づけると同時に、スラブ語動詞アスペクトは定性：不定性、限界性：非限界性概念という、動作様態の少なくとも2つの異なる相関関係にその起源を遡ることができ、その意味で本質的に不均質な性質をもつものであると結論づけている。また、マスロフの動詞アスペクト研究では、アオリスト、インパーフェクト、パーフェクト、プルパーフェクトという印欧語の過去時制システムとアスペクトの機能上の交差、さらに時制組織の歴史的変遷、改変とアスペクト・カテゴリー成立との相関性が広範な歴史資料に基づいて展開される。4形式の過去時制組織を完全な形で残し、一方で動詞の完了体：不完了体システムが存在する現代ブルガリア語に対する高い関心、その緻密な分析も、こう

いった問題意識と密接に関係しているのである。

　諸言語のアスペクトに関連するさまざまな現象を、上記のような歴史的観点から詳細に観察するという研究方法は、それらの現象がいまだ語彙レベルに留まる概念 —— アスペクチュアリティ要素として考察されなければならないのか、それとも文法カテゴリーとして動詞語彙全体をカバーする語形対立形式 —— アスペクトに発展しているのかを見極めことを可能にし、それら2つの概念を明確に区分して分析することの必要性が説かれる。

　ロシア語完了体／不完了体のアスペクト対立について、それぞれの体の「不変的意味」の追求が第一義的な課題とされ、ともすれば共時的平面だけにとどまる単純な相関だけで説明されがちな傾向に対し、マスロフは論の中で幾度となく警鐘を鳴らし、通時的展望を基礎に言語の共時的状態を透徹した目で分析していくことの重要性を説き、歴史的な変遷過程でのゆらぎ・ずれが、共時的体系として各言語でどのように一時的平衡状態を作り出しているかを詳細な形で浮き彫りにしていく。こうした彼のスタンスは、若い時代に最高峰の歴史言語学者たちの薫陶を受けたことと無縁ではなかろう。

　また、『アスペクト論』のもう1つの重要な論の柱として、アスペクト意味・機能を動詞の語彙的意味特徴ごとに分析、定式化した点を挙げることができるであろう。動詞語彙のそれぞれのニュアンスとアスペクト意味がどのように相関し、完了体／不完了体という統一的な文法形式に隠れて、いかに多様で不均質な意味がそこに観察されるかが、豊富な用例を引きながら、説得力ある明快な形で描き出されるのである。そのような分析を通して、アスペクト研究の基礎に意味・機能主義的アプローチを置くことの重要性が強調され、またここでも、この多様で不均質なそれぞれのアスペクト意味全体を、《限界性》／《非限界性》といった1つの相関だけで定義したり説明したりすることの危険性が指摘される。

　さらに『アスペクト論』第3章では、アスペクトが閉じたカテゴリーとしてではなく、テンス・タクシスとの関わりにおいて一体的に捉えられ、文レベルに留まることなく、より広範なテクスト構成という次元でアスペクト機能が考察されている。こうした観点は、

マスロフ著『アスペクト論』によせて　　389

テクスト言語学のレベルでアスペクト分析を応用するという、パドゥチェヴァ（Елена Викторовна Падучева）をはじめとする、その後のアスペクト研究の新たな方向性に道筋をつけていくのである。

金田一春彦（1955）「国語動詞の一分類」「日本語動詞のテンスとアスペクト」に始まる日本語学のアスペクト研究史においても、その後の奥田靖雄（1977）「アスペクトの研究をめぐって」、工藤真由美（1995）『アスペクト・テンス体系とテクスト』、須田義治（2010）『現代日本語アスペクト論』と続く代表的な研究はいずれもロシアにおけるアスペクト研究の成果に依存するところが大きい。ただ、文法体系化が進んでいるスラヴ諸語のアスペクト現象の基本枠組みを、そのまま日本語動詞のアスペクト現象の説明に当てはめることが果たして妥当であるのかは、議論の分かれるところである。特に、同一動詞の語形対立としてアスペクト意味が必ず表現され、顕在的文法カテゴリーとしてアスペクト体系が存在するロシア語などの事情と同様に、日本語においても「する」「している」が形態論的に二項対立しており、文法カテゴリーとしてアスペクトが存在すると説明されることについては、今後、さらなる詳細な検証が必要であろうと思われる。

その意味でも、スラヴ諸語に留まらず、系統の違う数多くの言語を素材とし、歴史的経緯において諸言語のアスペクト現象がいかに変遷してきたのかをつぶさに観察、考察し、語彙レベル概念としてのアスペクチュアリティと文法カテゴリーとしてのアスペクトを明確に区分し、且つ、その系譜における連続性を明らかにした本書、『アスペクト論』の全容を日本で初めて紹介することの意義は大きいと感じている。

原著は当時のレニングラード大学出版局（現サンクトペテルブルク大学出版局）から1984年に出版されている。著作権についてサンクトペテルブルク大学出版局に問い合わせ調べてもらったが、ソ連邦の崩壊により記録が残っておらず、詳細不明という返事が来た。ただ、当時の慣例として、著作権を出版社に譲渡していると思われ、大学出版局としては翻訳の刊行はかまわないとの回答をもらっている。

最後に訳語の問題にひとこと触れておく必要がある。本書では

390

совершенный вид（CB）：несовершенный вид（HCB）と перфектив：имперфектив（perfective：imperfective）の両方の用語が使われている。言うまでもなく、前者はロシア語の完了体：不完了体を意味し、perfective：imperfective はその英語表現である。したがって、同義の内容として当初は、統一的に完了体：不完了体と訳をつけていた。ところが訳出の過程で、ロシア語のように文法的にアスペクト対立が確立している場合で、動詞そのものに言及する際に совершенный вид（CB）：несовершенный вид（HCB）という用語が、アスペクト対立が文法的に確立していない場合や、語形成的過程に言及する場合に перфектив：имперфектив という用語が使われていることに気づき、совершенный вид（CB）：несовершенный вид（HCB）は完了体：不完了体、перфектив：имперфектив については perfective：imperfective として訳し分けることにした。ただし、第2章、第2節はロシア語の文法的アスペクト対立を示す動詞そのものに言及している場合でも、一貫して перфектив：имперфектив という用語が使われている。さらにこの節では совершенный вид（CB）：несовершенный вид（HCB）という用語が一切使われていないことからも、内容的な面で記述を統一して分かりやすくするために、この節に限って перфектив：имперфектив を例外的に完了体：不完了体と訳している。

　翻訳は「はじめに」、第1章，第2章，第3章2節の B2-6，C，D を林田理恵（大阪大学大学院言語文化研究科）が，第3章1節，2節 A，B1，3節，第4章を金子百合子（神戸市外国語大学外国語学部）が担当した。全体の訳文や用語の統一など、両者で幾度となく検討を重ね、正確さはもちろんだが、できるだけ平易なわかりやすい訳ということにも心を配った。

　「マスロフの翻訳を出しませんか」、阪大箕面キャンパスのエレベータホールで仁田義雄先生に声をかけていただいたのが震災の年の春だった。その年の5月には仁田先生の紹介でひつじ書房の松本功社長とお会いし、本書出版に向けて話がスタートした。それから7年、当方の作業の遅れもあり、紆余曲折を経て今、ようやく刊行

までこぎつけた次第である。仁田先生、松本社長の後押しなしには本書が世に出ることはなかった。改めて心より感謝の言葉をお伝えしたい──「仁田先生、大変お待たせしました」。

　また、翻訳を完成させるまでには多くの方々にご協力いただいた。岡本崇男さん（神戸市外国語大学）、マルガリータ・カザケーヴィチさん（富山大学）、中川裕之さん（大阪大学）、清水育男さん（元大阪大学）、エミル・タネフさん（元大阪大学博士課程院生）からは訳出にあたって貴重なご教示・ご助言をいただいた。事項索引作成の煩雑な作業を引き受けてくれたのは人見友章さん（元大阪大学博士課程院生）である。ひつじ書房編集の海老澤さん、相川さんにも長きに亘って大変なお世話をおかけした。これらの方々にこの場を借りて厚くお礼申し上げたい。

2018 年初夏
大阪箕面にて

林田　理恵

参考文献

Andrejczin, L. 1938. *Kategorie znaczeniowe koniugacji bułgarskiej.* Kraków.

Annerholm, H. 1956. *Studier över de inkoativa verben på -na(n) i gotiskan och de nordiska fornspråken.* Lund.

Bareš, K. 1956. O konkurenci vidů v českém a ruském jazyce. *Časopis pro slovanské jazyky*, N4.

Beer, Ant. 1915-1921. *Tři studie o videch slovesného děje v gotštině,* čaˊst I-III. Praha.

Beer, Ant. 1918. Beiträge zur gotischen Grammatik, I: gawisan. *Beiträge zur Geschichte der deutschen Sprache und Literatur*, Bd.43, Hf. 3.

Behaghel, O. 1901. Ich habe geschlafen. *Zeitschrift für deutsche Philologie*. 32.

Behaghel, O. 1924. *Deutsche Syntax*, II. Heidelberg.

Bodelsen, C.A. 1974. The expanded tenses in Modern English. *Der englische Aspekt.* Hrsg. von A. Schopf. Darmstadt.

Brauner, S. 1961. Die Position Verbindung von 'beginnen' (bzw. 'aufhören') mit präfigierten Verben im Litauischen. *Zeitschrift für Slawistik*, Bd. VI, Heft 2.

Brinkmann, H. 1931. *Sprachwandel und Sprachbewegungen in althochdeutscher Zeit.* Jena.

Brugmann, K. 1913. *Grundriß der vergleichenden Grammatik der indogermanischen Sprachen.* 2 Bearb. Bd. 2, Teil. 3. Straßburg.

Buchiene, T. 1957. Būtojo kartinio laiko vartojimas lietuvių literatūrinėje kalboje. *Труды АН Лит. ССР*, сер. A, No.2.

Chantraine, P. 1927. *Histoire du parfait grec.* Paris.

Comrie, B. 1976. *Aspect. An introduction to the study of verbal aspect and related problems.* Cambridge Univ. Press.

Dal, I. 1960. Zur Frage des süddeutschen Präteritumschwundes. *Indogermanica, Festschrift für Wolfgang Krause.* Heidelberg.

Delbrück, B. 1897. *Vergleichende Syntax der indogermanischen Sprachen*, Bd. II. Straßburg.

Dezsö, L. 1968. Einige typologische Besonderheiten der ungarischen Wortfolge. *Acta Linguistica Academiae Scientiarum Hungaricae*, t. 18, fasc. 1-2.

Dieninghoff, J. 1905. *Die Umschreibungen aktiver Vergangenheit mit dem Participium Praeteriti im Althochdeutschen*: Diss. Bonn, 1905.

Dostál, A. 1954. *Studie o vidovém systému v staroslověnštině.* Praha.

Dressler, W. 1968. *Studien zur verbalen Pluralität. Iterativum, Distributivum,*

Durativum, Intensivum in der allgemeinen Grammatik, im Lateinischen und Hethitischen. Wien.

Erdmann, O. 1886. *Grundzüge der deutschen Syntax.* I. Abteilung. Stuttgart.

Flämig, W. 1965. Zur Funktion des Verbs, III. Aktionsart und Aktionalität. *Deutsch als Fremdsprache,* Bd. 2, Heft 2.

Forsyth, J. 1970. *A grammar of aspect. Usage and meaning in the Russian verb.* Cambridge.

Foulet, L. 1920. La disparition du prétérit. *Romania,* vol.46.

Galton, H. 1976. *The main functions of the Slavic verbal aspect.* Skopje.

Gebauer, J. 1903. Bedeutung des altböhmischen Imperfects. *Archiv für slavische Philologie,* Bd. 25.

Godel, R. 1950. Verbes d'état et verbes d'événement. *Cahiers Ferdinand de Saussure.* N9.

Grimm, J. 1837. *Deutsche Grammatik.* IV. Göttingen.

Haltof, B. 1968. Ein semantisches Modell zur Aspektdeterminierung im modernen Russischen. *Probleme der strukturellen Grammatik und Semantik.* Hrsg. von R. Ružička. Leipzig.

Hamburger, K. 1968. *Die Logik der Dichtung.* 2. Aufl. Stuttgart.

Havránek, B. 1937. *Genera verbi v slovanských jazycích.* II. Praha.

Havránek, B. 1939. Aspect et temps du verbe en vieux slave. *Mélanges de linguistique offerts à Ch. Bally.* Genève. （ロシア語訳 Гавранек 1962）

Henry, V. 1906. *Précis de grammaire comparée de l'anglais et de l'allemand.* 2me éd. Paris.

Hilty, G. 1965. Tempus, Aspekt, Modus. *Vox Romanica,* t. 24, N2.

Hoffmann, G. 1934. *Die Entwicklung des umschriebenen Perfektums im Altenglischen und Frühmittelenglischen*: Diss. Breslau; Ohlau.

Horák, E. 1964. Predminulý čas v slovenčine. *Slovenská reč,* ročn.29, N5.

Horák, G. 1957. K problému predminulého času v slovenčine. *Slovenská reč,* ročn.22, N6.

Hulanicki, L. 1973. The Actional Perfect in Russian. *Slavic and East European Journal,* vol. 17, N2.

Jagić, V. 1906. Einige Streitfragen, 8. Nochmals das slavische Imperfektum. *Archiv für slavische Philologie.* Bd. 28.

Johanson, L. 1971. *Aspekt im Türkischen. Vorstudien zu einer Beschreibung des türkeitürkischen Aspektsystems.* Uppsala.

Joos, M. 1964. *The English verb. Form and meanings.* Madison.

Josephson, F. 1976. On the function of the Gothic preverb *ga-. Indogermanische Forschungen.* Bd. 81.

Karcevski, S. 1927. *Système du verbe russe.* Prague.

Kölln, H. 1957. Vidové problémy v staroslověnštině. *Universitas Carolina. Philologica,* vol. 3, N1.

Kölln, H. 1958. Die Entstehung des slavischen Verbalaspektes. *Scando-Slavica,* t. IV.

Koschmieder, E. 1929. *Zeitbezug und Sprache*. Leipzig; Berlin.

Koschmieder, E. 1934. *Nauka o aspektach czasownika polskiego w zarysie*. Wilno. (ロシア語訳 Кошмидер 1962)

Koschmieder, E. 1965. *Beiträge zur allgemeinen Syntax*. Heidelberg.

Kravar, M. 1980. *Pitanja glagolskoga vida u latinskom jeziku*. Skoplje.

Křížková, H. 1961. Ke konkurenci vidů v ruštině a v češtině. *Československá rusistika*, N1.

Kuryłowicz, J. 1956. *L'apophonie en indo-européen*. Wrocław.

Kuryłowicz, J. 1964. *The inflectional categories of Indo-European*. Heidelberg.

Kuryłowicz, J. 1977. *Problèmes de linguistique indo-européenne*. Wrocław; Warszawa; Kraków.

Leech, G.N. 1971. *Meaning and the English verb*. London.

Leinonen, M. 1982. *Russian aspect, "temporal'naja lokalizacija" and definiteness / indefiniteness*. Helsinki.

Lindgren, K.B. 1957. *Über den oberdeutschen Präteritumschwund*. Helsinki.

Ljung, M. 1980. *Reflections on the English Progressive*. Göteborg.

Ljunggren, R. 1934. Supinum och dubbelsupinum. *Uppsala universitets årsskrift*, bd.2.

Lloyd, A.L. 1979. *Anatomy of the verb. The Gothic verb as a model for a unified theory of aspect, actional types, and verbal velocity*. Amsterdam.

Lohmann, J. 1937. Ist das indogermanische Perfektum nominalen Ursprungs? *Zeitschrift für vergleichende Sprachforschung*, Bd. 64.

Machek, Y. 1958. Sur l'origine des aspects verbaux en slave. *IV международный съезд славистов . Славянская филология . Сборник статей*, III. M.

Marache, M. 1960. Die gotischen verbalen *ga*-Komposita im Lichte einer neuen Kategorie der Aktionsart. *Zeitschrift für deutsches Altertum*, Bd.90.

Maslov, Ju.S. 1959. Zur Entstehungsgeschichte des slavischen Verbalaspektes. *Zeitschrift für Slawistik* (ГДР), Bd. 4.

Maslov, Ju.S. 1974. Zur Semantik der Perfektivitätsopposition. *Wiener slavistisches Jahrbuch*, Bd. 20, Wien.

Maslov, Ju.S. 1981. Functional completeness and morphological regularity of the aspectual paradigm. *The Slavic verb. An anthology presented to Hans Christian Sørensen 16th December 1981*. Copenhagen.

Mathesius, V. 1938. O konkurenci vidů v českém vyjadřování slovesném. *Slovo a slovesnost*, t. 4.

Maurer, J. 1960. *Das Plusquamperfektum im Polnischen*. München.

Mazon, A. 1914. *Emplois des aspects du verbe russe*. Paris. (ロシア語訳 Мазон 1962)

Mehlig, H.R. 1979. Überlegungen zur Funktion und Determinierung der Aspekte im Russischen. *Referate des VI. Konstanzer slavistischen Arbeitstreffens*. München.

Mehlig, H.R. 1980. Linguistische und didaktische Überlegungen zum

Verbalaspekt im Russischen. *Zielsprache Russisch*, Heft 1.

Meillet, A. 1902. *Études sur l'étymologie et le vocabulaire du vieux slave*, I. Paris.

Meillet, A. 1909. Sur la disparition des formes simples du prétéit. *Germanisch-Romanische Monatsschrift*. (所収：Meillet, A. 1921. *Linguistique historique et linguistique générale*. Paris.)

Meillet, A. 1921. *Linguistique historique et linguistique générale*. Paris.

Meillet, A. 1921. Sur les caractères du verbe. Meillet, A. *Linguistique historique et linguistique générale*. Paris.

Meillet, A. 1930. *Caractères généraux des langues germaniques*. 4me éd. Paris.

Meillet, A. 1935. Comptes rendus. 80. Bulletin de la Sociét de Linguistique de Paris. t.36, fasc. 3.

Michałk, F. 1959. Der Verlust der synthetischen Vergangenheitsformen im Norden des obersorbischen Sprachgebietes. *Slavica Pragensia*, 1.

Miller, J.E. 1970. Stative verbs in Russian. *Foundations of Language*, vol. 6.

Mirambel, A. 1960. Aspect verbal et système. Essais d'une typologie. *Revue des études slaves*, t. 37.

Mirowicz, A. 1935. *Die Aspektfrage im Gotischen*, Wilno.

Mourek, V.E. 1890. *Syntaxis gotských předložek*. Praha.

Mourek, V.E. 1895. Review of R. Wustmann: Verba perfectiva, namentlich im Heliand. *Anzeiger für deutsches Altertum und deutsche Literatur*, Bd.21.

Nehls, D. 1974. *Synchron-diachrone Untersuchungen zur Expanded Form im Englischen*. München.

Němec, I. 1958. *Genese slovanského systému vidového*. Praha. (ロシア語レジュメ Немец 1962)

Noreen, A. 1904-1912. *Vårt språk*, V. Lund.

Paul, H. 1905. Die Umschreibung des Perfektums im Deutschen mit *haben* und *sein*. *Abhandl. d. I (philosophisch-philologischen) Classe d. Bayer. Akademie der Wissenschaften*, Bd. XXII. Abt.1.

Pollak, H. 1971. Über *ga*- beim gotischen Verb. *Beiträge zur Geschichte der deutschen Sprache und Literatur* (Tübingen), Bd.93, Hf.1-3.

Pollak, W. 1960. *Studien zum "Verbalaspekt" im Französischen*. Wien.

Pollak, W. 1970. Aspekt und Aktionsart. *Linguistik und Didaktik*. Bd.1 Heft 1, Heft.2.

Pott, A.F. 1884. Verschiedene Bezeichnung des Perfects in einigen Sprachen und Lautsymbolik. *Zeitschrift für Völkerpsychologie und Sprachwissenschaft*, Bd.15.

Regnéll, C.G. 1944. *Über den Ursprung des slavischen Verbalaspektes*. Lund.

Rice, A.L. 1932. *Gothic prepositional compounds*. Philadelphia.

Rosa, W.J. 1672. *Czechorecnost seu Grammatica Linguae Bohemicae*. Micro-Pragae.

Ružička, J. 1954. Činnostné a stavové slovesá. *Jazykovedný časopis Slovenskej akadémie vied*, т. 8, N1.

Ružička, R. 1957. *Der Verbalaspekt in der altrussischen Nestorchronik*. Berlin.

Sarauw, Chr. 1905. Syntaktisches. Das perfektive Imperfekt im Altslavischen. *Zeitschrift für vergleichende Sprachforschung*, Bd. 38.

Schelesniker, H. 1959. Entstehung und Entwicklung des slavischen Aspektsystems. *Die Welt der Slaven*, Jahrgang 4, Heft 4.

Scheljakin, M.A., Schlegel H. 1970. *Der Gebrauch des russischen Verbalaspekts. Teil I. Theoretische Grundlagen*. Potsdam.

Scherer, Ph. 1954. Aspect in Gothic. *Language*, vol.30. N 2.

Scherer, Ph. 1956. Aspect in the OHG of Tatian. *Language*, vol.32. N 3.

Scherer, Ph. 1964. The theory of the function of the Gothic preverb *ga-*. *Word*, vol.20.

Schneider, K. 1977. *Aktionalitet, aktionsart och aspekt i svenskan och danskan jämförda med tyskan och nederländskan*. Turku.

Słoński, St. 1926. Tak zwane perfektum w językach słowiańskich. *Prace filologiczne*. 10.

Sørensen, H.Chr. 1973. *Strukturen i russisk*, 1. København.

Stanojčić, Ž.S. 1967. *Jezik i stil Iva Andrića*. Beograd.

Streitberg, W. 1889. Perfektive und imperfektive Aktionsart im Germanischen. *Beiträge zur Geschichte der deutschen Sprache und Literatur*, Bd. 15, Hf. 1.

Thelin, N.B. 1978. *Towards a theory of aspect, tense and actionality in Slavic*. Uppsala.

Thielmann, Ph. 1885. *Habere* mit dem Part. Perf. Passivi. *Archiv für lateinische Lexikographie und Grammatik*, II. Leipzig.

Tommola, H. 1981. On the semantics of 'situations' and 'events'. *Terminologie et traduction*. Vaasan korkeakoulun julkaisuja, Tutkimuksia 80, Philologie, N7.

Trávniček, Fr. 1923. *Studie o českém vidu slovesném*. Praha.

Trnka, B. 1928. O podstatě vidů. *Časopis pro moderní filologii*, 14.

Trnka, B. 1929. Some remarks on the perfective and imperfective aspects in Gothic. *Donum natalicium Schrijnen*. Nijmegen;Utrecht.

Trnka, B. 1932. Die čechische Germanistik und Anglistik. *Slavische Rundschau*. Jg. IV, N 4.

Trost, O. 1961. O zániku nesloženého préterita v jižní nemčině. *Časopis pro moderní filologii*, т.XLIII, N 3.

Vaillant, A. 1939. L'aspect verbal du slave commun; sa morphologisation. *Revue des études slaves*, т. XIX.

van Wijk, N. 1927. Die sogenannten Verba iterativa und die Bezeichnung der wiederholten Handlung im Altkirchenslavischen. *Indogermanische Forschungen*, Bd. 45.

van Wijk, N. 1929. Sur l'origine des aspects du verbe slave. *Revue des études slaves*, т. IX (ロシア語訳 Ван-Вейк 1962) van Wijk, N. 1935. Zur Vorgeschichte der slavischen Aspekte. *Indogermanische Forschungen*, Bd. LIII.

Vanneck, G. 1958. The colloquial Preterite in Modern American English. *Word*, vol. 14.

Vasilev, Chr. 1968. Der romanische Perfekttyp im Slavischen. *Slavistische Studien zum VI. internationalen Slavistenkongress in Prag 1968*. München.

Vendryes, J. 1937. Sur l'emploi de l'auxiliaire "avoir" pour marquer le passé. *Mélanges de linguistique offerts à J. van Ginneken*. Paris.

Veyrenc, J. 1980. *Études sur le verbe russe*. Paris.

Vondrák, W. 1908. *Vergleichende slavische Grammatik*, Bd. II. Göttingen.

Wandruszka, M. 1968. L'aspect verbal, problème de traduction. *Travaux de linguistique et de littérature de l'Université de Strasbourg*, vol. 6, N1.

Wunderlich, H., Reis, H. 1924. *Der deutsche Satzbau*. Bd. I. 3 Aufl. Stuttgart; Berlin.

Zieglschmid, A.J.Fr. 1929. *Zur Entwicklung der Perfektumschreibung im Deutschen*. Baltimore.

Zieglschmid, A.J.Fr. 1930. Der Untergang des einfachen Präteritums in verschiedenen indogermanischen Sprachen. *Curme volume of linguistic studies*. Baltimore.

Zubatý, J. 1915. K frequentativním odvozeninám s příponou *-vati* od sloves 4. třídy. *Listy filologické*, t. 42.

Агрелль, С. 1962. О способах действия польского глагола. *Вопросы глагольного вида*. М.

Андрейчин, Л. 1942. *Основна българска граматика*. София. (ロシア語訳 Андрейчин 1949)

Андрейчин, Л. 1949. *Грамматика болгарского языка*. М.

Андрейчин, Л. 1956. Залогът в българската глаголна система. *Български език*, т. 6, кн. 2.

Андрейчин, Л. 1962. К морфологической характеристике видовой системы современного болгарского языка. *Вопросы глагольного вида*. М.

Андрейчин, Л. 1978. *Основна българска граматика*. 2-е изд. София.

Барентсен, А.А. 1973. К описанию семантики категорий 'вид' и 'время'. На материале современного русского литературного языка. *Tijdschrift voor Slavische Taal- en Letterkunde*, N2.

Бенвенист, Э. 1974. Отношения времени во французском глаголе. *Общая лингвистика*. М.

Бойтюк, А. 1981. Наблюдения върху употребата на плусквамперфекта в българския, украинския и полския език. *Съпоставително езикознание*, год.6, No.1.

Болгарска граммат i ка сега перво сочинена отъ Неофѷта П. П. сущаго изъ священныя обители Рылск i я . Крагуевац, 1835.

Бондарко, А.В. 1959. Настоящее историческое в славянских языках с точки зрения глагольного вида. *Славянское языкознание* . М.

Бондарко, А.В. 1971. *Вид и время русского глагола* . М.

Бондарко, А.В. 1973. О некоторых аспектах функционального анализа грамматических явлений. *Функциональный анализ грамматических категорий* . Л.

Бондарко, А.В. 1976. *Теория морфологических категорий* . Л.

Бондарко, А.В. 1983. *Принципы функциональной грамматики и вопросы аспектологии* . Л.

Бондарко, А.В., Буланин, Л.Л. 1967. *Русский глагол* . Л.

Борковский, В.И. 1944. Из наблюдений над языком деревень Вольная Березна и Кирилловщина (Лычковский район) и деревни Рыкалово (Полавский район) Ленинградской области. *Учен . зап . Ярославск . гос . пед . ин - та* . вып. IV.

Бородич, В.В. 1953. К вопросу о формировании совершенного и несовершенного вида в славянских языках. *Вопросы языкознания*, No.6.

Бородич, В.В. 1954. К вопросу о видовых отношениях старославянского глагола. *Учен . зап . Ин - та славяноведения АН СССР*, т. IX.

Булаховский, Л.А. 1937. *Курс русского литературного языка* . 2-е изд. Харьков.

Булаховский, Л.А. 1952. *Курс русского литературного языка* , т. I. 5-е изд. Киев.

Венгеров, Г.И. 1963. Выражение повторности действия в прошлом посредством сочетаний would с инфинитивом и used с инфинитивом в современном английском языке. *Учен . зап . I Моск . гос . пед . ин - та ин . яз .*, т. 28, ч. I (Вопросы романо-германской филологии).

Ван-Вейк, Н. 1962. О происхождении видов славянского глагола. *Вопросы глагольного вида* . М.

Васильева-Шведе, О.К., Степанов, Г.В. 1972. *Теоретическая грамматика испанского языка . Морфология и синтаксис частей речи* . М.

Венедиктов, Г.К. 1961. Морфологические типы видовых корреляций глаголов движения в болгарском языке. *Кр . сообщ . Ин - та славяно - ведения* , вып. 30.

Венедиктов, Г.К. 1963. *Глаголы движения в болгарском языке* . Автореф. канд. дис. М.

Виноградов, В.В. 1947. *Русский язык* . М.

Виноградов, В.В. 1972. *Русский язык (грамматическое учение о слове)*. 2-е изд. М.

Вопросы глагольного вида . 1962. М.

Вопросы сопоставительной аспектологии . 1978. Л.

Воронцова, Г.Н. 1948. О лексическом характере глагола в английском языке. *Ин . яз . в школе* , No.1.

Гавранек, Б. 1962. Вид и время глагола в старославянском языке. *Вопросы глагольного вида*. М.

Гак, В.Г. 1979. *Теоретическая грамматика французского языка. Морфология*. М.

Георгиев, Вл. 1957. Възникване на нови сложни глаголни форми със спомагателен глагол «имам». *Изв. на Инст. за български език*, кн. V.

Герджиков, Г. 1973. За спорните въпроси на българската темпорална система. *Изв. на Инст. за български език*, кн. 22.

Герджиков, Г. 1975. Отново за спорните въпроси на българската темпорална система. *Език и литература*. т. 30, кн. 4.

Гловинская, М.Я. 1982. *Семантические типы видовых противопоставлений русского глагола*. М.

Головин, Б.Н. 1950. О видовых и внутривидовых грамматических значениях современных русских глаголов. *Учен. зап. Вологодск. пед. ин-та*, т. 7.

Гуляницкий, Л. 1976. Глаголы «обратимого» действия. *Russian Language Journal*, vol. 30, N106.

Гуревич, В.В. 1971. О значениях глагольного вида в русском языке. *Рус. язык в школе*, No.5.

Гухман, М.М. 1958. *Готский язык*. М.

Дамбрюнас, Л. 1962. Глагольные виды в литовском языке. *Вопросы глагольного вида*. М.

Деянова, М. 1966. *Имперфект и аорист в славянските езици*. София.

Деянова, М. 1970. *История на сложните минали времена в български сърбохърватски и словенски език*. София.

Деянова, М. 1976. Из сръбско-хърватско-българска съпоставителна аспектология. *Български език*, т. 26, кн. 6.

Достал, А. 1958. Ответ на вопрос No.14 (Каково было видовое значение глагольных основ в праславянском языке?). *Сборник ответов на вопросы по языкознанию (к IV международному съезду славистов)*. М.

Драгунов, А.А. 1940. Исследования в области дунганской грамматики. I. Категория вида и времени в дунганском языке (диалект Ганьсу). *Труды Ин-та востоковедения*, т. 27.

Драгунов, А.А. 1952. *Исследования по грамматике современного китайского языка*. I. Части речи. М.

Дубровина, В.Ф. 1959. Об одном типе употребления древнегреческого аориста. *Вопросы языкознания*, No.4.

Елизаренкова, Т.Я. 1982. *Грамматика ведийского языка*. М.

Ефимов, А.И. 1937. К истории форм прошедшего времени русского глагола. *Учен. зап. Пермск. гос. пед. ин-та*, вып. 2.

Жирмунский, В.М. 1936. *Развитие строя немецкого языка*. М.;Л.

Жирмунский, В.М. 1956. *Немецкая диалектология*. М.;Л.

Жирмунский, В.М. 1976. *Общее и германское языкознание*. Л.

Зейдель, О. 1962. О функциях глагольных видов. *Вопросы глагольного вида*.

М.

Зиндер, Л.Р. 1935. Образование прошедшего времени. *Вопросы немецкой грамматики в историческом освещении* . М.;Л.

Иванова, И.П. 1956. К вопросу о типах грамматического значения. *Вестник Ленингр . ун - та* , No.2.

Иванова, И.П. 1961. *Вид и время в современном английском языке* . Л.

Иванова, К. 1959. Върху имената на -тел, -телен с оглед на видовата им основа и видовото им значение. *Български език* , т. IX.

Иванова, К. 1967. Развой на употребата на вторичните несвършени глаголи в новобългарския книжовен език. *Изв . на Инст . за български език* , кн. XV.

Иванова, К. 1974. *Начини на глаголното действие в съвременния български език* . София.

Иванчев, Св. 1961. Контекстово обусловена ингресивна употреба на глаголите от несвършен вид в чешкия език. София (= *Годишник на Софийския университет* , Филологически факултет, 1959/60, т. 65, 3)

Иванчев, Св. 1963. Видово-надстроечни категории в системата на славянския глагол. *Славистични студии по случай V Международен славистичен конгрес в София* . София.

Иванчев, Св. 1971. *Проблеми на аспектуалността в славянските езици* . София.

Иванчев, Св. 1978. Морфо-семантико-функционалната теория на глаголния вид в славянските езици и спецификата на българския език. *Приноси в българското и славянското езикознание* . София.

Калинин, И.А. 1940. Категория вида в русских глаголах. *Тр . Горьковск . пед . ин - та им . М . Горького* , вып. VIII.

Карцевский, С. 1962. Из книги «Система русского глагола». *Вопросы глагольного вида* . М.

Кацнельсон, С.Д. 1948. О грамматической категории. *Вестн . Ленингр . ун- та* , No.2.

Кацнельсон, С.Д. 1972. *Типология языка и речевое мышление* . Л.

Киреевский, И.В. 1861. *Полное собрание сочинений И . В . Киреевского* , т.1 М.

Киткова, Н.Г. 1978. Использование прогрессива и основного разряда английского глагола для передачи значений русского несовершенного вида (на материале переводов романа Достоевского «Идиот»). *Вопросы сопоставительной аспектологии* . Л.

Конески, Бл. 1954. *Граматика на македоискиот литературен jазик* . Дел II. Скопje.

Копечный, Ф. 1962. Из книги «Основы чешского синтаксиса». *Вопросы глагольного вида* . М.

Кошелев, А.К. 1958. К вопросу о создании типов первоначальной парности по виду в древнерусском языке. *Вестник Моск . ун - та* ,

No.2.

Кошмидер, Э. 1962. Очерк науки о видах польского глагола. Опыт синтеза. *Вопросы глагольного вида*. М.

Кошмидер, Э. 1962. Турецкий глагол и славянский глагольный вид. *Вопросы глагольного вида*. М.

Кузнецов, П.С. 1953. К вопросу о генезисе видо-временны́х отношений древнерусского языка. *Тр. Ин-та языкознания*, т.II.

Кузьмина, И.Б., Немченко, Е.В. 1971. *Синтаксис причастных форм в русских говорах*. М.

Курилович, Е. 1965. О методах внутренней реконструкции. *Новое в лингвистике*, IV. М.

Левинтова, Э.И., Вольф, Е.М. 1964. *Испанский язык*. М.

Лихачев, Д.С. 1950. Повесть временных лет, ч. 1. *Текст и перевод*. М.; Л.

Ломов, А.М. 1977. *Очерки по русской аспектологии*. Воронеж.

Ломов, А.М. 1979. *Темпоральные средства русского языка и их функциональные связи*, вып.2. Воронеж.

Ломтев, Т.П. 1947. Изменения в употреблении глагола относительно категорий вида и времени. *Доклады и сообщения филологического факультета МГУ*, вып. 3. М.

Ломтев, Т.П. 1948. К характеристике видовой дифференциации претериальных форм глагола в древнем русском языке. *Учен. зап. Моск. гос. ун-та*, вып. 137.

Мазон, А. 1962. Употребление видов русского глагола. *Вопросы глагольного вида*. М.

Маковский, М.М. 1959. К проблеме вида в готском языке. *Учен. зап. I. Моск. гос. пед. ин-та ин. языков*, т.19.

Марчанд, Х. 1962. Об одном вопросе из области вида (сравнение английской прогрессивной формы с итальянской и испанской). *Вопросы глагольного вида*. М.

Маслов, Ю.С. 1948. Вид и лексическое значение глагола в современном русском литературном языке. *Изв. АН СССР, отд. лит. и яз.*, т. 7, No.4.

Маслов, Ю.С. 1948. Из истории второго причастия германских языков. *Язык и мышление*. XI. М.;Л.

Маслов, Ю.С. 1949. К вопросу о происхождении посессивного перфекта. *Учен. зап. ЛГУ, No.97* (серия филологических наук, вып. 14).

Маслов, Ю.С. 1954. Имперфект глаголов совершенного вида в славянских языках. *Вопросы славянского языкознания*, вып. I. М.

Маслов, Ю.С. 1955. О своеобразии морфологической системы глагольного вида в современном болгарском языке. *Краткие сообщения Ин-та славяноведения*, вып. 15.

Маслов, Ю.С. 1957. *Глагольный вид в современном болгарском литературном языке (значение и употребление)*. Докт. дисс. ИСл АН СССР. М.

Маслов, Ю.С. 1959. Глагольный вид в современном болгарском литературном языке (значение и употребление). *Вопросы грамматики болгарского литературного языка*. М.

Маслов, Ю.С. 1959. Категория предельности / непредельности глагольного действия в готском языке. *Вопросы языкознания*, N5.

Маслов, Ю.С. 1963. *Морфология глагольного вида в современном болгарском литературном языке*. М.; Л.

Маслов, Ю.С. 1964. К утрате простых форм претерита в германских, романских и славянских языках. *Проблемы сравнительной филологии. Сборник статей к 70-летию ... В.М. Жирмунского*. М.;Л.

Маслов, Ю.С. 1965. Система основных понятий и терминов славянской аспектологии. *Вопросы общего языкознания*. Л.

Маслов, Ю.С. 1978. К основаниям сопоставительной аспектологии. Проблемы современного теоретического и синхронно-описательного языкознания, вып. I. *Вопросы сопоставительной аспектологии*. Л.

Маслов, Ю.С. 1981. *Грамматика болгарского языка*. М.

Маслова-Лашанская, С.С. 1953. *Шведский язык*, ч. I. Л.

Матеев, Др. 1954. Новата форма за условно наклонение в български език. *Изв. на Инст. за български език*, кн. III.

Матвеева, Е.А. 1978. Употребление видов глагола в русских переводах романа Г. Уэллса «Человек-невидимка». *Вопросы сопоставительной аспектологии*. Л.

Мейе, А. 1951. *Общеславянский язык*. М.

Мещанинов, И.И. 1945. Понятийные категории в языке. *Тр. Воен. ин-та ин. яз. Красной Армии*, No.1.

Москальская, О.И. 1956. *Грамматика немецкого языка*. М.

Мустейкис, К. 1972. *Сопоставительная морфология русского и литовского языков*. Вильнюс.

Немец, И. 1962. Генезис славянской видовой системы. *Вопросы глагольного вида*. М.

Перельмутер, И.А. 1977. *Общеиндоевропейский и греческий глагол. Видо-временные и залоговые категории*. Л.

Пешковский, А.М. 1956. *Русский синтаксис в научном освещении*. 7-е изд. М.

Потебня, А.А. 1888. *Из записок по русской грамматике*, т. I-II. 2-е изд. Харьков. (= изд. М. 1958)

Потебня, А.А. 1941. *Из записок по русской грамматике*, т. IV. М.; Л.

Потебня, А.А. 1958. *Из записок по русской грамматике*, т. I-II. 3-е изд. М.

Потебня, А.А. 1977. *Из записок по русской грамматике*, т. IV, вып. 2. 2-е изд. М.

Пудић, Ив. 1956. *Префикс ga- у готском ј језику*. Сарајево.

Размусен, Л.П. 1891. О глагольных временах и об отношении их к видам в русском, немецком и французском языках, § 1. *Журнал Министерства народного просвещения* , т. 275.

Размусен, Л.П. 1891. О глагольных временах и об отношении их к видам в русском, немецком и французском языках, § 11. *Журнал Министерства народного просвещения* , т. 277.

Рассудова, О.П. 1968. *Употребление видов глагола в современном русском языке* . М.

Рассудова, О.П. 1982. *Употребление видов глагола в современном русском языке* . 2-е изд. М. (1-е изд., 1968)

Реферовская, Е.А. 1941. *История сложного перфекта во французском языке* . Тезисы к дис. канд. филол. наук. ЛГУ.

Рогава, Г.В., Керашева, З.И. 1966. *Грамматика адыгейского языка* . Краснодар; Майкоп.

Ружичка, Р. 1962. Глагольный вид в «Повести временных лет». *Вопросы глагольного вида* . М.

Сайдал-Шах, П. 1971. *Морфология и функционирование видовых форм глагола в современном паштою* . Автореф. канд. дис. Л.

Серебренников, Б.А. 1960. *Категории времени и вида в финно - угорских языках пермской и волжской групп* . М.

Силецкий, В.И. 1971. *Соотношение флективной и аналитической аспектуальности в испанском языке* . Автореф. канд. дис. Л.

Соколов, О.М. 1978. К характеристике способов глагольного действия (на материале русского и болгарского языков). *Вопросы сопоставительной аспектологии* . Л.

Срезневский, И.И. 1893. *Материалы для словаря древнерусского языка* . т.I. СПб.

Станков, В. 1966. *Имперфектът в съвременния български книжовен език* . София.

Станков, В. 1969. *Българските глаголни времена* . София.

Станков, В. 1976. *Конкуренция на глаголните видове в българския книжовен език* . София.

Станков, В. 1980. *Глаголният вид в българския книжовен език* . София.

Степанов, Г.В. 1963. *Испанский язык в странах Латинской Америки* . М.

Стойков, Ст. 1958. Изчезване на имперфект и аорист в банатския говор. *Славистичен сборник* , I. София.

Схогт, Х.Г. 1979. К вопросу о включении аналитических конструкции в глагольную систему современного французского языка. *Вопросы языкознания* , No.3.

Типология результативных конструкций . Л. 1983.

Тронский, И.М. 1960. Заметки о видо-временной системе латинского глагола. Вопросы грамматики. *Сборник статей к 75- летию акад. И . И . Мещанинова* . М.; Л.

Трубинский, В.И. 1979. О русском разговорном посессивном перфекте. *Севернорусские говоры* , вып. 3. Л.

Ульянов, Г.К. 1891. *Значения глагольных основ в литовско - славянском языке* , ч. I. Варшава.

Ульянов, Г.К. 1895. *Значения глагольных основ в литовско - славянском языке* , ч. II. Варшава.

Уорф, Б.Л. 1972. Грамматические категории. *Принципы типологического анализа языков различного строя* . М.

Феделов, В.И. 1974. Несколько замечаний о глаголах в современном английском языке, не употребляемых в Continuous. *Вопросы грамматического строя германских языков* , вып. 89. Омск.

Филатова-Хелльберг, Е. 1975. Вид глагола и широкий контекст. *Scando-Slavica* , т.21.

Фирсова, Н.М. 1976. *Стилистика испанского глагола* . М.

Ходорковская, Б.Б. 1981. К проблеме вида в латинском глаголе (Семантика имперфекта и перфекта в ранней латыни). *Вопросы языкознания* , No.4.

Хорнби, А.С. 1960. *Конструкции и обороты современного английского языка* . 2-е изд. М.

Цалиева, А.А. 1981. Некоторые вопросы глагольного вида в осетинском в свете новейших идей аспектологии. *Осетинская филология* , вып. 2. Орджоникидзе.

Цалиева, А.А. 1983. *Аспектуальность в осетинском языке , ее генетические и ареальные связи* . Автореф. канд. дис. Л.

Чикобава, А.С. 1967. Грузинский язык. *Языки народов СССР* , т. 4. Иберийско-кавказские языки. М.

Чкадуа, Л.П. 1970. *Системы времен и основных модальных образований в абхазско - абазинских диалектах* . Тбилиси.

Шафранов, С. 1875. Исследование о видовых формах в русском и греческом глаголе на основании составленного с этой целью перевода на русский язык сочинения Ксенофонта: Анабазис. *Журнал Министерства народного просвещения* , т. 179, отдел классич. филологии.

Шафранов, С. 1852. *О видах русских глаголов в синтаксическом отношении* . М.

Шахматов, А.А. 1941. *Очерк современного русского литературного языка* . 4-е изд. М.

Шахматов, А.А. 1941. *Синтаксис русского языка* , 2-е изд. Л.

Шведова, Н.Ю. (гл. ред.) 1980. *Русская грамматика* , т. I. М.

Широкова, А.Г. 1965. Основное значение многократных глаголов в чешском языке. *Вопросы языкознания* , No.2.

Широкова, А.Г. 1966. *Многократные глаголы в чешском языке* . Автореф. докт. дис. М.

Щерба, Л.В. 1931. О трояком аспекте языковых явлений и об эксперименте в языкознании. *Изв. АН СССР, отд. общ. наук* ,

No.1.

Ягич, И.В. 1889. *Критические заметки по истории русского языка* . СПб.

Якобсон, Р.О. 1972. Шифтеры, глагольные категории и русский глагол. *Принципы типологического анализа языков различного строя* . М.

Яхонтов, С.Е. 1957. *Категория глагола в китайском языке* . Л.

日本語文献*

2章

『アファナーシエフロシア民話集（下）』 中村喜和訳　1987　岩波書店

「オブローモフ」ゴンチャロフ著　井上満訳 『ロシア・ソビエト文学全集15』
　　1965　平凡社

『トルストイ全集9　後期作品集（上）』 中村白葉訳　1973　河出書房新社

『マヤコフスキー選集I』 小笠原豊樹訳　1966　飯塚書店

「猟人日記」ツルゲーネフ著　米川正夫訳 『ロシア・ソビエト文学全集3』
　　1965　平凡社

「私の大学」ゴーリキー著　蔵原惟人訳 『ロシア・ソビエト文学全集26』
　　1965　平凡社

3章

『イーゴリ遠征物語』木村彰一訳　1983　岩波書店

「草刈り人たち」エリン・ペリン著　松永緑彌訳 『世界短編名作選　東欧編』
　　1979　新日本出版社

「白い燕」エリン・ペリン著　松永緑彌訳 『世界短編名作選　東欧編』 1979
　　新日本出版社

『白痴（上）』ドストエフスキー著　米川正夫訳　1994　岩波書店

「ノヴゴロド第一代記（シノド本）訳・註　日本古代ロシア研究会訳 『古代
　　ロシア語研究　12』1978

『春の水』ツルゲーネフ著　中村融訳　1961/1991　岩波書店

「プスコフ年代記—刊本、写本および抄訳—」石戸谷重郎訳『奈良文化女子短
　　期大学紀要』12. 1981

『ロシア原初年代記』國本哲男他訳　1987　名古屋大学出版会

4章

『オトフリートの福音書：古高ドイツ語』新保雅浩著　1993　大学書林

『エッダ：古代北欧歌謡集』V.G. ネッケル他編　谷口幸男訳　1973　新潮社

「カルタゴ人」『古代ローマ喜劇全集3　プラウトゥス』 鈴木一郎、岩倉具忠、
　　安富良之訳　1977　東京大学出版会

「カルタゴ人」 山沢孝至訳 『ローマ喜劇集3　プラウトゥス』 2001　京都大
　　学学術出版会

『古アイスランド語入門−序説・文法・テキスト・訳注・語彙』下宮忠雄、金
　　子貞雄著　2006　大学書林

『古ザクセン語ヘーリアント（救世主）』石川光庸訳・著　2002　大学書林

『古代英詩：ベオウルフ』鈴木重威編　1969　研究社

『古期ドイツ語作品集成』　高橋輝和著　2003　溪水社

「プセウドールス」鈴木一郎訳　『古代ローマ喜劇全集4　プラウトゥス』
　　1978　東京大学出版会

「プセウドルス」　高橋宏幸訳　『ローマ喜劇集4　プラウトゥス』2002　京都
　　大学学術出版会

『ベオウルフ：新口語訳』大場啓蔵訳　1978　篠崎書林

『ベーオウルフ－中世イギリス英雄叙事詩』忍足欣四郎訳　1990　岩波書店

　＊本文中の日本語訳の参考にしたものであるが、誤訳や分析に支障のある意訳
　　等に関しては適切な内容に随時変更している。

事項索引

———

あ

アオリスト（аорист）

　〜―現在（現在・〜）（аористо - презент（презенто - аорист））　35, 37

　完了体（perfective の）〜（аорист СВ（перфективный））　18, 119, 202–208, 214, 216–218, 229–230, 238–239, 269–270, 296, 300, 305–311, 379

　現代非スラヴ諸語の〜過去（аористическое прошедшее в современных неславянских языках）　17–18, 24–25, 287, 373–374, 378–379

　古代インド・ヨーロッパ諸語の〜（〜アスペクト）（аорист（аористический вид）древних индоевропейских языков）

　　1）　36–37, 132

　　2）　「対立→インパーフェクトとアオリストの対立」の項も参照

　《深層の》〜（« глубинный » аорист）　287, 289–290

　不完了体（imperfective の）〜（аорист НСВ（имперфективный））　18, 24–25, 119, 202, 219–249, 269, 297–300, 304, 379

アスペクチュアリティ（аспектуальность, aspectuality）　1–2, 5, 13

アスペクチュアリティ・クラスとその下位クラス（аспектуальные классы и подклассы）

　　1）　6–12

　　2）　「対立→限界性と非限界性の対立」および「動作様態」の項も参照

アスペクト（вид）

　〜競合（конкуренция видов）　94, 103–107, 109

　〜語幹（видовая основа）　110, 111–118, 121–126, 189–191, 294

　〜語幹が完了体または不完了体のいずれに属しているかという基準（критерии принадлежности видовой основы к СВ или НСВ）　115–118

　〜・トロイカ（видовые « тройки »）　90, 128–129

　《〜のような》カテゴリーとしての限界性／非限界性（предельность / непредельность как « видообразная » категория）　334, 339

　〜・ペア（видовые пары）「動詞→完全なアスペクト・パラダイムをもつ動詞」の項を参照

　〜・ペアがないこと（видовая непарность）「完了体／不完了体パラダイムの欠落」の項を参照

　動詞〜（глагольный вид）

　　1）　一般的な意味的定義　1

　　2）　アスペクトとアスペクチュアリティ　2–13

　　3）　アスペクト・テンス・タクシス　3–4

4) アスペクト対立の一般的な進化　30-31

————

い

1人称小説 (Ich-Erzählung)　282, 303, 312
一般的事実の意味 (общефактическое значение)　15, 18, 29, 99-103, 109, 242-246, 269
意味－構文的 (アスペクト的) な動詞グループ (семантика - синтаксические (аспектуальные) группы глаголов)　61-86
imperfective (имперфектив)　86-91, 122-130
imperfective 化 (имперфективация)
　スラヴ諸語の～ (имперфективация в славянских языках)　15, 64-66, 88-92, 110-111, 122-130, 134, 139, 142
　非スラヴ諸語の～ (имперфективация в неславянских языках)　15-17
インパーフェクト (имперфект)
　～のモーダルな用法 (модальное употребление имперфекта)　149-151, 185-188, 200, 218-219, 267
　完了体 (perfective の) ～ (имперфект СВ (перфективный))　18, 119, 151-188, 195-201, 202, 249-267, 269-270, 300
　完了体～の複数回 perfective 用法 (кратно - перфективное употребление имперфекта СВ)　158-185, 200, 250-267
　ゲルマン諸語の《～》(« имперфект » германских языков)　「過去時制→ゲルマン語の過去時制」の項を参照
　試みの～ (имперфект попытки, Imperfectum de conatu)　149, 185-186, 216-217
　《深層の》～ (« глубинный » имперфект)　287, 289, 300
　不完了体 (imperfective の) ～ (имперфект НСВ (имперфективный))　18, 119, 149-151, 163-175, 178-179, 184, 185, 202, 208-219, 269-270, 296-297, 300, 305-306
インフェクト (инфект)　4, 39

————

か

絵画的半過去 (Imparfait pittoresque)　19, 30
過去時制 (претерит)
　ゲルマン語の過去時制 (германский претерит)　26, 46, 344, 372-377, 380-381
　スラヴ語の単純過去 (славянский простой претерит)
　　1) アオリストとインパーフェクトの総体としての単純過去　201-203, 267-269, 372-382
　　2) アオリストとインパーフェクトの混合としての単純過去　18, 119, 201, 296-297
　　3) いわゆる l-過去形　40-42, 284-285, 289-294, 374, 379
語りにおける後退 (регресс в повествовании)　206, 277-278, 279, 288-289, 294, 296, 301-302, 303, 312
簡潔性 (Prägnanz)　19-20

410

完了体と不完了体の個別的意味（機能）（частные значения (функции) СВ и НСВ）
  14–15, 29–30, 57–62, 75, 93–110
完了体／不完了体パラダイムの欠落（アスペクト・ペアがないこと）（дефектность (дефектив-
  ность) парадигмы СВ / НСВ（« видовая непарность »））
    1) 63–66, 90–91
    2) 「動詞→ perfective 単体動詞」と「動詞→ imperfective 単体動詞」の項も参照

———

き

疑似分詞（псевдопричастие） 47, 358, 384（注17）
強調された持続性の意味（подчеркнуто - длительное значение） 103, 109, 221–230
強調的過去（эмфатическое прошедшее） 41, 285, 294

———

く

具体的事実の意味（конкретно - фактическое значение） 95–96, 109, 203–205
具体的プロセス相（конкретно - процессный вид） 20
具体的プロセスの意味（конкретно - процессное значение） 15, 18, 29, 75, 96, 109, 147
  （注45）, 208–209, 215–216, 226–227

———

け

継起性（секвентность） 206, 269
結果が排除された動作（действия с устраненным результатом） 101, 109, 240
結果相（результатив）「パーフェクト→状態パーフェクト」の項を参照
現在時制（настоящее время , презенс）
    語りの現在（歴史的現在）（настоящее нарративное (историческое), нарративный презенс）
      64–65, 73–74, 87–88, 108–109, 131, 271, 283, 318（注51）, 375
    《観念的活動》の動詞に従属する文における現在用法（настоящее в предложениях , зави-
      сящих от глаголов « идеальной деятельности »） 294, 301, 312
    戯曲における現在用法（настоящее сценическое） 77, 87–88, 108
    具体的（アクチュアルな）現在（настоящее конкретное (актуальное)） 20, 334
    抽象的（非時間的）現在（настоящее абстрактное (вневременное)） 20–21, 28
    未来代用現在（настоящее вместо будущего） 108
限定回の意味（ограниченно - кратное значение） 105, 109, 211–212, 230–235

———

こ

恒常的－連続的意味（постоянно - непрерывное значение） 97, 109, 211–212
ゴート語の perfecitve 単体動詞（"Perfectiva simplicia" в готском языке） 321–322,
  324–325, 329, 336, 339
ゴート語の非 perfective 化継続相（"Nichtperfektivierbare Durativa" в готском языке）
  329, 336–337, 339

事項索引　411

古代スラヴ諸語のアスペクト的二面性の意味（двойственность видового значения в древних славянских языках） 148, 189-195

———

し

思考動詞（Verba cogitandi） 275
持続相（Continuous）「対立→進行性の対立」の項を参照
実現可能な未来の仮定（ブルガリア語の単純条件法）（эвентуалис（простое условное наклонение в болгарском языке）） 131
習慣相（Habitual）「対立→複数回性と／または習慣性の対立」の項を参照
状態受動／動作受動（статальный / акциональный пассив） 42-45
進行形（Progressive form）「対立→進行性の対立」の項を参照
進行相（Temporary aspect）「対立→進行性の対立」の項を参照

———

す

スウェーデン語のスピーヌム（супин в шведском языке） 358, 383（注15）, 384（注17）

———

せ

接頭辞の除去（депревербация） 141
接尾辞（суффикс）
　　ゲルマン諸語の鼻音～（ゴート語の -nan 動詞）（назальный суффикс в германских языках（готские глаголы на -nan）） 336
　　スラヴ諸語の鼻音～（назальный суффикс в славянских языках） 110, 122, 125-126, 133, 135, 136, 142
総括的意味（суммарное значение） 105, 109, 206-208
双方向動作（two way action） 101

———

た

対立（оппозиция）
　　インパーフェクトとアオリストの～（оппозиция имперфект : аорист） 17-19, 24-25, 29-31, 133, 201-202, 217-218, 267-270, 284-288, 296-297, 304-305, 378-379
　　限界性と非限界性の～（限界動詞と非限界動詞）（оппозиция предельность : непредельность（предельные глаголы и непредельные глаголы）） 6-8, 9-12, 15-17, 21, 91, 121, 126-130, 135-142, 198-199, 321-340, 347-350, 372
　　進行性（進行相と非進行相）の～（оппозиция прогрессивности（прогрессив : непрогрессив）） 19-25, 29-31, 46, 139-140
　　定性と不定性の～（оппозиция детерминативность : индетерминативность） 132-135, 138
　　定性と不定性の～（оппозиция определенность : неопределенность） 133, 135-139
　　perfective 性（完了体と不完了体）の～（оппозиция перфективности（CB : HCB））

13–15, 17, 18, 27, 29, 30, 57–59, 93–110, 119–121, 123–126, 140–141, 202, 267–270, 285–286, 289, 306–308, 323

パーフェクトと非パーフェクトの〜（оппозиция перфект : неперфект）31, 33, 34, 39, 40, 46, 119, 284–286, 288, 380

複数回性と／または習慣性の〜（оппозиция кратности и / или обычности）25–29, 154

タクシス（таксис）3–4, 31–34, 41, 269, 288, 294

———

ち

チェコ語の《多回相》（« многократный вид » в чешском языке）27–29

知覚動詞（Verba sentiendi）294

陳述分詞をもつ所有構文（посессивные конструкции с предикативным причастием）340–345, 351–352

———

て

出来事発生型（Inzidenzschema）288

伝達動詞（Verba dicendi）275

———

と

動作が後続すること（следование действий）3, 206, 274, 288, 301

動作の多回性（反復性）（многократность (итеративность) действия）23, 25–29, 95, 98, 104–107, 136, 138, 154, 158–185, 206–212, 224–225, 230–235, 250–265, 276, 298–299, 300–301

動作の同時性（одновременность действий）3, 201, 270, 273–274, 288

動作様態（способы действия , акционсарт , актионсарт , Aktionsart）8–12, 103, 120–121, 123, 198, 332

一回動作態（одноактный (семельфактивный) способ действия , semelfactive）10

一般結果態（общерезультативный способ действия）10

関係態（реляционный способ действия , relational）10

完成態（комплетивный способ действия , completive）9

軽微断続態（прерывисто - смягчительный способ действия）11

限定継続態（делимитативный способ действия , delimitative）11

限定的動作様態（детерминативные способы действия , determinative）11

始発（起動）態（начинательный (ингрессивный) способ действия , ingressive）10

終止（停止）態（финитивный (цессативный) способ действия , finitive (cessative)）9

充足（飽和）態（сативный (сатуративный) способ действия , sative (saturative)）9

状態態（статальный способ действия , stative）10

状態変化態（инхоативный (мутативный) способ действия , inchoative (mutative)）10

随伴態（сопроводительный (комитативный) способ действия , comitative）11

総括（累積）態（суммарный (кумулятивный) способ действия , summary

事項索引　413

（cumulative）） 9

多回（反復）態（многократный (итеративный) способ действия , iterative） 11

多回動作態（многоактный (мультипликативный) способ действия , multiplicative） 10

長期継続態（пердуративный способ действия , perdurative） 11

展開態（эволютивный способ действия , evolutive） 10

不定運動態（неопределенно - моторный способ действия） 11

分配態（дистрибутивный способ действия , distributive） 10

動作様態性（акциональность , Aktionalität）
    1）「アスペクチュアリティ」の項を参照
    2）《アスペクトを用いないアスペクチュアリティ》としての動作様態性 13

動詞（глаголы）

1回動作～（семельфактивные (одноактные) глаголы） 10, 113, 120, 131

一定時間幅の持続性を意味する（＝限定的動作様態）～（限定継続態～と長期継続態～）
（глаголы охвата длительности , или детерминативные (делимитативные и пердуратив-
ные)） 11-12, 72, 103-104, 107, 121, 147(注52), 229, 291-292, 300

移動～（定方向～と不定方向～）（глаголы перемещения (определенно- и неопределенно-
моторные) 11, 68-69, 130-132

imperfective 単体～（ペアをもたない不完了体～）（глаголы imperfectiva tantum (« непар-
ные глаголы НСВ »)） 66-70, 86, 89, 126-128, 141, 219-220, 246-247

関係態～（реляционные глаголы） 10

完全なアスペクト・パラダイムをもつ～（глаголы с полной видовой парадигмой）
75-86, 86-90

《逆方向の動作》を表す～（глаголы « обратимого действия »） 101

限界～（терминативные (= предельные) глаголы）「対立→限界性と非限界性の対立」
の項を参照

効果～（эффективные глаголы） 333

始発（起動）態～（начинательные (ингрессивные) глаголы） 10, 120, 132, 333

終止（停止）態～（финитивные (цессативные) глаголы） 9, 71-72, 120

充足（飽和）態～（сативные (сатуративные) глаголы） 9, 120

状態移行～（трансгрессивные глаголы）「対立→限界性と非限界性の対立」の項を参照

状態～（стальные глаголы (глаголы состояния)） 10, 35, 67-68

状態変化態～（инхоативные глаголы） 10, 349-350

総括（累積）態～と総括分配態～（суммарные (кумулятивные) и суммарно-дистрибу-
тивные глаголы） 9-10, 105, 123

多回（反復）態～（многократные (итеративные) глаголы） 11, 136

多回動作態～（многоактные (мультипликативные) глаголы） 10, 25, 120, 136

展開態～（эволютивные глаголы） 10, 129

動態～／静態～（динамические / статические глаголы） 6-7

perfective 単体～（ペアをもたない完了体～）（глаголы perfectiva tantum (« непарные
глаголы СВ »)） 71-75, 91, 128, 146(注41)

非限界～（курсивные (= непредельные) глаголы）「対立→限界性と非限界性の対立」の
項を参照

非スラヴ諸語の前接辞が付加された～（глаголы с превербами в неславянских языках）

15-17, 134, 136-137, 321-340

な

ナラティヴ（過去の語り）（нарратив (прошедшее повествовательное), narrative）　30, 38, 41, 376-377

に

二次的不完了体（вторичные (производные) имперфективы）「imperfective 化」の項を参照
認識動詞（Verba cognoscendi）　294

は

perfective（перфектив）　86-91, 123-127
perfective 化（перфективация）　15, 17, 134, 135, 139, 321-323
パーフェクト（перфект）　一般的な定義：　4, 31-33
　〜の進化（эволюция перфекта）　32-50, 340-372, 373, 376-378, 382
　〜の不定詞（инфинитив перфекта）　34, 38, 45
　状態〜（стативный перфект (перфект состояния)）　31-33, 36-37, 38-41, 51(注8), 295, 376
　所有〜（посессивный перфект）　39, 44-45, 47-48, 49, 343-372
　存在〜（бытийный перфект）　39-40, 44-45, 48-49
　統合的〜（синтетический перфект）　34-39, 376-377
　動作〜（акциональный перфект (перфект действия)）
　　1）　31-33, 36-41, 51(注8), 376
　　2）　ロシア語動詞における《潜在的文法カテゴリー》としての動作〜　100
　分析的（記述、迂言）〜（аналитический (описательный, перифрастический) перфект）
　　37-50, 317(注38), 344-345, 373-374, 377-379
　包括的〜（инклюзивный перфект）　33, 46

ひ

《非現実法》（« недействительное наклонение »）　41, 285
非限定回の意味（неограниченно - кратное значение）　15, 18, 29, 98-99, 109, 209-210
1つの体の枠内で起こる補充法（внутривидовая супплетивность）　114

ふ

不完了体の起動的用法（ингрессивное употребление НСВ）　293
複数回相関タイプの文脈（кратное - соотносительные типы контекста）　158-185, 250-265, 300-301

（ロシア語方言における）副動詞の述語的用法（предикативное деепричастие（в русских говорах））　32, 48, 285

フランス語動詞の複複合時制（сверхсложные времена французского глагола）　50

プルパーフェクト（плюсквамперфект）　4, 34, 36, 38, 39, 40, 41, 43, 45-46, 48, 50, 119, 201, 285-286, 288-289, 294-296, 301-302, 312, 340, 345-346, 361, 367, 385（注32）

プロトパーフェクト（протоперфект）　34-38

———

み

未来完了（Futurum exactum）　4, 34, 40-41

———

り

リトアニア語の多回過去／一般過去（прошедшее многократное / общее в литовском языке）　25

両体動詞（биаспектив（глагол с двувидовой основой））　91, 111, 112-115, 127-128, 129-130, 148（注53）, 189

———

れ

例示化（партикуляризация）　106-107

例示的意味（наглядно -примерное значение）　26, 106-107, 109, 250-265

歴史的完了（Perfectum historicum）　38, 287

歴史的現在（Praesens historicum）　「現在時制→語りの現在」の項を参照

言語索引

あ

(現代) アイスランド語 ((современный) исландский) 21

アイルランド語 (ирландский) 22, 24

アブハズ－アディゲ語族 (абхазо - адыгские) 7

アフリカーンス (африканс) 374, 380

アルバニア語 (албанский) 17, 21, 341, 353-354

アルメニア語 (армянский) 17

イタリア語 (итальянский) 18, 21, 24, 44, 375

イディッシュ (идиш) 374, 380

イベリア－コーカサス諸語 (иберийско - кавказские) 6-7

イベロ・ロマンス諸語 (иберо - романские) 23, 375

イラン語群 (иранские) 352

インド・ヨーロッパ諸語 (индоевропейские) 30-31, 34-35, 37, 136, 372, 385(注29)

ウェールズ語 (валлийский) 24

ウクライナ語 (украинский) 285, 296

英語 (английский) 19-24, 25-27, 28, 32-33, 45, 46, 49, 100, 140, 340-342

オセット語 (осетинский) 16

オランダ語 (голландский) 340-341

か

カルトゥベリ語族 (картвельские) 7

共通スラヴ語 (общеславянский)「スラヴ祖語」の項を参照

ギリシア語 (греческий)「古代ギリシア語」の項を参照

ギリヤーク語 (гиляцкий)「ニヴフ語」の項を参照

クペレ語 (кпеле) 22

グルジア語 (грузинский) 22, 353

ゲール語 (гаэльский) 24

ケルト諸語 (кельтские) 22, 24, 38, 352

ゲルマン諸語 (германские) 35, 45, 46, 140, 288, 340-372, 373-382

古代〜 (древние германские) 15, 321-322, 353

現代〜 (современные германские) 324, 332-333

現代ギリシア語 (новогреческий) 17, 18, 37, 353-354

高地ラウジッツ語 (верхнелужицкий) 18, 375

古英語 (древнеанглийский) 346-349, 353

コーカサス諸語 (кавказские) 35

ゴート語 (готский) 15, 321-340

古高ドイツ語 (древневерхненемецкий) 35, 323, 343-347, 350, 354, 366

古スラヴ語 (старославянский) 35, 39-42, 132, 149-151, 155, 193-200, 329

古代アイスランド語 (древнеисландский) 137, 346, 353, 363, 371

古代アルメニア語 (древнеармянский) 352

古代ギリシア語 (древнегреческий) 15, 17, 18, 29, 30, 36-37, 39, 133-134, 327-332, 334-335, 337-338, 354, 382-383(注5, 8)

古代クロアチア語 (старохорватский)

18, 197-199

古代ザクセン語（древнесаксонский）
346-349, 353, 363

古代チェコ語
（древнечешский, старочешский）　18,
155, 197-200, 314(注3)

古代ペルシア語（древнеперсидский）
352

古代ポーランド語（старопольский）　55
（注37）

古代ロシア語（древнерусский）　18,
136-137, 149-201

古フランス語（старофранцузский）
348, 384(注23)

――――

さ

スウェーデン語（шведский）　21, 33,
140, 341, 358, 383(注15), 384(注17)

スカンジナヴィア諸語（скандинавские）
354

スペイン語（испанский）　19-21, 23-25,
28, 46, 53(注23), 54(注25), 55(注44),
341-342

スラヴ諸語（славянские）　2, 3, 8, 14-15,
18, 39-44, 49, 57-148, 155-157, 189,
197-200, 270-313, 321-323, 325-330,
334-335, 373-382

スラヴ祖語（праславянский）　30, 110,
137, 154-156, 198-199, 200-201,
284-286

スロヴァキア語（словацкий）　28, 146
（注34）, 284, 294-296, 379

スロヴェニア語（словенский）　146(注
34), 284, 296, 374-375

セム語派（семитские）　31

セルビア・クロアチア語
（сербохорватский）　18, 55(注36),
119, 146(注34), 190, 284-286, 304-
313

ソルブ・ラウジッツ語
（серболужицкие）「ラウジッツ語」の
項を参照

――――

た

チェコ語（чешский）　27-28, 44, 47-48,
97, 122, 134, 146(注34), 155, 293, 379

中国語（китайский）　7, 22

チュルク諸語（тюркские）　17

低地ラウジッツ語（нижнелужицкий）
18, 375

デンマーク語（датский）　21, 342

ドイツ語（немецкий）　22, 45, 46, 51(注
8), 100, 104, 136-140, 147(注51),
340-342, 351-352, 375-376, 380

トルコ語（турецкий）　17, 18, 19, 20, 21,
24, 41

ドンガン語（дунганский）　7

――――

な

ニヴフ語（нивхский）　4

西スラヴ諸語（語群）（западнославянские）
47, 49, 120, 284

ノルウェー語（норвежский）　341

――――

は

バシュキール語（башкирский）　18

パシュトゥ語（пушту）　17

バルト諸語（балтийские）　35

バルト・スラヴ諸語（балтославянские）
35

ハンガリー語（венгерский）　16, 17

東スラヴ諸語（語群）
（восточнославянские）　119, 284

ヒッタイト語（хеттский）　30, 352

フィンランド語（финский）　54(注30)

フランス語（французский）　17, 19, 21,
24, 30, 33, 44, 45, 46, 50, 140, 288,
340-344, 349, 351, 378

ブルガリア語（болгарский）　18, 25, 41,
43, 48, 91, 93, 110, 112, 113, 116,
118-132, 145(注28), 146(注37, 38),
155-157, 197, 199, 201-270, 285-286,
296-304, 378, 381

ポーランド語（польский）　8, 27, 42, 44,
　49, 55（注36, 37）, 120, 122, 194, 285,
　296, 374, 379
ホピ語（хопи）　4
ポルトガル語（португальский）　19,
　23-25, 341

————

ま

マケドニア語（македонсний）　18, 41,
　47, 48, 49, 378, 381
南スラヴ諸語（語群）（южнославянские）
　47, 49, 285

————

ら

ラウジッツ語（лужицкие）　18, 41, 284,
　375, 385（注34）
ラテン語（латинский）　3, 4, 15, 35, 38,
　39, 41, 44, 47, 54（注33）, 286-288,
　343-345, 350, 352-354, 366-369
俗〜（народная латынь）　44
ラトビア語（латышский）　35
リトアニア語（литовский）　16, 21, 25,
　35, 134, 152
ルーマニア語（румынский）　45, 341,
　375
ロシア語（русский）　1-4, 9, 14, 25-27,
　32, 42, 43, 44, 47, 48, 54（注26, 31）, 55
　（注38, 39）, 57-86, 87, 88, 91, 92,
　94-109, 110-116, 120, 122-125,
　128-129, 130-132, 134-138, 153, 154,
　168, 186, 274, 285, 289-296, 312, 316
　（注29）, 356, 364-370, 374, 379
〜方言（русские говоры）　32, 48,
　355-370, 379
ロマンス諸語（романские）　7, 19,
　44-47, 140, 288, 340-372, 373-382

言語索引　419

著者紹介　ユーリー・S・マスロフ

（Юрий Сергеевич МАСЛОВ、1914年〜1990年）

レニングラード大学一般言語学講座教授、1960年から1984年まで同講座主任を務める。

専門は一般言語学、スラヴ語学、特にアスペクト論。

〈主な著書〉

Очерк болгарской грамматики.（М., 1956）

Морфология глагольного вида в современном болгарском литературном языке.（М.-Л., 1963）

Введение в языкознание.（М., 1975）

Грамматика болгарского языка: для студентов филологических факультетов университетов.（М., 1981）

Очерки по аспектологии.（Л., 1984）

訳者紹介　林田理惠（はやしだりえ）Rie HAYASHIDA

1955年生まれ。大阪府出身。

上智大学外国語学部ロシア語学科卒業。

大阪市立大学経済学部卒業。

神戸市外国語大学大学院外国語学研究科修了。

大阪大学大学院言語文化研究科教授。

〈主な著書〉

『ロシア語文章表現―基礎編―』（アットワークス、2006年）

『ロシア語のアスペクト』（南雲堂フェニックス、2007年）

『ヨーロッパ・ことばと文化』「第2章 ことばの視点とパースペクティヴ」（大阪大学出版会、2013年）

金子百合子（かねこ ゆりこ）Yuriko KANEKO

1973年生まれ。新潟県出身。

神戸市外国語大学ロシア学科卒業。

東京大学大学院人文社会系研究科博士課程満期退学。

神戸市外国語大学ロシア学科准教授。

言語学翻訳叢書　第 16 巻

アスペクト論

Outlines of Aspectology
Jurij Sergeevič MASLOV
Japanese translation by
Rie HAYASHIDA and Yuriko KANEKO

発行　2018 年 9 月 13 日　初版 1 刷
定価　10000 円＋税
著者　ユーリー・S・マスロフ
訳者　林田理恵・金子百合子
発行者　松本功
装丁者　大崎善治
組版所　株式会社 ディ・トランスポート
印刷・製本所　株式会社 シナノ
発行所　株式会社 ひつじ書房
　　〒 112-0011　東京都文京区千石 2-1-2　大和ビル 2 階
　　Tel: 03-5319-4916　Fax: 03-5319-4917
　　郵便振替 00120-8-142852
　　toiawase@hituzi.co.jp　http://www.hituzi.co.jp/

ISBN 978-4-89476-721-8

造本には充分注意しておりますが、落丁・乱丁などがございましたら、
小社かお買上げ書店にておとりかえいたします。
ご意見、ご感想など、小社までお寄せ下されば幸いです。

刊行のご案内

ロシア語文法
音韻論と形態論

ポール・ギャルド 著　柳沢民雄 訳

定価 24,000 円＋税

グリム兄弟言語論集
言葉の泉

ヤーコプ・グリム、ヴィルヘルム・グリム 著
千石喬、高田博行 編

定価 12,000 円＋税

刊行のご案内

言語学翻訳叢書　13

否定の博物誌

ローレンス・R・ホーン 著

河上誓作 監訳　濱本秀樹、吉村あき子、加藤泰彦 訳

定価 8,800 円＋税

言語学翻訳叢書　15

話し言葉の談話分析

デボラ・カメロン 著　林宅男 監訳

定価 3,200 円＋税

刊行のご案内

言語学翻訳叢書　17

学校教育の言語
機能言語学の視点

メアリー・シュレッペグレル 著

石川彰、佐々木真、奥泉香、小林一貴、
中村亜希、水澤祐美子 訳

定価 3,200 円＋税

言語学翻訳叢書　19

認知語用論の意味論
真理条件的意味論を越えて

コリン・イテン 著　武内道子、黒川尚彦、山田大介 訳

定価 3,800 円＋税